La chose sexuelle

nrf

NOUVELLE REVUE DE PSYCHANALYSE

Numéro 29, printemps 1984

TABLE

ARGUMENT

« Dans des cas pareils, c'est toujours la chose génitale, toujours... toujours... toujours. » *Devant un Freud ébahi, Charcot lançait à Brouardel cet aveu, qu'il fallait bien faire, de l'étiologie sexuelle des névroses. Et Freud, tout au long, du* Projet *de 1895 jusqu'à l'*Abrégé *(ce qui peut surprendre, vu la date de ce texte : 1938) a maintenu, contre les adversaires et les amis et à travers toutes les transformations qu'a pu connaître la théorie du dualisme pulsionnel, son affirmation princeps : celui qui ne reconnaît pas le primat de la sexualité, des « représentations » et des fantasmes qui lui sont nécessairement attachés, s'exclut de la psychanalyse.*

Qu'en est-il aujourd'hui ? Les psychanalystes soutiendraient-ils avec la même conviction que c'est toujours de ça qu'il s'agit au bout du compte dans les troubles psychiques qui amènent les patients à s'adresser à eux ? De ça, *à savoir de la « chose sexuelle », au sens large, quasi illimité, de plus en plus différencié de la « chose génitale », que Freud, avec notamment la découverte du prégénital et des pulsions partielles, des effets d'après-coup et des fantasmes originaires, lui a donné ? Maintiendraient-ils dans toute sa rigueur, dans tout ce qu'elle eut et garde de provocant, la thèse freudienne selon laquelle la sexualité est coextensive à l'inconscient ?*

Toute une série de données, relevant des champs clinique, théorique et social, nous paraît inviter à rouvrir aujourd'hui le débat. Certes d'innombrables travaux ont été consacrés à la sexualité génitale, infantile, féminine (plus rarement à la sexualité masculine), perverse, etc. Mais nous nous proposons d'aborder la question plus radicalement. D'où le titre proposé : la chose sexuelle.

*

Rappelons d'abord une ambiguïté. Le mot sexualité peut désigner le comportement sexuel proprement dit (dans le même sens où l'on peut parler par exemple, d'un « comportement alimentaire »), c'est-à-dire une pratique dépendant d'organes et d'une fonction spécifiques. Le même mot, au moins en psychanalyse, renvoie à la « psycho-sexualité » qui, elle, pourrait être retrouvée partout, notamment à la racine de symptômes qui n'ont apparemment rien à voir avec la sexualité au sens commun. Mais ces deux acceptions – l'acception « psychanalytique » et l'acception « triviale » – coexistent et sont souvent confondues chez Freud. Nous-mêmes, quand nous parlons de la « vie sexuelle » d'un patient, nous référons-nous à l'une ou à l'autre, à la Sexualleben *ou à la* Geschlechleben?

Il est vraisemblable, par exemple, que la reconnaissance tardive et difficile – d'où les malentendus d'un Marcuse – de la distinction entre la répression (Unterdrückung) *sociale et le refoulement* (Verdrängung) *intrapsychique de la sexualité implique bien qu'il y a chez Freud une indétermination, peut-être délibérément maintenue, entre ce qui relèverait des pratiques sexuelles et ce qui serait à rapporter, par la médiation de représentations sans contenu sexuel manifeste, à la pulsion sexuelle, celle-ci se caractérisant par ses capacités de déplacement et de transformation.*

Il semble bien que Freud se soit refusé à faire passer une ligne de démarcation nette entre ce qui serait sexuel et ce qui ne le serait pas. Ses successeurs, eux, paraissent bien avoir tranché, pour la plupart, dans le sens d'une limitation du champ de la sexualité.

Comment rendre compte de cette évolution? Pour la clarté de l'exposé et en simplifiant excessivement le tableau, nous distinguerons trois sortes de facteurs.

A. Cliniques

1. La multiplication de demandes d'analyse et de formes pathologiques devant peu, apparemment, aux conflits sexuels – troubles de caractère, névroses narcissiques, cas limites, affections psychosomatiques, personnalités « as if », dépressions – a pu conduire à révoquer le lien longtemps tenu pour incontestable entre la « chose freudienne » et la « chose sexuelle ». L'intérêt s'est trouvé toujours davantage porté sur des troubles considérés comme plus fondamentaux concernant l'identité, la constitution et les limites du moi. Par là même étaient reconnues des modalités d'angoisse (de morcellement, d'annihilation...) qualifiées de plus profondes que les angoisses liées au conflit œdipien et même préœdipien.

2. Les plus solides entités cliniques, telles la névrose obsessionnelle ou la perversion, sont souvent abordées moins sous l'angle d'un conflit entre les pulsions sexuelles et les exigences du surmoi, que comme masquant un « noyau » psychotique ou protégeant de la persécution. L'hystérie elle-même, longtemps tenue pour le témoin exemplaire de l'étiologie sexuelle des névroses, a pu être réévaluée : l'« hypersexualisation » serait ici défensive, la « solution sexuelle » cherchée par l'hystérique serait un masque.

Dans le champ des psychoses, l'enchaînement proposé par Freud pour rendre compte de la paranoïa a pu faire place, chez de nombreux auteurs, à un enchaînement inverse : le désir homosexuel serait une défense contre la haine persécutoire.

Ces indications n'impliquent certes pas que la sexualité ne soit pas présente et efficace au cœur de l'expérience analytique – qu'il s'agisse de psychonévroses, de perversions ou de psychoses – mais elle l'est de façon profondément différente de cette prévalence absolue que Freud lui accordait en considérant « les névroses en général comme des troubles de la fonction sexuelle, ce qu'on nomme les névroses actuelles étant l'expression toxique directe de ces troubles et les psychonévroses en étant l'expression psychique » (Ma vie et la psychanalyse, *p. 33).*

3. Enfin, les troubles qui se laissent définir comme sexuels par leurs symptômes manifestes – impuissance, éjaculation précoce, frigidité, etc. – ont tendu à échapper à l'investigation psychanalytique. Ceux qui en souffrent s'adressent sans doute moins au psychanalyste, « concurrencé » sur son propre terrain fondateur par les thérapies fonctionnelles, sexothérapies, etc., qui ont de ces troubles une approche purement technicienne : modifier un « faire » par un autre « faire ».

B. Théoriques

On peut assurément trouver dans les élaborations successives que Freud a données du conflit psychique de quoi justifier une limitation du champ du sexuel. L'extension de l'inconscient à l'instance du moi, la reconnaissance des pouvoirs de la destructivité et surtout de l'auto-destructivité, l'émergence des pulsions de mort, ont, entre autres apports, pu conduire à penser que la sexualité n'était pas nécessairement un des pôles du conflit psychique. Le « démoniaque » passe du côté des forces de répétition et de mort. Éros n'est plus cet « inéducable », cet « inconciliable » par quoi Freud qualifiait la pulsion sexuelle, il est aspiration à l'Unité.

La plupart des œuvres post-freudiennes marquantes ne témoignent-elles pas de cette restriction de la sexualité ? Si la pensée de Melanie Klein reste centrée sur l'Œdipe, elle n'en affirme pas moins la prédominance des pulsions de destruction. Fairbairn, et à sa suite tous ceux qui axent leur théorie sur la relation d'objet, définit le mouvement de la libido comme « object-seeking » et non plus comme « pleasure-seeking ». Winnicott paraît diminuer – on le lui a assez reproché – l'importance de la sexualité infantile : first being, *« d'abord être ». Kohut n'a rencontré, notamment aux États-Unis, une telle audience que pour avoir décrit une ligne de développement du narcissisme indépendante du développement sexuel. Sans doute Lacan fait-il exception. Mais n'est-ce pas, d'une part, au prix d'une certaine négligence des données cliniques que nous avons rappelées plus haut et, d'autre part, en subordonnant la sexualité à la suprématie du signifiant ?*

C. Sociaux, culturels, scientifiques

Si Freud a pu énoncer que l'inconscient ignorait le temps – était hors-temps – on ne saurait pour autant soutenir que les modalités de la vie sexuelle sont, elles aussi, atemporelles. Il n'y a pas d'histoire de l'inconscient; il y a une histoire de la sexualité que de récents et déjà nombreux travaux d'historiens s'emploient à retracer.

1. La morale sexuelle n'est plus celle qu'a connue Freud. Elle s'est radicalement transformée tant dans les mœurs que dans les idéaux. On peut mentionner, entre autres traits :

– la pratique des rapports sexuels à un âge de plus en plus jeune, avec l'accord, voire la complicité, des parents;

– le nombre croissant des divorces : si l'institution du mariage parvient à se maintenir, elle n'implique plus « choix pour la vie »;

– la généralisation et la banalisation de l'avortement maintenant socialisé sous le sigle I.V.G.;

– l'atténuation du péril vénérien qui fut la hantise de la « fin de siècle »;

– la diffusion de la pornographie, passée en quelques années de l'« Enfer » au « petit écran »;

– la modification de la législation sur ce qui était autrefois considéré comme délit sexuel : seul le crime sexuel est encore capable de mobiliser le sursaut moral.

Enfin, d'une manière générale, est admise l'idée que la satisfaction sexuelle est une condition nécessaire de la santé psychique, chacun étant libre de choisir le mode de satisfaction qui lui convient. La morale n'apparaît plus comme l'instance régulatrice de la vie sexuelle.

Cette permissivité des mœurs conduit-elle à rechercher, hors la sexualité, dans l'usage des drogues ou le recours à la violence, la rencontre avec un interdit, le conflit vie-mort se substituant au conflit constitutif de la sexualité ? La « révolution sexuelle » dont notre fin de siècle à nous se prévaut est-elle autre chose que l'adaptation aux exigences d'une régulation sociale de la sexualité qui aurait cessé d'être l'« inéducable », l'« inconciliable », dernier bastion de l'anomie? Nous serions passés de la sexualité-conflit à la sexualité-rendement.

2. Les coups portés depuis une vingtaine d'années par la biologie à certaines lois de la nature tenues pour intangibles peuvent avoir pour effet de disjoindre toujours davantage le lien entre sexualité et origine de la vie :

– l'activité sexuelle est séparée de la reproduction, et cela dans les deux sens : sexualité sans conception (contraception) et conception sans rapport sexuel (insémination artificielle, fécondation in vitro*);*

– il sera possible de parvenir, probablement dans un avenir proche, à choisir le sexe anatomique de l'enfant;

– on observe une pratique, non rare, du rapport fécondant avec un homme réduit à sa fonction de géniteur, parfois à son insu, et écarté de la paternité.

Autrement dit, des conceptions fantasmatiques, telles la parthénogénèse, se trouvent désormais comme accréditées avec la maîtrise croissante, par la technique, de la fonction de reproduction.

3. Se dessine de plus en plus fortement l'idéal d'une sexualité sans conflits ni avec la morale, ni avec elle-même (elle pourrait toute se dire, et éviter la frustration, l'impossible de sa satisfaction), ni même avec ses objets (naturalisation des perversions, bisexualité revendiquée, etc.).

Paradoxalement, cet idéal d'une sexualité sans violence, sans honte, sans interdit n'est-il pas porteur, relayé qu'il est par les idéologies sociales – qui d'ailleurs se réclament de la psychanalyse censée avoir levé le « tabou » sur la chose sexuelle – d'un modèle de civilisation a-sexuée?

Certes on pourra nous objecter que nous accordons ici trop d'importance au « manifeste » tant au plan « clinique » qu'au plan « sociologique ». C'est effectivement un fait d'expérience que les modifications sociales, idéologiques ont, contrairement à ce que peuvent croire les observateurs du présent, relativement peu d'impact dans la cure. Il nous semble pourtant qu'il serait tout aussi confortable et illusoire pour les psychanalystes de soutenir que « rien n'a changé en profondeur » que l'inverse.

En effet, quoi qu'il en soit à cet égard des positions de chacun, il nous paraît difficile de ne pas admettre que la théorie freudienne de la sexualité, dans sa cohérence*, demande a être repensée. Nous disons : dans sa cohérence, car cette théorie tenait ensemble plusieurs éléments :*

1. le déterminisme de certaines maladies (étiologie sexuelle);

2. le rôle précipitant des mœurs du temps (encore dénonçé dans Malaise dans la civilisation), *d'autant que celles-ci étaient en contradiction avec les exigences de la « morale civilisée »; l'inconciliabilité de la pulsion sexuelle avec le moi se trouvait donc redoublée et renforcée par l'inconciliabilité de la vie sexuelle avec les prescriptions sociales;*

3. la fonction « civilisatrice » de la sexualité en tant qu'elle est liée à l'interdit, fonction structurante pour le psychisme normal ou pathologique aussi bien que pour le devenir des cultures.

C'est cette unité contradictoire qui se voit aujourd'hui modifiée dans ses éléments et remise en cause dans sa cohérence. D'où le projet de ce numéro qui, aux yeux de ceux qui pensent que la question sexuelle est résolue et que le mal du siècle est à chercher ailleurs, comme aux oreilles de ceux qui pensent que c'est « toujours... toujours... toujours », *sous les divers masques qu'elle sait emprunter, de la chose sexuelle qu'il s'agit, apparaîtra également à contre-courant.*

N. R. P.

Cet « argument » est celui que nous adressons aux auteurs pressentis. Il constitue donc le point de départ, plutôt qu'une présentation, de ce numéro.

Nicole Loraux

LE FANTÔME DE LA SEXUALITÉ

Ny la douce pitié, ny le pleur lamentable
Ne t'ont baillé ton nom : ton nom Grec vient d'oster,
De ravir, de tuer, de piller, d'emporter...
Ronsard, *Sonnets pour Hélène* (II, 9).

En quête d'un scénario grec pour penser la chose sexuelle, si peu dissimulée dans les mythes que cette évidence même est comme un écran, il y a toujours la ressource de chercher un détour dans Platon. Peut-être relira-t-on alors le *Phèdre,* ce produit achevé d'une stratégie très platonicienne qui consiste à donner à l'âme les émois que l'on refuse au corps. Soit donc un lecteur qui parcourt distraitement le début du dialogue, impatient qu'il est d'arriver au plus vite à l'essentiel, et qui cependant s'arrête à l'orée du second discours de Socrate, à la porte de ce mythe de l'âme dont il attendait tant. C'est qu'en chemin un nom, rencontre assez peu fortuite, l'a arrêté. Ce nom est celui d'Hélène. Hélène qui, pour avoir suivi le beau Pâris, fut cause de la guerre de Troie : telle est du moins, depuis Homère, la tradition. Mais, de la tradition mythologique, Socrate n'a que faire dans le *Phèdre,* et tout particulièrement à l'instant de prononcer sur Érôs ce second discours qui le purifiera d'avoir, dans le précédent, péché envers le dieu. Aussi, dédiant à Érôs un *logos* en forme de palinodie, Socrate se réclame-t-il du poète Stésichore, aveuglé pour avoir, tel Homère, « médit » d'Hélène et qui recouvra la vue après avoir inventé la fiction d'une Hélène chaste dont seul le fantôme suivit Pâris [1].

Voilà que Socrate s'abrite derrière Stésichore, voilà qu'Hélène introduit à Érôs. Sur le sens de la première opération on ne s'attardera pas outre mesure (à la place du corps désirable inventer un fantôme ? belle occasion, pour Socrate-Stésichore, c'est-à-dire pour Platon, de remettre le corps à sa place, une fois encore et peut-

1. Platon, *Phèdre,* 242e-243b (ainsi que 244a, où Socrate fait de Stésichore l'auteur de son discours sur Érôs); Hélène et Stésichore : voir encore Isocrate, *Éloge d'Hélène,* 64.

être une fois pour toutes). Déjà, sur la pointe des pieds, le lecteur s'est esquivé, sur les traces d'Hélène puisque aussi bien, à suivre Hélène, d'Homère à Stésichore et de Sappho à Eschyle, c'est Érôs qu'on trouve – on trouve tous les Érôs, et celui-là même qui, comme dans le *Phèdre,* s'adresse à un beau garçon et non à la plus belle des femmes [1].

Car Hélène est beaucoup plus qu'une femme, celle-ci fût-elle fille de Zeus, et « Hélène » beaucoup plus que le nom d'une femme. Telle sera du moins mon hypothèse : qu'« Hélène » peut servir de nom grec à la chose sexuelle – en entendant cette expression dans son sens le plus large, quasi illimité et, à coup sûr, neutre, bien au-delà de la différence des sexes. Ou plus exactement (car il ne s'agit pas d'identifier Hélène à la chose sexuelle [2], mais de s'aider d'« Hélène » pour en penser la notion grecque) : qu'autour du nom d'Hélène, il y va de la sexualité en tant qu'elle est originaire, pour les Grecs aussi – dois-je dire : pour les Grecs d'abord ?

Hélène à distance d'Hélène

À l'origine donc, Hélène. Si, au début de l'histoire humaine, il y a toujours en Grèce un rapt de femme, nul doute que l'enlèvement d'Hélène ne soit modèle de tous les autres, en ce qu'il prélude à la guerre de Troie, ce commencement premier de l'Histoire telle que les Grecs aiment se la conter, sur le mode légendaire de l'épopée. Leurs historiens peuvent bien, tel Thucydide, congédier la fille de Zeus pour assigner à ce conflit fondateur des causes plus sérieuses : gagnant alors la scène comique, Hélène comme fauteuse de guerre prête son nom à Aspasie, et je parierais volontiers qu'aux yeux des Athéniens l'amie de Périclès était à la guerre du Péloponnèse une « cause » plus crédible que les causes de Thucydide [3]. Si, au commencement, il y a la guerre, au commencement de la guerre, il y a toujours Hélène, et la « douloureuse luxure » que, dans un frais vallon de l'Ida, Pâris choisit un beau matin.

Entre le rapt d'une seule femme et une sanglante guerre de dix ans, quelle est la commune mesure ? À cette question que, dans l'Athènes de Thucydide et

1. Hélène hante le second discours de Socrate : 248c 2 (allusion à Adrasteia, épithète de sa mère Némésis); 251a (le beau visage du jeune garçon est, comme celui d'Hélène, d'aspect divin et, comme lui, fait frissonner); 252a (tout quitter pour le bel objet, comme Hélène chez Sappho, fr. 27 Reinach-Puech); 252d (faire de l'aimé un *agalma*), etc.

2. Il importe peu à mon propos que du point de vue d'une étymologie supposée authentique, le nom d'Hélène la désigne ou non comme la « Vénus grecque » (H. Grégoire, « L'étymologie du nom d'Hélène », *Bulletin de l'Académie royale de Belgique,* 32 (1946), pp. 255-265).

3. Rapts de femme au début de l'histoire : Hérodote, I, 1-5 (lequel attribue ce type de discours aux Perses); la puissance et la crainte qu'elle inspire, causes de la guerre de Troie comme de la guerre du Péloponnèse : Thucydide, I, 9, 1-3 (et 23, 6); l'Hélène-Aspasie des comiques apparaissait dans des pièces perdues de Cratinos et d'Eupolis : voir surtout Aristophane, *Acharniens,* 524-529.

de l'ancienne comédie, les tragiques posent avec insistance, il semble qu'Homère ait d'origine répondu : il n'y en a pas si, dans Hélène, on ne voit que la femme, toute belle soit-elle. Ou encore : il y a certes disproportion, mais pour ceux-là seulement qui ne veulent pas entendre qu'Hélène est elle-même et plus qu'elle-même.

À l'abri des murs de Troie, Hélène partage le lit de Pâris, cependant que, sur le champ de bataille, Troyens et Achéens s'entretuent pour « Hélène ». Faut-il en conclure qu'elle n'est qu'un nom, cette Hélène pour qui, à cause de qui, autour de qui (entre ces expressions, la langue grecque ne distingue pas toujours) les hommes meurent ? Peut-être. À condition toutefois d'ajouter aussitôt que, pour tout un chacun, ce nom pèse incommensurablement plus lourd que la femme trop femme à l'abri des murs troyens : pour les combattants sans doute, pour Ménélas et Pâris à coup sûr, mais aussi, de façon plus surprenante, pour Hélène elle-même. Comme si elle n'avait d'autre identité que d'être toujours objet pour autrui (de plaisir, de souffrance, qu'importe ?), l'Hélène de l'*Iliade* est à soi ce qu'elle est aux autres : enjeu du conflit, enclave de guerre à l'intérieur du palais de Priam. Nom ultime de la souffrance des guerriers, « Hélène » sert encore à nommer le rapport que la fille de Zeus, comme dépassée par ce dont elle est porteuse, entretient de soi à soi.

Lorsque, pour la première fois, le poème la donne à voir, Hélène est occupée à tisser et, avec ces figures que, sur la pourpre de l'étoffe, elle trace, tout est dit, déjà, dans la langue silencieuse du tissage : « Elle y trace les épreuves que [Troyens et Achéens] ont subies pour elles sous les coups d'Arès [1]. » Par la suite, Hélène prend la parole, à sept reprises, et, à une exception près [2], ce sera à chaque fois pour tenter – sur le mode de l'irréel, il est vrai – d'introduire un écart entre celle qui parle et celle que voient les autres. Comme un refrain, trois thèmes ordonnent ces prises de parole. Un vœu de mort au passé, d'abord : « Ah! si j'étais morte! » (ou encore, à l'usage de Pâris : « Ah! comme tu aurais dû mourir! »). Puis, l'évocation des mots infamants qui pèsent et pèseront sur elle, chez les Troyens comme parmi les Achéens. Enfin, pour couronner le tout, le blâme qu'à cause d'« Hélène » Hélène retourne contre soi, lorsqu'elle s'imagine être sous le regard d'un beau-frère, ce double du mari (Hector maintenant et naguère Agamemnon) : « Moi, face de chienne », « moi, chienne lugubre ». Ainsi, constituée par cette perpétuelle tension maintenue de soi à soi, l'Hélène iliadique ignore la sexualité tranquille dont Giraudoux gratifiera son Hélène, créature bien lisse sur laquelle

1. *Iliade*, III, 125-128.

2. Il s'agit de la présentation d'Ulysse par Hélène (III, 200-202); les autres prises de parole se situent en III, 173-180, 229-242, 399-412, 428-436; VI, 344-358; XXIV, 762-775.

glissent les reproches [1]. À l'abri des murs de Troie, Hélène est entamée par « Hélène ».

« Hélène » dépasse Hélène, mais il est vrai aussi qu'« Hélène » est moins qu'Hélène et, chose convoitée ou honnie, se dit volontiers au neutre. Ainsi, chez les tragiques, *agalma* (chose précieuse) et *kallisteuma* (chose de beauté) coexistent avec *téras,* le monstre. Mais déjà, dans l'épopée, elle était *thauma* (prodige) pour les mortels, en même temps que *pèma* (fléau) pour la cité de Troie [2].

Qu'est donc Hélène, pour soi comme pour les autres? Objet? Sujet? Entre les deux, il semble bien qu'on doive parfois renoncer à faire le départ. Soit, par exemple, le thème des pleurs. L'accointance d'Hélène avec les larmes est évidente, et, dans l'épopée, on peut généralement distinguer celles qu'elle verse de celles qu'elle fait verser aux combattants dans la guerre, comme elle source de pleurs – c'est Arès ou *polémos* qui, dans l'*Iliade,* est *polydakrys,* mais Euripide n'aura aucun mal à remonter de l'effet à la cause, pour assimiler Hélène tout entière aux larmes et au sang du combat [3]. Entre le sujet et l'objet, il arrive cependant qu'on hésite, indécidablement. Lorsque par deux fois, au chant II de l'*Iliade,* les Achéens ou Ménélas sont crédités du désir de « venger les sursauts de révolte et les sanglots d'Hélène » *(tisasthai t'Hélènès hormèmata té stonakhas té)* [4], que faut-il comprendre? Les Achéens sont-ils censés racheter les pleurs d'Hélène ou ceux qu'elle leur fait verser? La première solution, que choisissait Paul Mazon dont je cite la traduction, est tentante pour qui, passant comme le lecteur du camp grec à l'intérieur des murs de Troie, verra effectivement, au chant suivant, couler les larmes d'Hélène; elle est tout aussi plausible si l'on s'en tient, comme les auditeurs des récitations homériques, au contexte et au statut des locuteurs : Nestor, bon discoureur qui sait ranimer à volonté l'ardeur des troupes, et Ménélas, mari bafoué, ont intérêt à croire ou à faire croire aux sanglots d'une Hélène enlevée malgré elle. Mais la seconde solution, qui consiste à faire tressaillir et pleurer les guerriers, Ménélas tout le premier, à cause ou au sujet d'Hélène, est tout aussi fondée, dans le contexte précis du chant II comme dans la tradition, et avait déjà la faveur des

1. La « chiennerie » : III, 180; VI, 344 et 356. Dans *La guerre de Troie n'aura pas lieu,* les « noms d'animaux » sont réservés au partenaire érotique, avec cette façon d'intervertir les sexes qui s'appelle la tendresse (II, 12).

2. *Agalma* : Eschyle, *Agamemnon,* 740; *kallisteuma* : Euripide, *Oreste,* 1639 (Hélène instrument des dieux pour chasser l'*hybrisma,* l'insolence des mortels : l'écho des deux neutres est tout, sauf dépourvu de sens); *téras* : Euripide, *Hélène,* 256 (c'est Hélène qui parle, distante d'elle-même à l'imitation d'Homère). *Thauma* : *Chants cypriens,* fr. VII, Allen, 1; *pèma* : *Iliade,* III, 48-50 et 160 (le *pèma* est « cause ou sujet de douleur », « chose nuisible comme origine, agent ou porteur d'un procès, et non comme produit du procès » : F. Mawet, *Vocabulaire homérique de la douleur,* Bruxelles, 1979, pp. 91-101).

3. Larmes d'Hélène : par exemple *Iliade,* III, 142, 176, *Odyssée,* IV, 184; Arès et *polémos* : *Iliade,* III, 132, 165; Hélène, larmes et sang : Euripide, *Hélène,* 364-365 (et 199, 213); cf. *Oreste,* 56-57, 1363.

4. *Iliade,* II, 356 et 590; les scholies proposent les deux interprétations.

critiques hellénistiques. Entre Hélène-sujet et Hélène-objet, qui pourra donc jamais trancher ?

Hélène et « Hélène » : inadéquation de soi à soi, présence plus forte du nom que de l'être, indécision du sujet et de l'objet. À ces figures de distance, on en ajoutera encore une, avant de quitter l'*Iliade* et le rapport de la fille de Zeus à soi-même [1] : celle d'une Hélène sous le signe d'Aphrodite, mais dont le corps est paradoxalement très peu là.

Absence d'autant plus paradoxale que, pour les historiens de la religion grecque, Aphrodite incarne l'immédiateté du désir réalisé, l'image même de « l'amour devenu corps ». Et, de fait, c'est bien au corps de la déesse, « à sa gorge merveilleuse, à sa poitrine désirable, à ses yeux brillants », qu'Hélène, au chant III, reconnaît Aphrodite sous son déguisement, sous cette forme de vieille fileuse qui eût dû la mieux dissimuler (Aphrodite, il est vrai, n'est pas, comme Athéna, rompue au jeu des semblants : plus puissant que toutes les apparences, son corps toujours est là, offert à la vue [2]). Or Hélène, elle, n'a pas de corps. Ou du moins, au sujet de son corps qu'il faut imaginer si désirable, jamais le poète n'esquisse la moindre description, comme si, de sa beauté, elle n'était que dépositaire, comme si « Hélène » dispensait de dire ce qu'est Hélène : affirmer comme les vieillards de Troie que « quand on l'a devant soi elle ressemble aux déesses » n'est pas tracer un portrait de la Femme fatale, mais simplement reconnaître que la toute-divine mortelle prend son sens hors de soi. Sans doute, à se situer dans l'étroite familiarité d'Aphrodite, Hélène est-elle entourée d'*himéros,* ce désir irrésistible et très présent au corps qui, avec Érôs, conduit dans la *Théogonie* le cortège de la déesse : les lecteurs de l'*Iliade* n'ont pas été sans remarquer que le « doux désir » que Pâris éprouve pour Hélène n'a d'égal que celui que Zeus, manipulé par Aphrodite, éprouvera pour Héra [3]. Mais, en ce qui concerne le désir, il n'en va pas comme avec les larmes et les choses, semble-t-il, sont plus claires : l'*himéros* d'Hélène est toujours le désir qu'elle suscite, rarement celui qu'elle éprouve. S'il a réalisé le rêve des prétendants qui, jadis, désiraient *(himeiron)* tous être son époux, Pâris n'est pas quitte pour autant envers l'*himéros* d'Hélène, en lui plus fort à Troie qu'il ne le fut au jour de la première union, sur l'île rocheuse de Kranaè; mais à ce brûlant désir et au

1. On cessera alors de distinguer Hélène et « Hélène », en attendant que cette opposition ne se reforme dans l'opposition d'Hélène et de son fantôme.

2. *Iliade,* III, 396-397; citation de W. Otto, *Les dieux de la Grèce,* trad. fr., Paris, 1981, p. 118; sur Aphrodite et la sexualité heureuse, voir aussi W. Burkert, « Afrodite e il fondamento della sessualita », dans C. Calame (éd.), *L'amore in Grecia,* Rome-Bari, 1983, pp. 135 et 139 (la sexualité grecque comme chose sans problème).

3. *Himéros :* Hésiode, *Théogonie,* 200. Pâris et Hélène : *Iliade,* III, 437-447; Zeus et Héra : XIV, 314-328.

discours qui l'énonce, Hélène répond par une obéissance silencieuse qui ne saurait passer pour autre chose que de la soumission à Aphrodite. Il est vrai que le « doux désir » de Ménélas vient, il y a peu, de s'emparer de son cœur. Lui arriverait-il donc d'éprouver en son nom propre l'*himéros* d'un homme ? Peut-être Homère entend-il suggérer qu'avec Hélène, les choses ne sont jamais aussi simples. Car, dans l'exercice même du désir, la belle Hélène commet un solécisme en confondant la présence et l'absence : à employer les mots avec quelque rigueur, ce n'est pas *himéros* qui devrait en l'occurrence poindre son cœur pour l'époux dont tout la sépare, mais *pothos,* désir de l'absent [1].

Sans s'attarder sur ce déplacement très parlant, on se risquera toutefois à en suggérer une interprétation : Hélène, qui désire l'absent comme s'il était là, est comme étrangère – ou, du moins, absente – au désir qu'elle provoque, et qui a lu le chant III de l'*Iliade* n'oubliera pas la vision de la belle silencieuse qui, sur les pas d'Aphrodite, traverse pensivement la ville de Troie, enveloppée d'un manteau blanc comme, chez Hésiode, Aidôs et Némésis quittant le monde corrompu des humains [2]. De la présence aphroditéenne, Hélène a fait quelque chose qui ressemble fort à de la distance.

Et, loin des travaux d'Aphrodite, la guerre sévit, où les hommes meurent pour Hélène.

Érôs, Éris, Arès

Mourir pour Hélène ?

> « Les uns avaient la possibilité, en rendant Hélène, de se débarrasser de leurs maux; les autres, en se désintéressant de son sort, de vivre le restant de leurs jours dans la sécurité. Ni les uns ni les autres n'acceptèrent ces solutions : les premiers voyaient sans émotion leurs villes détruites, leur territoire bouleversé, pourvu qu'ils ne fussent pas contraints d'abandonner Hélène aux Grecs; les Grecs aimaient mieux vieillir en restant sur la terre étrangère et ne jamais revoir leur famille que de rentrer dans leur patrie en abandonnant Hélène. »

1. Le désir des prétendants : Hésiode, fr. 199, 2, Merkelbach-West *(himeirôn Hélénès posis emménai èukomoio);* on notera que, dans l'*Iliade,* Hélène est effectivement donneuse d'identité pour Pâris, plusieurs fois désigné comme « l'époux d'Hélène aux beaux cheveux ». Le désir de Pâris : *Iliade,* III, 442-446; le silence obéissant d'Hélène : 447.

2. Voile blanc d'Hélène : III, 141, 419-420; voile blanc d'Aidôs et Némésis : Hésiode, *Les travaux et les jours,* 198-200.

Pour faire l'éloge d'Hélène, l'éloquence d'Isocrate est diserte. Ronsard dira la même chose avec une concision plus poétique :

> « Ton œil vaut un combat de dix ans d'Ilion. »

Ou encore, pour conclure le fameux sonnet sur les « bons vieillars/Dessus le mur Troyen, voyans passer Hélène » :

> « ... Pour elle corps et biens et ville hazarder :
> Ménélas fut bien sage, et Pâris ce me semble :
> L'un de la demander, l'autre de la garder [1]. »

Décidément, j'avais cru trop tôt en avoir fini avec l'*Iliade* : après Ronsard, il vaut la peine de relire les vers homériques qui lui servent de modèle, et de s'assurer que, comme il se doit, le texte épique va plus loin dans l'ambivalence que ses imitations.

Donc, les vieillards de Troie voient Hélène monter sur le rempart et, à voix basse, échangent des mots ailés :

> « Non, il n'y a pas lieu de blâmer les Troyens ni les Achéens aux bonnes jambières si, pour telle femme, ils souffrent si longs maux. Elle a terriblement l'air, quand on l'a devant soi, des déesses immortelles... Mais, malgré tout, telle qu'elle est, qu'elle s'embarque et qu'elle parte ! qu'on ne la laisse pas ici, fléau pour nous et pour nos fils plus tard [2] ! »

L'évocation du *pèma* – avant-dernier de ces mots ailés – sert aux vieillards de conclusion; certes Priam s'adressera alors à Hélène avec bienveillance, mais, chez Homère, aucun Ronsard ne reprendra la parole pour atténuer ou retourner l'ordre du discours : si beau soit-il, un *pèma* n'en est pas moins un fléau. Cela fait donc : deux vers pour dire la légitimité de la guerre « autour d'une telle femme »; deux autres pour affirmer, en une forte opposition, la nécessité de se débarrasser du fléau; et, entre ces deux distiques, un vers-charnière pour exprimer, de la façon qui, dans l'*Iliade* est encore la plus topique – au moyen d'une comparaison –, l'exceptionnelle beauté d'Hélène :

> « Terriblement aux déesses immortelles, quand on l'a devant soi, elle ressemble. »

Vers essentiel, en ce qu'il éclaire à la fois ceux qui le précèdent et ceux qui le suivent (la beauté justifie à elle seule la guerre, mais du terrible il faut se garder).

1. Isocrate, *Éloge d'Hélène*, 50; Ronsard, *Sonnets pour Hélène*, I, 38, v. 11, et II, 66.
2. *Iliade*, III, 156-160.

Il convient donc de s'arrêter sur ce vers, à commencer par le mot qui l'ouvre (avec quelle force!) : *ainôs,* terriblement. De même, dans l'*Agamemnon* d'Eschyle, la calamité dont procède Hélène est *phôs ainolampes,* « lumière qui fait rayonner l'horreur [1] ». Mieux vaut, il est vrai, éviter le face-à-face avec le divin, où toujours le terrible peut se glisser [2] : or, regardée droit au visage *(eis ôpa),* Hélène ressemble trop à une déesse.

Et pourtant, ce n'est pas la déesse mais la chienne que, dans son propre visage, Hélène reconnaît : « Moi, face de chienne *(kynôpis)* », répond-elle aux douces paroles de Priam; de même, évoquant ces combats qui font la matière de l'*Iliade,* l'Hélène de l'*Odyssée* répétera : « à cause de moi, face de chienne » – et *kynôpis* sera encore Aphrodite dans le chant de l'aède Démodokos tout comme, chez le comique Cratinos, Aspasie à la veille de la guerre du Péloponnèse [3]. *Kynôpis* : qui voit la femme voit la chienne. Emblème d'une impudence *(anaideia)* que l'acharnement dans le mal vient encore renforcer (ainsi chez les Troyens, que Ménélas traite de *kakai kynes,* mauvaises chiennes), la chiennerie féminine se fait impudicité : tout le contraire du quant-à-soi *(aidôs)* que l'ordre du monde exige des femmes [4]. « Femme à plus d'un homme », impudente-impudique, donc « chienne » : ce mot que, dans l'*Iliade,* Hélène retournait contre soi comme l'outrage même, d'autres le lui infligeront après Homère, au premier rang desquels Euripide; chez ce tragique, il est vrai, la lascivité s'attache à Hélène comme un destin et, lors même que, protégée par la fiction de l'*eidôlon,* la femme de Ménélas est restée chaste, son cri de deuil, semblable au gémissement de la Nymphe violentée, sonne encore comme une plainte érotique [5]. Ce n'est pas tout : parce que, comme le dit un célèbre chœur des *Choéphores,* le désir féminin est sans frein, la chiennerie des femmes fait couler le sang des hommes; lubrique et meurtrière comme sa sœur Clytemnestre,

1. Sens fort d'*ainôs* dans ce passage : voir A. Amory, « The Gates of Horn and Ivory », *Yale Classical Studies,* 20 (1966), not. p. 29. *Phôs ainolampes* : Eschyle, *Agamemnon,* 389 (avec le commentaire de J. Bollack, *L'Agamemnon d'Eschyle,* I, 2, Lille-Paris, 1981, p. 415). Depuis Alcman (fr. 27 Page : *ainoparis*), la tradition a volontiers déplacé le funeste sur Pâris (voir Euripide, *Hécube,* 944, *Hélène,* 1120 ainsi que Eschyle, *Agamemnon,* 713). Dans Euripide, *Électre,* 1062, il y a peut-être un jeu sur *ainos* (funeste)/ *ainos* (l'éloge), à propos de la beauté d'Hélène et de sa sœur Clytemnestre.

2. Voir J.-P. Vernant, « L'autre de l'homme : la face de Gorgô », dans M. Olender (éd.), *Pour Léon Poliakov. Le racisme, mythes et sciences,* Bruxelles, 1981, pp. 141-155.

3. *Iliade,* III, 180; *Odyssée,* IV, 145 (Hélène); *Odyssée,* VIII, 139 (Aphrodite) et XI, 20 (Clytemnestre); Cratinos, *Chirones,* fr. 241 Kock (Aspasie).

4. *Kakai kynes* : *Iliade,* XIII, 620-639; la chienne et l'*anaideia* : voir M. Faust, « Die künstlerische Verwendung von *kyôn* (Hund) in den homerischen Epen », *Glotta,* 48 (1970), pp. 25-27 et S. Lilja, *Dogs in Ancient Greek Poetry,* Helsinki, 1976, pp. 21-22.

5. Femme à plus d'un homme : Eschyle, *Agamemnon,* 62; Euripide, *Cyclope,* 181. Hélène « chienne » : Euripide, *Andromaque,* 630; voir aussi Lycophron, *Alexandra,* 87 et 850. Impudicité d'Hélène chez Euripide : voir surtout *Troyennes,* 989-992 et 1027; Hélène, vertueuse mais assimilée à une Nymphe violée : Euripide, *Hélène,* 184-190.

Hélène sera Érinye chez les tragiques, chienne hideuse à l'imitation de ces Chiennes divines [1].

Invention de tragique que cette Hélène-Érinye ? À peine. Car déjà, dans l'*Iliade,* il y avait, dans les qualificatifs qu'Hélène s'inflige, largement de quoi faire d'elle une puissance de mort. Ainsi se disait-elle *stygérè,* détestable (comme l'Érinye, comme l'Hadès, comme Arès le tueur, comme – chez Hésiode – la redoutable Discorde [Éris]); chienne, elle était *kakomèkhanos* (aux mauvais desseins) comme seule Éris – elle encore – sait l'être, et *okryoessè* (propre à glacer le sang) comme la guerre civile, mais aussi comme la terreur, le gémissement de deuil et la guerre *(polémos)* [2]. Miroir d'Hélène et comme elle maître de l'*éris,* Achille confirme chez Homère ce que la fille de Zeus répète – glacée, glaciale, Hélène fait froid, dit-il, Hélène fait peur –, et Ronsard s'en souviendra, évoquant ce que voir Hélène veut dire :

> « Le cœur me bat au sein, ma chaleur naturelle
> Se refroidit de peur [3]. »

Qui s'en tiendrait toutefois à la série : Éris, Arès, Hélène; qui refuserait en cette énumération la première place à Érôs, aurait mal lu Ronsard méditant sur son Hélène (« Mars aussi bien qu'Amour de larmes est joyeux »), aurait surtout mal lu les Grecs, d'Homère à la tragédie en passant par les lyriques. Car, en attribuant à Hélène cette faculté de rompre les genoux des hommes qui, dans l'*Iliade,* est le propre de la guerre, le poète de l'*Odyssée* et l'auteur de l'*Agamemnon* savent rendre justice à Érôs [4] : ils n'oublient pas qu'Érôs, en qui Théognis voit le seul responsable de la chute de Troie, est, avec Hypnos et Thanatos mais avant eux en sa qualité de principe primordial, le grand Briseur de membres, *Lysimélès* [5]. Prise entre Érôs

1. Eschyle, *Choéphores,* 594-601; Clytemnestre-chienne : Eschyle, *Agamemnon,* 607, 1228 (voir *Choéphores,* 621). Hélène-Érinye : Eschyle, *Agamemnon,* 749; Euripide, *Oreste,* 1386-1389. Les Érinyes sont chiennes chez Eschyle *(Choéphores, Euménides),* chez Sophocle (*Électre,* 1388), chez Euripide (voir surtout *Oreste,* 260-261 : *kynôpides Gorgôpes*) et même chez Aristophane (*Grenouilles,* 472).

2. *Stygérè* (de même racine que Styx, le fleuve des Enfers, et que le verbe *stygéô,* avoir en horreur, qu'Euripide emploie à satiété à propos d'Hélène) : *Iliade,* III, 404; voir *Iliade,* IX, 454 (l'Érinye), VIII, 368 (Hadès), II, 385 et XVIII, 209 (Arès; trois occurrences avec *polémos*); Hésiode, *Théogonie,* 226 (Éris). *Kynos kakomèkhanou okryoessès* : *Iliade,* VI, 344; voir *Iliade,* IX, 257 (Éris *kakomèkhanos*) et IX, 64 (la guerre civile *okryoessè*), ainsi que XIII, 48, XXIV, 524 et Hésiode, *Théogonie,* 936 (*kryoéros* : terreur, gémissement, guerre).

3. *Iliade,* XIX, 325 : *rhigédanè,* que l'on comparera avec XXIV, 775. Sur tout ceci, voir L. L. Clader, *Helen,* Leyde, 1976, pp. 18-22. Citation de Ronsard : *Sonnets pour Hélène,* I, 2, vv. 5-6.

4. *Odyssée,* XIV, 69, Eschyle, *Agamemnon,* 63-64.

5. Théognis, 1231-1232. Érôs *lysimélès :* Hésiode, *Théogonie,* 121, 911; Alcman, fr. 3, 61 Page; Sappho, fr. 97-98 Reinach-Puech. Voir aussi Archiloque, fr. 85 Edmonds *(lysimélès pothos)* et Hésiode, *Les travaux et les jours,* 66 (à Pandora, Aphrodite donne « le douloureux désir et les soucis qui brisent les membres »).

et Arès, Hélène aux beaux cheveux est l'épousée maudite qui, en guise de dot, apporte à Ilion la mort ou, ce qui revient au même, elle porte Arès *miaiphonos* dans les boucles de sa « chevelure scélérate » [1]. Façon de dire que le plaisir sexuel – cette « douloureuse luxure » dont Aphrodite a fait don à Pâris [2] – a partie liée, indissociablement, avec la douleur parce que – commente Platon –, au regard du vrai plaisir, il est, comme le fantôme d'Hélène, « une ébauche qui ne prend de couleur que si l'on juxtapose plaisirs et peines pour les renforcer tous deux [3] ».

Érôs, Arès. N'oublions pas maintenant Éris. Éris la hideuse à qui, si souvent, la belle Hélène est associée, voire identifiée. Éris, la plus redoutable des filles de Nuit, car la dernière nommée dans le catalogue hésiodique. Éris, fondatrice de l'humaine condition [4], elle qui, au beau jour des noces de Thétis et de Pélée, jeta la pomme de discorde pour que les déesses se querellent, que Pâris choisisse Aphrodite (et donc Hélène), et que les mortels s'entre-tuent. C'est-à-dire, comme le contaient les *Chants cypriens,* pour que s'accomplisse le dessein de Zeus.

La pudeur d'Hélène est fille de Némésis

« Ô Zeus Roi et Nuit, son alliée... »

Ce n'est pas sans fondement que, pour chanter la prise de Troie, Eschyle associe le Père des dieux et des hommes et la puissance sombre aux enfantements solitaires [5]. Car c'est bien une telle alliance qui présida à la production du *pèma* nommé Hélène.

Qu'Hélène soit fille de Zeus, cela va de soi depuis Homère et, lorsque sa mère est Léda, on peut même ajouter avec Isocrate que, parmi les enfants nés de l'union de Zeus et d'une mortelle, elle seule présente cette singularité d'être femme. Instrument de la toute-puissante volonté du Père, elle fait sentir aux hommes le poids d'Éris tout comme, chez Hésiode, Pandora, cette première femme que Zeus a imaginée, éveillera les humains à leur statut d'êtres sexués et à la dure peine

1. L'épouse maudite : Eschyle, *Agamemnon,* 406, ainsi que Euripide, *Hécube,* 948-949, *Andromaque,* 103-104, *Troyennes,* 357, *Hélène,* 687-690. Arès est *miaiphonos* (meurtrier scélérat), comme le sera la belle chevelure d'Hélène chez Euripide (*Troyennes,* 881-882).

2. *Iliade,* XXIV, 30 : *makhlosynè alégeinè*; on notera qu'une des étymologies possibles de *algos* rapproche ce mot du latin *algeo,* avoir froid : Hélène *rhigédanè* n'est jamais loin...

3. Platon, *République,* IX, 586b-c; Platon n'évoque Hélène que dans ce passage et celui du *Phèdre* – mais quels textes!

4. Éris hideuse : Pausanias, V, 19, 2; Hélène-Éris : Eschyle, *Agamemnon,* 1454-1461, ainsi que Euripide, *Hélène,* 246-249, 1134-1136, 1156-1157 et 1160; Éris fondatrice de l'ordre humain : voir G. Nagy, *The Best of the Achaeans,* Baltimore-Londres, 1979, pp. 218-220; le dessein de Zeus : Euripide, *Électre,* 1280-1281, *Hélène,* 36-37.

5. Eschyle, *Agamemnon,* 355 (avec le commentaire de J. Bollack, *L'Agamemnon d'Eschyle,* I, 2, pp. 380-382).

(ponos) [1]. Après Zeus, voici donc qu'apparaît Nuit, puisque Éris est fille de Nuit et que Ponos est l'enfant de cette redoutable fille. À n'en pas douter, la femme a vocation à introduire dans le monde la noire progéniture de Nuit, mais c'est à Zeus qu'en revient la décision. Euripide peut bien, en une immense dénégation, tenter dans les *Troyennes* de sauver le Père en lui refusant toute part dans l'engendrement d'Hélène (du coup, c'est comme un nouveau catalogue des parentés nocturnes qui s'énonce à propos d'Hélène, fille du Génie vengeur – parèdre de l'Érinye –, de la Haine – si proche de Némésis –, du Meurtre, de Thanatos, mais non de Zeus [2]) : le désirerait-il qu'Euripide ne saurait aller contre la tradition qui, autour d'Hélène, associe les enfants de Nuit au dessein de Zeus. Ou, pour faire un pas et le dire autrement : en tant qu'Hélène est chose sexuelle, en elle s'affirme la paradoxale solidarité de deux modes de la procréation dont la *Théogonie* hésiodique se plaira à marquer l'antagonisme – l'un sous l'autorité d'Érôs et par conjonction des sexes, l'autre sous la loi de la division (Éris n'est pas loin) et par scissiparité.

Car, il est temps de le rappeler, c'est d'un œuf qu'Hélène est sortie pour l'admiration et la douleur des mortels et, si Zeus n'était pas son père, peut-être se laisserait-on aller à interpréter cette naissance hors de l'œuf sur le mode cosmogonique des enfantements primordiaux qui président à la pensée orphique. Mais Hélène a un père et une mère et, si les Grecs n'ont aucune hésitation sur l'identité toute divine de son géniteur métamorphosé pour la circonstance en cygne, ils sont partagés quant à celle de sa mère : les uns content que le cygne royal se réfugia dans le sein de Léda, les autres, depuis Sappho, affirment que l'épouse de Tyndare a seulement trouvé, dans une touffe d'hyacinthe, l'œuf merveilleux, issu du viol de Némésis par le cygne Zeus [3]. Violer Némésis : tout autre que le dieu très puissant eût reculé devant un tel acte, aux conséquences redoutables. Némésis n'est-elle pas la Vengeance divine ? Mais Zeus sait la contraindre à sa brutale nécessité, car, contre les hommes, il a précisément besoin de la colère de Némésis : et la déesse « domptée » sera mère d'Hélène. Or Némésis est – sans surprise – fille de Nuit, citée dans le catalogue hésiodique après les Kères, ces vengeresses, avant Philotès et Apatè (Amour charnel et Tromperie), ces puissances de séduction – puis viendra Géras, la Vieillesse annonciatrice de mort, et enfin Éris. Envoi d'Éris dans le monde, union avec Némésis : cohérent est décidément l'acharnement de Zeus à dresser la lignée nocturne contre les humains.

1. La première femme et la *boulè* de Zeus : Hésiode, *Théogonie,* 572; voir N. Loraux, *Les enfants d'Athéna,* Paris, 1981, pp. 75-117; Hélène et Pandora : voir Cl. Ramnoux, *La Nuit et les enfants de la Nuit,* Paris, 1959, pp. 71-72. Évoquant Pandora à propos de son Hélène, Ronsard avait fait le rapprochement (I, 18, v. 8). Éris et *ponos* : *Théogonie,* 225-226.

2. Euripide, *Troyennes,* 765-769.

3. Sur l'œuf orphique, voir M. Detienne, « Les chemins de la déviance », dans *Orfismo in Magna Grecia,* Naples, 1979, not. pp. 72-74. Hélène fille de Léda/de Némésis : Apollodore, III, 10, 6-7, Pausanias, I, 33, 7, ainsi que Sappho, fr. 62 Reinach-Puech. Sur l'œuf d'Hélène voir encore A. Ruiz de Elvira, « Helena. Mito y etopeya », *Cuadernos de filologia classica,* 6 (1974), not. pp. 99-109.

Soit donc Némésis : un *pèma* pour les mortels, dit Hésiode [1]; Hélène, sa fille, aura de qui tenir, jusqu'en sa soumission à Aphrodite qu'accompagnent en tout lieu Philotès et Apatè. Mais, dans les *Travaux et les jours* où toute puissance noire se double d'une figure bénéfique, Hésiode donne à Némésis la compagnie d'Aidôs, Vergogne, et, lorsque, voilant leur beau corps sous un manteau blanc, ces deux divinités quittent la terre pour le séjour des Immortels, c'en est fait pour les hommes de tout espoir d'une vie ordonnée. Noire mais nécessaire, telle est Némésis, indissociablement puissance divine et mot de la langue *(némésis). Némésis* : nom de la juste répartition, proféré devant le scandale de la justice bafouée et qui en vient à désigner l'indignation,

(« Nom terrible, Vengeance, nom qui fait frissonner le noir offenseur ») [2],

cependant que, proclamé ou simplement énoncé, le syntagme *aidôs kai némésis* suffit à rappeler les hommes au respect de l'honneur et du devoir [3].

Or il se trouve que, dans l'histoire de la naissance d'Hélène telle que la conte le fragment VII des *Chants cypriens,* on peut observer un étrange redoublement de Némésis par *némésis,* de la puissance divine par le mot de la langue. Disons-le tout net : si la proclamation du nom de Némésis est un acte de langage très efficace, il importe que, poursuivie par le désir du Père, la déesse en appelle à ce que son nom désigne, contre la violence de Zeus, contre l'injustice du monde. Mais aussi : contre elle-même.

> « Alors il engendra Hélène, merveille pour les mortels, elle qu'un jour Némésis aux beaux cheveux, unie charnellement *(philotèti)* à Zeus roi des dieux, enfanta, sous une brutale nécessité. Elle fuyait, en effet, et ne voulait pas de l'union charnelle avec le Père, le dieu fils de Kronos. Car, en son âme, elle était tenaillée par la honte et l'indignation *(aidoi kai némései).* »

Aidôs kai némésis! La fille de Nuit la solitaire est toute protestation contre la brutale nécessité du désir masculin; mais, torturée par *aidôs kai némésis,* c'est-

1. *Théogonie,* 223-224; en 592, c'est au tour de la « race des femmes » d'être un *pèma* pour les mortels, qui se découvrent mâles, sexués : voir *Les enfants d'Athéna,* pp. 80-81; Philotès et Apatè (*Théogonie,* 224) font partie du cortège d'Aphrodite : *Théogonie,* 205-206. Aidôs et Némésis : *Les Travaux et les jours,* 198-200.

2. Citation de *Titus Andronicus* (V, 2), dans la traduction de F.-V. Hugo.

3. *Némésis :* je m'appuie ici sur l'analyse de E. Benveniste, *Noms d'agent et noms d'action en indo-européen*[2], Paris, 1975, pp. 79-80; *aidôs kai némésis :* dans le droit fil de Benveniste, voir J.-C. Turpin, « L'expression *aidôs kai némésis* et les actes de langage », *Revue des études grecques,* 93 (1980), pp. 352-367.

à-dire en quelque sorte par elle-même [1], Némésis est la digne mère d'une Hélène pudique, aux prises avec le nom d'Hélène.

Comment dire la pudeur d'Hélène après avoir sans méfiance pris au mot l'Hélène iliadique lorsqu'elle se traite de *kynôpis*? Sur quel mode affirmer qu'elle seule peut retourner contre elle l'*anaideia* de la chienne? Peut-être faudra-t-il recourir à une palinodie pour avoir parlé aussi impudemment *(anaidôs)* de la fille de Némésis que Socrate d'Érôs [2]. En tout cas, il ne faut pas imiter Euripide qui, dans l'*Oreste,* n'attribue sans y croire une tardive *aidôs* à Hélène qu'avec l'espoir de retourner ensuite contre elle la *némésis* divine [3]. Mieux vaut s'aviser que, dès Homère, la langue des poètes pour parler d'Hélène accumule, comme autant de signes, les références à *némésis,* à *aidôs kai némésis,* mais aussi, en creux, à *aidôs,* nom de la pudeur, de la honte et même – à deux reprises dans l'*Iliade* – des organes sexuels.

Destinée d'Hélène : déjà Tyndare, son « père » mortel, exigeait de ses prétendants qu'ils prêtent le serment de concourir à châtier l'audacieux qui, dépouillant tout sentiment de l'honneur et du devoir *(aidôs kai némésis),* enlèverait à son mari la femme aux beaux cheveux [4]. C'est donc contre Pâris que, dans l'*Iliade,* Hélène brandit sans trop d'effet le rappel à l'ordre : « Ah! si j'étais la femme d'un brave qui connaîtrait le respect du devoir et de l'honneur [5]. » Mais Pâris n'a garde d'intérioriser la *némésis,* il laisse ce soin à la fille de Zeus. Ainsi, contre Aphrodite qui la presse d'aller rejoindre le trop beau Pâris, Hélène s'insurge :

> « Non! je n'irai pas – cela provoquerait trop d'indignation *(néméssèton)* –, je n'irai pas préparer son lit. Les Troyennes désormais toutes me blâmeraient [6]. »

Aphrodite alors menace la rebelle, qui prend peur et, sous son voile blanc, s'en va « en silence, sans être aperçue d'aucune Troyenne : la déesse guide ses pas ». Impressionnés par la violence verbale d'Aphrodite, les lecteurs de l'*Iliade* n'ont souvent pas voulu voir que seule l'action de la déesse permet à Hélène d'échapper pour cette fois à la *némésis* et au *mômos* (blâme) des autres. Car, en sa ruse divine, Aphrodite sait qu'Hélène n'a pas besoin du jugement de la société puisque déjà,

1. Ce qu'a bien vu K. Kerényi, jungien devant l'Éternel et bon lecteur de textes (*Die Geburt der Helena,* Zurich, 1945, pp. 14-15); dans le passage de *Titus Andronicus,* cité n. 2, p. 22 c'est, au-delà de l'intrigue, une logique analogue qui pousse Tamora déguisée en Vengeance à proférer le nom de la Vengeance.

2. *Anaidôs* : *Phèdre,* 243c 1.

3. Euripide, *Oreste,* 98-102 et 1361-1362.

4. Hésiode, fr. 204 Merkelbach-West, 81-82.

5. *Iliade,* VI, 351 : *némésis kai aiskhéa polla;* plus concret qu'*aidôs, aiskhéa* peut cependant être considéré comme un synonyme de ce mot : voir C. E. von Erffa, *Aidôs und verwandte Begriffe...,* Leipzig, 1937, p. 20.

6. *Iliade,* III, 410-412 (même formule dans la bouche d'Héra au chant XIV).

en son for intérieur, elle a retourné le blâme contre elle-même – et contre Pâris, qui n'en a cure. Pâris qu'elle abreuvera de mots injurieux, mais suivra dans son lit. La déesse n'a plus dès lors à intervenir : sans doute sait-elle aussi – et le discours enflammé de Pâris lui donne raison – que le désir vit de l'*aidôs* qu'on lui oppose.

« Cela provoquerait l'indignation », disait Hélène. « Il n'y a pas à s'indigner », avaient à l'avance répondu les vieillards de Troie. Nul doute que, dès l'*Iliade,* Hélène n'ait beaucoup à voir avec Némésis, et peu importe finalement qu'Homère ait ou non donné à sa mère le nom redoutable de la déesse issue de Nuit; l'essentiel est que, çà et là, les accointances de la fille de Zeus avec la *némésis* affleurent à livre ouvert [1]. En l'occurrence, nous voici, par un long chemin, ramenés aux propos des vieillards de Troie. *Ou némésis... :* « il n'y a pas à s'indigner », disaient ces bons vieillards.

Il n'y a pas à s'indigner... puisque Hélène est semblable aux déesses. Mais aussi : il n'y a pas à s'indigner puisque, à tout instant, la fille de Zeus s'en charge elle-même. Et surtout : il n'y a pas à s'indigner..., mais elle est un *pèma. Ou némésis,* « il n'y a pas à s'indigner » : faut-il, dans la négation, entendre la dénégation ? Commentant cette expression, Benveniste postule l'antériorité logique d'une forme positive de l'exclamation que nul texte, à vrai dire, n'atteste :

> « On évoque la " juste répartition " dans une circonstance où cette répartition est enfreinte; donc " nous avons lieu de nous indigner de notre sort; nous le trouvons immérité ". Il devient alors aisé de comprendre cette même locution, tournée en négation, telle que nous la lisons en effet : *ou némésis (esti)* : " il n'y a pas lieu de s'indigner ". De là, issue des tours négatifs, l'acception devenue constante : *némésis,* indignation, colère (devant toute atteinte à la justice distributive) [2]. »

Introuvable, l'affirmation « première » qu'il y a à s'indigner ? On peut toujours imaginer qu'elle « se trouvait » comme par hasard dans un texte, voire dans un état de langue aujourd'hui perdu. On peut aussi prendre la généalogie benvenistienne pour ce qu'elle est – une reconstruction intellectuellement nécessaire – et, revenant à « ce que nous lisons en effet », faire le pari que, sous sa forme affirmative, l'assertion *némésis (esti)* est destinée à rester introuvable et comme disparue d'origine. Parce que, peut-être, il y a, dans le mot *némésis* ainsi proclamé à la face de l'injustice, une telle force d'indignation qu'il convient toujours d'en neutraliser préventivement l'efficace sous la négation.

Je n'irai pas plus loin dans la linguistique-fiction, préférant encore confronter Benveniste à Benveniste, et la reconstruction du sens de *némésis* aux « Remarques

1. Ce que Kérényi n'a pas manqué de relever à propos de III, 156 (*Geburt,* pp. 26-27).
2. E. Benveniste, *Noms d'agent et noms d'action,* p. 80.

sur la fonction du langage dans la découverte freudienne » : il vaut en effet la peine de méditer sur ce que Benveniste dit de « la négation en quelque sorte constitutive du contenu nié, donc de l'émergence de ce contenu dans la conscience et de la suppression de ce refoulement [1] ». « Il n'y a pas à s'indigner », donc; mais à l'instant précis où parlent les vieillards, Grecs et Troyens, indignés de cette guerre qui s'éternise, cherchent la solution du conflit dans un duel décisif entre Pâris et Ménélas. « Il n'y a pas à s'indigner » : ce que les vieillards de Troie disent en le niant, c'est qu'Hélène n'est si belle que parce qu'elle est fille de l'indignation. Peut-être d'une déesse, Némésis. Peut-être d'un nom, *némésis.* Peut-être d'un cri : *némésis*!

Car, si le discours autour d'Hélène porte bien, comme on en a fait l'hypothèse, sur ce que, à parler grec, « sexuel » veut dire, on en énoncera ainsi la leçon : l'acte même se dit peu – si ce n'est sur le mode d'une ellipse du récit ou, comme chez Platon, d'une accumulation de petits mots très neutres [2] – mais, autour de la chose, de multiples actes de langage assument l'essentiel. De la juste répartition à l'indignation et de la pudeur, cette vertu éminemment sociale [3], à la honte des *aidoia* : c'est aussi ce chemin que l'on parcourt, à étudier Hélène, entre pudeur et *anaideia.*

La perte et le substitut

Paroles d'Hélène sur Hélène, parole des autres sur Hélène, autour d'Hélène c'est toujours le discours. Parler d'Hélène, soit. Mais qu'en est-il d'aimer Hélène? À n'en pas douter, cela revient à expérimenter l'absence.

Toujours à distance d'elle, d'elle à elle, d'elle aux autres, Hélène semble avoir des ailes : celle de Ronsard en a pour danser (« Je faux, tu ne dansois, mais ton pied voletoit / Sur le haut de la terre : aussi ton corps s'estoit / Transformé pour toujours en divine nature ») [4], et celle de la tradition grecque pour toujours échapper à la prise. « Oiseau ailé » que poursuit l'enfant Pâris, fantôme envolé que poursuit Ménélas, que tant d'autres voudraient saisir, Hélène a toujours déjà pris son vol. Une lecture rationalisante de cette métaphore (fille du cygne, Hélène est tout naturellement « oiseau ») nous entraînerait vite du côté de Meilhac et Halévy. Mieux vaut sans doute se mettre à l'école des sculpteurs grecs qui, lorsqu'ils

1. E. Benveniste, *Problèmes de linguistique générale,* I, Paris, 1966, p. 84.
2. Neutres du point de vue du genre autant que du sens : voir *Phèdre,* 255e 5 (*poiei ta méta touto tachy tauta* : « Il fait vite ceci qui suit cela ») et 256c 3-4 (« ils en viennent à l'affaire. Et, l'affaire faite... »).
3. Voir par exemple E. Benveniste, *Vocabulaire des institutions indo-européennes,* I, Paris, 1969, p. 340.
4. *Sonnets pour Hélène,* II, 48, vv. 12-14.

voulurent représenter Némésis, lui donnèrent des ailes « à l'imitation d'Érôs [1] » : comme l'Amour, dont Platon imagine plaisamment que les dieux le nomment *Ptérôs,* l'Emplumé [2], la fille de Némésis a des ailes. Si Erôs se fait bienveillant, il n'est rien qui soit plus partagé que cet « envol » de l'exaltation sexuelle : ailes de l'aimé(e), ailes de l'amant(e) – celles de Sappho, celles de l'âme dans le *Phèdre,* celles encore de Ronsard (« Et mon âme fuitive à la tienne s'envole ») [3]. Telle est la structure grecque du désir que, pour approcher ce qui vole et toujours se dérobe, il faut des ailes. Mais telle est aussi la structure (grecque) du désir que, devant l'objet ailé, on est douloureusement privé. Aimer Hélène revient à expérimenter ce manque parce que, sans doute, autour de la fille de Zeus, Éris et tous les enfants de la Nuit ont rejoint Érôs. Quel amant a jamais possédé Hélène, lors même qu'elle le suivait dans son lit, lors même qu'elle se laissait enlever ?

Pour dire le désir d'Hélène comme expérience du manque, la réflexion poétique des Grecs oscille entre deux figures que, pour faire bref, j'associerai, l'une à Eschyle, l'autre à Euripide : sur les pas fugitifs de l'épouse de Ménélas, la distance irréparable de la perte se creuse dans l'*Agamemnon,* cependant que, dans l'*Hélène,* Ménélas, pris au jeu de l'être et du double, découvre que les guerres les plus acharnées sont celles où l'on combat pour un fantôme.

Rien de plus facile, apparemment, que d'enlever l'aérienne Hélène à l'homme qui la « détient » – ainsi Thésée l'a soustraite à la garde de Tyndare et Pâris à celle de Ménélas. À ceci près qu'enlevée, c'est encore elle qui enlève. Elle prend à l'homme qu'elle fuit, elle prend à l'homme qu'elle suit. Sous les murs de Troie, c'est pour « Hélène et les trésors » que, dans l'*Iliade,* combattent les Grecs. Mais à Ménélas elle a pris beaucoup plus que des trésors : elle l'a dépossédé de cet *agalma* qu'elle est elle-même. Pâris rendrait bien les trésors, lui qui croit posséder la femme : il ne devine pas que, virtuellement, Hélène lui prend sa vie et sa ville. Les amants d'Hélène voient sa beauté, ils n'entendent pas son nom, plus véridique que son corps; son nom où s'inscrit la loi qui conduit la femme enlevée à enlever *(hélein)*; ce nom que, nourri de lectures grecques, Ronsard dérivera à son tour des verbes « ôter », « ravir », « piller », « emporter », au milieu desquels se glisse, comme un sinistre dénominateur commun, le verbe « tuer ». Cette étymologie, « fausse » pour les philologues qui, tout compte fait, préfèrent encore n'en pas donner, mais profondément vraie pour les poètes grecs qui, cratyliens

1. L'oiseau et les ailes : Eschyle, *Agamemnon,* 394 (et 691-692); voir aussi Euripide, *Hélène,* 606, 618-619, 666-668, 1516, ainsi que Lycophron, *Alexandra,* 822. Hélène « oiseau » : Lycophron, *Alexandra,* 87, 131, 513; Meilhac et Halévy, *La belle Hélène,* I, 5. Dans les *Chants cypriens,* l'ultime métamorphose de Némésis en fait une oie. Némésis ailée : Pausanias, I, 33, 7.

2. Platon, *Phèdre,* 252b.

3. L'envol : Platon, *Lois,* 738c 10-d 1 *(aphrodisiôn tina diaptoèsin).* Les ailes : Sappho, fr. 36 Reinach-Puech; Platon, *Phèdre,* 246d, 249d, 251a-252b; Ronsard, *Sonnets pour Hélène,* I, 17, v. 8.

avant Cratyle, trouvent l'être dans le nom [1], il revient à Eschyle de l'avoir le premier formulée explicitement :

> « Qui a pu donner ce nom / parfaitement véridique – / une personne que nous ne voyons pas, qui, / instruite par avance du sort fixé, / sait régler sa langue sans manquer le but ? – / le nom d'Hélène, la femme mariée dans les lances, / la disputée ? N'est-ce pas en Hélène que, / perdeuse de navires, perdeuse d'hommes, perdeuse / de ville, quittant le secret / de voiles de grand prix, elle s'en alla, / portée par le souffle léger d'un zéphyr géant ? / Et aussitôt partit la troupe nombreuse des chas/seurs armés de boucliers / sur la trace de ceux qui, poussant une rame / invisible, ont touché aux rives / luxuriantes du Simoïs, / sous l'effet de la sanglante Discorde [2]. »

Hélénas, hélandros, héleptolis, c'est-à-dire *Hélénè.* Le nom d'Hélène est un destin pour les autres [3] : (Hélène), preneuse-perdeuse de navires, d'hommes, de ville. Euripide ajoutera que, même dans le face-à-face, c'est par la séduction de l'absence qu'Hélène s'empare de l'amant, « saisi » – autant dire dessaisi – par le *pothos,* ce désir que l'on vit sur le mode de la perte, dépossédé que l'on est et de l'objet insaisissable et de soi-même [4]; désir que rien ne saurait assouvir, perte sans réparation. Mais, en l'occurrence, Euripide se contente de commenter ce que, superbement, Eschyle a dit dans l'*Agamemnon* : quelle réparation escompter d'une lourde opération militaire, lorsque déjà les traces légères de la fugitive se sont effacées sur la surface mouvante de la mer inféconde ?

Affirmant en forme de palinodie : « Non, il n'est pas vrai que tu t'en sois allée », Stésichore confirmait *a contrario* ce qu'il en est de la nature fugitive d'Hélène. Mais nul mieux qu'Eschyle n'a su dire la force destructrice de cette créature d'absence. *Bebaken* : elle s'en est allée, toujours, déjà. Toujours l'Hélène eschyléenne a prestement passé les portes et lorsque, dans les rêves de l'époux délaissé, elle se fait vision nocturne, image de songe, déjà elle « s'est échappée des

1. Pour P. Chantraine (*Dictionnaire étymologique de la langue grecque,* s.v.), « il est vain de chercher une étymologie ». Sur la pratique grecque du rapport étymologisant au signifiant, voir N. Loraux, « Le héros et les mots », *L'Homme,* 21, 4 (1981), pp. 87-94 (à propos de l'ouvrage de G. Nagy, *The Best of the Achaeans*).

2. Eschyle, *Agamemnon,* 681-698 (trad. P. Judet de la Combe). Voir C. Ramnoux, *La Nuit et les enfants de la Nuit,* p. 131, ainsi que « De la légende à la sagesse à travers le jeu des mots », dans B. Gentili et G. Paioni (éd.), *Il mito,* Rome, 1977, pp. 195-196.

3. Ainsi que l'observe P. Judet de la Combe, *L'Agamemnon d'Eschyle,* II, Lille-Paris, 1982, pp. 21-22; avec lui (*ibid.,* pp. 31-32), on observera également que, dans ce texte, le nom d'Hélène « nie » aussi bien celui de Ménélas (*Hélénas*/Ménélas) que celui de Pâris-Alexandre (*Hélandros*/Alexandros). J'ajouterai qu'au vers 685, *némôn* est peut-être une allusion indirecte à Némésis.

4. Euripide, *Troyennes,* 891-893.

mains, dans l'instant même, sur ses ailes qui suivent les chemins du sommeil [1] ». Et, dans le palais déserté qu'évoque un chœur célèbre de l'*Agamemnon,* Ménélas est assis, présence silencieuse et comme vide, habité qu'il est par l'absence de la femme en allée. Mais, au fait, dans ce premier *stasimon* de la tragédie qui dit si bien la perte, quel est donc ce fantôme qui, sur la demeure, semble régner? Hélène, sans nul doute, a répondu et répond, presque unanime, la tradition critique, forte de savoir que, de Stésichore à Euripide, Hélène est elle-même et son double; et, en toute sérénité (puisque cette traduction retrouve du bien-connu), on avance une interprétation où c'est « le fantôme de la femme partie outre-mer » qui, par la force du désir *(pothos),* règne sur la demeure. Or il est une autre lecture, certes peu prisée de la tradition bien que le texte l'autorise tout autant, mais qui en dit plus long sur le vide creusé par la perte :

> « À cause du désir d'une femme d'au-delà des mers, un fantôme à la fin paraît régner sur le palais [2]. »

Dans la traduction de Jean Bollack, Ménélas est ce fantôme, lui qui, à force de s'élancer en pensée sur les traces de l'absente, a modelé son apparence sur celle d'un spectre. À une telle lecture, l'habitude des interprétations reçues n'a jamais manqué d'opposer une vive résistance : et pourtant, comment ne pas y acquiescer, dès lors qu'on s'est convaincu qu'Hélène ne sait qu'enlever (qu'ôter, que ravir...)? Spectral, Ménélas est l'incarnation vide de la double dépossession qui, depuis la fuite de l'épouse, s'est emparée de lui : celle qui toujours, sur fond d'absence, constitue le *pothos,* celle qu'impose par essence Hélène la trop bien nommée. Ce n'est pas Aphrodite seulement, et la plénitude du regard amoureux, qu'avec elle Hélène a emportée; plus grave est la perte qu'elle a infligée à Ménélas, en lui dérobant toute présence de soi à soi et au monde.

Effet d'Hélène comme manque, la vacuité fantomatique de Ménélas est la figure même – eschyléenne et bien plus que simplement eschyléenne – de la sexualité comme rapport à la perte.

Mais, pour ne l'avoir pas trouvé chez Eschyle, on n'en a pas pour autant fini avec le fantôme d'Hélène. C'est à cette silhouette trompeuse qu'Euripide assigne pour fonction de donner forme au mirage de la sexualité : Grecs et Troyens se

1. Stésichore, cité par Platon, *Phèdre,* 243 a *(oud'ébas)*; Eschyle, *Agamemnon,* 406-407 *(bebaken)* et 424-426 *(bébaken),* avec le commentaire de J. Bollack, *L'Agamemnon d'Eschyle,* I, 2, pp. 440-442. Selon Isocrate (*Éloge d'Hélène,* 65), c'est comme image de songe qu'Hélène s'est présentée à Stésichore. Lycophron développera la figure d'Hélène en allée (*Alexandra,* 110-114 et 130-131) et celle d'Hélène aimée en songe – cette fois par Achille (*ibid.,* 171-173). Hélène image du rêve : voir encore Ronsard, *Sonnets pour Hélène,* I, 60 et II, 41.

2. Eschyle, *Agamemnon,* 414-415, avec le commentaire de J. Bollack, *op. cit.,* pp. 426-432.

sont battus « parce qu'ils croyaient que Pâris possédait Hélène, qu'il n'avait pas », et c'est un rien que, pour couronner sa peine, Ménélas a pensé reconquérir [1].

Avant Euripide, Stésichore, donc, avait dédoublé Hélène : cependant que, pour un *eidôlon,* la mêlée guerrière faisait rage devant Troie, la fille de Zeus, présente à soi-même et à son corps intact, était au loin, dans cette contrée de l'ailleurs que, pour les Grecs, est l'Égypte [2]. Si l'*eidôlon,* double fantomatique, est bien ce non-être donnant l'illusion du plein, cet irréel produisant un effet de réalité dont parle Jean-Pierre Vernant [3], à lire Homère, on eût déjà pu se douter qu'il arriverait un jour à Hélène de se doubler de son propre *eidôlon* : Hélène iliadique, tendue dans la dénonciation d'« Hélène »; Hélène ambivalente de l'*Odyssée* qui, d'un récit à l'autre, change de signe, toute fidélité dans ses souvenirs, toute duplicité dans ceux de Ménélas; et surtout : Hélène dédoublée de l'*Iliade* à l'*Odyssée* – de l'*Iliade* où elle est miroir d'Achille et, comme telle, prise dans la préoccupation exigeante de la rumeur de gloire, à l'*Odyssée* où, miroir d'Ulysse, elle est pensée dans la sphère de la semblance [4]. Mais, à ce dédoublement qui traverse les poèmes homériques, bien d'autres s'ajouteront au cours des siècles – sur le thème, par exemple, d'une Hélène à la fois bienveillante et maléfique, bonne étoile pour les navigateurs, à en croire l'*Oreste* d'Euripide, mais les scholies précisent que, pour le navigateur perdu dans la tempête, mieux vaut ne pas voir l'astre sinistre d'Hélène [5]. Pour en rester à Euripide, on mentionnera encore l'étonnement du lecteur constatant que l'Hélène adultère et criminelle de l'*Oreste* est récompensée par l'apothéose, tandis que, dans l'*Hélène,* la honte et la mort entourent l'épouse irréprochable. Ce qui nous ramène à l'*eidôlon,* à sa force de séduction et à ses méfaits.

Non, tu n'es pas allée à Troie, seul ton double a suivi Pâris : ainsi parlait en substance Stésichore. L'honneur de la fille de Zeus était sauf, et la chose sexuelle se faisait fantomatique, pour la plus grande joie des Platon à venir. À son tour, Euripide consacre une tragédie – l'*Hélène* – à réfléchir sur l'*eidôlon,* cette imitation *(mimèma).* Mais, à passer sur la scène tragique, le dédoublement se complique et l'inquiétude grandit, comme si désormais la proclamation de la réalité ne suffisait pas à anéantir l'illusion.

Il y a, certes, le nom d'Hélène autour duquel on s'est battu, et le corps de la femme restée en Égypte. C'est le nom, vaine illusion, que possédait Pâris, et non le corps. « Beau nom fatal / Qui mit toute l'Asie et l'Europe en pillage » – glose

1. Euripide, *Hélène,* 611 et 718.

2. *L'eidôlon* : Stésichore, fr. 63 Page (dont se souviendra Lycophron, *Alexandra,* 141-143); une autre version de l'histoire égyptienne d'Hélène se trouve chez Hérodote (II, 113-120).

3. *Annuaire du Collège de France,* 1976-1977, pp. 426-427.

4. Hélène iliadique, miroir d'Achille : L. L. Clader, *Helen,* pp. 5 sq.; sur Hélène au chant IV de l'*Odyssée,* voir R. Dupont-Roc et A. Le Boulluec, « Le charme du récit », dans *Écriture et théorie poétique,* Paris, 1976, pp. 30-39.

5. Euripide, *Oreste,* 1629, 1684, avec les scholies. Sur le paradoxe euripidéen d'Hélène, voir F. Jouan, *Euripide et les légendes des Chants cypriens,* Paris, 1966, pp. 52-53.

Ronsard –, le nom d'Hélène est devenu marque d'infamie, tandis que son corps restait chaste. Soit. Les choses toutefois ne sont pas aussi simples. Car la chaste Hélène souffre de la honte qui s'attache à son nom et, si son corps est pur, elle sait qu'en réalité, avec l'*eidôlon,* fantôme animé à l'exacte semblance de son beau corps de femme, Pâris possédait un peu plus qu'un nom. Si bien que, restée en Égypte, l'épouse de Ménélas n'en doit pas moins reconnaître que c'est son corps qui a perdu les deux armées [1]. Pour le dire en d'autres termes : Hélène est un *agalma* – un trésor en forme de statue –, et rien ne se copie avec plus d'exactitude qu'un *agalma* [2]. Ou encore : si la vue ne permet pas de distinguer la véritable Hélène de son *eidôlon,* de la fausse et de la vraie, laquelle est pure vision [3] ? Telle est la question redoutable à laquelle, en présence d'Hélène, s'affronteront l'un après l'autre deux Grecs égarés en Égypte : Teukros croira voir l'image alors qu'il voit la femme, et Ménélas, dont la raison vacille à l'idée qu'il est « l'époux de deux Hélènes », ne renoncera pas sans difficulté à l'ombre qui lui a si longtemps servi de raison de vivre.

Teukros, donc, voit la femme et croit voir une vision *(opsis),* « l'image sanglante de celle qui l'a perdu, lui et tous les Achéens »; il ne croit pas si bien dire : c'est en effet une image qui l'a perdu, mais non point celle qu'il croit [4]. Les hésitations de Ménélas sont certes plus troublantes : lui pour qui « Hélène » est le nom de son long désir et de sa longue peine devant Troie, pourquoi croirait-il celle en qui il voit seulement une femme très semblable à Hélène, lorsqu'elle affirme qu'il a combattu pour un *eidôlon* ? Avoir peiné pour un fantôme fait de nuée, peiné pour du vent, peiné pour rien, voilà plus que l'époux d'Hélène n'en peut supporter après dix ans de guerre et de longues errances. Et lorsqu'il s'écrie :

> « L'immensité de mes épreuves là-bas seule me convainc, et non toi [5]. »

le spectateur sait bien que tel est le dernier mot de la tragédie – le reste est intervention du Ciel, c'est-à-dire drame, ou comédie. Car, laissé à lui-même, à l'erreur de ses sens et de son désir, Ménélas, tel Ronsard « embrassant pour le vray l'idole du mensonge [6] », repartirait, abandonnant Hélène à son destin.

Tout s'arrangera, bien sûr. Parce que, dès l'*Odyssée,* Hélène avait regagné

1. Euripide, *Hélène,* 33-36, 42-43, 65-66, 588, 1100 (le nom/le corps) et surtout 383-384; Ronsard, *Sonnets pour Hélène,* II, 9, vv. 13-14 (et II, 54).

2. Euripide, *Hélène,* 262-263; 704-705, 1219 *(néphélès agalma).*

3. *Opsis* et *prosopsis* : 557 (559), 569-570, 636.

4. Euripide, *Hélène,* 72-77 (et 118-119, 121, 160-161).

5. Voir surtout le vers 593, avec le commentaire de M. Delcourt (*Euripide. Théâtre complet,* Bibliothèque de la Pléiade, p. 928) et les remarques que, dans *Le Principe Espérance* (trad. fr., I, Paris, 1976, pp. 222-225), E. Bloch consacre à la « réalité » de l'Hélène-*eidôlon.* La guerre pour rien : 603, 751; pour de la nuée : 707, 750; pour du vent : 32.

6. Ronsard, *Sonnets pour Hélène,* I, 60, v. 11.

Sparte en compagnie de son époux et qu'Euripide ne pouvait autoriser Ménélas à lâcher ainsi la proie pour l'ombre. Parce que surtout il convient que l'*eidôlon* pâlisse devant le modèle, pour que la royauté du vrai soit sauve. Mais il m'importe de remonter en amont et d'en rester au cri de Ménélas, parce qu'il dit admirablement qu'au regard de la sexualité, la distinction du « vrai » et du « faux » n'a sans doute pas de pertinence : il n'y a que des fantômes, ou que du vrai – qu'importe, puisque les fantômes sont vrais et le vrai fantomatique ?

À m'arrêter ainsi au cri de Ménélas, ce n'est pas seulement la fin de l'*Hélène* que je veux ignorer. C'est le Platon de la *République* faisant du plaisir sexuel le fantôme du vrai plaisir et affirmant que, pour cet *eidôlon,* on se bat « comme on se battait sous Troie pour le fantôme d'Hélène, faute de savoir la vérité ». Faute de savoir la vérité ? Peut-être. Mais quel dieu eût pu convaincre Ménélas que, sous les murs de Troie, son désir était faux parce qu'il combattait « pour une tunique vide, pour une Hélène [1] » ? À tout prendre, au Platon de la *République,* je préfère opposer celui du *Sophiste* convenant, bon gré, mal gré, que les ressemblances sont « glissantes ». Libre à Stésichore, libre à Platon de ne parler du désir que sur le mode de la palinodie. Libre à Euripide de sauver *in extremis* l'honneur d'Hélène après en avoir si souvent pourfendu la lubricité. Reste l'évidence : double et une, Hélène n'est jamais plus réelle qu'enlevée par Pâris. Si la guerre de Troie eut lieu pour une ombre, est-il rien de plus vrai que la guerre de Troie, rien de plus fantomatique qu'une Hélène restée chaste ?

Hélène ou : de la sexualité comme le plus réel des fantômes.

NICOLE LORAUX

1. Séféris, « Hélène », vv. 50 et 68 (*Poèmes,* trad. J. Lacarrière).

Paul-Laurent Assoun

C'EST, DONC, LA CHOSE, TOUJOURS

La Chose sexuelle est réputée définir la psychanalyse. Par quelque bout qu'on prenne la psychanalyse, c'est bien en effet à *cela* qu'on accoste : ce dont elle s'occupe, ce qu'elle traite, ce qu'elle fréquente, c'est bien, apparemment, cela. Qu'on l'aborde par son objet, qu'on la décrive par son trajet ou qu'on la définisse par son projet, la psychanalyse renvoie à la Chose sexuelle, comme une fatalité. Au point même que, par un effet de retour, elle passe pour avoir transformé la Chose sexuelle même en fatalité.

Étranges partenaires que ces deux-là : la psychanalyse, qui ne cesse d'*en* parler, la Chose sexuelle qui ne cesse de la faire parler. Le bon sens les croit liées si étroitement que parler de la psychanalyse implique d'évoquer « la chose », tandis que l'invocation de « la chose » laisse supposer que la psychanalyse n'est pas bien loin. C'est un fait qu'elles vont ensemble, désormais, mais cela est l'effet d'un nœud très singulier noué par un acte de fondation, lié à un sujet déterminé, qui a fini par donner à ce mariage son nom propre – celui de Sigmund Freud. C'est un fait que la Chose sexuelle s'est imposée depuis l'expérience instituée par Freud comme le préjugé nécessaire de la psychanalyse.

Mais aussi bien il semble loisible de jouer avec ce nœud, de tenter de le dénouer. Après tout, est-il bien nécessaire que la Chose soit sexuelle, comme l'a dit Freud ? Question qui se retourne volontiers : faut-il croire à cette nécessité, que Freud veut induire, et après lui « les psychanalystes », que ce soit de la Chose sexuelle, et pas *d'autre chose,* qu'il soit question, dans l'expérience analytique ?

Ce genre de jeux peut dépiter et laisser sans voix, pour qui s'est voué justement à la croyance nécessaire dont témoigne toute l'expérience analytique : à cela on pourrait répondre que c'est le « lot » qui est à prendre, la psychanalyse *et* « la chose » – ce qui est irrécusable, mais expose par là justement l'entendement analytique à s'isoler de l'Entendement. Certains croient en effet pouvoir continuer à penser *sans la chose* (sexuelle), justement parce que Freud et ses héritiers s'en sont chargés. Mais c'est somme toute une question qu'il est licite de se poser, ne serait-ce que pour se délasser d'avoir entendu l'inconscient insister à parler de la Chose sexuelle : pourquoi, après tout, *ne parlerait-il pas d'autre chose?*

Se laisser troubler par ce conditionnel implique de découvrir une question, vraie celle-ci – que le bon sens contestataire de la psychanalyse semble viser confusément : quel genre de nécessité lie donc l'inconscient, et son savoir *ad hoc*, psychanalytique, à la chose sexuelle? Car ce bon sens, si oisif paraît-il en regard du réel de l'expérience de la chose sexuelle dans l'inconscient qui est le vif de la pratique analytique, a bien raison quand il soupçonne l'analyste d'avoir fait, depuis Freud, de la Chose sexuelle, sa *superstition.* De la famille humaine des discours, celui de l'analyste se reconnaît, sans doute *trop* facilement, en cela qu'il met *de la chose* sexuelle partout.

La question demeure de ce qui l'y oblige. Car il y a là comme un point aveugle : la Chose est posée à la fois comme une *réalité* et comme le corrélat de la pensée analytique, quelque chose comme son « noème » [1]. D'une part, en effet, le freudisme est présenté comme ce qui « met au jour » la réalité psychosexuelle; d'autre part, qui veut se former quelque concept de cette « chose », si réelle, se voit renvoyer à la psychanalyse elle-même, comme ce qui *en* parle. La chose sexuelle n'est elle-même que par cela que la psychanalyse « en » parle : elle est ce référent matériel, le *« Material »* même que Freud évoque sans cesse à l'appui de la moindre de ses assertions.

Aussi bien le bon sens qui se reprend sans cesse à douter du caractère sexuel de ce qu'il ne cesse pourtant de reproduire [2] aide-t-il à jeter un regard neuf sur ce qu'il en est, somme toute, de l'être sexuel de cette chose qui fournit à la psychanalyse sa substance. Seulement, il ne faut pas faire que jouer avec ce nœud de la psychanalyse avec la Chose sexuelle : il convient de le dénouer pour l'éprouver, bref d'en esquisser une généalogie. Il se peut bien après tout que l'être sexuel soit nécessaire à la psychanalyse pour qu'elle constitue *sa* chose comme la sienne propre. Le ton dogmatique délibéré avec lequel Freud revendique le *Credo* libidinal [3] semble l'indiquer.

Mais ce qui nous intéressera, dans cette question si fondamentale qu'on peut la juger élémentaire, c'est justement cela : qu'a-t-il fallu qu'il arrive à la « chose » pour que, étreinte par la psychanalyse, elle ne livre pas d'être autre que sexuel? Cette formulation de résonance mythologique est destinée à chercher une percée ailleurs que dans un exposé de la notion de sexualité chez Freud. Aussi bien

1. Nous désignons par ce terme simplement le contenu même de l'« intentionalité » psychanalytique (la « noèse » analytique), c'est-à-dire ce qui est « visé » par celle-ci, sans référence à la légitimité philosophique qu'impliquerait ce vocabulaire phénoménologique.

2. À Joseph Wortis évoquant sans cesse le bon sens contre les théories psychanalytiques, Freud rappelait savoureusement que la psychanalyse devait ensuite guérir les maladies créées par le bon sens.

3. Voir les adjurations de Freud à Jung de ne pas lâcher la libido et l'affirmation de celle-ci comme article obligé de la psychanalyse.

serait-on condamné à faire comme si Freud avait « découvert » la sexualité ou, au mieux, comme s'il l'avait « inventée ». Il est vrai que, dans une pareille perspective, on ne peut que dresser le bilan des raisons qu'il y aurait à sexualiser la psychè.

Il est clair que l'enjeu du freudisme est ailleurs : il n'y a pas de conception freudienne de la sexualité – entendue comme nouvelle appréhension du « fait sexuel ». Mais c'est la choséité même du sexuel que ne cesse d'expérimenter l'expérience de l'inconscient. Toute cette expérience se déploie donc à partir de ce *jugement* que c'est de sexualité qu'il s'agit dans l'inconscient. Seulement, ce jugement n'est précisément pas extérieur au déploiement de cette expérience : à peine Freud a-t-il besoin de l'articuler, tant son expérience le signifie.

Cette singulière position du savoir analytique quant à son propre objet, à la fois si opaque et si omniprésent, mérite assurément quelque chose comme une théorie de la connaissance. Ce n'est pas Freud qui affirme, dans sa *doxa,* que la sexualité est le texte unique de l'inconscient, c'est elle, la Chose qu'il manipule, tant bien que mal, qui ne cesse de le signifier. Mais il n'en reste pas moins vrai qu'il faut *quelqu'un* pour le savoir et le dire, et Freud s'est porté volontaire pour cela.

Le bon sens ennemi de l'analyse qui campe devant la Chose et doute de son être, comme l'idéologie qui soutient que la Chose n'aurait plus d'être sexuel, seront donc le défi qui permet de s'adresser à la Chose analytique pour lui adresser la question de sa légitimité : « Qu'est-ce qui t'a fait sexuelle ? » Seulement il nous faut faire quelque chose comme la métaphysique de cette Chose : commencer par la dépouiller de tout prédicat, puis tenter de comprendre ce qui lui arrive, pour qu'elle se voue au sexuel comme le seul être attribuable. Ce pourrait bien être la formule de *la* question la plus décisive de la métapsychologie, donc en ce sens la plus *singulière* (et non la plus générale).

Cela suppose de raconter *l'histoire de la Chose* en tant que la psychanalyse en est le texte même. Freud doit le caractère exceptionnel de son trajet à ce qu'il transforme la passion de la Chose en savoir. Son texte nous servira donc paradoxalement comme version de l'histoire qui commence par « Il était une fois la Chose » – quelconque, égale à elle-même, muette – et se déploie à partir d'une autre : « Que fallait-il qu'il arrive pour qu'elle avoue comme *sexuel* son seul être possible ? » Il fallait l'intervention freudienne, assurément : mais cela n'est pas une réponse, du genre : « La chose est sexuelle parce que Freud l'a dite telle. » La question est bien plutôt de comprendre par quelle nécessité se cristallise l'être sexuel de la Chose, ce à quoi Freud donne corps.

I. GÉNÉALOGIE DE LA CHOSE SEXUELLE

1. *Le discours des Maîtres ou la Chose sue*

Supposons donc la Chose, close en elle-même, dans son égalité à elle-même, en ce point vertigineux où on ne lui suppose nul prédicat. *Ding an sich,* chose en soi, en son acception kantienne, soit : « Ce qui subsiste en soi-même sans supposer autre chose [1]. » Demandons ce qui peut *arriver* à une telle Chose. Faut-il la dire opaque ? Oui, en ce qu'elle est murée dans l'alcôve de son autarcie : « L'idée d'une réalité envisagée à l'état statique, et comme séparée ou séparable, constituée par un système supposé fixe de qualités et de propriétés. » Mais, par ce mouvement même, on semble lui accorder une parfaite translucidité : la chose va en effet de soi, au sens où l'on doit savoir, sans avoir à le dire, ce qu'est une chose. « Cette chose-là », dit-on, comme si la nommer comme chose suffisait à la désigner, dans sa concrétion singulière.

La Chose est donc à la fois singularité absolue, la différence concrétisée et individuée, et l'universel abstrait, cette « nuit où toutes les vaches sont grises », par laquelle Hegel désigne l'Absolu objectif [2].

Dira-t-on qu'elle est muette ? Oui, en ce sens qu'elle semble ne requérir, par définition, nul supplément de langage à sa choséité même. Mais, quand on a dit « la chose », on a *tout dit,* c'est-à-dire juste autant que ce qu'il faut pour la nommer.

Que va-t-il donc falloir pour que la différence s'introduise dans la Chose, de sorte qu'on puisse en dire... quelque chose, entendons quelque chose qui se détache de la Chose pour qu'il en soit question ? Il faut la répétition, et un jugement du genre : « C'est toujours la même chose. » C'est précisément la formule qui a frappé Freud, à l'orée de son trajet, dans la bouche de Charcot : « C'est toujours la chose génitale... »

Mais il convient de bien saisir le charisme étrange de cette réflexion : elle énonce la permanence de la chose, sans cesse répétée, mais, du même coup, elle la rend anodine – entendons que ceux qui disent la Chose en nommant son fond, sexuel, n'en disent pas plus. Cela va de soi que c'est toujours la chose génitale, tellement de soi que cette remarque semble retomber dans la Chose elle-même comme un écho au fond d'un puits. Ce n'est pas un jugement, mais un constat.

Il convient de serrer de près ce que Freud nous raconte dans la *Contribution à l'histoire du mouvement psychanalytique* (1914) et qui a pris suffisamment de

1. Cf. le *Vocabulaire technique et critique de la philosophie,* 1926, Alcan, t. I, article « Chose », B, p. 107. Il s'agit de la définition de la notion de Chose selon sa dimension de théorie de la connaissance, inspirée de Kant.

2. Cf. la critique de Schelling, Préface de la *Phénoménologie de l'Esprit.*

consistance pour être évoqué dans la *Selbstdarstellung* (1925) comme une espèce de scène primitive paradoxale de l'avènement de la psychanalyse à partir d'une annonce aveugle émanant d'autres. Comme au théâtre d'ailleurs, ces annonces sont trois, ainsi que les coups qui précèdent le lever du rideau.

Il s'agit bien en fait de trois scènes. Dans la première, le gros plan porte sur Breuer. Au cours d'une promenade avec l'ami Freud, alors jeune médecin des hôpitaux, « il fut abordé par un monsieur qui demanda à lui parler, (...) le mari d'une malade qui venait de lui donner des nouvelles de celle-ci (...) qui se comportait en société d'une manière tellement singulière qu'on avait jugé utile, la considérant comme une nerveuse, de la confier à ses soins [1] ». Vient alors la désignation de la Chose par l'Autre : « Il s'agit toujours de *secrets d'alcôve,* fit-il en manière de conclusion. » Remarquons que le langage feutré de l'allusion, non sans consonance libertine, suffit, pour le locuteur Breuer, à faire comprendre *de quoi il s'agit.* Pourtant, sur l'insistance étonnée de son interlocuteur, il précise, ou plutôt nomme la (même) chose, autrement : « Étonné, je lui demandai ce qu'il voulait dire; il m'expliqua alors de quoi il s'agissait au juste en remplaçant le mot " alcôve " par les mots " lit conjugal ". »

Ainsi la « chose », si clairement nommée que Breuer dit « ne pas comprendre pourquoi la chose me paraissait si inouïe », se voit, dès sa nomination, *deux fois* nommée. On voit ce qu'en tirerait légitimement un sophiste : est-ce *la même chose* qui est nommée la première et la seconde fois ? Si c'est la même, pourquoi faut-il la nommer deux fois, et ces deux noms sont-ils synonymes ? Mais alors, d'autres nominations sont-elles possibles ? La Chose excède-t-elle donc son nom propre ? Breuer, en tout cas, clôt la discussion par la simple évocation-invocation de la chose. Puisqu'il l'a *dite,* à quoi bon en *parler* encore ?

Mais c'est le cas de dire que ce dire n'est pas tombé dans l'oreille d'un sourd. Cette oreille va du moins recueillir l'*écho* de cette étrange histoire, en se retrouvant dans une situation analogue (signe sans doute de son destin). Encore une figure identificatoire de maître, nommé cette fois Charcot, qui, là encore, parle à quelqu'un d'autre – Freud étant témoin à la fois un peu exclu et attentif : son collègue Brouardel raconte le cas d'une femme névrosée là encore, dont « le mari était impuissant ou tout à fait maladroit ». À l'étonnement de Brouardel, Charcot répond... en nommant la Chose : « Mais, dans des cas pareils, c'est toujours la chose génitale, toujours, toujours, toujours. » Voici donc la chose nommée solennellement et clandestinement pour la seconde fois : cette fois, sous sa dénomination la plus déterminée qui est aussi la plus générale ou générique. C'est comme si on progressait : ce n'est plus la métaphore de l'« alcôve » ni celle du « lit conjugal », mais la chose génitale en personne. Cette fois, le témoin Freud n'interroge pas, mais s'interroge, et progresse par là même : « Puisqu'il le sait, pourquoi ne le dit-

1. *G.W.,* X.

il pas ? » Question somme toute incongrue, puisqu'il l'a dite, cette chose, massivement : il faut croire que, dans l'esprit de Freud, il ne l'a pourtant pas dite *vraiment.* Cela nous suggère une autre formulation de notre question : comment peut-on nommer si franchement la *réalité* de la Chose génitale sans l'énoncer vraiment ? Que doit être la puissance de cette Chose pour imposer un tel dédoublement de la *réalité* et de la *vérité* ?

Mais voici que déjà résonne l'ultime annonce, qui est aussi l'ultime semonce de la Chose. Cette fois, Freud est l'interlocuteur actif de l'« annonceur », Chrobak : entre les deux, le corps souffrant de la patiente, « malade qui... tout en étant mariée depuis dix-huit ans, (...) est encore vierge, son mari étant atteint d'impuissance ». La Chose va être nommée comme ce que le médecin ne peut traiter, mais dont il connaît le traitement : « Pp. *Penis normalis/dosim/Repetatur* » ! La Chose est bel et bien dite à nouveau, comme *l'objet inaccessible* d'une *ordonnance* (médicale) *impossible.*

La leçon de cette étrange histoire, le « toujours » trois fois répété de Charcot en fournit la parabole. La « chose » est l'objet d'une répétition insistante, voire exaspérée, mais c'est que, précisément, elle n'est jamais vraiment dite. Ce qu'on répète le plus compulsivement est justement ce qui ne peut être dit effectivement *une seule fois.* C'est parce que c'est elle qui agit « toujours » qu'elle ne peut être jamais dite une bonne fois. C'est le refrain de la chanson, qu'on doit reprendre une, deux, trois fois,... parce que les couplets successifs ne l'épuisent pas, le ramenant au bout d'eux-mêmes. Il va nous falloir comprendre justement pourquoi cette chanson n'a pas de sujet, d'où vient qu'il y a toujours, toujours, à la reprendre. Mais cela implique tout d'abord de situer Freud lui-même, ce témoin du refrain, dans la chanson.

2. *Pourquoi ne le disent-ils pas ? ou l'*Urszene *freudienne*

Nous avons à faire à présent la théorie de cet événement dont Freud lui-même est le sujet : ce dire de la « chose », extrait du discours des autres mais non sue par ceux-là mêmes qui l'ont dite. Qu'on ne s'y trompe pas : c'est là une manière de progresser dans l'intelligibilité de la « chose ». Que doit-elle être pour être toujours dite, et jamais articulée ? Et que doit être la psychanalyse pour être ce qui, enfin, peut en étreindre quelque chose ?

Cela commence, on l'a vu, par l'écoute d'*un* – dont Freud assume le rôle – qui ne cesse de l'entendre dans le discours des Maîtres, qui l'oublie même entre-temps : « L'impression, dit-il après l'épisode Charcot, fut vite oubliée. » Lui-même donc l'oublie, mais alors que les Maîtres l'oublient une fois pour toutes, lui va se trouver dans une étrange et inouïe situation où il ne lui sera *plus possible* de l'« oublier », à un moment donné.

Ce qui nous intéressera sera donc la position de Freud par rapport à la « vérité » proférée à leur insu par les Maîtres. Cette position rappelle l'ironie socratique. Ainsi envers Breuer : « Étonné, je lui demandai ce qu'il voulait dire. » Comme Socrate, Freud force son interlocuteur à réajuster sa parole à son concept. Mais le plus remarquable est que cette intervention n'a nul effet durable : le langage s'entrouvre – Breuer dit « lit conjugal » à la place de « secrets d'alcôve » – puis la « chose » se referme sur elle-même. Sur elle-même et pour tous il est vrai, mais pas pour un certain sujet qui a décidé de se laisser intriguer par elle, de la trouver « inouïe ».

Ce n'est pas un hasard si l'étonnement apparaît à nouveau dans l'épisode suivant, après l'« aveu » de Charcot : « Je me rappelle être resté stupéfait pendant quelques instants et, revenu à moi, m'être posé la question. » Freud rêve ici sur la « chose », que Charcot a évoquée, puis qu'il a renfermée dans son sein (« il croisa les bras sur sa poitrine »). Réveillé de cette rêverie, *la* question en effet s'impose : « Cette chose qui est sue, pourquoi ne la dit-il pas ? »

Dans l'épisode Chrobak enfin, l'étonnement est évoqué objectivement : « Je n'avais jamais entendu parler d'une pareille prescription. » Il donne même lieu à une sorte de blâme : « J'étais tout prêt à blâmer le cynisme de mon protecteur. » Le terme est intéressant : le cynique est celui qui dit la chose toute crue, sans tolérer le voile des mots. Mais ce dont s'indigne Freud, c'est bien plutôt que la Chose soit ainsi jetée à la figure sans que, néanmoins, elle soit reconnue comme l'objet d'un discours licite.

Pour un tel sujet, la question devient inévitable : que s'est-il donc passé ? Qu'est-ce qui, dans ce dire cynique insistant, a été si sûrement éludé ?

Dans la première version, Freud le dit joliment : ceux-là n'avaient fait que flirter avec la vérité de la chose, alors que lui, dès ce moment, était sur le point de l'épouser : « Je sais qu'exprimer une idée une ou plusieurs fois, sous la forme d'un rapide aperçu, est une chose; et que la prendre au sérieux, dans son sens littéral, la développer à travers toutes sortes de détails, souvent en opposition avec elle, lui conquérir une place parmi les vérités reconnues, en est une autre. Il s'agit là d'une différence analogue à celle qui existe entre un flirt léger et un mariage honnête, avec tous les devoirs et les difficultés qu'il comporte. » L'image est moins anodine qu'il n'y paraîtrait à une lecture rapide : les trois Maîtres n'ont fait que « toucher » à la Chose, en jouir comme d'un signe vertigineux, comme d'une immédiateté sans avenir. Bref, la « chose sexuelle » avant Freud *ne fonde nulle pensée :* c'est pourquoi il suffit de la nommer.

Dans la seconde version (1925) Freud devine pourtant ce qu'il faut comprendre : pourquoi la chose ne pouvait être dite – alors que dans la première, il feignait encore l'étonnement : « Je n'avais pas alors compris ce que ces autorités pensaient :

ils m'en avaient dit plus qu'ils ne savaient eux-mêmes et n'étaient prêts à soutenir [1]. » Ce *plus* est aussi bien le *moins* qui manque à leur discours et signe l'excès de la Chose par rapport à leur propre dire. À la parole des « autorités », il fallait ajouter un savoir et un vouloir-dire [2] : « C'est sexuelle qu'est la chose. »

Il fallait pourtant que la chose soit entendue dans la parole des « autorités » pour qu'elle se montre. Cela ressemble à un syllogisme en forme de dénégation : « C'est la chose qui est sexuelle (1); mais je ne l'ai pas dite (2) » – prémisses qui requièrent une conclusion que Freud va assumer désormais jusqu'à ses extrêmes limites : « *si* – négation de la négation, c'est bien la vérité que vous avez dite ». Ou encore : « La Chose *est* bel et bien *dans* votre discours. »

On voit du même coup pourquoi les autres ne pouvaient qu'en dire plus qu'ils ne savaient : la Chose sexuelle ne pouvait produire jusque-là que des sujets divisés entre leur adhérence à la *vérité* de la Chose et *leur savoir de* la Chose. La question n'en rebondit que d'autant : que fallait-il qu'il arrive pour que survienne un sujet qui déplace ce rapport ?

De cette Chose, Freud, en effet, va s'occuper : il va faire lien avec elle, la « prendre au sérieux », c'est-à-dire au pied de sa lettre (et non de son essence muette). La conséquence en est suggérée : la Chose va pouvoir entrer dans un système de vérités – alors qu'elle n'était qu'un ça ponctuel –, elle va pouvoir ainsi se « dialectiser » au point d'entrer « en opposition avec elle-même ». Bref, elle va pouvoir être l'objet et le référent d'une discursivité, et non plus d'une simple invocation.

Mais pour fonder un savoir de la Chose, il faudra une sorte d'éthique : s'obliger envers la Chose. Breuer, Charcot et Chrobak pouvaient en parler avec détachement, parce qu'ils ne se sentaient pas de « devoirs » envers elle; ils pouvaient en parler facilement, parce qu'ils n'en sentaient pas le nœud de difficultés. Telle est l'étrange vocation de Freud qu'il va se sentir le devoir d'accueillir le langage de la Chose, de lui prêter langage, de s'en faire l'officier, voire l'officiant. Selon sa propre suggestion, il va épouser cette idée, en un contrat en bonne et due forme.

Mais on aperçoit à quel point l'affaire de cette étrange chose qu'est la sexualité est complexe : chez les autres (les maîtres comme tous ceux qui fréquentent la Chose), il va tellement de soi qu'elle est sexuelle que cela ne s'élabore pas en savoir, ni même en « jugement » du genre : « La (cette) Chose est sexuelle. » C'est pourquoi ces dires préfreudiens de la Chose sexuelle manquent du souffle nécessaire pour rallonger la Chose de son prédicat sexuel par le temps (logique) nécessaire de la copule *(est)*. C'est le souffle coupé, on l'a vu, par cette révélation, que Freud va instituer un discours pour le reprendre, c'est-à-dire insérer la chose, évoquée

1. *G.W.*, XIV, 48.
2. Tel pourrait être le fondement *réel* du *Sapere aude* freudien.

jusqu'alors de façon syncopée, dans une chaîne discursive propre. « Je dois un langage à la Chose », voilà ce qu'avoue Freud à ce moment précis.

La Chose génitale est évoquée par des gens qui, justement, ne la disent pas. Le premier écho de *la sexuation de la Chose* parvient à Freud de façon remarquable, par le biais de ces oracles aveugles, qui ont compris que la Chose était sexuelle, mais qui pensaient que cela ne valait pas la peine d'être dit. Maîtres infirmes en quelque sorte, qui n'ont pu *savoir* et *dire* à la fois. Ils ont *su* que la génitalité était déterminante, mais ils n'ont fait que le murmurer; ils ont dit que tout était génital, mais ils n'ont pas su que la Chose était sexuée.

Il y a là comme la scène primitive de la découverte freudienne : il faut toujours qu'un autre ait dit sans le savoir, ou su sans le dire. Il lui faut venir après ce pas vers la vérité de la chose, pour *oser dire* la chose même. Mais cela est tout autre chose que révélation ontologique. Il n'y a rien en ce sens d'une ontologie du sexe dans la psychanalyse.

Quoi d'autre alors ? Il faut penser quelque chose qui est si fondamental qu'il « va sans dire ». Quelque chose qui « crève les yeux », au point qu'il n'y a plus d'yeux pour le voir. Qu'ont dit les « maîtres » ? Qu'il y avait du sexe dans la chose. Cela leur a permis de dénier tranquillement que la Chose était sexuée – du fait même d'avoir réduit le sexe à *une* chose.

Le temps de la découverte freudienne sert justement à comprendre que la chose est sexuée. Mais il ne suffit pas de confirmer que les autres avaient raison sans le savoir, ou même qu'ils ne voulaient pas avoir raison tout en le disant : il faut réformer rien moins qu'un entendement.

Il faut comprendre que la sexualité est *ce qui vaut la peine d'être dit de la chose.* Sans doute est-ce cette insistance de Freud à faire admettre cela qui lui a fait attribuer un pansexualisme si étranger à sa démarche. C'est bien plutôt l'ontologisme sexuel, qui met du sexe partout, qui est pansexualiste : Breuer, Charcot et Chrobak étaient bien pansexualistes en ce sens. Freud essaie de tirer justement le sexuel hors la Chose, pour en extraire un *savoir.*

Mais, pour cela, il faut aussi penser la fatalité, l'Anankè de la Chose sexuelle : chaque fois que la Chose montre son fonds, elle oblige le discours, le logos, à y énoncer du sexuel [1]. La démarche freudienne va consister à la fois à se confier à cette fatalité, à l'assumer – là où ses maîtres l'oubliaient au bout du couloir où ils l'avaient chuchotée – et à l'élaborer. Contre Breuer, Freud en vient bientôt à soutenir que la sexualité est digne d'un savoir, qu'on peut la requérir pour la rationalité de l'explication.

La démarche est délicate : il s'agit de ne plus se laisser aspirer par la Chose,

1. Nous renvoyons aux instances mythologiques de la rationalité freudienne dont nous tentons la généalogie dans un ouvrage à paraître, *L'Entendement freudien. Logos et Anankè,* Gallimard, collection « Connaissance de l'inconscient », 1984.

comme le fait le bon sens qui met du sexe partout; mais aussi la poser devant soi, ne pas se dépêcher de l'oublier.

3. *La parole des névrosés ou la Chose dite*

Cela devient possible parce que la Chose se trahit. Non pas par elle-même : elle a pu passer *inaperçue,* on l'a vu, aux yeux de ceux qui la reconnaissaient le plus clairement. La sexualité ne se montre pas, au sens où la Chose exhiberait son être sexuel. Mais, pour le dire de la façon la plus réaliste, *il faut des sujets à la Chose.* C'est dans le médium de la parole névrotique que Freud découvre le *thème* sexuel.

La manière dont il accède à ce privilège de tirer de la Chose un savoir est décrite de manière remarquablement semblable à l'effet d'après coup névrotique : « Ce que je leur avais entendu dire [le sexuel de la Chose, donc] sommeilla inactif en moi jusqu'à ce que cela resurgisse comme une connaissance apparemment originale à l'occasion des investigations cathartiques [1]. »

Ce qui a donc donné du sang neuf à cette parole, l'a confirmé, c'est une autre parole, *névrotique.* C'est ce fil que doit donc suivre à présent une généalogie de la Chose. Dans le discours des maîtres, la Chose avait l'aspect paradoxal d'un gigantesque éclat : c'était la toute présence de la Chose qui était évoquée, mais, par le même mouvement, elle était retranchée d'elle-même. C'est à présent une pluie d'éclats de la Chose que Freud va recueillir, là où se montrent ses retombées nucléaires, dans la parole névrotique.

Le plus remarquable, d'emblée, et que ce que dit Freud de cette découverte, se présente, dans sa version officielle, comme l'aveu d'une « erreur » : « Sous la pression de mon procédé technique d'alors, raconte-t-il dans la *Selbstdarstellung,* la plupart de mes patients reproduisaient des scènes de leur enfance, dont le contenu était la séduction sexuelle par un adulte (...) J'ajoutais foi à ces informations *(Mitteilungen)* et crus avoir découvert dans ces vécus de la séduction sexuelle de l'enfance les sources de la névrose ultérieure (...) Quand je dus cependant reconnaître que ces scènes de séduction n'avaient jamais eu lieu, qu'elles n'étaient que des fantasmes imaginés par mes patients, imposés à eux peut-être par moi-même, je fus cependant quelque temps désemparé [2]. » La célébrité de ce texte a peut-être dissimulé l'essentiel de son véritable contenu, comme si le démontage par Freud de son propre mythe avait dissimulé ce qui s'y joue vraiment, soit le récit de la Chose elle-même, par le médium du mythe freudien [3].

1. *G.W.*, XIV, 48-49.
2. *G.W.*, XIV, 59-60.
3. Précisons, pour éviter toute ambiguïté, que nous désignons par là la parole de Freud, non comme fiction, mais comme la plage de subjectivité sur laquelle se reflète la *vérité* qu'il met au jour.

Pris de ce point de vue, le récit s'éclaire en effet : Freud nous raconte qu'il a entendu la Chose (sexuelle) dans la confession névrotique, puis qu'il a *cru* l'entendre, alors que ce n'était que le mirage du fantasme. Sur quoi porte donc l'erreur *(Irrtum)*? Car la Chose, sexuelle, était bien dans le récit de la scène, comme son contenu *(Inhalt)* propre. La parole contenait « substantiellement » la Chose. L'erreur était seulement de confondre la Chose *(Ding)* avec son contenu *(Inhalt)* – Freud n'échappe pas ici à la métaphysique. Son erreur consistait à faire de la Chose la cause même de la névrose, alors qu'elle n'en était que le thème.

Prendre la parole pour le signe immédiat de la Chose, c'est bien là un mécanisme paranoïde. Et le fameux cri à Fliess du « Je ne crois plus à ma neurotica [1] », croisé au désespoir (« Ils m'ont donc menti ! »), atteste l'après-coup dépressif de cette paranoïa singulière, qui a la Chose sexuelle pour cause. À ce moment précis, Freud est dans la détresse spécifique que le texte de 1914 évoque avec plus de fraîcheur : « Au moment où cette étiologie s'écroula par suite de son invraisemblance et de son incompatibilité avec des circonstances dûment établies, il en résulta tout d'abord une période de désorientation totale [2]. » Le deuil de Freud, qui songe alors à démissionner de son propre destin [3], est celui, on ne peut plus réel, de la Chose même. À ce moment précis, il en est devenu à proprement parler le symptôme vivant.

Car la Chose lui avait été cachée par ses maîtres – un peu comme on dit à un enfant : « La Chose que je sais, je n'ai pas à te la dire, tu la sauras quand tu seras grand [4]. » Or voilà que d'autres, les névrosés, lui en font à leur tour l'annonce, mais sont démasqués comme *menteurs.* De quoi en effet désemparer. Résumons-nous : la Chose est *une vérité* qui ne *doit* pas être dite (sous sa version I) ou/et *un mensonge* qui ne *peut* pas être *su* (sous sa version II).

Et pourtant, se console Freud, c'était bien vrai, ce qu'ils disaient : le « contenu était incontestablement en rapport avec les symptômes desquels mon investigation était partie ». Mais il faut en tirer les « conclusions justes » : « Les symptômes névrotiques ne se reliaient pas directement à des événements réels, mais à des fantasmes de désir. » L'image de Freud est fort pertinente : c'est comme si, ouvrant Tite-Live, lisant l'histoire légendaire des rois à Rome, il avait pris ce récit comme « argent comptant » de la réalité. Bref, la Chose n'est pas dans le langage comme un *denotatum,* quelque chose qui se montre, se désigne.

En se défaisant de son « étiologisme » radical, il a donc échangé l'ambition ontologique de dire la Chose contre une « formation réactionnelle » – au sens même où le fantasme névrotique se présente comme la formation réactionnelle

1. Cf. lettre à Fliess de septembre 1897.
2. *G.W.*, X.
3. Il confie en effet avoir songé à renoncer totalement à la psychanalyse, confession qu'il faut prendre au moins à moitié au sérieux, car elle exprime bien une situation-limite.
4. Remarquons que cela revient à parier que l'interlocuteur doit *savoir* aussi ce dont il s'agit.

d'une réalité misérable, ou les légendes de Tite Live comme « une formation réactionnelle élevée contre le souvenir de situations et de temps misérables, sans doute pas toujours glorieux ».

On voit au terme de quel dérisoire troc Freud fait l'acquisition du *désir* : c'est ce qui lui reste en échange de cette Chose toute réelle qu'il n'a pu mettre au jour. Voilée à jamais dans le discours des maîtres, métaphorisée à jamais dans la parole des névrosés, il en requiert néanmoins le rebut et en fonde un savoir neuf, mais somme toute peu « glorieux ».

Peu glorieux, en effet, car de la Chose, personne ne veut. Ceux qui la savent ne veulent rien en dire, ceux qui la disent ne veulent rien en savoir. Au terme de ce syllogisme, Freud va incarner une étrange synthèse : être celui qui à la fois la dira et la saura, c'est-à-dire tirera de ce dire muet un savoir éloquent – le psychanalyste est dès lors celui que la Chose fait parler – et fondera sur ce savoir singulier un dire spécifique – le psychanalyste sera en effet celui qui estime la Chose sexuelle *digne d'un savoir.*

4. *Pourquoi ne le savent-ils pas? ou la Chose ni sue ni dite*

Cette intervention inouïe a au moins deux effets : modifier de façon radicale la teneur du *savoir* et du *dire* et celle de leur articulation propre; et d'autre part – c'est là le comble – mettre à mort la Chose elle-même, en la convertissant en savoir et en dire possibles.

Les Maîtres évasifs et les névrosés absents symbolisent ce caractère propre de la Chose cernée, à savoir qu'elle ne peut *être dite et sue en même temps par le même sujet.* C'est là comme la version analytique du principe dit de non-contradiction [1]. Autrement formulé : quant c'est de la Chose sexuelle qu'il est question, on ne peut trouver un même sujet pour la dire et la savoir à la fois. Mais c'est là justement ce qui empêche la Chose sexuelle d'être posée sur le mode de la chose, objet d'un dire et d'un savoir intégrés. Tout au plus un sujet en quelque sorte inédit est concevable, qui assume cette division et tente d'y fonder un point de vue neuf – c'est le sujet de l'analyse, comme technè et épistémè.

Ce qu'a compris Freud à travers la parole de l'*Urszene* est capital : c'est que la Chose sexuelle est ce qui incise la parole des sujets. Pour le dire selon le registre mythologique que nous avons choisi : à la Chose sexuelle, il faut des sujets parlants et divisés. Mais, contre un ontologisme du langage, il faut relever que l'inconscient ne fournit pas à la Chose son langage. C'est bien plutôt la Chose, qui, de ne pouvoir être dite, se constitue, en une sorte de sédimentation, en thème de la

1. Selon ce principe, une même propriété et son contraire ne peuvent être attribués en même temps à un même sujet et sous le même point de vue.

parole. L'*Urszene* singulière d'*un* sujet est comme la forme réactionnelle de *la* Chose. C'est sa version de la Chose, son inscription dans *une* parole. C'est, en d'autres termes, sa négation. La Chose est affirmée et niée juste autant de fois qu'il y a de sujets pour vivre leur scène primitive.

Dans chaque *Urszene,* c'est donc en quelque manière un éclat de l'*Urding* sexuel qui est exprimé. D'où vient que chaque scène primitive se présente à la fois comme célébration de la Chose sexuelle et comme son déni singulier. Nous pousserions le paradoxe jusqu'à dire que l'*Urszene,* en inscrivant le sujet dans le sexuel de son désir propre, invalide l'universalité de la Chose comme Absolu. Il n'y a pas en effet de dehors du fantasme : le sujet rencontre dans sa scène originaire son origine désirante, il y butte sans rien y laisser en dehors. Aussi bien, si l'on veut une image elle-même fantasmatique, *la* Chose sexuelle se vide un peu plus à chaque prélèvement qu'*un* sujet y fait de son propre être désirant.

Néanmoins, il y a là comme un effet d'*écho* : « C'est toujours la chose génitale, toujours,... toujours... toujours. » La formule peut désormais résonner autrement : à chaque « ralliement » d'un sujet au désir de l'Autre, c'est la Chose qui est re-dite. Qu'un enfant des hommes tombe dans l'orbite de l'Autre, et la Chose, en quelque sorte, marque des points. C'est sans doute ce qui a séduit Freud dans les métaphysiques instinctualistes à la Schopenhauer [1], si sensibles à la domination du « Vouloir-vivre » et à la manipulation des individualités par la Chose qui les veut.

Seulement, si la Chose les voulait aussi infailliblement que le redoute Schopenhauer, la scène primitive serait rigoureusement inutile. Il faut en effet que le sujet se demande, singulièrement – puisque nul ne peut faire cette démarche pour lui –, ce que lui veut l'Autre. Par là s'ouvre l'expérience œdipienne constitutive du désir : seulement, ce temps qu'il faut au sujet pour se rapporter à la Chose est aussi ce qui démontre qu'elle ne va pas de soi. La présence écrasante de la Chose sexuelle dans l'inconscient pourrait bien ainsi procéder de tout autre chose que ce que le bon sens désigne comme « la chose » : soit le pas toujours décalé et toujours à refaire d'*un* sujet vers *sa* Chose.

C'est quelque part entre le sujet et la Chose que se situe le texte sexuel. Elle se nouerait autour de l'interrogation qui donne son pathos à la scène originaire : quelle est cette chose que me veut l'Autre et où je suis partie prenante ? C'est sur cette perplexité majeure que se noue toute intrigue dans l'inconscient. La Chose sexuelle en est bien l'enjeu incontournable, mais, on le voit, rien moins qu'une donnée. C'est le *hic* dont la division des sujets par rapport à leur être sexuel reprend sans cesse à nouveau son essor. Il nous faut donc désormais penser une instance autrement complexe que ce que le réalisme de la Chose suggère : une

1. Cf. La Métaphysique du « Vouloir-vivre » et l'insistance sur la sexualité comme ce par quoi l'individualité est bernée par le « Vouloir-vivre ».

Chose qui serait à la fois cause chronique de la division du sujet et thème réitéré de sa parole.

Un ultime fait du récit originaire révèle toute son importance dans cette nouvelle perspective : c'est l'implication d'*une femme* dans chacun des scénarios de la révélation de la Chose qui a servi de scène originaire à la rencontre de la psychanalyse avec la sexualité. À Breuer, c'est d'une femme nerveuse que se plaint son propre mari; à Charcot, c'est la femme d'un mari impuissant qui donne occasion de son tonitruant hymne à la Chose génitale; c'est encore la femme d'un homme impuissant qui fournit l'occasion à Chrobak d'énoncer sa panacée. C'est comme si, fatalement, la Chose manifestait sa puissance à travers ce déficit de la jouissance féminine. Si c'est un homme qui, à chaque fois, dit la Chose, c'est une femme qui la montre.

L'hystérique a cette fonction particulière de forcer à admettre l'existence de la Chose. Mais elle ne l'atteste qu'en tant qu'elle en incarne le symptôme vivant. Ne nous hâtons pas de parler de frustration, encore que ce soit bien, dans les trois cas, l'image de la femme frustrée qui donne motif d'énoncer la pertinence de la Chose génitale. Encore faut-il interpréter ce lien radicalement : d'où vient que ce soit précisément dans la figure du manque que l'éclat de la Chose se manifeste le plus impérativement ?

Il y a là à penser un lien déterminant de la femme à la Chose : c'est parce que l'une manque que l'autre doit être dite. C'est au sens fort que l'hystérique a mis Freud sur la piste de la Chose : elle lui en a fourni l'envers. Ce qui nous intéressera pour notre propos spécifique de l'intelligibilité de la Chose sexuelle est cela qu'elle ne puisse être vue, ou du moins ne doive être vue électivement que du manque de la femme – au sens où l'on parle d'un « point de vue » d'où quelque chose devienne perceptible. Le manque de la femme hystérique, en ce sens, donne sur la Chose sexuelle, telle que nous cherchons à la penser : elle en fournit en quelque sorte « une vue imprenable [1] ».

II. MÉTAPSYCHOLOGIE DE LA CHOSE SEXUELLE

Notre généalogie de la Chose nous a mené jusqu'au point où elle est devenue incontournable. On voit que c'est autre chose qu'un préjugé acquis dès le départ : c'est la généalogie couplée de la psychanalyse et de la Chose sexuelle qui révèle comment elles ont été vouées l'une à l'autre. Il convient à présent de comprendre ce que la psychanalyse peut, dans son principe même, dire de la Chose sexuelle, autrement dit comment elle exerce l'être sexuel qui lui a été désormais reconnu.

1. Nous avons cherché à en prendre l'exacte mesure dans *Freud et la Femme,* Calmann-Lévy, 1983.

Cela revient aussi à une autre sorte de récit, celui du rapport du sujet à la Chose sexuelle que l'inconscient sert à désigner. Nous l'organiserons à partir d'une sorte de *phénoménologie* – comment la Chose apparaît à un sujet ou comment il s'apparaît à travers la Chose –, ce qui débouchera sur une véritable *logique* de la Chose à l'œuvre dans l'inconscient, en sa scansion singulière. Par-là, c'est un repérage de la *trace métapsychologique* de la Chose sexuelle dans l'inconscient que nous proposerons.

1. *L'affect de la Chose : l'*Unheimliche

Que doit-il donc se passer quand le sujet se trouve « en face » de la Chose ? Quelque chose de très particulier assurément, car il doit à la fois la reconnaître et, toujours à nouveau, l'ignorer. C'est quelque chose comme la perplexité du poète : quelle est cette inconnue que je connais si bien ? L'autre donc, dans sa choséité opaque, mais qui est infailliblement donnée à voir. Freud a cherché à nommer ce mélange détonant de perception si précise et d'altérité par le terme *Unheimliche.* L'« inquiétante étrangeté », c'est bien en effet quelque chose comme le Ceci de la Chose, présente-refusée au sujet. Ce qu'il « ressent », en somme, quand la Chose est *là.*

C'est, aussi bien, la *cause* de l'angoisse. Par là, il nous fournit la plus précieuse phénoménologie de la chose, pour une conscience justement divisée. Freud lui-même, au moment de l'évoquer, s'excuse de ne pas avoir de si tôt rencontré la Chose : du moins peut-il l'« évoquer en pensée », « en éveiller en lui comme l'éventualité » *(die Möglichkeit desselben in sich wachrufen* [1]*).* Pour parler de la Chose, il faut donc être prêt à en réveiller l'empreinte *(Eindruck).* Tel nous semble être le sens ultime de ce texte : saisir l'empreinte de la Chose et la nommer, *Unheimliche.* Aussi est-ce l'occasion pour nous d'« apprendre à la connaître ».

Aussi bien comprend-on pourquoi l'*Unheimliche* côtoie de si près l'*Heimliche* : l'invocation de la Chose s'opère en ce mélange indécantable de familiarité et d'étrangeté. Comme si le sujet se disait qu'à l'approche de la Chose, il est bel et bien « chez soi » – « Elle, c'est aussi bien Moi » –, mais c'est aussi bien l'autre du Moi. La Chose est bien de l'ordre du *foyer,* de l'animal apprivoisé, bref de l'*Heimlichkeit,* mais aussi de l'ordre du secret et de la discrétion, bref du caché et du dangereux. Freud nous en fournit le *schème* [2] dans l'image d'un être dont on doute qu'il soit vivant ou inanimé.

Cela doit s'entendre au sens radical : celui d'un sujet qui se demande de quelle manière cette Chose va s'animer pour son propre désir. C'est comme si le désir

1. *G.W.*, XII, 330.
2. Soit ce qui fait médiation chez Kant entre le concept pur de l'entendement et l'expérience.

hésitait face à la Chose : qui de nous deux animera l'autre le premier ? Dans ce jeu tragi-comique, la répétition joue un rôle décisif. Freud nous signifie que la répétition d'un objet ou signe quelconque [1] est nécessairement générateur d'*Unheimliche.* C'est que le sujet voit dans la réitération de *n'importe quoi* une irrésistible allusion à *la* Chose. Ce qui insiste, c'est Elle...

Bref, l'*Unheimliche* signe bel et bien le retour de la Chose. Plus encore que le « retour du refoulé », c'est le retour de ce qui *aurait dû* rester refoulé et qui, pourtant, se montre, soit la chose sexuelle. C'est bien là en effet la Chose : l'« intime de la maison » *(das Heimliche-Heimische),* l'*Heimat* du sujet par rapport auquel le sujet est pourtant nécessairement dépaysé. Quelque chose comme l'hôte auquel on se heurterait sans cesse à nouveau en se demandant ce qu'il peut bien être. Que l'intime de la maison soit aussi la folle du logis, voilà le drame en quelque sorte chronique des rapports du sujet à la Chose.

Nous savons à présent aussi *quand* la Chose se montre : c'est aussi, paradoxalement, le temps où elle s'esquive. C'est, plus précisément, vu du côté du sujet, le moment où celui-ci fait un pas vers la Chose qui est en même temps un pas en arrière : « L'inquiétante étrangeté du vécu *(Erlebens)* prend naissance quand des complexes infantiles *refoulés* sont ranimés par une impression *(Eindruck)* ou quand des convictions primitives *surmontées (überwundene)* semblent à nouveau confirmées [2]. » Passage capital qui montre que la Chose ne se montre que par un ballet étrange du sujet.

Quand le sujet croit voir le plus matériellement sa Chose, c'est qu'une impression, externe, lui *fait penser,* littéralement, à *son* refoulé ; ou c'est qu'il se prend à nouveau à une croyance supposée dépassée. Cela s'écrit donc comme un *concessif* : « C'était donc quand même peut-être vrai. » La Chose semble se montrer quand le sujet re-pense (à) son refoulé. Nous disposons là de tous les ingrédients de notre mécanique « transcendantale » à l'usage de l'inconscient – tant il est vrai que Freud parle là en kantien : l'intuition sensible –, *Eindruck* déclenchant, le « noumène », c'est-à-dire l'objet du refoulement ; enfin, le *Ding an sich.*

Mais on voit aussi que la Chose se présente comme la réalité matérielle qui fait écran au leurre du sujet : le sujet croit voir la Chose en chair et en os, simultanément masquée, mais il ne fait que se souvenir de son refoulé. Par-là il retombe dans l'orbite d'une croyance surmontée : la Chose était donc bien vraie ! C'est ce vertige que signe l'*Unheimliche,* « clin d'œil » terrorisant de la Chose au sujet qu'elle étreint.

1. Par exemple le chiffre « 62 » !
2. *G.W.* XII, 263.

2. *L'odeur du refoulé*

Ce que l'*Unheimliche* nous a permis de repérer, c'est à proprement parler l'*odeur* de la Chose. Ce n'est pas un hasard si Freud a, dès l'origine – dès sa première nomination de la Chose dans l'inconscient –, accrédité un modèle *olfactif* du refoulement. La caractérisation radicale de l'acte de refoulement comme acte de « tenir à distance » aurait été imposée à Freud par les névrosés eux-mêmes, ceux-ci étant de grands flaireurs [1]. Il devine dès lors que ce dont le névrosé se détourne si voluptueusement, c'est de la Chose jadis aimée : « Pour nous exprimer plus crûment, le souvenir dégage maintenant la même puanteur qu'un objet actuel [2]. » Au point de se demander si « l'atrophie de l'odorat chez l'homme, consécutive à sa station debout, et le refoulement organique du plaisir qui en résulte, ne joueraient pas un grand rôle dans la faculté de l'homme d'acquérir des névroses [3] ».

Ce que cette image presque trop réaliste évoque, c'est cet acte fondamental de détournement de la chose par lequel s'organise le psychisme inconscient. Mais, s'il est aisé de se détourner de la Chose, l'odeur en demeure, questionnant le sujet sur sa perplexité. Car l'odeur est une « qualité seconde », impliquant étroitement le sujet sentant et l'objet senti en une communauté telle que l'odeur insistante de la Chose se confond avec l'affection du sujet. Ainsi rien n'est-il plus réel qu'une odeur, mais aussi rien n'est aussi subjectif. C'est une question de savoir ce que respire le sujet : les miasmes de la Chose ou le parfum de son désir. Ainsi Freud a-t-il sans cesse défendu la cause du refoulé et le travail de l'instance refoulante [4] – comme pour trouver le départage entre les pouvoirs de la Chose sexuelle et les puissances du sujet.

3. *Logique de la Chose. Temps I : la représentation*

Nous sommes donc renvoyés au destin de la Chose dans le sujet. Or la modalité selon laquelle la Chose atteint un sujet est la *représentation.* Cela suppose que la Chose face *trace* et se recueille dans une forme représentationnelle spécifique que Freud nomme avec un réalisme appuyé : *Objektvorstellung, Dingvorstellung.* Celle-

1. Cf. la thématique qui se met en place dans la correspondance avec Fliess dans les années 1895 et s'épanouit dans les remarques sur *l'homme aux rats.*

2. Lettre du 14 novembre 1897.

3. Cf. *l'Homme aux rats,* conclusion.

4. Cf. le passage au narcissisme et l'argumentation de Freud, in « Freud aux prises avec l'idéal », *N.R.P.,* n° 27, 1983.

ci consiste en « un investissement, sinon d'images mnésiques directes de la Chose, du moins en celui de traces mnésiques plus ou moins éloignées, dérivées de celles-ci [1] ». L'élaboration métapsychologique ultérieure l'exprimera tout de go : la représentation inconsciente, c'est la « représentation de la chose seule ».

On touche là, on le sait, à l'une des discussions les plus scolastiques auxquelles la métapsychologie a donné lieu. Le plus déroutant de cette conception est que « la chose » soit évoquée comme un pavé dans la mare... de la psyché. Qu'a à faire le *Ding* dans cette affaire de psyché ? On soupçonnerait même qu'il y soit de trop, si justement Freud ne définissait avec insistance l'inconscient par... la Chose même.

Notre mythographie de la Chose peut nous permettre d'y voir clair, à partir de cette considération que la métapsychologie n'est autre que *le récit de la Chose.* Aussi bien Freud signifie-t-il clairement à l'occasion que ce que les philosophes appellent *« Ding an sich »* (chose en soi) est ce que lui appelle « inconscient » [2]. Mais cela est à lire à l'envers : l'inconscient est l'« objet métapsychologique » même. C'est pour dire la chose tue ou déniée par les « autorités » que Freud a institué la métapsychologie.

En ce sens, la chose est présente comme le « fonds » même de la métapsychologie, à titre de corrélat objectal de la représentation. Il faut relever un court passage de l'*Esquisse de psychologie scientifique* où la Chose est positionnée avec une telle indétermination précise qu'elle induit un affect d'*Unheimliche* : « Le complexe d'autrui se divise donc en deux parties, l'une donnant une impression de structure permanente et restant un tout cohérent, tandis que l'autre peut être *comprise* grâce à une activité mnémonique, c'est-à-dire attribuée à une annonce que le propre corps du sujet lui fait parvenir [3]. » C'est donc sur le fond de l'invariant de la Chose que se détache la subjectivité, prise ici dans sa pâte corporelle.

Mais la Chose est aussi ce que la représentation rencontre par-devers soi comme sa propre choséité, la *res* représentative. C'est dire que la Chose n'est pas le dehors de la représentation : c'est sa matérialité même. C'est de la Chose que la représentation est re-présentation. Nous ne pourrions avoir connaissance d'autre représentation de la choséité s'il n'existait un autre destin représentatif, celui des mots *(Wortvorstellung).* Le mot est donc la véritable altérité de la Chose, à l'intérieur de la représentation. La dualité de l'inconscient et du conscient, plus intelligible pour nous, ne s'identifie chez Freud que par cette scansion de la représentation : la Chose, *puis* le Mot [4].

L'inconscient est donc le *représenté* pur et simple : entendons que l'inconscient

1. *Die Traumdeutung.*

2. Cf. l'interrogation au philosophe Häberlin, dans notre *Freud, la philosophie et les philosophes,* P.U.F., 1976.

3. *Esquisse de psychologie scientifique,* in *Naissance de la psychanalyse,* p. 349.

4. La représentation consciente englobe en effet la représentation de chose plus la représentation de mot, alors que la représentation inconsciente ne contient que la représentation de chose.

est *une pensée pure de la Chose.* C'est à cela que s'accroche le conscient, comme registre des représentations de mot.

4. *Logique de la Chose. Temps II : le (dé)jugement*

Corrélat de la représentation, la Chose est aussi l'enjeu d'un *jugement,* par où nous progressons dans l'élucidation de sa logique [1]. Or voilà le constat remarquable : la Chose se montre dans le dé-jugement *(Verurteilung).* Voilà en effet le comble par où se vérifie la singularité de sa logique : loin d'être donnée comme sa nature semble le comporter, la Chose n'est autre que le *déjugé.*

Là encore, la dénégation ne nous intéressera qu'en tant qu'on y saisit à vif comment le sujet se rapporte à sa Chose. Traquant la Chose pour savoir ce qu'elle veut au sujet, nous nous demanderons donc comment elle « tombe » dans le jugement pour lui imprimer cette prodigieuse secousse qui le fait dévier. Comment est-il en effet possible que le sujet de la dénégation puisse désigner la chose, la matérialité même de son refoulé, sans faire les frais du refoulement ? Comment peut-il ainsi dire la Chose tout en s'en tenant à distance – en sorte que du jugement type : « Vous allez maintenant penser que je veux dire quelque chose d'offensant, mais ce n'est vraiment pas mon intention [2] », on puisse *déduire* que ce « quelque chose » *(etwas)* est bien l'objet réel de l'« intention » ?

Freud est ici acculé à la logique, presque scolastique, *sous la pression de la Chose.* Comprenons qu'il ne suppose pas *a priori* que la Chose est sexuelle, mais c'est justement d'insister dans le sujet à se dire si innocemment qui impose de supposer à la Chose, dans le sujet, un vouloir-se-dire.

Tentons donc de surprendre ce travail de la Chose en flagrant délit. Au début, nous avons affaire bien plutôt au *contenu (Inhalt)* du jugement, puisque « c'est la fonction de la fonction intellectuelle de jugement d'affirmer ou de nier des contenus de pensée » *(Gedankeninhalte).* Conséquence : « Dénier quelque chose *(etwas)* dans le jugement, signifie au fond : c'est quelque chose que j'aurais dû refouler. » L'émergence du conditionnel signe l'approche de la Chose : elle manifeste en effet quelque chose qui aurait dû rester caché. Belle définition de la Chose : ce qui aurait dû ne pas être pensé, mais qui, pourtant, est là [3].

La tâche du jugement, c'est donc au fond de traiter la Chose, de se débrouiller avec. Quand Freud énumère les fonctions du jugement, qu'on ne s'y

1. Nous faisons allusion ici à la division de la logique classique (par exemple de Port-Royal) en trois rubriques : théorie de la représentation, théorie du jugement – articulation de représentations – et théorie du raisonnement – articulation de jugements.

2. *G.W.,* XIV.

3. On voit que la dénégation est le symétrique de l'*Unheimliche,* comme déjugé *perceptif* (voir supra).

trompe pas : ce sont les destins de la Chose, c'est-à-dire du *déjugé,* qu'il tente de cerner. On peut en effet lire ses formules dans ce sens : d'une chose *(Ding),* la fonction de jugement peut attribuer ou refuser une propriété *(Eigenschaft),* cette « propriété pouvant à l'origine avoir été bonne ou mauvaise, utile ou nuisible ». Ce rapport primitif du dedans au dehors, c'est en quelque sorte le ballet primitif de la Chose, à avaler comme bonne ou à expulser comme mauvaise. Toute la dialectique du Moi-plaisir et du Moi-réalité n'est que le récit de ce qui arrive au Moi pour vivre son rapport bipolaire à la Chose. C'est en effet *le* problème du Moi de « savoir si quelque chose de perçu (une chose) doit ou non être admis » en lui-même.

L'effort se concrétisera quand le sujet va pouvoir passer à la seconde fonction de jugement, celle qui porte sur « l'existence réelle d'une chose représentée » *(vorstellten Dinges).* Le Moi va alors pouvoir se demander si ce qui se passe en lui comme « représentation » peut être retrouvé dans la perception (réalité). On est donc passé du monde de la Chose (à conserver ou expulser) au monde moins archaïque des choses et des représentations, dans lequel le sujet peut désormais vivre.

Au bout du compte, la dénégation est à la fois la modalité selon laquelle la Chose se fait admettre, impérativement, et la façon dont le jugement, au moyen du « symbole », en déjoue le pouvoir. Bref, la dénégation doit sa fascination ultime à ce qu'on y voit le Moi jouer avec la Chose – jeu comique et tragique à la fois. Comique, en ce que le sujet y démontre sa désinvolture envers la Chose qui lui tient le plus à cœur, tragique aussi en ce que la Chose montre sa puissance : elle peut être au cœur du Moi, et régner sur son *insu.*

Or, n'est-ce pas par une magistrale dénégation que s'était signifiée à Freud la puissance de la Chose à penser, celle de ses trois Maîtres aveugles ? Il y a raison de soupçonner qu'en expérimentant la puissance de la Chose dans l'inconscient des hommes, par la dénégation, Freud peut fonder pourquoi elle ne pouvait entrer dans le savoir analytique même que par une dénégation. Et tel est en effet le statut de la sexualité dans l'inconscient : ce par quoi le sujet est condamné à se désavouer. Ce n'est pas par malentendu que la sexualité chez l'homme peut *si mal* se dire; on vient de voir qu'elle se dit infailliblement : ce n'est que par la dénégation que le sujet peut entamer son commerce avec la Chose sexuelle.

C'est aussi l'occasion privilégiée de saisir le « décollement » du sujet à partir de la Chose. Freud est formel : « Dans l'analyse, on ne découvre pas un " non " venant de l'inconscient ». La Chose, autrement dit, ne dit pas « non ». Ce n'est pas non plus un « oui », malgré sa positivité massive, puisqu'elle échappe à une logique de la contradiction. Mais voilà le plus remarquable : c'est par sa pression qu'elle amène le sujet à se « dé-juger ». C'est à ce point précis que, se dégageant de la Chose, il émerge : « La reconnaissance de l'inconscient, du côté du Moi *(von seiten des Ichs)* s'exprime en une forme négative. » Voilà bien la grandeur et la dérision du sujet de l'inconscient : le temps de « reconnaître » la Chose et de la (dé)nier, le voilà qui émerge.

Le « Moi » en effet, c'est ce qui dit que ce n'est pas la Chose. Aussi bien cette « instance » est-elle un événement de la Chose même. Le sujet est désormais condamné à être la (dé)négation de sa Chose. Nous indiquons par là une généalogie du sujet à partir de la Chose sexuelle : c'est cette chose même, affectée d'une négation singulière.

On voit que la *Verneinung* fournit en quelque sorte une logique symétrique de l'*Urszene* : il y aura autant de « sujets » inconscients que de formes déterminées de (dé)négations de la Chose. Autant de fois la Chose est déniée – c'est-à-dire reconnue/méconnue, selon la modalité évoquée plus haut –, autant de fois *un* sujet choit dans l'orbite de *son* propre désir. La Chose sexuelle est ainsi à la fois l'extériorité d'un désir singulier et sa réserve inépuisable. C'est dans l'énergie de la Chose sexuelle que chaque « enfant des hommes » puise la force de la dénier pour advenir à sa propre division.

5. *Logique de la Chose. Temps III : la fonction* Ver, *le (dé)raisonnement*

Tout se passe finalement comme si la logique de la Chose que l'on nomme inconscient se plaisait à refléter à l'envers la logique consciente : après le moment de la représentation et celui du jugement, c'est à une théorie du *raisonnement* qu'on est acculé. Or, c'est un fait que ce que Freud décrit le plus rigoureusement et le plus cliniquement sous le terme de processus inconscients, n'est autre qu'une *ratio* – ce qu'il appelle volontiers « suite de pensées inconscientes », et qui n'est autre que ce qu'un sujet articule de la Chose, ce qu'il *en pense.* La Chose sexuelle se constitue pour un tel sujet comme le corrélat d'une chaîne de jugements ininterrompue dont il est la couture en quelque manière : bref, ce qui *le pense..*

La dénégation nous a introduit à une fonction générale selon laquelle le sujet se rapporte à sa Chose, soit le déjugement *(Verurteilen).* Mais précisément il semble qu'on ne puisse donner de définition de la *Verurteilung* que différentielle, par l'opposition réciproque des actes en lesquels elle s'exerce. Là apparaît une véritable logique, qui nous intéressera ici pour ce qu'elle révèle des modalités précises par lesquelles la chose est systématiquement tordue. L'idée de déjugement suggère précisément cette union paradoxale de dysfonction *(Ver-)* et de logique.

Or on sait que la *Verurteilung* s'ordonne chez Freud selon quatre dimensions : *Verdrängung, Verneinung, Verleugnung, Verwerfung.* Ce qui nous intéressera, c'est ce qui s'y articule de la logique de la Chose : soit comment elle intervient, respectivement comme refoulée, déniée [1] ou « déjetée [2] ». Cela signifie que c'est à chaque fois sous une modalité singulière de déjugement que la Chose se notifie au sujet (et non en une fonction qui serait universelle); et qu'il est néanmoins possible de saisir une sorte d'« isomorphisme » : comme si l'on tenait là le style générique selon lequel la chose est déjugée dans l'inconscient, à chaque fois même et à chaque fois autrement. Qu'on essaie d'ordonner ces actes selon leur logique générique, et l'on voit donc se profiler la chose, à travers l'élaboration qu'en fait le sujet.

La question est au fond élémentaire : quels sont les objets respectifs de ces « actes », sur quoi s'exerce à proprement parler le déjugement ? À formuler cette question, on voit émerger, comme en un grouillement réglé, les diverses instances d'objectalité évoquées plus haut [3]. Qu'est-ce qui est en effet soumis au refoulement ? Ce sont les représentations-pensées, images, souvenirs, liés à une pulsion, dans le but d'éviter le déplaisir. Qu'est-ce qui est soumis au « déni » ? C'est la réalité extérieure, la perception d'un fait – l'existence du pénis, et, par extension, la castration, comme explication de l'absence de l'existence du phallus. C'est bien la castration elle-même qui est l'objet de la « forclusion », sans que cela implique un jugement sur la réalité de celle-ci – compromis fascinant entre l'abhorration de la Chose et son laisser-être. C'est enfin le contenu même du refoulé qui est l'objet de la dénégation, en tant qu'il est simultanément admis et tenu à distance.

La Chose sexuelle est en quelque sorte le corrélat objectal de chacune de ces instances : mais elle révèle précisément sa nature en résistant à toute unification. L'exemple le plus édifiant est celui de la différence d'objet entre déni et refoulement : « Si l'on veut séparer en lui (le refoulement) plus nettement le destin de la représentation de celui de l'affect et réserver l'expression " refoulement " pour l'affect, pour le destin de la représentation il serait juste de dire en allemand *Verleugnung* » (déni) [4]. Formule étrange puisque Freud a toujours affirmé que l'affect n'était pas soumis au refoulement, idée qu'il venait de réaffirmer [5].

En prêtant attention au contexte, on remarque que Freud considère ici le refoulement comme un genre, qui engloberait le déni comme espèce – alors que dans d'autres contextes il considérait chacun des actes en lui-même. Il suggère donc qu'en élargissant le processus de « rejet », on peut distinguer à l'intérieur du destin global le destin de l'affect, qui se jouerait du côté du refoulement *stricto sensu* (forme I), et le destin de la représentation, qui se jouerait électivement du côté du déni. Refouler serait ainsi tenir à l'écart le contenu d'affect se jouant du

1. Corrélat de la *Verleugnung*.
2. Corrélat de la *Verwerfung*, pour laquelle la traduction de Jacques Lacan par « forclusion » s'est imposée.
3. Cf. *supra*, à propos de la dialectique de la représentation, p. 49-50.
4. « Le fétichisme » (1927).
5. In *Inhibition, symptôme et angoisse*.

côté de l'expression qualitative de l'énergie pulsionnelle libérée, avec pour effet de repousser la tonalité désagréable de la représentation. Le déni par contre se désintéresserait, pour ainsi dire, de l'affect : il en voudrait à la représentativité de la représentation; en quoi ce serait un refoulement pur, sans affect.

Cette contradiction de vocabulaire qui n'entame pas la rigueur freudienne serait à chercher du côté d'une théorie des *affections de la chose sur l'inconscient* : soit comme représentation, soit comme affect, c'est à chaque fois la Chose qui s'imprime sur le sujet, l'incurvant en un lieu à chaque fois décalé. Ce que Freud décrirait donc en termes différents, c'est un même processus, par lequel le sujet s'incurve en affect et représentation sous la pression de la chose. Le dualisme des registres « représentationnel » et « affectal » ne serait que l'expression de la dualité d'effets de la chose sexuelle sur le sujet. Cela vaut pour la dualité de la représentation et de la réalité, qui sert à Freud à exprimer, selon les besoins de l'explication métapsychologique, le moment du « sujet » et le moment de la « chose », au sein d'un processus en soi insécable.

Cette traversée de la fonction *Ver-* contient un ultime enseignement pour l'intelligibilité de la Chose : ce thème sur lequel l'inconscient brode sans fin, du « fonds de la Chose », nous le découvrons finalement sous la figure du manque. Dire que la castration est le texte majeur de l'inconscient revient à dire que le sujet s'explique sans cesse avec une perte et ne peut accéder à la chose sexuelle que par cette expérience carencielle. On comprend l'ironie amère de Freud constatant que l'article le plus patent de l'expérience analytique est aussi le plus dénié. C'est à interpréter comme le constat que *la chose s'égale au manque*! C'est ce manque qui fournit à l'activité intense de déjugement son énergie secrète.

On comprend pourquoi cette chose sexuelle que manie la psychanalyse est si peu tangible, en contraste du « fait sexuel » que manie *tout autre* discours. C'est par là justement qu'elle se singularise absolument : recueillir le résidu d'un texte qui ne cesse de se repositionner par rapport à un manque. Mais cela, l'inconscient le « fait » avec la rigueur d'une logique du (dé)jugement!

La double généalogie précédente va nous permettre de situer précisément le savoir proprement analytique de la chose sexuelle par rapport à son propre objet – quel genre de savoir peut-il produire comme ce que lui impose sa chose ? – et par rapport aux autres discours, qui semblent viser la même chose (et pourtant parlent d'« autre chose »).

III. CONCLUSION : L'ÉPISTÈMÈ DE LA CHOSE

1. *L'art de l'allusion : l'exemple comme chose*

Le modèle que nous avons à penser est élémentaire en son principe, et complexe en ses effets : il y a finalement à penser que le sujet qui parle, dans l'inconscient, est tout entier structuré en *allusion* à la Chose. La Chose, en effet, il *doit* la dire, mais il ne peut la nommer.

Sous cette forme de la fraîcheur de la chose et du voile de l'allusion, nous pouvons en effet redécouvrir l'enjeu le plus naïf d'un savoir de l'inconscient. La difficulté commence naturellement dès lors que l'on a à déterminer quel genre d'allusivité très spécifique branche le sujet sur la Chose sexuelle. L'allusion, c'est en effet le dire voilé de la Chose : comme si une moitié de la Chose était dite, et l'autre tue. C'est bien ainsi, somme toute, que le bon sens paillard conçoit la sexualité : c'est pourquoi il ne cesse d'en jouer. Qu'on dise la Chose une fois pour toutes, et il n'y aurait plus raison d'en jouer ni d'en rire. Mais justement, ce dont le bon sens ne saurait rendre compte, c'est qu'on ne peut la dire une seule fois, qui serait la bonne.

Il est vrai que l'inconscient est tout entier allusion à la Chose, sexuelle : mais justement, quand l'inconscient parle de la Chose, ce n'est pas « à moitié ». Elle est évoquée tout entière. Freud fournit un principe capital quand il souligne que « l'exemple est la Chose même [1] ». Autant dire que l'allusion en question n'est pas une partie de la Chose, elle est la Chose même. Impossible donc de tirer de la Chose un extrait qui en illustrerait la généralité. C'est un fait d'ailleurs que l'on nomme volontiers la Chose en *croyant* en donner un exemple. Mais pour ce qui concerne l'inconscient, c'est *à tout coup* qu'il nomme la chose. La *Traumdeutung*, la *Psychopathologie de la vie quotidienne* et le *Mot d'esprit* en détaillent les stratégies.

Ce n'est pas un hasard si Freud évoque ce principe à deux occasions symétriques : à propos du symptôme obsessionnel et à l'occasion du délire paranoïaque [2]. C'est que l'obsessionnel est un champion de la métaphore : il ne cesse de parler de la Chose en feignant d'être ailleurs. C'est une aubaine pour l'analyste : il suffit de le prendre au pied de la lettre, de remplacer la généralité par son exemple, de traduire l'universel en singulier, et on entendra ce qui a été émis comme « exemple *de* », comme la voix même de la Chose.

Chez le paranoïaque, la chose est mise en scène dans le réel du délire. Et pour cause : la « chose » du paranoïaque est une interprétation en marche. La chose est montrée, jetée à la figure de l'interprétateur comme la Chose même : encore faut-il un interprétateur pour accepter de la prendre en pleine figure, c'est-à-dire de répéter le contenu du délire comme ce dont il s'agit pour le désir du sujet.

Qu'elle se présente en exemple d'elle-même ou en illustration d'elle-même, la Chose est *son propre exemplaire.* Il y a donc à faire tout autre chose que la démasquer : face à la Chose, c'est le contraire du « soupçon » qui est requis, soit en quelque sorte, la *croyance à la chose du sujet.*

Il y a bien en quelque façon « allusion »; mais, somme toute, elle fait à tout

1. Dans le compte rendu du cas de *l'Homme aux rats.*
2. Cf. le cas du président Schreber.

coup mouche. Mais si, alors, la chose ne se voile pas à proprement parler, d'où vient qu'elle s'élude ? Il faut bien supposer que c'est le sujet qui s'en retranche. C'est bien le comble qu'il faut ici énoncer finalement : l'inconscient que traite l'analyse, c'est un sujet qui manque au rendez-vous de la chose, mais qui *ne cesse* d'y manquer – ce qui suppose de « feindre » d'y aller. C'est bien en ce sens la chose qui est manquée par un sujet, toujours, toujours...

Seulement, par un mouvement contrasté, c'est bien aussi le psychanalyste qui doit se mettre suffisamment à distance de l'inconscient pour ne pas en faire une cause en soi, pour se déprendre de la superstition du « mystérieux inconscient » [1]. Il doit en recueillir exclusivement les effets phénoménaux, et y ordonner son propre savoir. Autrement dit, les faits inconscients ne sont pas des choses.

Au plan de l'épistémè, c'est toujours la Chose qu'il faut découdre – pour y discerner le réseau des relations –, alors même que dans la clinique c'est toujours avec la Chose qu'il faut en découdre ! C'est ce que connote l'ironie avec laquelle Freud manie son objet : cette matière première de son expérience et de son savoir ne débouche jamais sur une mystique de l'Inconscient ou de la Sexualité [2].

C'est pourquoi la chose sexuelle n'est pas ce sur quoi la psychanalyse peut se reposer : c'est bien plutôt ce qui la fait travailler et ce qu'elle doit travailler en retour. C'est ce qui démarque le freudisme de ce qu'on y voit souvent, à distance, à savoir une *Weltanschauung* sexualiste [3].

2. *L'illusion sexologique*

Cela nous permet de comprendre le malentendu nécessaire de Freud, promoteur d'un discours sur la chose sexuelle, avec *l'*autre discours qui semble s'y atteler, la *sexologie.* Car au fond, ne parlent-ils pas de *la même chose* ? Comment faut-il dès lors interpréter cette relation manquée entre les deux approches, dès l'origine ?

C'est un fait que Freud tient les sexologues en titre de son temps « en piètre estime [4] ». C'est un fait surtout que les sexologues semblent à ses yeux manquer la psychanalyse, au point de mériter un « procès en diffamation [5] ». Qu'est-ce qui est donc inintelligible à Havelock Ellis ou à Moll dans ce que la psychanalyse dit de la sexualité, alors même qu'ils sont censés parler de la même chose, sexuelle ?

1. Cf. les « Remarques sur la théorie et la pratique de l'interprétation des rêves », *G.W.*, XIII, 304.
2. Cf. sur ce point toute l'assise de l'épistémè freudienne in notre *Introduction à l'épistémologie freudienne,* 1re partie, Payot.
3. Cf. la critique générique de la *Weltanschauung,* comme construction unifiante de la réalité autour d'un principe unique, au nom d'un idéal de la *Naturwissenschaft* par Freud (*Freud, la philosophie et les philosophes).* La sexualité ne fait pas là exception.
4. C'est ce qu'il dit à propos de Moll, qu'il « ne tenait pas en grande estime » (Jones, II, 49).
5. À propos des critiques de Moll sur la psychanalyse. Freud trouve sa *Vie sexuelle de l'enfant* « aussi lamentable que malhonnête » (12-11-1908).

La réponse s'impose : le regard du sexologue ne voit pas tout ce qui, de la sexualité, n'est pas réductible à la fonction sexuelle. Et c'est un fait que tout cela semble « hors sujet », dès lors que la sexualité est réduite à la fonction sexuelle.

Dès lors, ce que Charcot, Breuer et Chrobak murmuraient, les sexologues le crient, comme un slogan, et le chantent, comme un hymne. Eux crient haut et fort que « la chose génitale » est le *nec plus ultra* anthropologique. Mais le plus remarquable est que cela, justement, n'est pas problématique : cela n'ouvre ni perplexité ni question. Il s'agit seulement de développer la fonction sexuelle, d'en dévider le mode de production. Pour le coup, il y a bel et bien croyance en la Chose, et la sexologie en est la liturgie. Mais cette Chose, si elle recrute des agents pour exercer sa fonction, manque de sujets : c'est pourquoi la scène primitive y manque, ainsi que la grammaire inconsciente par laquelle le sujet s'articule à la sexualité. C'est pourquoi aussi la sexualité infantile est ce qui demeure le plus radicalement énigmatique aux tenants de la sexologie.

Là est en effet le nœud de la question : la sexologie n'a pas besoin d'*autre chose* que la Chose sexuelle elle-même, définie comme fonction (fonctionnante ou dysfonctionnante) : elle fait l'économie de ce qui serait de l'ordre du manque ou du langage. Cela a pour effet, fort bien saisi par Freud, que la psychanalyse est *de trop* pour la sexologie. Ou bien elle devrait s'absorber dans la sexologie, en détaillant les fonctions avec quelque supplément d'âme psychologique; ou bien elle jouerait le rôle d'un vaste résidu. C'est que la psychanalyse s'occupe de tout ce qui implique la Chose sexuelle sans se réduire à sa fonction.

La choséification de la sexualité par la sexologie contraste précisément avec la pensée analytique de la chose sexuelle, consécutive à l'introduction de la dimension infantile. Nulle part Freud ne l'a mieux exprimé que lorsqu'il se demande s'il a bien droit de s'entêter « à dénommer sexualité ces manifestations de l'enfance » qu'il considère lui-même « comme indéfinissables et qui ne deviennent sexuelles que plus tard [1] ». Voilà, peut-on dire, la singulière question qu'ouvre le questionnement analytique de la sexualité et que la sexologie ne saurait même concevoir. C'est qu'au fond la sexualité dite infantile a pour effet de brouiller l'identification du « fait sexuel » bien plus que de l'élargir. Si Freud raisonne subtilement sur la nécessité de postuler dans l'origine même du processus les caractéristiques présentes à la fin, c'est pour placer la sexualité dans le processus lui-même, dans cette tension du « plaisir d'organe » originaire à la génitalité. C'est la répétition de l'origine qui notifie le caractère sexuel du processus : comprendre comment la chose insiste à se notifier comme le destin du processus.

1. Par exemple dans la XXIe des *Leçons d'introduction à la psychanalyse, G.W.*, XI, p. 335.

3. *La Chose-prétexte*

Ce n'est pas le moindre paradoxe de notre généalogie que de pouvoir formuler en guise de conclusion que, somme toute, *la Chose est innocente.* Entendons que l'essentiel de ce qui s'y joue est déclenché par le sujet, empêtré qu'il est dans sa croyance. Déjugée, déniée, « déraisonnée », la Chose sexuelle est requise comme *prétexte* par le sujet pour y organiser sa division. C'est ce qui ne peut être *symbolisé* de sa chose qui constitue le sujet en *symptôme.* Prétexte au sens fort et littéral de ce qui introduit au texte et *donne lieu à parler* [1]. Mais, pour cela, il faut penser que le sujet doit croire nécessairement à la Chose, l'hypostasier pour trouver une *cause* à son désir. Cette cause, on ne peut la dire illusoire, puisque c'est la substance même du désir. Si donc la Chose est innocente, elle doit être aussi l'occasion – au sens le plus fort du terme – pour le sujet, de jouer son rapport à la *faute.* Par où le registre de la culpabilité s'introduit nécessairement.

Ce n'est pas à dire que le sujet se sente coupable de la Chose sexuelle au point qu'on puisse l'en guérir. Bien plutôt, il ne peut se rapporter à la Chose sexuelle sans se poser la question de l'infraction comme constituante de son propre désir. On peut comprendre par là que la sexualité est tout autre chose que le *contenu* de l'inconscient – auquel cas l'on serait fondé à s'interroger sur l'arbitraire de la limitation à *ce* contenu particulier. Elle est bien plutôt le lieu où il doit sans cesse réexpérimenter son rapport à l'Autre et à son désir. C'est à cela que la psychanalyse le ramène obstinément, au point de sembler faire de la sexualité une Cause – entendue comme ce pourquoi on milite et auquel on affilie son idéal. C'est qu'elle y tient juste autant que le sujet de l'inconscient, à cela près qu'il ne peut lui-même l'avouer comme cause de son désir. D'où vient que la psychanalyse doit l'y réintroduire toujours, toujours, toujours...

PAUL-LAURENT ASSOUN

1. C'est là ce que la sexologie défaille justement à penser. Freud va jusqu'à soutenir qu'Havelock Ellis aurait produit sa théorie sous la pression de son propre trouble sexuel (ce qu'il généralise aux sexologues) alors que lui, Freud, n'aurait reçu l'annonce de la sexualié que de la parole des névrosés (à Joseph Wortis dans les années 30 où il accrédite encore la parabole des trois maîtres).

Sylvie Gribinski

LA CONTAMINATION

« Un chien et un cheval ont un fait-pipi, une table et un fauteuil n'en ont pas », affirme le petit Hans après observation et réflexion. Cette « soigneuse induction » différencie avec pertinence le vivant et l'inanimé. Le sexuel – est-ce ici la possession de l'organe ou bien son fonctionnement et plus précisément l'excitation dont il est la source ? – sert d'unité de mesure dans l'appréciation des lois du monde, induisant des représentations affectées à la réalité extérieure dans son ensemble. Un mouvement, dont l'ampleur saute aux yeux dans le propos du petit Hans, va des faits aux lois puis retourne des perceptions vers les représentations; ses considérations philosophiques et scientifiques mènent cet enfant à pratiquement assimiler vie et vie sexuelle. Il pratique une classification, reposant sur un élément de celle-ci, efficace au regard du système de pensée en vigueur, mais néglige une différence à l'intérieur de la catégorie du vivant en attribuant un « fait-pipi » aux deux sexes. Dans sa pensée, le sexuel transfère ses qualités à distance, effaçant la perception au profit d'une conviction quant à l'avenir : « son fait-pipi est encore petit », dit-il en regardant sa petite sœur au bain. La pensée fonctionne ici par affinité, au service d'une excitation.

Est-ce alors la vivacité, l'obstination du plaisir de représenter qui sous-tend le contact avec une réalité problématique, est-ce qu'on la rêve peu ou prou ? Ou bien, « comme par jeu », les manifestations corporelles sont-elles à l'origine d'une « mise en scène de la réalité », sans autre motif que celui du plaisir ? « Et l'homme des origines, contraint à comprendre le monde extérieur à l'aide de ses propres sensations corporelles et des relations corporelles, n'avait pas été sans apercevoir et sans utiliser les analogies que lui indiquait le comportement du feu [1]. » Telles sont l'énigme et la contrainte de la transformation des quantités en qualités dans le système psychique.

Si représenter est une modalité de contact qui allie *du* plaisir et *une* réalité,

1. S. Freud, « La conquête du feu », in *Psychanalyse à l'Université,* t. I, nº 4, Éd. Réplique, 1976, pp. 616-617.

c'est un contact aliéné aux modes de décharge de l'organisme. Cette emprise ne disparaît pas lorsque les mots s'adjoignent aux images. Elle s'allège mais le contact de la représentation avec la représentation verbale devient le point sensible, le point d'envahissement énergétique de la psyché par le sexuel. L'hystérie témoigne de la soudure entre le corps et l'usage langagier, de l'enracinement de la langue dans la géographie et les fonctions corporelles.

Le trait de génie de Freud fut d'*aborder* ces faits par ce bord-là. La contamination de la langue par le sexuel fait se toucher l'origine avec l'actuel. Aux commencements elle s'inscrit sous la forme d'une perte, d'une division des mots qui, dès lors, voyagent clivés de leur part symbolique. Avec chaque symptôme hystérique se reproduit ce bond en arrière vers la source commune de la langue et des affects : une décharge.

Mais, si camouflée soit-elle dans son office quotidien, cette contamination embrase le dire, le colore, le rend à jamais nostalgique, inadéquat à remplir sa secrète mission : se réunir avec les choses, invoquer sa propre hallucination initiale, rejoindre son premier locuteur, retrouver l'inexprimable ensemble d'où il provient. Autant de contacts inlassablement visés par la parole et jamais atteints. Autant de lignes de tension qui étirent et fragmentent les mots, les décollent d'eux-mêmes, les font éclater et les dispersent. Là encore, c'est sous le signe de la déperdition que le sexuel régit l'économie du dire. Origine, finalité, fonctionnement sont touchés, aussi ne peut-on dire que la langue est contaminée par le sexuel, elle le représente et elle l'agit.

Parler des choses, comme le montre le petit Hans, c'est en inventer les lois. Mais la pensée, maintenue dans son double courant représentatif (images et mots, contacts entre images et mots) ne peut se libérer de ses amarres sexuelles. Sa stratégie à l'égard des choses est marquée par « la chose » qui, dans la langue grivoise, définit le sexuel. Le point de fuite de la pensée, si lointain soit-il dans l'abstraction, la laisse dépendante de son engendrement, la ramène, à terme, à son point de départ. *A fortiori* dans ses performances les plus abstraites, la pensée avoisine les zones de son incomplétude la plus radicale, là où son ressort est le plus tendu vers les fins des phénomènes qu'elle envisage, où ses symboles qui semblent désexualisés retrouvent peut-être leur part sexuelle originelle, là où la blessure de ne rien savoir trouve peut-être une représentation dans le savoir.

Si l'on se tourne du côté de ce que Freud appelle le monde extérieur avec la même question : « Comment est-il contaminé par la chose sexuelle ? », on est tenu de procéder par étapes, tant cette question a tendance à se diviser en de multiples autres et tant les voies d'abord de notre problème paraissent nombreuses. Je propose pour première étape cette déclaration de Freud, à la réunion du mercredi 27 novembre 1907, qui clôt sa discussion de deux cas rapportés par Stekel. Freud développe le mécanisme de la perte de sa voix par une patiente chanteuse; d'une part, il relève une identification de la patiente avec une rivale et avec sa mère qui aurait eu une voix laide; d'autre part, il déduit, à partir du caractère anal de la patiente, que son père aurait désapprouvé ses voix anales (flatulences). Le contexte de ce propos est donc résumable de cette façon : *cela se serait passé ainsi.* Il conclut : « Les analyses ont un petit avantage accessoire : elles nous apprennent ce qui se passe réellement dans le monde; nous acquérons une image authentique du monde. Les analyses sont des documents culturels et historiques d'une extrême importance [1]. » Il convient de ne pas évacuer l'étonnement que suscite cet abrupt élargissement du champ à partir d'une reconstruction conjecturale du développement sexuel de la patiente et des événements supposés avoir marqué celui-ci. Il convient aussi de ne pas réduire notre surprise en nous précipitant sur la seconde partie de ce propos qui met l'histoire au premier plan des éléments du monde livrés par l'analyse, non pas que cet aspect soit de peu de poids, mais il est si complexe qu'il faut l'envisager séparément.

Donc l'image authentique du monde se saisit dans l'analyse. Cette assertion va à l'encontre de nos habitudes de penser qui veulent qu'au contraire on dispose dans l'analyse d'une image de la réalité éminemment déformée, à tout le moins « subjective ». Et pourtant, cette ligne de pensée qui confère à l'analyse le privilège de l'examen de ce qui se passe et s'est passé dans le monde sera développée, reprise, précisée jusqu'aux derniers textes. Il n'est pas de connaissance du monde extérieur indépendante de celle du monde intérieur. Ou bien encore, l'interdépendance des deux mondes est telle qu'on ne peut envisager l'un sans l'autre. C'est selon les lignes de tension qui les relient qu'on est tenu de circuler si l'on veut appréhender l'un ou l'autre. Cela est valable pour toute science. La science psychanalytique, quant à elle, occupe à l'égard de cette question une place privilégiée en ce qu'elle s'intéresse précisément à l'appareil issu de la coexistence de ces deux mondes et voué à la maintenir : l'appareil psychique.

Aux difficultés qui se présentent au moment de considérer les processus régis par le sexuel, on peut donner un nom : c'est la *dispersion.* Dispersion dans le temps, dispersion dans l'espace.

Croit-on pouvoir tenir le récit d'un développement, une ontogenèse de la sexualité, on s'aperçoit alors de la singularité de cette dernière. Elle ne commence pas avec l'histoire de l'« individu », mais avec la préhistoire de l'humanité, des références au monde animal s'y insèrent et font éclater sa linéarité; et, si l'on est attentif à ne pas négliger ce qui s'avance avec le concept de pulsion, c'est le processus vital lui-même qui s'y représente. Le concept de sexualité a une histoire : dès qu'il est né, sa dilution a commencé. « Avant tout, c'est une tâche extrêmement difficile de diluer la richesse de vos idées, de faire cuire cette dilution et finalement de réussir le coup de sorcier d'en tirer quelque chose d'homogène », écrit Jung à

1. *Les premiers psychanalystes. Minutes de la Société psychanalytique de Vienne,* t. I., Gallimard, 1976, p. 267.

Freud, en 1907 [1]. L'aveu a ici le mérite de la franchise mais l'art de cette cuisine diluée et homogénéisante n'est pas le propre des déviationnistes. Diluer n'est pas disperser. La dispersion désigne un processus d'extension spatiale, de multiplication des points de contact, sans que la virulence de chaque unité soit diminuée. S'il s'agissait d'une dispersion bactérienne, les conditions d'une épidémie seraient réalisées, la seule défense possible est alors l'isolement, la mise à distance et l'établissement de barrières.

La sexualité comme concept a perdu sa virulence conceptuelle, a subi une dilution. Il ne s'agit pas seulement d'une usure opérée par ses propres rejetons théoriques, mais d'une dilution *in situ*. Dès que s'amorçait son trajet, comme le montre la lecture des *Minutes de la Société psychanalytique de Vienne*, la tendance était déjà là de réduire ce concept à autre chose, de l'expliciter de l'extérieur, d'échapper à la gestion que Freud lui assignait. Cette dernière commande d'envisager les phénomènes et leur histoire à partir de leur point critique : la sexualité humaine. Et, à partir de la névrose, son lieu d'émergence théorique, de la laisser proliférer d'elle-même dans le champ de la pensée, de la laisser se disperser.

Or la chose sexuelle, elle, n'a peut-être pas d'histoire, elle n'a que l'histoire des défenses qu'on lui oppose. Elle est telle quelle, inscrite dans le vivant depuis les débuts, défiant toute réduction, se répétant toujours au présent. Elle ne connaît pas d'autre temps, elle *est*, inaltérable, sans se savoir être. Cette chose qui objecte à toute représentation d'un déroulement, où tout est là à chaque instant, entretient avec l'histoire des relations paradoxales. Elle se conforme à une sorte de mémoire du passé, déposé sous forme de précipités toujours actifs, mais non disponibles; c'est aussi elle, principe régulateur des champs de tension vitaux, qui donne figure à ce détour, la vie, jusqu'à s'y épuiser.

Ainsi la considération du vecteur du temps ne peut nous apporter une représentation simple du sexuel, bien que ce dernier infiltre tout le parcours. Infiltrat indissociable du processus qui crée le trajet, mais aussi infiltrat qui détermine les multiples récurrences courbes et spiralées émaillant le parcours vital et dont toujours le sexuel est le point d'appel. Plus encore, il m'apparaît que c'est dans un mouvement comparable à la réalisation d'une coupe transversale de ce que je figure par un trajet, celui de la vie, qu'on peut saisir le façonnage, les dispositions du sexuel qui l'infiltre. Comme une coupe anatomique permet d'observer les relations réciproques des différents organes et tissus, c'est dans la synchronie que les orientations du sexuel deviennent tangibles et la portée de ses mouvements estimable. Pas plus qu'une coupe anatomique n'est possible *in vivo,* cette découpe ne peut s'isoler de la dynamique de ce qui la précède et de ce qui la suivra. C'est pourtant une séance, un mot, un moment d'une séance ou bien un rêve s'y attachant qui, réalisant la découpe de deux individus ou de parties de chacun

1. S. Freud, C. G. Jung, *Correspondance,* t. I, Gallimard, 1975, p. 128.

d'eux, permet d'intercepter les expressions si mobiles du sexuel. C'est de ce point de vue, transposé maintenant à une échelle un peu plus grande, que je comprends que « les analyses sont des documents culturels et historiques d'une extrême importance » : du fait de l'intégrité actuelle de la chose sexuelle en chacun, à chaque moment. À la dispersion temporelle du sexuel répond sa virulence actuelle qui rend l'analyse possible.

À sa dispersion spatiale est-il une limite ? Abordons la question là où elle apparaît avoir la plus grande densité : « L'obscure connaissance (pour ainsi dire la perception endopsychique) des facteurs et des relations de l'inconscient se reflète – il est difficile de le dire autrement, on doit s'aider de l'analogie avec la paranoïa – dans la construction d'une *réalité suprasensible (einer übersinnlichen Realität)* qui doit être retransformée par la science en *psychologie de l'inconscient* [1]. » Cet énoncé bien connu me paraît cependant toujours neuf, d'une nouveauté quotidienne, il est obsédant. Il parle de l'incompréhensible tranquillité de nos relations avec les choses. Il parle d'une dispersion à l'œuvre depuis un dedans (l'inconscient) qui n'en est pas un puisqu'il est au-dehors. Perçu au-dehors, car projeté, c'est le mécanisme, superstitieux et normal, pense-t-on, et ce n'est pas faux, mais c'est aller bien vite car, à tout comprendre, tout à coup on ne tient plus rien. L'effacement des aspérités qui s'opposent aux affinités de la pensée logique pour la fluidité de son matériel fait s'évanouir le matériel lui-même.

Freud s'est voué à la réalité ultra-sensible, car elle est en concordance avec la perception endopsychique. L'une et l'autre fonctionnent par affinité réciproque dont la force de dispersion n'est pas endiguable. Notre réalité est ultra-sensible comme électrisée par un processus toujours actif auquel Freud assigne une localité intrapsychique; l'inconscient possède cette inépuisable capacité à induire les phénomènes du monde extérieur. La dénomination de cette réalité est aussi remarquable en ce qu'elle porte le mot « sensible » au-delà de ses propres possibilités; la réalité, *übersinnlich,* est tout d'abord supersensible. Là se tient son offre, sa susceptibilité, qu'on peut dire exquise, à être touchée partout et toujours et, en retour, sa capacité à toucher. Une atomisation de la matière produit une semblable disponibilité des éléments, libérant leurs valences pour de nouveaux regroupements, c'est une figuration possible de ce que nous percevons au-dehors qui n'a forme et sens que grâce à cette *dynamique du toucher.* Il n'est guère de place pour l'indifférence dans ce processus. Un déterminisme, celui de l'inconscient, donne à la réalité sa « charge ». La supersensibilité, c'est cela même, c'est la force inépuisable qui détermine les *contacts.* La réalité est supersensible, car elle ne peut pas ne pas être touchée. Il faut, pour l'instant, conserver à ces mots leur entière imprécision, le mode de contact ne peut être envisagé en même temps que le principe qui

1. S. Freud, *Zur Psychopathologie des Alltagslebens, G.W.,* IV, S. Fischer, pp. 287-288 et *Psychopathologie de la vie quotidienne,* Petite Bibliothèque Payot, 1979, p. 276.

érige le contact comme fondement même des relations entre l'appareil psychique et le monde extérieur.

Le paranoïaque est le seul à maintenir à vif, de façon permanente, ce processus : « Il reconnaît quelque chose qui échappe au normal, il voit avec une acuité supérieure à celle de la capacité de penser normale [1] », c'est sa demande libidinale exacerbée envers le monde humain qui lui permet cette performance. Pour lui, il n'est aucune place pour l'indifférence : c'est sa souffrance. À cette échelle qui me paraît macroscopique parce qu'enflée par la disposition libidinale et impliquant les semblables, ou les choses, mais toujours en relation avec un geste humain, on saisit la nature de l'énergie en jeu : la libido est la force contaminant toutes nos relations au monde extérieur incluant nos semblables. Aucune surprise à faire ce constat, et pourtant il est une formulation de la même question qui lui donne une impulsion brutale et la laisse rouler, compacte, et toucher, comme question, tout ce qu'elle approche. « La question qui se pose est de savoir pourquoi seuls les destins de la libido peuvent être projetés sur le monde extérieur et non les autres processus [2]. » On ne peut dire que Freud ait laissé sa question intacte, mais on ne peut dire non plus qu'elle fut résolue, c'est-à-dire qu'elle se soit dissoute dans les diverses entreprises destinées à y apporter de la clarté.

Si l'on interroge l'initiation du processus, ses débuts, on rencontre la mise en place, en plusieurs temps, de deux organisations bipolaires : amour et haine, moi et monde extérieur. Elles se chevauchent, mais ne coïncident pas, elles influent l'une sur l'autre sans qu'aucune soit réductible à l'autre. L'instabilité initiale de cette mise en place laisse sa marque dans l'organisation finale qui régule les distances entre moi et objets du monde extérieur. L'indifférent, à l'origine, au temps de l'auto-érotisme, temps conjectural pour l'enfant humain, si prématuré que l'objet est introduit au monde en même temps que lui-même, est le monde extérieur. Mais « l'indifférence se range comme cas spécial de la haine, de l'aversion, après être apparue d'abord comme le précurseur de celles-ci. L'extérieur, l'objet, le haï seraient, tout au début, identiques [3] ». Le contact intrusif des excitations extérieures engendre une nouvelle organisation, le « moi-plaisir purifié », excluant le mauvais qui coïncide avec l'étranger. Pureté éphémère, le clivage de l'objet et du moi la brise. L'attraction et la répulsion déterminent l'axe de la régulation finale qui témoigne de l'incitation initiale à prendre dedans et à rejeter. Éclairée sous cet angle, la dynamique des contacts apparaît presque caricaturale puisque la tendance à se rapprocher de l'objet n'a plus de limite, il s'agit de l'introjecter, et la tendance à s'en éloigner prend la figure de la fuite.

Les extrêmes, comme la pathologie, ont cependant l'avantage d'indiquer des

1. *Ibid.*, respectivement, p. 284 et p. 274.

2. *Les premiers psychanalystes, Minutes de la Société psychanalytique de Vienne, op. cit.*, t. IV, pp. 162-163.

3. S. Freud, « Pulsions et destins des pulsions », in *Métapsychologie,* Gallimard, 1976, p. 39.

axes dans ce qui se présente, dans le fonctionnement « normal », comme irréductiblement disséminé et souvent si ténu qu'il a fallu se pencher sur des riens qui font la psychopathologie de la vie quotidienne, pour que la question soit posée dans toute son ampleur. Lorsqu'on considère de ce point de vue la virulence contaminante du sexuel dans notre organisation du monde extérieur et qu'on circule dans cette investigation avec pour outil la notion de contact, une représentation s'impose qui témoigne des effets moteurs du pulsionnel sur la pensée, par le chemin du contact. De nombreuses voies mènent au constat de la contamination de la pensée par le sexuel. Celle qui nous intéresse ici est l'une des plus aiguës, c'est celle que développe *Die Verneinung,* « La dénégation ». Sur le chemin du pulsionnel à l'acte intellectuel (le jugement) se trouve : « Ceci je veux le manger ou je veux le cracher. » Penser ajourne cette décision, mais penser est issu d'un processus de « *tâtonnement* moteur » qui fut au préalable sensoriel; ce va-et-vient « goûte les excitations externes pour à nouveau se retirer [1] ». Contact buccal, contact sensoriel, fondement pulsionnel du penser. Pour Freud, le toucher est soumis à un traitement qui implique toujours les orifices et qui met le mouvement en première place. C'est le mode de circulation de l'énergie sexuelle.

Ainsi, *penser le sexuel confronte à une dispersion.* Et y penser en dépit de la dispersion dont on est saisi, c'est contrarier un mouvement semblable à celui qui a conduit à la dilution du concept de sexualité. C'est laisser les contacts les plus inattendus exercer leurs effets, sans espoir d'y trouver une harmonie.

*

Arthur Schnitzler répond à une enquête sur la pornographie [2] : « Si un jeune homme quitte la *Vénus* du Titien sexuellement excité, ce n'est finalement qu'une affaire de hasard si dans l'heure qui suit, il se fait contaminer par une prostituée ou par une autre créature féminine, ou bien si, sous les effets de la même excitation, il conçoit avec sa maîtresse, ou sa femme, un nouveau Shakespeare – ou son propre meurtrier... Et sans doute chacune de ces possibilités existe, même si ce n'était pas la *Vénus* du Titien, mais une photo de nu totalement étrangère au domaine de l'art ou une quelconque représentation obscène. La question de savoir dans quelle mesure l'effet sexuel des œuvres d'art est justifié me semble aussi oiseuse que la question de la " justification de l'excitation sexuelle " qui pourrait résulter d'une belle forme vivante, ce qui peut être parfois le cas [3]. »

Admirable réponse, qui va au-devant de l'étrangeté des effets de l'excitation

1. *Die Verneinung* (« La dénégation »), *Le Coq Héron,* n° 52, pp. 11-13.

2. Les questions étaient : 1° : Dans quelle mesure les œuvres de la littérature et de l'art peuvent-elles être une incitation à la sexualité ? 2° : Dans quelle mesure un tel effet est-il justifié ? et 3° : La pornographie.

3. A. Schnitzler, extrait de *Aphorismen und Betrachtungen,* Éd. Fischer, 1967, pp. 324-325.

sexuelle, à des questions suscitées par une idéologie qui craint *tous* les effets contaminants de l'excitation sexuelle. Au premier chef, la contamination syphilitique qui alimentait encore les fantaisies, mais n'était qu'une forme de la crainte du toucher. Comme toute forme, celle-ci n'est que « le précipité de contenus plus anciens [1] ». La véritable source proliférante qui travaille à créer toujours de nouvelles formes, qui va jusqu'à fonder la vie psychique et en tout cas l'affecte toujours, est *le désir de toucher.* Le caractère tenace de la notion d'hérédo-syphilis que Freud, lui non plus, n'a pas d'emblée écartée comme facteur constitutionnel des névroses et des perversions, est à mettre au compte de deux mouvements opposés de la pensée. L'un est au service du fantasme de contamination, l'autre au service de la répression de ce dernier. En effet, la notion d'hérédité syphilitique imputait à la contamination initiale, celle du parent infecté, un pouvoir de transmission génétique à l'enfant, purement imaginaire, en même temps qu'elle négligeait la contamination réelle du nouveau-né dans les voies génitales maternelles pendant l'accouchement. Un déplacement de cette même opération mentale concernant le toucher est réalisé par Freud, lorsque, au temps de la théorie de la séduction, il dénonce la personne du père agissant, par sa sexualité même, sur le développement sexuel du futur névrosé. Dans cette perspective, l'agent contaminateur est le père. L'abandon de la théorie de la séduction n'allégera pas, dans l'envisagement de la fonction paternelle, la pesée de la question de la contamination; au contraire, l'élaboration de cette dernière fait de la sexualité du père le foyer même de *la contagion entre le traitement du père et le traitement de la question du père. Totem et tabou,* le livre de la contagion, en est l'issue [2].

La volupté du toucher et la crainte du toucher coïncident dans le concept de tabou. Celui-ci restreint et légifère le désir de toucher dont la propriété est de se propager dans toutes les directions, par contagion. Il n'y a pas lieu de distinguer le fonctionnement du tabou de celui de la compulsion obsessionnelle, ils ne sont pas la métaphore l'un de l'autre, ils sont identiques. Ils courent derrière une contagion toujours à l'œuvre dans le psychisme, ils n'échappent cependant pas à la contamination et sont eux-mêmes contagieux. Ils se propagent par les mêmes voies que les processus qu'ils poursuivent afin d'en stopper l'avancée : le transfert et l'association. C'est à partir des restrictions imposées par l'organisation psychique à la virulence des phénomènes considérés que celle-ci s'éclaire, de façon récurrente. Ainsi, la fonction du toucher, considérée sous l'angle de son mode de propagation, montre une dynamique intrapsychique dangereuse et magique; la libido a de l'affinité pour tout ce qu'elle touche. Elle se disperse à la manière d'une force électrique, de proche en proche, à la manière d'une infection. La prohibition

1. *Minutes de la Société psychanalytique de Vienne,* t. II, Gallimard, 1978, p. 330.

2. Mais aussi en quelque sorte un début qui ne laissera plus de repos à la question du père dans la doctrine, notamment celle des pulsions, comme elle contamine toute vie, sans trêve.

s'étend de façon identique, dans le but de limiter une *dispersion déjà là,* qui lui préexiste et n'est ni statique ni fixée; il n'est pas d'arrêt dans la mobilité extensive des forces inconscientes. Là réside la contamination du tabou par ce à quoi il s'oppose; il s'adresse à ce qui déjà est en marche et qui a déjà touché choses et personnes et agi dans le psychisme de telle sorte que le germe contagieux est actif dans la place. Or le tabou vise l'arrêt du processus de déplacement; pour ce faire, il s'applique précisément à la modalité de ce dernier : le contact. C'est par là même que le tabou est contraint d'acquérir les propriétés de ce qu'il tend à supprimer; il doit s'exercer aux points des contacts, donc se déplacer de la même façon que la force libidinale; il désigne les contacts, il touche le contact [1]. Mais là réside aussi la contagiosité du tabou; celui-ci s'étend *de l'objet à l'interdiction elle-même, enfin au système que celle-ci désigne,* c'est-à-dire le mode de propagation par contact. Toucher au tabou équivaut à toucher à l'objet interdit. C'est ainsi que celui qui transgresse devient lui-même tabou par contact et, suscitant l'envie du contact chez les autres, il sème la contagion qui n'est que la manifestation de la dispersion préalable des désirs. Ou bien encore celui qui établit certains contacts psychiques proscrits risque une infection de tout son psychisme. Et l'on sait qu'à terme, quelle que soit la formule du tabou ou de la compulsion, elle se ramène à un *contact corporel.*

Le contact est au principe même de ce qui définit le déplacement et le transfert dans la vie psychique et ceci sinon à l'infini, tout au moins jusqu'à une figure initiale autour de laquelle les déplacements se précipitent et se concentrent. Toucher les organes génitaux et toucher la mère sont deux contacts indissociables, une seule et même source d'excitation qui peut être considérée comme l'impulsion initiale d'une propagation désormais sans fin. Celle-ci est à la fois intrapsychique et orientée vers les choses du monde extérieur dont elle fait, par contact, des « objets ».

Cette figure initiale est également un concentré d'ambivalence : ce sont précisément les contacts initiaux réels et représentés, excitants et source de toute excitation, qui vont être exécrés avec une force proportionnelle à la virulence de l'excitation première. Le contact devient ainsi le lieu d'un regroupement des contraires, désir et prohibition, et en même temps d'une tentative de dissociation de ces mêmes contraires, notamment en les orientant dans des localités psychiques

1. « La capacité de transfert et de propagation de l'interdit reflète un processus qui se produit avec le plaisir *(Lust)* inconscient et qui est particulièrement facilité par la condition psychologique de l'inconscient. Le plaisir-pulsion *(Trieblust)* se déplace, constamment, pour échapper au barrage qui l'encercle et cherche à acquérir des substituts à ce qui est interdit – objet et actes de substitution. C'est pourquoi l'interdiction voyage et s'étend aux nouveaux buts des motions honnies. »

« À chaque avancée nouvelle de la libido refoulée, l'interdiction répond par une nouvelle aggravation. »

Totem und Tabu, G.W., IX, p. 40 et Petite Bibliothèque Payot, 1977, p. 42.

différentes de telle sorte qu'ils ne puissent plus se rencontrer. Le fonctionnement tabou ou compulsif est le résultat de cette tentative de dissociation. La propriété si remarquable du tabou d'être contaminé et infectieux tient aussi à la fragilité de la séparation qu'il réalise. Son fonctionnement représente paradoxalement une enflure du principe de propagation qu'il vise à stopper. Il y a, par-devers l'opposition instaurée, une *affinité de l'interdiction pour ce qu'elle interdit,* une affinité du tabou pour ce qu'il prohibe.

Est-ce une affinité pour ce qui est le plus proche, laquelle s'exercerait par contiguïté ? La virulence des effets sexuels produits par les parents, ceux avec lesquels un contact n'a pas pu ne pas avoir lieu, pourrait le laisser penser. Dans cette perspective, ne pas approcher, ne pas voir ni se laisser voir, ne pas prononcer le nom sont les figures négatives d'un contact qui aurait la valeur d'un attouchement. Mais l'affinité totémique (le mot allemand *Verwandschaft* signifie à la fois parenté et affinité) qui n'est attachée « ni au sol ni à une localité [1] », signale Freud, rend compte d'un autre mode de contact. Elle dépend d'un système de filiation, elle implique un transport, un déplacement psychique. Son origine est une butée pour l'histoire et pour la pensée, c'est une brisure, c'est le contact, des plus violents, par lequel le père fut touché. Toucher (tuer) le père est un contact qui a été jusqu'à l'ultime, son dépeçage et sa dévoration, cette extrémité dans le contact, marque l'ambiguïté des visées de cet acte et sa double violence. Les forces opposées qui animent ce contact bivalent ne sont pas destinées à s'amortir : elles sont intactes et virulentes dans la pensée inconsciente, elles ont pris les formes monotones qu'on leur connaît dans l'histoire humaine. Même si on les retrouve à l'état de fragments [2], chacun d'entre eux a conservé son potentiel de violence et le régime des affinités s'en trouve contaminé. Puisque le contact avec le père n'a pu que prendre cette forme aux conséquences immenses pour l'organisation des affects, de la pensée et des sociétés humaines, alors jamais la question du contact ne sera lavée de cet acte et à jamais la sexualité du père en restera la butée.

*

« Lorsqu'on se pose la question de savoir pourquoi la fuite du toucher, du contact, de la contamination, joue dans la névrose un si grand rôle et devient le contenu de systèmes si compliqués, la réponse est que le toucher, le contact corporel, est le but prochain aussi bien de l'investissement agressif que de

1. S. Freud, *Totem et tabou,* Petite Bibliothèque Payot, 1977, p. 11.

2. « Chez les peuples qui présentent encore aujourd'hui le totémisme, on le trouve sous les aspects les plus variés de décomposition, de morcellement de transitions à d'autres institutions sociales et religieuses », *Totem et tabou, op. cit.,* p. 12.

Il en est de même pour ce que donnent à voir la pathologie, le rêve, la vie infantile, la vie des institutions.

l'investissement tendre de l'objet. Éros désire le toucher, car il aspire à l'unification, à la suppression des frontières spatiales entre le moi et l'objet aimé. Mais la destruction aussi, qui, avant la découverte des armes qui frappent à distance, doit s'opérer dans la proximité, présuppose nécessairement le toucher corporel, l'action de porter la main. Toucher une femme est, dans l'usage langagier, un euphémisme pour son utilisation comme objet sexuel. Ne pas toucher le membre, ainsi s'exprime l'interdiction de la satisfaction auto-érotique [1]. »

On cherche vainement, dans le texte freudien, une image adoucie, dépourvue de danger, des représentations sensuelles véhiculées par les mots toucher et contact, *Berührung;* on y rencontre, au contraire, une impossible déliaison, une jonction qui ira s'affermissant avec le temps et vers laquelle convergent des cheminements hétérogènes quant à leurs parcours, jusqu'à la définitive *association du toucher avec la perte.*

Dans le toucher s'exercent deux formules pulsionnelles intriquées et opposées : *toucher et être touché* qui sont condensées par *toucher le membre.* C'est la source d'une immense contamination psychique. C'est le lieu d'un danger. Nous en avons parcouru un versant avec l'interdit du toucher, l'autre figure, adjacente à notre premier parcours, est l'angoisse de castration. Danger qui conjoint toujours une menace interne et une menace externe, qui diffuse de l'intérieur vers l'extérieur. Le déplacement à l'extérieur du danger pulsionnel sépare le loup de l'enfant et du phobique; mais l'enfant joue au loup et le phobique recherche son objet dans l'espace pour mieux le fuir. Le relatif maintien endopsychique du danger, dans la névrose obsessionnelle, requiert une autre mise à distance, spatiale (l'isolation), temporelle (la pause), mais l'investissement du contact proscrit, masturbatoire, vient contaminer tout le processus. On assiste dans les deux cas à une *autocontagion pulsionnelle,* à une affinité de la pulsion pour ses créatures.

Avec *Inhibition, symptôme et angoisse,* s'achève la ruine de l'hypothèse d'un contact bienheureux, d'une quiétude révolue, mais qui d'avoir été laisserait une sorte d'assise et dont la nostalgie, si poignante fût-elle, ne serait que l'expression de la séparation d'avec ce temps inaugural de contact océanique avec la mère. Que ce temps soit ramené à la vie intra-utérine ne change rien à sa nature de fantasme masturbatoire, ni à la tendance qui s'y manifeste, en postulant une plénitude perdue, d'effacer une division. Celle-ci, d'ailleurs, ne passe pas entre la mère et l'enfant, mais les divise tous les deux et fait irréversiblement sombrer la possibilité d'une unité de l'objet. C'est précisément la pensée de l'unité qui centre la question de l'angoisse. L'angoisse *n'est pas* la conséquence de la rupture du contact avec la mère, même si l'on peut trouver dans les réactions cardiaques, respiratoires, cutanées du nouveau-né, le prototype physiologique de l'angoisse. Celle-ci *réalise un contact* par sa forme symbolique et par sa figuration actuelle. C'est un contact entre l'actuel

1. S. Freud, *Inhibition, symptôme et angoisse,* P.U.F., 1978, p. 44 et *G.W.,* XIV, p. 152.

et la préhistoire puisque c'est la commémoration symbolique de l'acte sexuel, monotone dans ses formes qui sont des fragments de l'acte du coït. C'est une agitation posthume qui partage avec tous les affects et les sécrétions la propriété d'augmenter l'excitation et d'être une décharge. Une forme non spécifique et une spécificité dans la signification y sont associées. « C'est comme si l'être encore si peu développé ne savait rien faire de mieux de son investissement [1]. » (Ici Freud se sépare de Rank.) Puisque l'objet maternel devient intrapsychique, l'angoisse devient l'angoisse d'une perte. « Au sens où l'entend Ferenczi, on peut dire que l'individu qui, pour obtenir le retour dans le sein maternel, voulait se faire représenter par son organe génital, remplace maintenant cet organe par sa personne tout entière [2]. » C'est un saut du psychique dans l'organique qui est tracé ici et qui décrit une diffusion, à toute la personne physique et psychique, d'une excitation, en pure perte. Celle-ci ne peut être spécifiée que rétroactivement, par la pensée [3].

Ainsi le toucher est soumis, par Freud, à un traitement qui ne laisse pas de place à la quiétude, et la surface devient un lieu soumis à de puissantes tensions. Le *toucher est inquiet* et pourtant sa forme primitive, sauvage, le mode de connaissance oral, montre une insatiable affinité pour le monde environnant. Exploration avide, appel de représentations, mais aussi prototype de l'identification. Prendre la partie pour le tout reste une modalité de fonctionnement magique quotidien dans la vie éveillée, on n'y prête guère attention; c'est aussi une technique du mot d'esprit; c'est un mode de la pensée inconsciente. Nous voilà à un carrefour où annoncer sa mise permet de progresser : le toucher est inquiet parce qu'il ne peut fonctionner que dans l'intimité avec les zones orificielles, parce qu'il reste le centre d'une menace, parce qu'il sous-tend la question toujours à l'ordre du jour de la perte des limites.

Maîtriser l'excitation, telle est l'impossible tache du système psychique mieux armé pour faire face à l'excitation d'origine externe qu'à celle d'origine pulsionnelle. La surface est, à cet égard, aux avant-postes, mais elle est elle-même trouée, parcourue de tensions. La surface de l'appareil psychique devient, dans cette perspective, le représentant de la surface cutanée. Même origine embryologique, même capacité à être stimulées du dehors, par les excitations du monde extérieur et du dedans, par les investissements pulsionnels concentrés au niveau des orifices. Si l'une, la peau, conserve son potentiel érogène, partout et toujours, ainsi que sa faculté à « représenter un organe génital secondaire usurpant les fonctions de

1. *Inhibition, symptôme et angoisse, op. cit.,* p. 61.
2. *Ibid.,* pp. 63-64.
3. Si l'homme aux loups accepte la construction de Freud selon laquelle il interrompit le coït de ses parents par l'émission d'une selle, « dans d'autres cas de semblable nature une telle observation du commerce sexuel s'est terminée par une évacuation d'urine; un homme adulte ressentirait, dans ces mêmes conditions, une érection ». Il s'agit bien d'une spécificité seulement à venir et c'est la pensée qui s'en charge ainsi qu'en témoigne la nécessité d'une construction.

l'organe génital même [1] », l'autre a déjà perdu son excitabilité première. Mortifiée par la violence des excitations « brûlantes », « perforantes », du monde extérieur, elle est devenue « dans une certaine mesure, anorganique [2] ». De ce fait, elle protège les autres couches de l'appareil. Si la première, malgré ses aptitudes à la diffusion à toute son étendue de la sensualité même, n'échappe pas à une ferme liaison avec une pulsion partielle, « la douleur, la cruauté », c'est-à-dire à des déterminations où l'actif et le passif auront les mêmes affinités pour la surface et ses orifices, à la seconde sera affecté un mécanisme actif de captation de la réalité, un mouvement de va-et-vient pour aller goûter des fragments de la réalité extérieure. Enfin, si la première, de par le jeu des pulsions partielles, intervient dans *la maîtrise de l'objet,* source d'excitation, la seconde a pour fonction *la maîtrise de l'excitation.* Donc, ici et là, regroupement du sensuel avec le perceptif, du pulsionnel avec l'attention et la pensée.

Et la surface anatomique comme la surface de l'appareil psychique, de par leur situation et leurs fonctions, participent à un enjeu qui prend toujours la même figure et jamais ne manque sous la plume de Freud : *la possibilité ou l'impossibilité de fuir.*

L'attouchement est le signal, le commencement de l'acte sexuel. C'est un contact qui amène à plus de contact, et le plus de contact conduit à une vaine séparation d'avec l'excitation. Cette séquence inéluctable tend à une impossible paix avec l'excitation en passant par la recrudescence de cette dernière. Fuir l'excitation prend, dans la détermination de l'acte sexuel, le relais de fuir le contact et le contact devient un passage obligé et précipité, un détour qui tend à se raccourcir, qui est paradoxal, un affrontement avec l'excitation d'origine interne qui prend le déguisement de l'objet. Maîtriser l'objet, c'est déjà le fuir, par anticipation. Tout le paradoxe du fonctionnement pulsionnel se condense dans ce rapprochement où se confondent la recherche d'un surcroît de plaisir avec son anéantissement même. L'expression inconsciente de cette figure du contact, chez le rêveur, l'enfant, le primitif, est le *repos de l'objet,* il dort, mais aussi bien dans la mort. Les mystérieuses affinités du masculin avec l'actif, du féminin avec le passif dérivent du même « au-delà du principe de plaisir », région de repos. Toucher et être touché sont les chemins qui se rejoignent et se perdent dans cette plage infinie de désunion et de silence. Là le contact ne veut plus rien dire et la dispersion prend la figure de la décomposition, elle règne sans entrave, elle a perdu l'office qu'elle remplit dans la vie : réunir l'hétérogène, jouer avec les limites.

1. S. Freud, *Trois essais sur la théorie de la sexualité,* Gallimard, 1974, p. 57 et *G.W.,* V, p. 68.
2. S. Freud, « Au-delà du principe de plaisir », in *Essais de psychanalyse,* Gallimard, 1981, p. 69.

*

« Du ciel – à travers le monde – jusqu'à l'enfer [1]. »

Ce serait une route mais on y avancerait à la façon des mimes qui marchent sur place et font défiler le paysage derrière eux. Tout repose sur leurs mouvements exagérés, trop expressifs, où le menu d'une activité normale prend une amplitude considérable, tous les segments du corps y participent; le mouvement se décompose en une série d'instantanés liés qui donne l'illusion de l'avancée. Le déséquilibre, l'instabilité, l'arrangement paradoxal des membres créent la marche fictive, l'enjambement d'un espace prémédité, virtuel. Ici, on a « un pied dans chaque instant [2] », il n'y a pas d'avant ni d'après, le recul équivaut à l'avancée. Il n'y a pas de récit possible de ce parcours qui en aucun cas ne serait un voyage. On ne saurait en conter l'histoire sinon par fragments non ordonnés. Et pourtant ce trajet et cette histoire qui n'en est pas une ont un héros : l'enfant pervers.

La perversion infantile est une dispersion sexuelle initiale qui anime toute la vie psychique, qui ne s'éteint pas, qui a non pas une destinée mais des destinées multiformes, névrotiques, caractérielles, fondues dans la sexualité « normale », sous-tendant la vie de l'intellect. Si le trop ou le trop peu caractérisent l'avenir assigné par la culture à la sexualité perverse, c'est bien parce que l'interdit qui frappe ses objets ou ses buts ne peut arrêter son mouvement même. Le refoulement peut tendre à vider l'espace de ce mouvement diffluant, c'est en vain : la mobilité du sexuel contournera la plage évidée.

La sexualité infantile semble, quant à ses débuts, se perdre dans « l'indéfinissable », dans ce qui s'esquive dans « l'indifférencié » [3]; une tâche impérieuse, pressante pour Freud, a été de nommer ses manifestations en s'appuyant sur le « tangible » des perversions. L'affinité des perversions pour l'infantile trouve son répondant dans l'affinité de la sexualité normale pour les perversions. Elles sont contagieuses : « C'est comme si personne ne pouvait oublier qu'elles ne sont pas seulement quelque chose de répugnant, mais aussi quelque chose de monstrueux et de dangereux, comme si on les tenait pour séduisantes et qu'on avait à vaincre une secrète envie à l'égard de ceux qui en jouissent [4]. »

L'enfant est le héros de la pulsion. Tout d'abord, au regard de l'exercice de la sexualité. Comparé à l'extension de la sexualité perverse infantile et à son corrélat, l'inaboutissement organique, l'adulte civilisé apparaît « impuissant » [5],

1. Freud cite Goethe : *Faust*, « Prologue sur le théâtre », dans les *Trois essais sur la théorie de la sexualité,* Gallimard, 1974, p. 49 et *G.W.,* V, p. 61.

2. M. Merleau-Ponty, *L'œil et l'esprit,* Gallimard, 1964, p. 81.

3. S. Freud, *Introduction à la psychanalyse,* Payot, 1945, p. 344 et *G.W.,* XI, p. 331.

4. *Ibid.,* respectivement p. 332 et p. 345.

5. S. Freud, « La psychologie de la vie amoureuse », in *La vie sexuelle,* P.U.F., 1973, p. 61. On trouve la même remarque dans *Malaise dans la civilisation.*

soumis à la tyrannie de la fonction de reproduction. L'adulte pervers, lui non plus, n'est pas un héros du fait de sa soumission à la tyrannie d'une pulsion exclusive. *Il représente cependant l'idéal de la pulsion.* Cette idéalisation qui réunit ciel et enfer, qui met en contact « le plus élevé et le plus bas [1] », traite d'une singulière façon le morceau de parcours qui traverse le monde. La « toute-puissance de l'amour » qui anime le fétichiste le porte à maintenir une croyance en réponse à la question : « Pourquoi n'y a-t-il pas (plutôt rien) [2] ? » Il est aussi l'acteur qui porte la question du contact à son ultime expression : le fétichiste maintient un contact avec « le dernier moment pendant lequel on a encore pu penser que la femme est phallique [3] », moment transformé en objet. L'acteur de cette idéalisation de la pulsion, ce faisant, maintient la croyance d'être « l'unique animateur de son désir [4] ». Il se prend pour le héros de lui-même.

Mais c'est aussi en un autre sens que l'enfant pervers apparaît héroïque, c'est dans sa façon d'être traversé par la réalité, de mettre en action ce parcours à travers le monde. Il utilise fébrilement tous ses intérêts pour ses propres excitations afin d'explorer le monde extérieur, dans le désordre. L'excitation d'une zone érogène crée une théorie de la naissance qui peut coexister avec une autre, hétérogène à la première, plus tard éventuellement abandonnée, lorsque l'intérêt de l'enfant pour l'excitation incitatrice à la pensée sera « déprécié » [5], ou bien enfin maintenue dans le secret du refoulement. Cette aptitude à l'abstraction, sur laquelle Binet insiste à propos du fétichisme [6], caractérise toutes ces appréhensions du monde où le sensoriel et le sensuel sont unis par la pulsion. C'est le point d'enracinement de la pensée dans le charnel. Aussi on en trouvera les expressions parmi les plus vibrantes chez Maurice Merleau-Ponty qui trace entre « l'œil et l'esprit » entre chair et pensée, un réseau fin et serré, une saisie de ce que « par contact et par position », nous savons.

Dans l'anarchie propre à la sexualité perverse de l'enfant, on trouve des circuits : le couple flairer-connaître, les triades dévorer-toucher-apprendre et toucher-voir-savoir, dans lesquelles l'ubiquité de la représentation, dans le mouvement qui à la fois l'incite et en dépend, est la garantie de son projet à figurer le monde. Mais c'est une interrogation qui en est issue, celle des pulsions, qui vise cette genèse secrète et fiévreuse des choses dans notre corps. Saurait-elle ce qui se fait en nous, ce qui se sent en nous et se voit en nous ? Sommes-nous disqualifiés pour penser le contact qui est son œuvre, comme l'enfant pervers se trouve disqualifié

1. S. Freud, *Trois essais sur la théorie de la sexualité, op. cit.*, p. 49 et *G.W.*, V, p. 61.
2. G. Rosolato, « Le fétichisme dont se *dérobe* l'objet », in *La relation d'inconnu*, Gallimard, 1978, p. 30.
3. S. Freud, « Le fétichisme », in *Nouvelle revue de psychanalyse*, n° 2, Gallimard, 1970, p. 22.
4. J.-B. Pontalis, « L'entre-vu », in *Entre le rêve et la douleur*, Gallimard, 1977, p. 87.
5. S. Freud, *Introduction à la psychanalyse, op. cit.*, p. 342 et *G.W.*, XI, p. 329.
6. Comme J.-B. Pontalis le relève dans le texte précité.

pour se maintenir tel quel dans le monde qui s'ordonne et se structure avec le discours ? Le concept de pulsion n'est pas la réponse à ces questions, mais il en porte la marque et en maintient l'opacité.

L'enfant pervers est donc le héros de cette sorte d'usage de la vie qui préexiste à l'individu, qui l'anime, l'habite de mouvements toujours à refaire, qui l'inclut dans le « tissu du monde » [1]. Il s'y tient et va au-devant des choses sans retenue, en un rapprochement brûlant, les encercle, ne se les approprie pas. Il n'y gagne, dans l'alliance provisoire du plaisir avec la réalité, que des représentations. Ce mouvement hanté par les sources d'excitations extérieures et qui pourtant trouve son incitation au-dedans dans cette « activité très particulière vis-à-vis du monde extérieur [2] » que les pulsions impriment à l'organisme, crée le latent. Non seulement on ne peut faire le récit de cette activité ni préjuger de son étendue, mais l'éternelle préexistence du touchable et du visible sur ce qui est touché et vu, fait de l'histoire, considérée de ce point de vue, une histoire stationnaire, fait de la pulsion une roue qui tourne sur son axe, et du monde une réalité qui ne permet que de penser l'appareil qui sert à le penser.

Cette libidinalisation de la réalité s'opère par secteurs, elle est dispersée par les forces motrices hétérogènes qui en sont les sources, elle est parcellaire et mobile. Et elle réalise des contacts dans lesquels la sauvagerie voisine sans transition avec des performances déjà sophistiquées de la pensée, contacts où la pensée se confond encore avec la « sincérité » du mouvement pulsionnel inscrit lui-même dans l'*Umwelt,* le monde environnant. Cette pensée fait du monde non pas son objet, mais *ses objets.* Son avenir est intraçable.

La culture, son ennemie, lui doit beaucoup, la science aussi qui puise à la même source représentative fragmentaire, et qui, fidèle à son impulsion originaire, a pour outils les organes sensoriels améliorés qu'elle s'est créés. Abordant la réalité à l'aide de techniques issues d'une rémanence de techniques sexuelles, la science, comme J.-F. Lyotard le souligne [3], est sollicitée par la « face d'invisibilité » de la réalité, par le *« bougé »* du monde ; le maintien « de l'œil, là-bas sur sa référence », son mouvement *« qui doit bouger autant qu'elle bouge »,* sont ses conditions. Cet auteur situe ce propos en relation avec le « déplacement des concepts fondamentaux » dans l'œuvre freudienne. Le concept de pulsion est issu d'un tel mouvement. Il porte l'idée du mouvement à une sorte de dépassement qui traque le mouvement (énergie et représentation) et n'est jamais quitte avec le déplacement de son objet. « La distinction entre les idées et les objets qu'elles représentent [4] » met en tension

1. M. Merleau-Ponty, *op. cit.*
2. S. Freud, « Pulsions et destins des pulsions », in *Métapsychologie,* Gallimard, 1976, p. 36.
3. J.-F. Lyotard, « Figure forclose », in *L'écrit du temps,* n° 5, Éd. de Minuit, 1984, pp. 76-77 (mes italiques).
4. S. Freud, *Minutes de la Société psychanalytique de Vienne, op. cit.,* t. IV, p. 163.

le concept de pulsion qui se situe à leur charnière et qui est désigné pour résister par le mouvement à l'échappée des faits, à leur dispersion incessante.

Il est à cette déhiscence du visible, à cet insaisissable bougé, à cet univers qui fait défaut, une sortie. On peut la considérer comme une fuite obligatoire : c'est *l'organisation.* Organisation libidinale, organisation de l'*Umwelt.* L'appréhension narcissique du monde, celle de l'animisme, fait également preuve d'une considérable affinité de la pensée pour la réalité, mais elle en a fait *son* objet. Conception unitaire, centrée sur le moi vers lequel affluent tous les courants libidinaux. Magie et sorcellerie sont au service de cette mégalomanie du moi qui agit télépathiquement sans tenir compte des distances, car la pensée, qui les ignore, est surinvestie. Mais en même temps que la pulsion trouve son centre de gravité dans la « masse du moi », la réalité est prise en masse dans un système complet, « le plus logique, le plus exhaustif, celui, qui sans repos explique l'Être du Monde [1] ». Le monde animiste est un monde plein, un recours à l'exil originaire, une fixation du « bougé » de la réalité. Ainsi Narcisse croit qu'il a le monde au bout de ses doigts et que l'œil rond du miroir reflète la réalité. Il dénie au monde sa part d'ombre, le fait transparent par projection, les choses ne sont plus que leurs représentations, les rapports entre les choses ne sont plus que ceux des représentations entre elles. Toucher devient un acte magique car les mots ont pris le relais de tous les contacts. Le contact est érigé en système et le mode de penser inconscient (contact par similitude et par contiguïté) en « théorie psychologique » de la réalité. Ce monde-là se clôt sur l'homme; la référence n'est plus « là-bas », erratique. Tout est animé, mais c'est le principe de cette animation qui est immobile. La vibration, l'*animato* bruyant, tout-puissant de cette pensée-là a perdu la pesanteur du corps. Ce passage obligé suspend une inquiétude en signant un pacte avec la réalité qui, par une technique de pensée, efface les frontières. Et aussi un pacte avec le père. Le discours, s'il pense s'évader de l'ancrage pulsionnel du savoir, c'est par méconnaissance de ses propres lois, il oublie le feu qui a mis les mots en mouvement.

Renoncer à l'aninisme? Enlever au monde une partie de son âme, c'est renoncer à l'unité de soi-même, c'est fragmenter ce qui s'oppose à sa propre dispersion : moi. Dans le psychisme, ce mouvement a une histoire, cette fois racontable, qui est en même temps une représentation de l'histoire. Renoncer à la mère pour ne pas toucher à la volonté du père, renoncer à effacer le nom du père pour décider de conserver au père son nom, sont des actes non dépourvus de violence à un double titre : celle des nouveaux regroupements et celle du renoncement. Ils engendrent de nouveaux contacts psychiques, des nouvelles dispersions dans lesquelles le pulsionnel réitère sa satisfaction. Plus encore, il donne sa forme et son inflexion au mouvement de renonciation.

Car parmi tout ce que la pulsion contamine, se trouve le renoncement à la

1. S. Freud, *Totem et tabou, op. cit.,* p. 92 et *G.W.,* IX, p. 96.

pulsion même. On sait bien que « l'homme éteint son propre feu avec sa propre eau », et que le renoncement à la pulsion feu est le plus grand mouvement d'accomplissement pulsionnel dans lequel, encore, il croit toucher.

SYLVIE GRIBINSKI

Jean-Claude Emperaire

ENFANTILLAGES

TECHNIQUES ACTUELLES DE FÉCONDATION

Ils se marièrent, vécurent heureux et eurent beaucoup d'enfants.

Une fois le couple uni, les difficultés prennent fin, et, avec elles, le conte tel qu'il mérite d'être raconté. La suite ne peut qu'aller de soi, et tout particulièrement le fait d'avoir des enfants, étape naturelle d'un bonheur sans nuages, jusqu'à une fin trop éloignée pour être tout à fait réelle. Pour certains couples toutefois, la période des difficultés ne fait que commencer dans la mesure où, dans leur « conte de fées » personnel, les « choses de la vie » se font tirer l'oreille, et leurs désirs ne sont pas exaucés au moment voulu. Accession comme une autre à la propriété, et souvent planifiée, *avoir* un enfant ne voit pas son caractère particulier reconnu; en cas d'échec, à l'étonnement succédera l'inquiétude, et c'est par la consultation médicale que s'ouvrira le dossier de stérilité.

L'objet de la présente contribution n'est pas de s'interroger sur ce qu'il en est du désir d'enfant chez l'un ou les deux partenaires du couple. La pratique quotidienne permet cependant d'apporter un témoignage sur ce qu'il advient d'un couple saisi par le désir d'avoir un enfant « qui ne vient pas » ou « qui ne veut pas venir », face aux moyens que la technique lui propose pour arriver à ses fins. Il convient également de montrer que ce désir et son histoire sont confrontés à des lois naturelles impassibles, dont la mise en évidence est relativement récente. Il s'agira enfin de distinguer, parmi les progrès réalisés au cours du dernier demi-siècle pour forcer la reproduction de l'individu, ce qui est devenu réalisable par rapport à ce qui le sera sans doute prochainement, et à ce qui pourrait rester du domaine de l'utopie; bien qu'à l'heure actuelle, comme dans d'autres champs scientifiques, les limites du possible semblent s'estomper.

Conception-contraception

Le temps n'est plus, en effet, où la venue et surtout l'absence d'enfant étaient subies comme un des aléas de l'existence. Les moyens pour un individu de se reproduire se sont diversifiés. Tout bascule à partir du moment où Pincus en 1955 met à la disposition des femmes un schéma stéroïdien contraceptif efficace et acceptable [1]. Ce point de rupture constitue indéniablement une révolution silencieuse dans l'histoire de l'humanité, qui accède dès lors au contrôle de sa reproduction. Il a été bien repéré en tant que césure entre sexualité et procréation. Une conséquence tout aussi importante, mais moins reconnue, en est l'introduction du discours médical dans le champ de la reproduction, domaine jusque-là aléatoire, et soumis pour l'essentiel aux lois de la probabilité. Les stéroïdes qui, du jour au lendemain, permettent à la femme de faire disparaître tout risque de conception, aussi longtemps qu'elle le souhaite, ont le double effet de bloquer l'ovulation – effet contraceptif – et de conserver au niveau de la muqueuse utérine un pseudo-cycle terminé par un saignement artificiel mais reconnaissable en tant que « règles », et rendant compte de l'acceptabilité de la méthode. Il n'est pas inutile de s'arrêter un instant sur les implications de ce système ingénieux (car finalement simple) sur les développements techniques ultérieurs en matière de fertilité.

– La dénégation opère déjà, bien qu'assez discrètement. Le caractère artificiel du cycle œstroprogestatif régulier, qui prend la place du cycle constitutionnel disparaît peu à peu. La pilule supprime cycle et menstruation spontanées, remplace les règles manquantes, les régularise, bref, fait mieux que la nature. Le fait que ce cycle normalisé soit artificiel est connu de tous, mais il est comme oublié par la patiente et, souvent, par le médecin; il leur faut parfois un réel effort de réflexion pour que l'artifice soit remis à sa place, lorsque à l'arrêt des œstroprogestatifs les cycles reprennent leur caractère antérieur.

– La réalité de l'inégalité biologique en termes de reproduction est mise en évidence. La presque totalité du processus de procréation, depuis la fécondation jusqu'à l'accouchement, s'opère au sein de l'organisme maternel. La femme, en acquérant un pouvoir sur sa propre physiologie sexuelle, contrôle l'ensemble du système et fait apparaître la démesure entre les rôles biologiques des deux sexes. L'homme se borne à déposer sa semence à l'endroit voulu, au moment voulu. Il est déjà remplacé. La femme demeure irremplaçable. Ce décalage entre les rôles biologiques crée des besoins d'adaptation au sein du couple, tout particu-

1. G. Pincus, « Some effects of progesterone and related compounds upon reproduction and early reproduction in mammals », *Proceedings of the 5th International Conference on Planned Parenthood,* Tokyo, 1955, p. 175.

lièrement quand contraception ou conception demandent à être activement réalisées.

– Le discours médical a découvert le champ vierge de la reproduction à l'occasion des effets secondaires des œstroprogestatifs, puis l'a envahi. Son pouvoir y est toutefois limité : il n'est pas contesté, mais certains phénomènes échappent à sa logique. L'impossibilité initiale d'apprécier avec l'exactitude souhaitable les effets secondaires et les risques des œstroprogestatifs ne tenait pas à la complexité des phénomènes biologiques étudiés mais à l'intervention de facteurs irrationnels. L'ambivalence consciente/inconsciente de la femme par rapport à la contraception est bien repérée : l'absorption d'un placebo est susceptible de déclencher les mêmes effets secondaires subjectifs que celle d'un œstroprogestatif. Malgré ces données, une grande confusion scientifique s'est installée, du moins au début, sur la nature et l'importance réelle des risques, dans la mesure où, pour chaque sujet étudié, des travaux similaires, conduits de manière apparemment adéquate, arrivent à des conclusions opposées. Dans le désarroi général, lié au fait d'avoir renversé un des derniers tabous – la loi naturelle fondamentale de la reproduction – le discours médical est utilisé *a posteriori* pour justifier scientifiquement des positions morales ou éthiques, par l'intermédiaire de statistiques auxquelles on peut faire dire beaucoup de choses. Les passions une fois retombées, les risques réels de la contraception hormonale sur le plan vasculaire ou carcinogénétique, entre autres, sont encore mal connus, mais désormais posés en termes épidémiologiques. Rien n'est pourtant résolu, même si les feux de l'actualité se sont déplacés. La confusion des lieux de parole et de compréhension est toujours active et ne demande qu'à resurgir : l'opinion récemment formulée par un gynécologue : « Si j'étais une femme, je ne prendrais pas la pilule »... en est l'illustration.

Ces quelques éléments d'histoire introduisent directement l'autre versant de la question qui est de faciliter, provoquer, ou forcer la conception. L'essor des techniques de fertilisation débute moins de dix ans après l'essor de la contraception stéroïdienne, lorsque apparaît le Clomiphène qui rend aux nombreuses femmes stériles, par perturbation de l'ovulation, des chances subnormales de conception [1]. Il faut dire que l'intrication des deux domaines contraceptif et conceptionnel est telle que le Clomiphène avait initialement été expérimenté comme contraceptif. L'expansion du domaine de la fertilité est très rapide, au point qu'il est actuellement question de créer un corps de « médecins de la reproduction », spécialistes à part entière. Il y a plusieurs explications à cet expansionnisme, depuis l'intérêt médical ou scientifique particulier pour les mécanismes secrets de l'origine, jusqu'à l'aide massive de l'industrie pharmaceutique qui accède par là au « créneau » des bien-

1. R. B. Greenblatt, « Chemical induction of ovulation with M.R.L. 41 », *Jama,* 178, 1961, p. 104.

portants. Dans la littérature spécialisée, les travaux sur la stérilité occupent une place aussi importante que ceux concernant la contraception, alors qu'il existe une large disproportion entre les populations intéressées. C'est que, dans le champ contraceptif, le coup est porté : la fertilité est sous contrôle, celle de la femme en tout cas – le contrôle de la fertilité de l'homme met une lenteur suspecte à progresser; il n'y a plus que des aménagements progressifs à apporter sinon à l'efficacité, du moins à l'inocuité et à l'acceptabilité des méthodes. Beaucoup reste à connaître et à faire, au contraire, dans le domaine de la conception. Mise au défi dans l'expression ultime de son pouvoir – créer la vie –, la machine médico-scientifique va faire des prodiges : la contraception avait créé la sexualité sans procréation, la technique conceptionnelle met au point la procréation sans vie sexuelle [1].

Éléments biologiques

La conception suppose l'existence de structures fonctionnelles chez les deux partenaires, et d'abord une certaine intégrité anatomique. Chez la femme, l'ensemble des phénomènes cycliques est sous la dépendance du contrôle neuro-hormonal de l'ovulation. Même dans le champ clinique, l'importance du système nerveux central ne peut qu'être reconnue, capable de déclencher de manière brutale des phénomènes aussi objectifs qu'une hémorragie génitale. La disproportion des rôles biologiques entre les deux sexes en matière de reproduction a déjà été soulignée; elle se retrouve lors du travail clinique de fertilisation. Si la femme reste obscure et secrète, l'homme n'intéresse que par l'éjaculat extérieur qui s'en détache par masturbation. Le rapport sexuel n'intervient que pour réaliser mécaniquement cette conjonction, croisement éphémère de la chose sexuelle et de la chose conceptionnelle.

Depuis que contraception, puis interruption de grossesse, ont été socialement intégrées, un déplacement semble s'être opéré dans le champ du langage, mettant l'individu en porte à faux par rapport à ses possibilités de procréation. Le slogan populaire : « Un enfant si je veux, un enfant quand je veux » ne peut en réalité signifier que : « Pas d'enfant tant que je n'en veux pas. » Mais, pour le couple que la contraception n'intéresse plus, la formule peut signifier : « Un enfant dès que je le veux », pouvoir vérifié par la contraception préalable. C'est à ce point précis que le malentendu s'installe, car s'il est possible d'interférer avec le cycle menstruel pour bloquer la conception, on ne peut que s'en remettre à lui

1. « Vie sexuelle » sera ici utilisée au sens étroit pour désigner l'ensemble des rapports sexuels au sein du couple susceptibles de remplir un rôle conceptionnel.

pour la provoquer; on se trouve alors confronté aux lois intangibles de la fécondabilité [1].

Les lois naturelles sont insensibles au désir. Les données statistiques indiquent que les chances (ou risques...) de grossesses du couple fertile par cycle d'exposition [2] sont comprises entre 15 et 25 % en moyenne [3]. La population générale représente un mélange de couples de fertilité très différente; cette fécondabilité moyenne apparemment faible dans notre espèce tient essentiellement au fait que près de 50 % des œufs fécondés sont éliminés avant la date prévue des règles, et ne sont pas reconnus en tant que conceptions. Parmi 100 couples qui décident d'interrompre les moyens contraceptifs, 15 à 25 conçoivent au cours du premier cycle d'exposition; environ 20 % des autres concevront à la fin du deuxième cycle d'exposition, et ainsi de suite : la courbe s'infléchit peu à peu par sélection progressive des couples hypofertiles. Dans l'étude *a posteriori* d'une population de couples spontanément féconds, 25 % de femmes conçoivent au cours du premier mois d'exposition, 63 % en 6 mois et 80 % ont conçu à la fin de la première année. Après dix-huit mois, 10 % de femmes fécondes n'ont pas encore conçu [4]. Le facteur temps, même s'il paraît long, est le premier pourvoyeur de grossesse. La manipulation de ce temps ne peut se faire qu'à sens unique : l'allongement de la durée préconceptionnelle grâce à la contraception (pas d'enfant tant que je n'en veux pas); le raccourcissement du délai de conception (un enfant dès que je le veux), reste par contre illusoire. Il est intéressant de souligner à ce sujet que les couples qui font tout pour favoriser la conception, c'est-à-dire multiplient les rapports autour du moment qu'ils estiment propice, mettent en moyenne 3 mois de plus à concevoir que les couples qui ne s'en préoccupent pas [5].

Le contrôle de sa fertilité que l'individu croyait détenir, grâce à l'efficacité de

1. La terminologie qui prévaut dans ce domaine est celle du démographe. *Fertile (fertilité)* désigne un concept d'aptitude à un moment donné : capable ou (capacité) de concevoir, de féconder, d'être fécondée (antonymes : infertile, infertilité).

Fécond (fécondité) désigne un concept de résultat au cours d'une période donnée : qui a conçu, a fécondé, a été fécondée (Antonymes : infécond, infécondité).

Un couple qui éprouve des difficultés à avoir un deuxième enfant est donc à la fois fécond et infertile.

Il faut noter qu'en terminologie anglaise, *fertility* et *fecundity* ont des acceptions inverses : la fertilité devient « fecundity » et fécondité se dit « fertility ».

Fécondabilité : Taux de grossesse observé par cycle d'exposition.

2. *Exposition* : exposition au risque de grossesse.

Cycle d'exposition : cycle sans mesures contraceptives.

Délai d'exposition : Durée écoulée depuis l'arrêt de toute mesure contraceptive.

3. H. Leridon, *Human fertility. The basic components*, The University of Chicago Press, Chicago, U.S.A., 1977.

4. W. C. Weir, A. L. Cicchinelli, « Prognosis for the infertile couple », *Fertility and Sterility,* 15, 1964, p. 625.

5. D. Schwartz, Communication personnelle.

la contraception, est soudain remis en cause, et la crainte d'être stérile apparaît. Cette inquiétude est difficile à calmer par le discours médical, lui-même empêtré dans sa confusion entre concept d'état ou d'aptitude (fertilité, fécondité) et mesure de résultat (grossesse). En effet, *la fertilité d'un individu n'existe pas en tant que telle* : elle ne peut s'exprimer qu'à travers un partenaire de l'autre sexe, lui-même investi de sa propre fertilité; celle-ci reste hypothétique tant qu'elle n'est pas vérifiée par l'occurrence d'une grossesse, qui transforme l'individu fertile/infertile en individu fécond. De plus, s'il est possible d'affirmer qu'une personne atteinte de certains désordres restera définitivement stérile, il n'est pas possible d'affirmer qu'un individu est fertile, car la conception reste parfois impossible chez des couples ne comportant aucune anomalie biologique décelable.

La disproportion entre couples qui craignent d'être stériles et ceux qui le sont réellement est intéressante à considérer. Des études démographiques récentes prouvent que le pourcentage de couples qui resteront stériles dans une population ne dépasse pas 3 à 5 %. Il est remarquable que ce taux soit fixe, à la fois dans l'espace (dans les pays industrialisés ou en voie de développement) et dans le temps (France contemporaine ou du XVIIIe siècle). Ce qui varie grandement, par contre, d'une époque à l'autre, est la proportion de couples qui estiment avoir un problème de fertilité, pour lesquels la conception ne se produit pas au moment désiré, et qui consultent : 20 % des couples dans l'enquête rétrospective menée en 1978 [1].

L'objet de la demande

Le couple se désigne lui-même comme stérile ou affecté d'un problème de stérilité dès l'instant où il prend la décision d'avoir recours au médecin, et où sa demande est acceptée. Auparavant, trois périodes, de durée variable, se sont succédé. La première, où l'arrivée d'un enfant était considérée comme inopportune, période de la contraception sous ses formes traditionnelles ou évoluées; la seconde, où le couple décide d'avoir un enfant, c'est-à-dire où on ne fait plus rien contre sa venue; la troisième, enfin, période d'inquiétude grandissante, où tout est fait pour favoriser la conception. C'est au cours de cette troisième période que la vie sexuelle du couple se voit donner un but, qui va rester presque exclusif jusqu'au dénouement : la sexualité est comme réquisitionnée, mise au service de la procréation qui peut la confisquer entièrement. Elle doit s'exacerber en période supposée fertile, en dehors de laquelle elle n'a presque plus de champ d'expression, entre l'abstinence préalable, le repos compensateur, et la menstruation, qui reste encore souvent « interdite ». Les efforts restant vains, l'inquiétude monte au fil des cycles, et une

1. H. Léridon, « La stérilité : méthodes de mesure et modèles du démographe », in *Les Facteurs de la fertilité humaine,* INSERM Édit., p. 475, 1982.

aide est sollicitée. Non pas l'aide du « médecin du désir », puisqu'il ne s'agit en fait que d'un désir qui tarde à être comblé, mais celle du médecin qui est censé en savoir plus sur le sexe, et sur le « comment faire les enfants ». Le couple doute moins de son désir que de ses capacités à le réaliser.

Si les chemins qui mènent au cabinet médical sont nombreux, il en est deux qui prévalent. Celui des couples récemment formés, où la venue de l'enfant est dans le droit fil de l'existence, même si elle est volontairement un peu retardée; l'enfant y est nommé (« nous n'arrivons pas à avoir un enfant »). Et celui des couples plus âgés, dont les objectifs initiaux ont été autres, et qui, aujourd'hui, découvrent une place vide ou une chambre en trop (« il nous manque quelque chose »).

Pour peu que le parcours dure et se complique de gyné(géni-) [1]cologue en andrologue (le « gynécologue pour hommes ») et d'endocrinologue en chirurgien, le couple aboutit souvent chez le « spécialiste de la stérilité ». Entre-temps, tout un travail de dévalorisation a été accompli. Un des partenaires a été désigné comme responsable, en faute, parfois les deux; les trompes sont bouchées, la glaire est sale, l'ovulation est mauvaise, les sécrétions hormonales insuffisantes, les spermatozoïdes trop peu nombreux, peu mobiles et malformés. Le couple, dans sa culpabilité exacerbée par son désir bafoué cycle après cycle, est, comme il le dit, « prêt à tout » pour avoir un enfant.

Grossesse et discours médical

Dans le domaine médical, le champ de la fertilité occupe une place particulière à plusieurs titres; un des plus spécifiques est le phénomène central que représente la survenue ou non d'une grossesse. Le discours médical en effet n'est susceptible d'apporter que des explications à l'absence de conception; la survenue d'une grossesse, en revanche, semble constituer dans le réel la preuve incontestable de la vérité d'un discours, qui sait nommer le défaut à corriger, et qui explique aussi bien la grossesse qui survient que son absence qui se prolonge.

N'oublions pas que l'occurrence d'une grossesse dans le parcours d'un couple stérile constitue un événement beaucoup plus complexe, à l'origine duquel on peut répertorier au moins trois ordres de phénomènes :

– Le risque statistique de grossesse : il n'est jamais nul, même dans les cas de stérilités diagnostiquées comme définitives et irréversibles. On peut simplement dire que la fécondabilité d'un couple est d'autant plus faible que le délai d'exposition se prolonge; mais, aussi faible soit-il, ce risque existe toujours, et, pour peu qu'on

1. Le lapsus est fréquent...

lui en laisse le temps, la grossesse est toujours possible en l'absence de toute intervention extérieure.

– L'efficacité de certaines thérapeutiques : interventions visant à améliorer la fonction tubaire chez la femme ou épididymodéférentielle chez l'homme; action pharmacologique des traitements destinés à stimuler l'ovulation, améliorer la phase lutéale ou la pénétration des spermatozoïdes dans le tractus génital féminin.

– Les phénomènes transférentiels, dont le registre d'évaluation est à l'évidence différent.

Fécondabilité réduite mais réelle et phénomènes transférentiels rendent compte de la forte proportion de grossesses qui s'installent chez ces couples, en dehors de toute activité chirurgicale ou médicamenteuse : patientes se présentant enceintes à leur premier rendez-vous, grossesses apparaissant dans l'intervalle de deux explorations ou de deux thérapeutiques, ou après l'adoption d'un enfant... De même les enquêtes sur les couples perdus de vue sont riches d'enseignement. Nombreux sont ceux qui, après un parcours thérapeutique plus ou moins prolongé, parfois même après la visite initiale, disparaissent sans phrases. Les réponses à cette demande d'information sont très diverses, lorsqu'il y a réponse, c'est-à-dire le plus souvent. Certains couples estiment ne pas avoir bénéficié de la considération nécessaire à leur cas. Peu ont changé de médecin, ou en tout cas le disent. Chez d'autres, plus nombreux, des grossesses se sont installées en cours d'exploration ou de traitement, et n'ont pas été signalées pour des raisons qui, lorsqu'elles sont explicitées, leur paraissent bonnes. Certaines grossesses enfin sont apparues entre deux traitements ou après l'abandon des efforts du couple. L'existence de ces nombreuses grossesses spontanées jette une ombre sérieuse sur ce qu'on appelle les succès thérapeutiques.

La grossesse qui s'installe après une intervention ou sous traitement médical est toujours rapportée à l'action thérapeutique. Et pourtant la même proportion de conceptions spontanées advient pendant le temps du traitement, sans rapport direct avec ses effets pharmacologiques. Ces grossesses « qui passaient par là » sont simplement comptabilisées dans l'efficacité d'une thérapeutique. Ceci est particulièrement net dans certains domaines comme celui de l'hypofertilité masculine idiopathique, où toute forme de traitement donne environ 30 % de résultats, c'est-à-dire le même taux que l'abstention thérapeutique pendant la même durée. Un autre exemple est celui des grossesses qui s'installent en cours d'exploration; d'où l'effet réellement thérapeutique attribué à certains examens comme l'hystérographie, la cœlioscopie ou la biopsie d'endomètre. Qu'importe la nature exacte du phénomène à l'origine de la conception : chacun des partenaires et le médecin ont pu vérifier leur part du pouvoir. Le fait, pourtant, qu'une forte proportion de grossesses, sans rapport direct avec une conduite thérapeutique, justifie *a posteriori* son efficacité, est fondamental en ce qu'il constitue un point de rupture entre le discours scientifique, actuellement dominé par les statisticiens, et le discours médical, tenus sur la fertilité humaine. Il explique que des positions contraires, à partir de résultats comparables, sont soutenables sur la même question. La stérilité ne tue pas, les traitements de la stérilité tuent peu; les positions les plus opposées sont défendues, et l'opinion a force de loi. Les hypothèses séduisantes se croisent, généralement impossibles à prouver, donc irréfutables. Ceci explique engouements, modes et disgrâces. Les attitudes contradictoires et variables se succèdent sur le même sujet, avec d'ailleurs le même bonheur. Il se trouve en effet qu'un traitement donne les meilleurs résultats dans les mains de ceux qui y croient, c'est-à-dire surtout chez ceux qui le préconisent. Cet état de choses, s'il est mal toléré par le scientifique, crée pourtant, par ses contradictions, un espace où le couple stérile peut se mouvoir, et où il peut toujours trouver le type de parole qu'il lui convient d'entendre. De son côté, le discours scientifique arrive au bout de sa logique : la grossesse n'étant décidément pas une preuve d'efficacité thérapeutique, le voilà en quête d'autres critères fiables établis – toutefois – à partir de couples féconds.

Les techniques artificielles de procréation

Les moyens techniques disponibles pour modifier le cours du destin procréateur de l'individu infertile dérivent directement des progrès de la zootechnique. Insémination hétérologue et fécondation externe notamment ne font que reproduire, avec quelques décennies de retard, les manipulations couramment utilisées pour améliorer l'élevage des espèces domestiques. Il faut bien dire que l'évitement systématique des questions que chacun serait en droit de se poser à leur sujet confère un aspect parfois vétérinaire à l'utilisation de ces méthodes chez le couple en difficulté [1]. Dans la guerre contre la stérilité [2], tous les moyens sont bons.

L'induction de l'ovulation

La possibilité de provoquer une ovulation, lorsque celle-ci est spontanément inexistante ou trop espacée, représente le premier acquis significatif dans les moyens d'amélioration des possibilités de procréation.

Lorsque le mécanisme ovulatoire est défaillant [3], il est désormais possible de

1. Comme l'indique un lapsus d'une patiente : « Je viens de chez mon vétérinaire... »

2. De nombreux centres orientés vers le traitement de l'infertilité du couple s'intitulent : « Centres de Lutte contre la Stérilité. »

3. Dans les conditions physiologiques, le développement et la maturation des follicules ovariens sont assurés par F.S.H. (*Follicle stimulating hormone*), et l'ovulation se produit 36 heures après la décharge de L.H. (*Luteinizing hormone*); ces deux hormones sont sécrétées par l'hypophyse antérieure, sous le contrôle d'un facteur polypeptidique hypothalamique (L.H.R.H., L.H. *releasing hormone*) qui assure à la fois la sécrétion pulsatile de base de ces deux hormones et la décharge cyclique de L.H.

le pallier : soit en le stimulant de manière paraphysiologique, avec des substances comme le Clomiphène, qui, agissant initialement au niveau hypothalamique, restaure « de haut en bas » le cycle ovulatoire; soit en cas d'échec, en agissant directement au niveau ovarien par l'intermédiaire de substances injectables dont l'effet est proche de celui des gonadotrophines hypophysaires : H.M.G. (*Human menopausal gonadotropins*) pour l'effet F.S.H., H.C.G. (*Human chorionic gonadotropins*) pour l'effet ovulant L.H.

Si les substances à action hypothalamique sont susceptibles d'échecs, les H.M.G. à action ovarienne directe n'en connaissent pratiquement pas, sous réserve d'une posologie adéquate. Les H.M.G. débordent en effet tous les systèmes de contrôle interne, et toute la difficulté de leur maniement réside dans la détermination de cette posologie, qui varie d'une patiente à l'autre, et, chez la même patiente, d'un cycle thérapeutique à l'autre. Une posologie trop faible entraîne l'échec ovulatoire. Une posologie adéquate permet l'ovulation, avec ses chances de conception physiologiquement retrouvées, qui, dans les conditions optimales, ne dépassent pas 15 à 25 % par cycle. Une posologie trop forte peut par contre entraîner de sévères complications après l'injection d'H.C.G. : le développement de trop nombreux ovocytes immatures détermine une hyperstimulation, avec augmentation parfois considérable du volume ovarien, pouvant exceptionnellement mettre en jeu le pronostic vital par rupture hémorragique de l'ovaire, ou syndrome de choc; plus couramment, le développement de plusieurs ovocytes matures fait courir le risque de grossesse multiple, dont les plus spectaculaires sont régulièrement rapportées dans la presse quotidienne. La technique a progressivement gagné les moyens d'apprécier le développement et la maturation ovocytaire sous traitement H.M.G., à la fois fonctionnellement par le dosage rapide des œstrogènes produits par les follicules en évolution, et morphologiquement par l'échographie ovarienne qui permet de visualiser la taille et le nombre de ces follicules; l'échographie permet ainsi de mesurer précisément le risque de grossesse multiple.

Le nombre de grossesses gémellaires et trigémellaires (exceptionnellement plus) a considérablement augmenté depuis la prescription large de ce type de traitement, en cas d'anovulation réelle, d'anovulation supposée, d'ovulation « de mauvaise qualité », irrégulière, ou tout simplement en cas de stérilité rebelle ou inexpliquée. En dehors de ses implications psychopathologiques propres chez la mère et les faux jumeaux, la grossesse multiple est facteur de grossesses difficiles, d'accouchements prématurés, de morbidité et de mortalité périnatales et néonatales. Le désir d'enfant est exaucé dans le débordement et tourne au cauchemar : nous désirons un enfant, mais nous n'avons pas voulu, nous ne voulons pas *cela*. Le médecin est impliqué dans ce qu'il faut bien appeler une complication thérapeutique, risque toujours présent dans le maniement de toute thérapeutique efficace, quels que soient les raffinements techniques. Complication thérapeutique particulière en ce qu'elle concerne des vies en trop; risque de trop réussir, spécifique au domaine de la stérilité où le risque permanent est l'échec ou l'absence d'enfant. L'obligation de résultat entraîne naturellement une obligation de qualité de ce résultat. Certains couples tombent dans la revendication envers le médecin coupable d'en avoir trop fait. La technique a heureusement le pouvoir d'effacer certaines de ses fautes : les embryons indésirables seront évacués par ponction transpariétale sous contrôle échographique, avec l'espoir que le développement du ou des survivants se poursuivra sans encombre. Il arrive en effet que l'élu (ou les élus) ne survive pas, et qu'une fausse couche générale s'ensuive. Il arrive aussi que l'embryon initialement choisi (sur des critères d'accessibilité) comme devant laisser la place échappe à l'aiguille et que son voisin soit désigné par le sort et la technique. La « réduction embryonnaire » est là pour veiller à ce que cette explosion de vies soit contrôlée, et ne représente plus qu'une forme devenue banale d'hyperstimulation.

Parmi les difficultés techniques du maniement et les conséquences possibles des inducteurs ovulatoires, ce qui semble le moins problématique est leur indication. Pourtant, si l'on s'y arrête un instant, le fait d'entreprendre une stimulation n'est pas sans implications, même dans les cas où elle est le moins discutée, c'est-à-dire dans l'anovulation vraie responsable de menstruations absentes (aménorrhée) ou très espacées (spanioménorrhée).

L'anovulation peut connaître deux origines possibles; le bilan hormonal dynamique est devenu capable de les départager assez précisément : elle peut être d'origine centrale, haute, liée à une anomalie de sécrétion des gonadotrophines, sous contrôle neurohypothalamique; elle peut au contraire être d'origine périphérique, ovarienne, dans le cadre d'un dysfonctionnement ovarien scléro-polykystique dont la nature exacte est en général mystérieuse, mais où la part prépondérante de la psychopathologie est reconnue dans beaucoup de cas. C'est dire que la part reconnue du versant « nerveux » de l'anovulation est très vaste; mais elle n'est toutefois que rarement mentionnée, et seulement dans les cas extrêmes, comme l'anorexie mentale ou les syndromes dépressifs graves (d'ailleurs présentés comme déterminés, exagérés ou entretenus par l'absence d'enfant) ou les traitements neuroleptiques qu'ils justifient. Le fait de disposer de moyens techniques capables de contourner d'éventuelles défenses permet d'éviter de poser la question de savoir quel est le rôle de l'anovulation (contraception spontanée efficace) dans l'économie mentale de l'individu. Ce qu'on a pu appeler complaisamment le « viol aux inducteurs ovulatoires » est un viol organisé et consenti.

Inséminations

L'insémination artificielle consiste à substituer au rapport fécondant (insémination naturelle) le geste d'un tiers qui introduit du sperme à l'aide d'une sonde spéciale dans le canal cervical utérin, rarement plus haut (insémination intra-utérine). Sexualité et procréation sont découplées, la conception devient possible sans rapport sexuel. Privée de sa fonction procréatrice, la sexualité devient souvent résiduelle, dérisoire ou inopportune au sein du couple. La conception est prise au sérieux par l'artifice; la sexualité est priée de ne pas déranger.

L'insémination est homologue lorsque le sperme utilisé est celui du mari, hétérologue lorsqu'il s'agit de la semence d'un tiers. Les situations sont évidemment différentes.

L'insémination artificielle hétérologue, par donneur (I.A.D.), est une démarche qu'envisagent actuellement la plupart des couples dont l'absence d'enfant peut être rapportée à une stérilité irréversible du mari.

Il était une époque où les choses étaient d'autant plus claires que le système était clandestin. Couple stérile et donneur étaient séparément réunis en un même lieu – le cabinet médical – au plus près de la période ovulatoire. Le donneur, généralement un étudiant, produisait un éjaculat qui lui était immédiatement payé : liquide contre liquide! Chacun des protagonistes y trouvait son compte; le donneur était rétribué de sa prestation dont il pouvait être tenu quitte, le couple achetait la semence fertile dont il avait besoin, le médecin exerçait son pouvoir avec profit. Cette façon de procéder a presque complètement disparu. Elle a été progressivement remplacée par un système rationnel de distribution du sperme; cette évolution a été favorisée par la possibilité de conserver le sperme par le froid. Congélation, puis stockage du sperme dans l'azote liquide à – 196°C lui conservent ses propriétés fécondantes pendant une période difficile à préciser, mais qui dépasse plusieurs années; des grossesses ont en effet été obtenues à partir de sperme conservé depuis dix ans et plus. La conception est assurée par 0,25 ml de sperme décongelé contenu dans une paillette en matière plastique, et poussé dans le col utérin à l'aide d'un « pistolet » d'insémination adéquat. Autour de l'insémination hétérologue, la sexualité s'organise différemment selon les couples : tantôt évitée dans le respect de la procédure et la crainte que le mauvais sperme ne dérange le bon; tantôt exacerbée, reprise de la possession des lieux un moment souillés par le sperme de l'autre.

Le nouveau système présente l'avantage d'avoir considérablement simplifié la chorégraphie de l'ancien ballet entre donneur, inséminateur et receveuse. Il a par contre mis en place et institutionnalisé des effets secondaires dont le poids se fait progressivement sentir.

Le premier est la circulation de l'argent, intolérable dans un système rationnel et purifié des implications troubles de la clandestinité. Chassé par la porte, l'argent revient, bien sûr, par la fenêtre : l'institution qui se substitue au donneur n'est autre qu'une *banque* de sperme; celle-ci, en gestionnaire modèle, vend du sperme qu'elle n'achète pas : le don doit être gratuit, et le donneur, anonyme, se trouve privé de toute reconnaissance. Les vocations se font d'autant plus rares que le donneur doit être marié, avoir un enfant (normal) et l'accord de son épouse. De plus, un tiers environ des donneurs potentiels fournissent un sperme qui n'est pas conservable. La suppression du lien d'argent crée donc une première difficulté : la pénurie de bon sperme qui, malgré de réguliers appels dans les médias, entraîne un délai d'attente qui varie selon les Centres entre douze et dix-huit mois. Elle suscite des initiatives originales puisque le délai d'attente est supprimé pour ceux qui savent trouver un donneur... qui ne leur sera d'ailleurs pas attribué. Nombreux sont les couples ainsi poussés vers la quête d'un bon Samaritain parmi la famille ou les amis intimes, avec ses étapes inévitables : révélation de son infirmité, dilution du secret, culpabilisation de l'autre. Il convient de souligner que la durée de l'attente offre également un aspect positif, car ce temps suspendu permet une réflexion prolongée aux couples qui persistent ou se désistent; il favorise aussi l'installation de quelques grossesses spontanées : même lorsque le sperme est jugé suffisamment anormal pour indiquer l'insémination hétérologue, la conception, quoique peu probable, reste toujours possible pourvu que le temps lui en soit donné.

La suppression du lien d'argent aboutit aussi progressivement à l'obligation de résultat. Le système de Sécurité sociale, « coupable » de l'interruption de grossesse gratuite, rembourse intégralement l'insémination et le sperme; il établit indirectement un droit au sperme, et, par extension, un droit à l'enfant. Or, dans ce domaine, aucune sécurité ne peut jouer : le taux de fécondation par cycle ne dépasse pas 10 à 12 % et, en fin de compte, 30 à 50 % des couples abandonnent avant d'avoir obtenu une grossesse, bien que certains s'acharnent pendant plusieurs années.

Les conflits inconscients que soulève ce mode de procréation expliquent que certaines femmes, dont la fertilité paraît normale, ne conçoivent pas, malgré de nombreux cycles d'insémination, rejoignant finalement les couples dont la stérilité reste inexpliquée. Après l'espoir, l'inquiétude puis le désarroi apparaissent au fil des cycles d'échec, marqués par des réactions revendicatives ou agressives vis-à-vis du système bienveillant, bien rodé, mais qui, lui aussi, reste impuissant à procréer. Il est intéressant de noter que ces réactions étaient exceptionnelles à l'époque où le caractère particulier, aventureux et somme toute aléatoire de l'insémination était scellé par la nécessité pour le couple de payer lui-même le sperme utilisé. Pour le couple qui a successivement connu l'attente de l'enfant qui ne vient pas, la découverte de l'infertilité du mari, l'affirmation de son caractère irréversible, la problématique de la « solution de remplacement » et le choix de l'I.A.D., enfin un délai d'attente prolongé, l'échec persistant des inséminations est un nouveau « coup du sort » vécu comme une véritable malédiction. Il finit par se demander jusqu'à quand il est possible de continuer ainsi et s'il lui reste un espoir d'aboutir. Le discours médical ne fournit pas de réponse à ce type de question. Il peut tout au plus faire remarquer que, dans son cas, l'autre sperme n'est pas plus fécondant que celui du mari. Cette révélation est susceptible de recentrer le problème de stérilité en tant que phénomène de couple. De fait, à la fin de ce long parcours, l'échec des inséminations hétérologues peut représenter un mode de guérison pour certains couples dont la stérilité était initialement présumée d'origine exclusivement masculine.

Une autre caractéristique importante du système est l'installation de la dénégation à tous les étages. Son propre mode de fonctionnement concourt à aseptiser l'insémination par donneur et à la débarrasser de tout ce qui pourrait constituer un début de réflexion sur son objet. L'I.A.D. ne veut plus être considérée comme un mode de conception particulier mais comme un traitement banal de la stérilité masculine. Il n'y a pas d'insémination par donneur, pas de sperme de donneur ni de Banque de sperme, mais des « ihadé », des doses ou des paillettes, des C.E.C.O.S. [1]. La substitution peut aussi prendre d'autres formes, tant du côté du médecin qui propose de mélanger sperme du mari et sperme de donneur – afin que le doute puisse subsister sur la filiation biologique – que du côté du couple : « Nous avons réfléchi à votre proposition », viennent dire des couples devant qui rien n'a été évoqué et encore moins proposé de ce recours. De rares questions existent, mais ne seront pas posées malgré l'entretien psychologique obligatoire; elles se profilent toutefois derrière les questions habituelles sur la ressemblance entre le mari et le donneur choisi, ou sur les chances de succès de l'insémination.

Les problèmes demeurent néanmoins, en particulier, et pas le moindre, celui du secret, déjà partagé par la banque et son personnel, le médecin inséminateur, le donneur proche, la Sécurité sociale. Quel est-il, ce secret auquel les couples tiennent tant? Celui de leur stérilité particulière, vécue comme une tare, ou celui du recours à ce mode d'enfantement? Et qu'en adviendra-t-il chez l'enfant? Ces questions ne seront pas posées: mari stérile, mère féconde, secret, enfant, les lumières du succès s'éteignent sur un huis clos entre les quatre protagonistes.

Une troisième conséquence de la banalisation et de la socialisation relative (car toujours inévitablement marginale) de l'insémination hétérologue est qu'elle apparaît progressivement comme une alternative raisonnable à des explorations désagréables ou des thérapeutiques aléatoires en cas d'hypofertilité masculine. Bien que les banques de sperme exigent la preuve de la stérilité du mari pour accepter une demande d'insémination, des hommes au spermogramme de moins en moins perturbé viennent solliciter leur inscription. La preuve de la fertilité ou de la stérilité d'un homme infécond étant impossible à établir avec un degré suffisant de certitude, il est possible de voir s'opérer là un certain glissement des indications.

1. Le système rationnel de distribution du sperme auquel il est fait ici référence est l'organisation C.E.C.O.S. (Centre d'études et de conservation du sperme humain). Cette organisation groupe 18 Centres implantés dans les grandes villes, c'est-à-dire la presque totalité des Banques de sperme en France. Il n'existe en effet que deux Banques de sperme extérieures à cette organisation, et qui rétribuent leurs donneurs.

Inscription prématurée sans que le facteur temps ait pu jouer son rôle conceptionnel, et risque de télescopage entre l'enfant d'un autre sperme et l'enfant inopiné du temps qui passe et qu'on n'attendait plus.

C'est également à l'insémination hétérologue qu'il est demandé de régler d'autres types de situations ne relevant pas à proprement parler d'infertilité :

– Certaines anomalies génétiques : lorsqu'il y a risque élevé de transmission d'une maladie familiale grave, d'anomalie chromosomique équilibrée chez le mari mais à haut risque pour l'enfant, ou encore en cas d'incompatibilité Rhésus gravissime. Ces indications génétiques sont rares et constituent une situation particulière où l'homme voit sa reproduction interdite malgré une fertilité normale; en cas d'incompatibilité Rhésus, il lui est d'ailleurs généralement proposé, par compensation, d'être lui-même donneur pour d'autres couples...

– Certaines anomalies sexuelles ne permettent pas d'obtenir du sperme : anomalies soit d'ordre organique, par séquelles neurologiques constituant une authentique stérilité, soit d'ordre fonctionnel : l'insémination hétérologue répond à l'appel des impuissants érectiles ou des anéjaculateurs qui veulent néanmoins se reproduire. On serait en droit d'imaginer que le fait de se poser la question de l'enfant serait l'amorce d'une réflexion pouvant aboutir à une démarche psychothérapeutique. Qui hésiterait entre la perspective d'un parcours incertain et prolongé, peut-être « dangereux », et un système réparateur qui, sans poser trop de questions, offre rapidement un enfant « clefs en mains » ? L'insémination permet de faire l'impasse sur ce qui, dans le fonctionnement psychique de l'homme, est organisé contre la possibilité de procréer. Certes, la prudence est de mise, car, même pour le praticien le moins averti, ces dysfonctionnements érectiles ou éjaculatoires non organiques peuvent difficilement être assimilés à une stérilité certaine et définitive; aussi la prise en charge pour insémination s'accompagne-t-elle souvent de la recommandation par le Centre d'aller parallèlement consulter le *psychiatre* [1]; il n'est pas difficile d'imaginer l'avenir d'une démarche engagée dans ces conditions.

Il faut remarquer enfin que, parmi les manipulations imaginées par la médecine de la reproduction, l'insémination hétérologue est la seule qui sollicite régulièrement, voire institutionnellement, un avis spécialisé de la part de ceux qu'occupe le fonctionnement psychique. La question de savoir si ce qui paraît bon pour les parents putatifs l'est aussi pour l'enfant conçu de cette manière s'est d'emblée posé aux promoteurs de la rationalisation de la méthode; il s'agit donc de dépister les contre-indications, c'est-à-dire les cas où la survenue d'une grossesse présenterait un risque particulier de décompensation pour l'un des partenaires : le couple ou l'enfant. Il a fallu d'emblée se passer de ceux qui, avant de parler de contre-indication, auraient surtout posé la question de savoir si ce mode de conception

1. Pour une grande partie du corps médical, le terme de psychiatre recouvre tous les modes de formation et d'exercice des médecins du psychisme.

avait réellement des indications. Le travail des psychiatres consultés consiste donc essentiellement à dépister les situations psychiques qu'ils jugent très pathologiques.

Le comportement des couples qui concoivent est variable. Tantôt ils disparaissent et coupent les ponts, emportant leur proie, quand ils ne se cachent pas jusqu'à l'occurrence de la grossesse; d'autres, à l'inverse, reviennent pour un deuxième ou un troisième enfant, si possible du même donneur. Le devenir de ces enfants n'est pas connu avec précision, et pourtant pas moins de 10.000 grossesses sont revendiquées par la seule organisation C.E.C.O.S. depuis sa création en 1973 [1]; mais les enquêtes sont rares, difficiles, et leurs conclusions peu significatives du fait de biais de recrutement.

L'insémination artificielle homologue (I.A.H.) ou intraconjugale (I.A.C., ihacé), ou, plus communément, l'insémination tout court, a une place à part dans le domaine de la fertilité, moins par ses mérites objectivement reconnus que par le caractère magique qu'elle a acquis dans la tradition populaire.

L'indication thérapeutique de l'I.A.C. est d'intervenir lorsque, à la suite de l'éjaculation, les spermatozoïdes ne pénètrent pas dans la glaire cervicale que le col utérin sécrète en période immédiatement préovulatoire. Premier obstacle rencontré par les spermatozoïdes, cette sécrétion cervicale a un rôle physiologique très important; à la fois réservoir de spermatozoïdes qui, à partir de là, diffusent régulièrement vers les voies génitales supérieures, et filtre sélectif, ne laissant progresser que les meilleurs d'entre eux. L'appréciation de cette pénétration de la glaire par les spermatozoïdes s'effectue par le test post-coïtal, qui consiste à évaluer, quelques heures après un rapport, la qualité des spermatozoïdes mobiles dans cette sécrétion. Un test post-coïtal de mauvaise qualité dans une glaire cervicale normale peut répondre à trois éventualités pour lesquelles l'I.A.C. représente une réponse différemment adaptée.

1° Les cas où le sperme ne peut être porté au contact du col utérin. Soit qu'il s'agisse d'une impuissance érectile ou éjaculatoire organique, réalisée notamment par les séquelles de traumatisme médullaires; l'I.A.C. est alors réalisable, lorsque du sperme de qualité suffisante peut malgré tout être obtenu par éjaculation réflexe, chimique (eserine) ou électrique; tout est mis en œuvre pour faire donner son sperme à l'organisme mutilé. Soit qu'il s'agisse de difficultés érectiles ou éjaculatoires, sans substratum organique décelable, mais où il est possible d'obtenir du sperme par masturbation. L'insémination en tant que prothèse représente le chemin le plus court entre la procréation impossible et l'enfant. Il est certes confusément ressenti que la démarche adéquate serait plutôt de rétablir le cheminement naturel

1. Ce chiffre était de 1852 en 1978. David I. Lansac, « The organization of the centers for the study and preservation of semen in France », in *Human Artificial Insemination and Semen Preservation*, G. David and W.S. Price Editors, Plenum Press, New York and London, 1980, p. 15.

du sperme, ne serait-ce qu'en guérissant le symptôme. Il est souvent convenu d'entreprendre une démarche psychothérapeutique et de réaliser parallèlement les inséminations : la survenue d'une grossessse ne serait-elle pas susceptible de « débloquer » la situation ? Il faut dire qu'il n'est pas rare de voir les impétrants brandir un certificat, un « bon pour », de la part d'un psychiatre sollicité, quand ce n'est pas tout bonnement de la part de leur propre psychothérapeute. Il est plus rare qu'il s'agisse d'introduire à toute force une grossesse sous anesthésie générale chez une patiente présentant un vaginisme. L'insémination artificielle est susceptible de contourner toutes les défenses contre l'insémination naturelle...

2° Les cas où, malgré une glaire et un sperme de qualité adéquate, le test post-coïtal reste négatif. Lorsque l'anomalie est d'ordre immunologique, l'insémination a peu de place car les anticorps aux spermatozoïdes sont répartis sur l'ensemble du tractus génital, et le chemin gagné est dérisoire. Mais, lorsque aucune cause n'est retrouvée, la situation reste obscure. Lorsque le secret persiste, les hypothèses (et pas n'importe lesquelles) ne manquent pas : glaire acide, allergie, certes, mais aussi facteur vaginal « toxique » ou « léthal ». Les dysfonctionnements éjaculatoires partiels, intermittents ou épisodiques, sont rarement évoqués; ils seraient pourtant susceptibles d'apporter un éclairage particulier; leurs manifestations sont parfois assez nettes pour entrer dans le champ de la clinique : du rapport impossible la veille du test post-coïtal aux impuissances cycliques de la période péri-ovulatoire, les difficultés ne sont pas exclusivement masculines : « Je savais que j'avais oublié quelque chose », dit cette patiente qui se présente à son test post-coïtal après avoir parcouru de nombreux kilomètres, et sans avoir eu de rapport préalablement.

3° Les cas où le sperme est anormal, où aucune thérapeutique n'a pu l'améliorer, mais dont les paramètres restent meilleurs que ceux qui font envisager d'emblée l'insémination hétérologue. Il y a en effet dans beaucoup de ces spermes anormaux une quantité suffisante (de l'ordre de 1 à 5 millions) de spermatozoïdes, normaux et mobiles, pour provoquer la conception. Il s'agit donc, à partir d'un éjaculat, de séparer la bonne graine de l'ivraie et d'introduire le résultat dans les voies génitales féminines par insémination. Dans certains cas, l'homme doit recueillir son sperme en répartissant son éjaculation dans au moins deux flacons; les fractions ainsi obtenues sont de qualité inégale, et la meilleure, qui est généralement la fraction initiale de l'éjaculat, est utilisée pour l'insémination. Il est également possible de filtrer le sperme ou de le faire diffuser sur certains milieux (sérum-albumine); de nombreux autres artifices ont été proposés sans bénéfice bien convaincant. Les résultats de ces manipulations compliquées sont modestes, rarement évalués avec la précision requise. Ils sont de toute manière inférieurs à ceux de l'I.A.D. où la situation est meilleure car le sperme inséminé y est normal; ils ne sont sans doute pas très supérieurs au taux de grossesses spontanées qui se seraient installées pendant la même durée. Mais l'essentiel n'est-il pas de *faire* quelque chose ?

Ces indications discutées, mais habituellement reconnues, ne sont plus les seules. L'insémination a progressivement gagné, ces dernières années, une connotation magique, et le fait de les entreprendre est assimilé à « passer aux choses sérieuses »... L'insémination est investie d'un pouvoir procréateur particulier, absolu; d'où la grande déception du couple après l'échec de la première tentative, car, quelle que soit l'information qu'il ait reçue, il croit quand même au succès systématique de ce geste. Cette fantasmatique autour de l'insémination s'est développée à partir des possibilités qu'elle offre de créer des enfants dans des conditions spectaculaires : enfants apportés à l'homme stérile par insémination hétérologue, enfants conçus grâce au sperme conservé du mari, mari absent, mari au front pendant la guerre [1], mari en prison. La conservation de son sperme permet à l'homme de rester fécond par insémination après sa mort, ou après qu'un traitement anticancéreux l'ait définitivement stérilisé. Il est désormais habituel que le sperme d'un patient soit préventivement stocké avant l'initiation des thérapeutiques éventuellement stérilisantes.

L'insémination en tant que telle se voit, par extension, attribuer un pouvoir conceptionnel particulier, reléguant le rapport sexuel au niveau d'un « artisanat passéiste ». Elle est vite réclamée par de nombreux couples, quel que soit le désordre réel ou supposé qui participe à son infertilité (et d'autant plus que ce désordre reste hypothétique), pour aller plus vite, parce qu'on a le sentiment que les choses traînent, ou parce qu'au moins on aura tout essayé. Le médecin se voit emporté dans ce credo à moins qu'il ne la propose lui-même, à bout de ressources : « insémination, pourquoi pas ? ». C'est que le contrôle biologique toujours plus précis des phases de la conception rend d'autant plus intolérables les errements de la sexualité; l'efficacité du bel édifice construit cycle par cycle à coup d'hormones, d'échographies et de dosages, est sans cesse menacée par l'incontrôlable rapport impossible, au mauvais moment, incomplet. N'est-il pas préférable, finalement, de remplacer le rapport toujours faillible par l'insémination toujours fiable, contrôlable et donc toujours efficiente ? La conception devient une chose trop sérieuse pour être confiée à la sexualité.

Nulle place, ni dans le discours, ni dans les écrits, pour la masturbation préalable nécessaire. Elle va de soi et n'existe que dans le non-dit. Masturbation déculpabilisée, pour la bonne cause, pour la mère et l'enfant, masturbation magique et réhabilitée. La question ne sera pas posée de ce qui sous-tend l'érection de l'homme seul en face de ses flacons vides. La masturbation « procréatrice » exclut le rapport sexuel aux moments importants. L'homme dévalorisé tend son sperme au médecin, qui va faire mieux, et à sa place. L'insémination signe de manière

1. Pendant la guerre de Corée, le sperme des soldats du front était ramené par avion aux États-Unis pour y inséminer leurs épouses.

indélébile et sans aucun doute désormais possible, pour chacun des protagonistes, le moment, l'auteur et le lieu de la conception.

Masturbation/mode de procréation et insémination/mode de vie : le caractère extrêmement astreignant de cette méthode, qui doit impérativement trouver sa place parmi les préoccupations du quotidien, pour peu qu'elle dure, explique sa capacité particulière à induire une décompensation psychique de l'individu ou du couple.

Le sexe désiré

Pouvoir choisir le sexe de son enfant, c'est-à-dire le sexe apparent dicté par le sexe génétique, reste pour l'instant hors de portée. La technique, toutefois, parvient déjà à modifier la *sex ratio*, à incliner dans un sens ou dans l'autre la balance naturelle des sexes.

Le sexe génétique d'un individu est déterminé par le chromosome sexuel du spermatozoïde fécondant [1]. Ce mécanisme de base est corrigé par un certain nombre de facteurs : alors qu'au moment de la conception, le sexe masculin paraît largement prépondérant, la *sex ratio* n'est, à la naissance, que légèrement en faveur des garçons : 105 garçons (XY) pour 100 filles (XX). Les facteurs les plus significatifs paraissent d'ordre immunitaire, comme l'a récemment montré la prépondérance spectaculaire des naissances féminines à la suite de certaines épidémies virales (rougeole, hépatite B) : il apparaît en effet que l'organisme maternel peut s'immuniser contre le chromosome Y (immunisation parfois croisée avec certains virus) et rejeter ainsi tant les spermatozoïdes que les œufs qui en sont porteurs.

Les autres facteurs invoqués sont très difficilement évaluables scientifiquement, tant par leur nature qui en rend la vérification expérimentale aléatoire que par les grandes séries nécessaires en clinique humaine pour détecter une variation significative de la *sex ratio.* C'est pourquoi certains de ces mécanismes sont de l'ordre de la croyance : croyance populaire, certes, lorsqu'il s'agit des phases de la lune (encore que certains médecins viennent faire décaler l'ovulation de leur épouse pour qu'elle se produise au cours de la phase lunaire désirée); mais aussi croyance scientifique lorsqu'il s'agit du pH vaginal (acide pour les filles, alcalin pour les garçons) ou du « timing » du rapport fécondant par rapport à l'ovulation elle-même (plus le rapport a lieu près du moment de l'ovulation, plus les chances de créer un garçon seraient élevées); les grandes séries quasi expérimentales d'insémination par donneur ont pourtant largement démontré l'invalidité de cette dernière variable.

1. Le spermatozoïde est en effet porteur du chromosome X *ou* du chromosome Y, alors que l'ovule est porteur exclusivement du chromosome X.

En réalité, seules deux méthodes peuvent actuellement revendiquer un certain pouvoir de déviation de la *sex ratio* :

– La méthode « naturelle », par modification du milieu intérieur féminin : chez les invertébrés, l'enrichissement du milieu en alcalino-terreux (Ca^{**}, Mg^{**}) favorise le sexe féminin, alors que les ions alcalins (K^{*}, Na^{*}) déterminent plutôt le sexe masculin [1]. Cette influence se retrouve plus haut dans l'échelle animale, bien que les modifications du milieu intérieur ionique soient plus difficiles à réaliser. Il est possible d'y parvenir à l'aide de régimes diététiques très déséquilibrés dans un sens ou dans l'autre, débutés au moins un mois avant la date présumée de la fécondation. La *sex ratio* est effectivement déviée par cette méthode, chez l'animal domestique, où elle a ses applications dans l'élevage, et aussi dans l'espèce humaine [2]. Un régime suivi rigoureusement est toutefois difficile à supporter et peut déterminer des complications métaboliques chez la femme qui le suit trop longtemps.

– Les méthodes artificielles, qui consistent à essayer de trier les spermatozoïdes X et Y dans le sperme, supposent recueil du sperme par masturbation, puis insémination artificielle homologue. Les essais de séparation des spermatozoïdes par champ électrique, magnétique, ou par centrifugation différentielle, utilisant les charges ou les masses différentes des deux types de spermatozoïdes, n'ont pas fait leurs preuves en clinique humaine. La filtration des spermatozoïdes, par contre, qui utilise le pouvoir discriminant de certains milieux visqueux comme la sérum-albumine ou certains gels, sur les vitesses de déplacement différentes des spermatozoïdes des deux types (les spermatozoïdes Y sont les plus petits et les plus rapides), a donné des résultats assez intéressants pour que s'ouvrent dans différentes parties du monde des Centres de présélection du sexe sous licence américaine [3]. La fraction de sperme inséminée peut en effet contenir plus de 90 % des spermatozoïdes du même « sexe », les spermatozoïdes porteurs de chromosome Y étant reconnaissables en technique du fluorescence.

Dans l'état actuel des connaissances, et compte tenu de séries encore limitées, méthode diététique et méthode de filtration revendiquent un taux de succès voisin de l'ordre de 75 à 80 %. Les taux d'échec sont donc élevés et rendent la technique inapplicable aux couples *a priori* les plus concernés, c'est-à-dire ceux qui sont affectés d'un risque élevé de transmission de quelque 200 maladies héréditaires liées au sexe. La plupart des couples suffisamment motivés pour appliquer ces méthodes sont ceux qui, déjà féconds et ayant déjà procréé plusieurs enfants du

1. Il s'agit en réalité plutôt du rapport $R = K^{*} + Na^{*}/Ca^{**} + Mg^{**}$.

2. Stolkowski, « Le contrôle du sexe par la méthode alimentaire. Régimes pour garçons et régimes pour filles. Modalités et applications. Les 23 premiers résultats », *Journal d'Endocrinologie clinique*, 18, 1977, p. 95.

3. La firme Gametrics Limited dispose actuellement de 14 Centres dans le monde. Les résultats contrôlés de la présélection du sexe masculin par filtration du sperme sur colonne de sérum-albumine sont de 77 % (R. Éricsson, communication personnelle).

même sexe, désirent avoir un dernier enfant, si possible de l'autre sexe. Parmi ces demandes, l'effort pour obtenir le sexe masculin et très largement prédominant. Plus rares sont les demandes d'un registre très différent : premier enfant d'un sexe déterminé, ou encore enfant du même sexe que celui qui vient de mourir.

Nous ne sommes plus dans le domaine de l'infertilité proprement dite, même s'il s'agit d'une infertilité à un sexe précis, et le climat est différent. Du côté du couple, le caractère de convenance de la demande est reconnu, le risque d'échec accepté et non remboursé. Du côté du médecin, le pouvoir n'est pas en jeu, le droit à l'erreur lui est reconnu d'avance. Il y a presque un caractère ludique dans cette situation où il s'agit plutôt de gagner un pari : « On aura tout essayé. »

Quitte à se donner bonne conscience, et pour des chances de succès voisines, la plupart des couples choisissent le régime diététique qu'ils finissent par assouplir progressivement. Les couples partisans d'une science logique préfèrent l'insémination, avec ce qu'elle comporte parfois de médicalisation, et toujours ses chances de succès modérées par cycle – 15% en moyenne; il est rare qu'ils persistent après le troisième cycle d'échec. Et, peut-être dans cette situation comme en cas d'infertilité, ce temps passé suffit-il à dénouer une problématique sous-jacente. Car la technique fournit un moyen sûr d'avoir un enfant du sexe désiré : la détermination du sexe est possible par amniocentèse dès le deuxième mois de grossesse, et l'interruption de grossesse de convenance existe. Parfois évoqué, ce trajet est rarement emprunté, au profit de « Si c'est encore une fille (un garçon), on s'y fera, tant pis ». Le poids du « tant pis », comme celui du « tant mieux », sur la destinée de cette vie qui n'a pas commencé reste à évaluer.

Fécondation in vitro

La fécondation *in vitro* ou fécondation externe représente sans doute, après l'avènement de la contraception, un second bouleversement dans la reproduction de l'espèce. Pour la première fois, depuis le succès initial d'Edwards et Steptoe en 1979 [1], la conception est possible hors de l'organisme maternel. Non seulement la sexualité comme mode de conception disparaît, mais le corps maternel ne représente plus le berceau originel; le nid vide est certes gagné par le conceptus quelques jours après sa création (délai dont on peut prévoir l'allongement progressif). Cette seconde révolution ouvre un champ illimité aux manipulations de la reproduction et de la filiation biologique.

La technique en elle-même, telle qu'elle est aujourd'hui utilisée chez le couple

1. R. G. Edwards, P. C. Steptoe, J. M. Purdy, « Establishing full-term pregnancies using cleaving embryos grown *in vitro* », *British Journal of Obstetrics and Gynaecology*, 87, 1980, p. 737.

Consulter aussi Edwards R. G. et J. M. Purdy, *Human Conception in vitro*, London, Academic Press, 1982.

stérile, ne représente qu'un artifice particulièrement sophistiqué parmi les moyens thérapeutiques contre la stérilité. Malgré son caractère hautement spécialisé, elle ne pose pas les problèmes fondamentaux (de filiation par exemple) qui sont à la base de procédés actuellement plus routiniers comme l'insémination hétérologue. Ses applications potentielles, par contre, posent d'emblée des problèmes éthiques d'une telle ampleur qu'il n'existe pas à l'heure actuelle d'instance capable d'y répondre de façon cohérente. Cette problématique rejoint les préoccupations d'autres sciences, comme la génétique. Une des réponses imaginées a été la création de comités d'éthique, formés de personnalités de représentativité inégale. Perdue dans sa technique, sans le soutien de valeurs traditionnelles et universellement reconnues, la société retrouve en un saisissant raccourci l'antique et tribal comité des sages.

Pour le couple préoccupé par sa stérilité, le problème est ailleurs. Après un bilan complet destiné à peser les indications et à diminuer les risques d'échec, la patiente est soumise à une stimulation ovulatoire hormonale destinée à provoquer le développement de plusieurs ovocytes [1]. Ceux-ci sont prélevés par cœlioscopie, sous anesthésie générale, qui doit intervenir très précisément pendant les quelques heures qui séparent leur stade de maturité complète, de l'ovulation. D'autres techniques de prélèvement sont envisagées, et notamment la ponction trans-abdominale de l'ovaire sous contrôle échographique et anesthésie locale. Cette méthode, beaucoup moins contraignante, est actuellement réservée aux patientes multi-opérées de leurs trompes, et dont les ovaires, recouverts d'adhérences, ne sont pas visibles en cœlioscopie; elle est sans doute appelée à se développer et à se généraliser chez les autres patientes dès qu'elle sera aussi performante que la ponction percœlioscopique.

Les ovocytes sont immédiatement transférés dans un milieu de culture, où ils sont mis en présence du sperme du mari qui a subi une préparation spéciale destinée notamment à sélectionner un nombre limité (50 à 100 000 environ) de spermatozoïdes de qualité optimale. L'œuf est fécondé, puis se divise en culture, dans l'obscurité et dans des conditions adéquates de température et de pH. Il est généralement replacé dans l'utérus 36 à 48 heures après la ponction ovocytaire, entre le stade 2 et 8 cellules; le replacement s'effectue par les voies naturelles, sans anesthésie, à l'aide d'un cathéter qui franchit le col utérin et dépose l'œuf ou les œufs, près du fond utérin. En cas d'implantation réussie, les dosages sensibles permettent de détecter la présence d'hormone chorionique gonadotrope (H.C.G.) 10 à 12 jours après le replacement, c'est-à-dire quelques jours avant la date des

1. Au début de chaque cycle menstruel, plusieurs centaines d'ovocytes sont recrutés dans l'ovaire et débutent leur développement; dans les conditions physiologiques, un seul d'entre eux est ensuite sélectionné selon un processus qui nous échappe en grande partie, pour subir une maturation complète jusqu'à l'ovulation, pendant que tous les autres dégénèrent. L'intervention d'une stimulation ovulatoire adéquate permet de récupérer quelques autres ovocytes promis à la dégénérescence naturelle, et de les amener également au stade de maturité.

règles attendues. Il arrive que ce test se positive fugacement mais que les règles apparaissent : on parle de grossesses « chimiques », implantations suivies d'avortements ultra-précoces.

Lorsqu'un retard de règles se manifeste, il s'agit alors d'une grossesse clinique. Celles-là seules sont comptabilisées, et connaissent un sort comparable aux autres grossesses, avec notamment un risque d'avortement spontané de 15 à 20 %. Le taux de réussite de cette technique, qui en est à ses débuts, dépend encore essentiellement du Centre qui la pratique et de la manière dont les résultats sont exprimés. Dans les Centres les plus avancés, les chances de grossesses sont fonction du nombre d'œufs replacés : sur 100 implantations, 15 à 20 % de grossesses en cas d'œuf unique, 30 à 35 % si deux œufs sont replacés, plus de 40 % en cas de transfert de trois embryons; le taux de succès n'augmente plus avec un nombre d'œufs transféré supérieur. Il est ainsi possible d'obtenir des grossesses multiples. Tout se passe comme si les œufs s'« entraidaient », car les chances de grossesse en cas de transfert multiple sont plus élevées que les chances additionnées de chaque œuf pris isolément [1]. Toutes chances égales par ailleurs, les taux de grossesses baissent après trente-cinq ans pour devenir presque nuls après quarante ans.

Les indications de cette technique sont essentiellement représentées par les stérilités tubaires : l'absence de trompes utérines fonctionnelles (détériorées par l'infection, des grossesses extra-utérines ou une stérilisation, ou encore des échecs antérieurs de chirurgie réparatrice) est ainsi court-circuitée. Les taux de grossesses mentionnés ci-dessus font référence expresse à cette indication où la situation est la plus favorable : la cause de la stérilité est claire et les autres paramètres de fertilité chez les deux partenaires sont généralement normaux. Cette méthodologie devient également envisageable en cas d'hypofertilité masculine sévère, puisque le nombre de spermatozoïdes mobiles nécessaires à la fécondation *in vitro* est très réduit; elle commence enfin à être appliquée en cas de stérilité rebelle, multifactorielle, voire inexpliquée. Il est facile de prévoir qu'à partir du moment où la technique sera plus efficiente, plus simple et banalisée, elle sera largement appliquée à tous les cas de stérilité « traînante » surtout chez les couples qui avancent en âge.

Malgré son caractère difficile et aléatoire, malgré la nécessité d'une anesthésie générale, pour des chances de succès assez modestes, la fécondation externe est vécue avec un certain enthousiasme par le couple, comme une aventure avec ses risques, ses angoisses et ses espoirs. Il n'y a aucune garantie, aucune sécurité, ni même sociale. L'échec est durement ressenti mais laisse immédiatement la place à la programmation de la tentative suivante : « On aura plus de chance la prochaine fois. » Il est facile de prévoir que la banalisation progressive de cette technique, puis son remboursement par la Sécurité Sociale, vont à nouveau soulever la

1. R. G. Edwards, P. C. Steptoe, « Current Status of in vitro fertilization and implantation of Human embryos », *The Lancet*, December 3rd, 1983, p. 1265.

problématique du droit à l'enfant. Quel recours, encore non imaginé, la technique pourra-t-elle proposer en cas d'échecs répétés de la fécondation externe ?

Les possibilités conjointes qu'offrent les fécondations *in vitro* et la conservation des gamètes – ovocytes, spermatozoïdes ou embryons – mettent en cause les fondements mêmes de la reproduction de l'espèce :

– Les modifications de la filiation biologique, d'une part : fécondation d'un ovocyte de l'épouse avec un sperme de donneur en cas d'échecs répétés d'I.A.D., fécondation d'un ovocyte de donneuse avec le sperme du mari en cas de castration féminine ou de ménopause prématurée, utilisation conjointe d'ovocytes et de sperme hétérologues, dons d'embryons, replacement d'un embryon dans un utérus étranger... La liste des combinaisons possibles n'est pas close. Quel fil d'Ariane sera repérable dans le labyrinthe de certaines filiations ? À qui appartiendra l'embryon conservé dont les parents se seront séparés ou seront décédés ?

– Les contrôles précoces de la qualité de l'œuf, d'autre part : il devient réalisable chez certaines espèces animales – bien proches de nous sur le strict plan des possibilités de manipulation embryonnaire – de détacher quelques cellules de l'embryon sans le léser, et de les analyser sur le plan génétique pendant que le reste de l'œuf qui, à ce stade, se reconstitue complètement, est conservé. Il est ainsi possible de savoir si l'œuf présente les caractères souhaités et de ne le replacer que dans certains cas : garantie contre les anomalies chromosomiques ou les maladies liées au sexe, garantie du choix du sexe. Il est également envisageable d'obtenir deux jumeaux identiques en partageant un embryon... Il est difficile de prévoir les ultimes conséquences de la manipulation embryonnaire.

Après s'être détachée de la sexualité, la reproduction dans son ensemble risque de se trouver sous l'emprise d'un pouvoir technique, qui pourra même envahir les couples n'ayant aucun problème de fertilité. La fonction de reproduction risque-t-elle d'être confisquée à certains couples, en attendant que soient désignés ceux d'entre eux qui auront le droit de procréer ?

Stérilités rebelles, inexpliquées, psychogènes

Il existe des couples chez lesquels les explorations les plus soigneuses ne mettent pas d'anomalies significatives en évidence, ou du moins ne découvrent que des désordres également rencontrés chez les couples féconds. Pour ces couples stériles « normaux », la fécondabilité se montre paradoxalement faible, et il se pose à leur sujet le débat toujours relancé, jamais résolu (et pour cause) entre les hypothèses de stérilité inexpliquée et de stérilité psychogène. On retrouve la même problématique dans les cas de stérilités rebelles, où la thérapeutique adéquate d'une anomalie rendue responsable de la situation n'entraîne pas de résultat conceptionnel. S'agit-il d'une stérilité relevant d'une anomalie encore insoupçonnée dans l'état actuel des connaissances? S'agit-il au contraire de conflits internes à la femme, lieu presque exclusif de la conception, et évoqués par toutes les parties sous forme de « blocages »? La situation de ces nombreux couples mérite qu'on s'y arrête un instant, car elle est exemplaire de l'avenir du désir d'enfant confronté à l'instance à laquelle il a été finalement décidé d'en parler : le « spécialiste » de la reproduction. Quelles sont les forces en présence?

Il y a d'un côté le couple avec son histoire, qu'il ne fait souvent remonter qu'au début de ses difficultés conceptionnelles. Le couple avec son délai d'exposition, la durée prolongée de son histoire d'infertilité, déjà confronté à de nombreux types de discours médicaux et d'explications en général contradictoires. Souvent, seule la femme s'estime être la principale concernée, et traîne son volumineux dossier comme un boulet (dossier modèle d'ordre, ou inextricable jungle). Ils ont tout eu, on leur a tout fait, et rien n'a marché. La demande s'effectue dans divers registres entre la démarche du type « dernière chance » ou le simple défi. Le couple est d'autant plus installé dans sa demande que le caractère pénible et prolongé de sa situation est reconnu par la Société qui le prend intégralement en charge sur le plan financier. Couple sûr de son bon droit, de la légitimité de son désir, qui n'a pas à être justifié : quoi de plus normal que de vouloir un enfant?

En face, le spécialiste de la stérilité est chargé des fantasmes du couple. Il est celui qui sait le mieux comment faire les enfants; c'est du moins une aptitude qu'on lui prête et à laquelle il n'est parfois pas loin de croire. Il ne se donne généralement pas lui-même cette qualification, mais le problème l'intéresse, le préoccupe, il s'y consacre; cet intérêt finit par être perçu et, au fil des ans, une réputation se crée. Il est celui qui a plus d'enfants (de succès) que les autres; ce qui peut être vrai, ne serait-ce que par le nombre de couples qu'il a suivis. Le couple qui vient a été poussé par une preuve ou un exemple de son efficacité. Une autre de ses caractéristiques est de disposer d'une technicité suffisante pour ne pas être pris en défaut par les assauts de vulgarisation des médias. Le fait que les possibilités techniques existent rassure tous les protagonistes, le médecin qui y recourt autant que le couple qui, dès lors, lui fait confiance pour mener à bien cette entreprise.

Mais d'abord, qu'est-ce que le succès et, partant, l'échec dans les situations d'infertilité? Succès et échec ne peuvent certainement pas être évalués en termes exclusifs de grossesse. Si on admet que l'impossibilité de procréer détermine chez le couple ou l'individu une souffrance particulière, on peut alors estimer que l'atteinte « apaisante » d'un équilibre, que ce soit dans la grossesse ou l'absence de grossesse, constitue une forme envisageable de succès. À l'inverse, la seule forme repérable d'échec est la poursuite par le couple, chez d'autres médecins, de sa demande dans les mêmes termes.

S'installe alors une relation particulière entre le médecin et le couple, c'est-à-dire surtout la femme, généralement présente quand son mari est incriminé, le plus souvent seule lorsqu'il ne l'est pas. La relation est d'autant plus difficile que la situation d'échec se prolonge. Chez le couple se succèdent phases d'espoir, phases de découragement, voire épisodes dépressifs, sur fond d'agressivité. En filigrane ou affichée, cette agressivité s'exprime plus souvent de façon indirecte, comme la discussion des honoraires, les retards au rendez-vous, le rendez-vous manqué, voire les intolérances à des thérapeutiques anodines.

On peut dire, à ce moment précis des relations ainsi installées, que leur devenir dépendra étroitement de ce que le médecin a perçu des raisons qui l'ont porté à la place qu'il occupe : réassurance narcissique, désir de « faire » (faire faire) des enfants, désir de faire le bien, omnipotence, immortalité... Autant de notions qui risquent de compromettre la neutralité nécessaire à la perception du véritable enjeu : aider le couple à trouver un compromis acceptable avec ou sans enfant.

Si, pour le médecin, le recul n'est ni possible, ni suffisant, la situation devient difficilement tolérable, d'autant qu'elle se prolonge. La résistance du couple est vécue comme un défi à relever : réussir où les autres ont échoué. Le pouvoir du médecin ne sera tout à fait reconnu que par l'installation d'une grossesse, de quelque manière que ce soit. L'aura de ce pouvoir persistera aussi longtemps qu'une grossesse pourra encore être raisonnablement espérée; hélas, au fil des cycles, le « sorcier » se voit remis en question, menacé. La cohérence des thérapeutiques prescrites diminue. Les stérilités inexpliquées se présentent comme les grandes victimes de l'escalade thérapeutique, de la fuite en avant vers toujours plus de technique : insémination artificielle, et maintenant fécondation *in vitro*. L'agressivité ordinaire du couple qui « résiste » sera de plus en plus mal tolérée, et l'agressivité du médecin coupable de sa propre impuissance apparaîtra. Il s'agira moins désormais d'aider ce couple insupportable que de s'en débarrasser. À la suite d'une entrevue particulièrement décevante, ou d'un nouvel échec d'insémination, le couple disparaît ou réclame son dossier. À moins que, coincé dans ses ultimes retranchements, le médecin cesse de traquer l'hypothétique anomalie pour décréter que la stérilité est finalement « psychogène », et qu'il convient de s'adresser enfin au « spécialiste du psychique ».

Engagée de cette manière – et c'est le plus souvent le cas –, la demande psychothérapeutique n'a généralement pas un grand avenir. Le couple qui a été étiqueté et lourdement traité vit cette nouvelle situation plus comme un rejet effectif/affectif que comme une progression de son problème. Il est pourtant évident d'emblée que le désir d'enfant et les chemins qu'il emprunte sont du domaine du fonctionnement psychique. Mais c'est au médecin du corps que la demande s'adresse, et le problème se pose de changer radicalement de discours : le plus mauvais moment est sans doute le dernier, en fin de parcours. Certains préconisent, à l'inverse, la mise en place d'emblée d'un système d'écoute « à plusieurs entrées ». Entre ces deux extrêmes, les moments ne manquent pourtant pas où se fait l'ouverture qui permet de jeter un pont vers l'autre approche : épisodes dépressifs, dysfonctionnements sexuels transitoires, présentation par la patiente elle-même de l'hypothèse d'un « blocage psychologique », ou crainte que l'infertilité ne se perpétue parce qu' « on y pense trop »... Il est alors possible de susciter une aide psychothérapeutique parallèle, aide venue d'ailleurs, le même thérapeute ne pouvant raisonnablement tenir une double position.

Pour peu qu'un certain recul soit possible, il n'y a plus d'énergie à dépenser dans la problématique pouvoir/vie ou impuissance/mort. Le médecin du corps, non coupable de l'absence de grossesse, n'est pas dupe de sa survenue. L'énergie ainsi économisée permet d'évoluer à un niveau plus juste : accepter la demande, pour saugrenue qu'elle apparaisse au premier abord; effectuer avec le couple un parcours sur le thème général, et accepté par tous, du désir d'enfant, thème à partir duquel peuvent se développer des variations à trois. Le consultant peut espérer rester à la place qui lui est reconnue, celle des paramètres biologiques de la fertilité des partenaires; place qu'il peut assumer au plan conscient afin d'écouter et d'évaluer les possibilités, les limites, et l'ambivalence du couple, de réguler l'espace et l'espacement des rendez-vous, le caractère astreignant des explorations ou des thérapeutiques proposées. Il paraît nécessaire de savoir faire jouer le temps (même très long, et que le couple accepte toujours lorsqu'il a l'impression d'être pris en charge) de proposer un diagnostic cohérent mais ouvert, puis une stratégie thérapeutique dont le caractère logique sera perçu. Temps nécessaire pour permettre à tout ce qui se passe à l'insu de chacun de se nouer ou de se dénouer. Cette capacité à supporter le délai sera déterminante dans l'instauration d'un nouvel équilibre atteint dans la conception ou l'arrêt de la quête.

Après ces périodes d'infertilité, très prolongées et à pronostic aléatoire, la survenue d'une grossesse jette souvent un grand désarroi. La décision d'abandonner les efforts est au contraire douloureuse, mais souvent suivie d'un grand soulagement; malgré ou avec la résignation : « Finalement nous n'étions pas faits pour avoir (faire) des enfants. »

Deux remarques avant de conclure.

Dans le cadre des difficultés conceptionnelles du couple, les faire-parts annoncent toujours une vie nouvelle. Pourtant, le faire-part reçu en cours de rédaction de ce travail concerne la mort. Non pas la mort en tant que risque implicite au détour de tout traitement, de toute anesthésie. Mais la mort imprévue, là où elle est la plus impensable, jusque dans le désir de créer la vie. Cette jeune femme, après un parcours difficile et long d'infertilité, a enfin conçu, et a accouché normalement après une grossesse sans nuages; elle est brutalement décédée au 6e jour *postpartum* d'une embolie cérébrale. « Elle a vécu six jours d'un bonheur immense », écrit le mari... Elle est en tout cas partie avec son secret.

La deuxième remarque concerne les rapports de l'individu avec son savoir sexuel, s'il existe. Au moment où, grâce à une vulgarisation largement étalée, chacun peut sans effort apparent accéder à des connaissances précises sur le fonctionnement sexuel et conceptionnel, au même moment chacun reste en difficulté avec les bases les plus rudimentaires de ce « savoir ». Le même couple qui discute complaisamment de la dernière pirouette technique de la procréation ne sait toujours pas interpréter une courbe de température et ignore exactement quand le rapport sexuel doit avoir lieu pour avoir des chances d'être fécondant. Il semble qu'il y ait là, justement, dans ce que le rapport sexuel entretient de liens avec la fécondation, une ignorance toujours renouvelée; celle-ci ne s'est pas sensiblement modifiée au cours des vingt dernières années, malgré les apports successifs de savoirs de plus en plus sophistiqués, à partir de l'induction de l'ovulation, puis de l'insémination, et enfin de la fécondation externe. Et le fossé semble toujours promis à se creuser entre l'individu aux prises avec un savoir élémentaire qui n'est jamais acquis, et la technique qui, comme détachée de son objet initial, poursuit sa fuite en avant.

Il était une fois un enfant qui était don de Dieu, ou de la Nature. La fée Contraception l'a rendu tributaire d'un vœu, dont la réalisation peut être en deçà ou au-delà du désir. Parmi ceux dont l'appel est d'autant plus vigoureux qu'il tarde à être exaucé, une naissance pourra donner lieu à l'avènement d'un enfant de la Science. Le médecin initié est maintenant prêt à revêtir les insignes de cette Mère toute-puissante, sans toujours s'aviser de leur poids de pensée. Sorcier, il comptabilise ses réussites d'apprenti : l'enfant qui n'est que *de* la mère (insémination hétérologue), l'enfant « extérieur » à la mère (fécondation *in vitro*). Savant, il lui reste à se garder d'une croyance : celle d'être l'incarnation d'un pouvoir tutélaire. Quelques questions naïves s'offrent toujours à l'en préserver s'il ne s'en laisse pas trop conter.

Par exemple : l'enfant de la Science aurait-il moins de chances qu'un autre d'être fruit de l'amour ? Il n'en a sûrement pas davantage.

JEAN-CLAUDE EMPERAIRE

Karima Dekhli

CIVILITÉ DU SEXE MODERNE

Vienne. 1900. L'ordre bourgeois repose sur une « morale sexuelle civilisée », que Freud nous définit comme un stade historique « où la reproduction légitime est le seul but sexuel autorisé [1] ».

1984. Une révolution sexuelle, dit-on, a bouleversé les fondements de cette morale. Sur la scène sociale, la « chose sexuelle » est, en apparence, traitée comme tout autre objet; elle se nomme *sexualité* et la morale moderne exige que l'on y prête la plus vive attention. Au regard de l'interdit qui structurait le « stade sexuel civilisé », la sexualité d'aujourd'hui serait-elle alors un acquis, à l'inverse de l'évolution historique décrite par Freud qui allait vers un ordre sexuel toujours plus répressif?

C'est une question. Car de quel « acquis » s'agit-il? Freud a bien stigmatisé la « maladie nerveuse des temps modernes » résultant, selon lui, de l'ordre sexuel civilisé et a même, en conséquence, ébauché quelques conseils d'éducation aux enfants [2], mais aucun signe ne laissait présager le désordre qui bouscule à présent la morale sexuelle. La civilisation occidentale est traversée par un mouvement de transformation de mœurs, d'une étonnante mobilité; c'est l'échelle même des dimensions et des valeurs qui est interrogée par la profusion de signes, de références, de modèles.

Jacqueline Feldman, en étudiant l'évolution lexicale du mot « sexualité » dans *Le Petit Larousse* – symbolisant l'image officielle ou, à tout le moins, dominante de la sexualité –, a révélé comment les assemblages « autour du mot sexualité variaient dans le temps et quelles circulations ils mettaient au jour [3] ». Au début du siècle, c'est un système de silences et de cloisonnements. C'est à l'occasion de la refonte du *Larousse* en 1959 que des mots nouveaux, nombreux, sont introduits

1. S. Freud, « La morale sexuelle civilisée » in *La vie sexuelle,* Paris, P.U.F., 1973, p. 34.
2. In S. Freud, « Les explications données aux enfants », *ibid.,* p. 12.
3. J. Feldman, *La sexualité du Petit Larousse ou le jeu du dictionnaire,* Paris, Éd. Tierce, 1980, p. 139.

et des « liaisons nouvelles tissent un réseau beaucoup plus dense de circulations à l'intérieur des catégories entre elles [1] », liaisons qui vont radicalement faire basculer mœurs et idéaux sexuels; la reproduction ne constitue plus le centre souverain d'une sexualité dominée et soumise mais un des moments multiples d'une vie sexuelle autrement plus complexe. La sexualité s'affranchit ainsi d'une logique génitale et reproductive pour retrouver son sens dans une nécessité d'accomplissement, naturel, libre et sans interdit.

Une nécessité, en vérité, de plus en plus impérative, dans une société sexuelle « avancée » où chacun ne doit plus *cacher* mais *réaliser* sa sexualité : mise au réel, au regard de laquelle la sexualité, d'interdite puis libérée, va se retrouver, désormais, *obligée.*

*

C'est ce qui ressort de la lecture de la presse de l'automne 1983. Presse dite « féminine » et « masculine », les magazines pour adolescents et jeunes ainsi que ceux s'adressant aux couples [2]. Presse « intimiste », diffusée à des millions d'exemplaires chaque semaine et chaque mois, qui constitue un champ privilégié de production de discours sur le sexe : confidences, conseils, informations. Le savoir et la science, nouveaux idéaux que la culture de masse aime célébrer, vont servir la connaissance du corps et de manière plus spécifique celle du sexe, objets prioritaires de ce travail de vulgarisation de découvertes toujours renouvelées.

Car les représentations de la sexualité, ce qui en émerge aujourd'hui avec tant de monstration, n'échappent pas au réseau de communication dominant, sous emprise scientifique.

La rubrique « Sexualité » figure à présent dans presque tous les magazines féminins; invariablement, un docteur X (toujours anonyme) est chargé de répondre aux inquiétudes des lectrices sur leur normalité. Mais, le plus souvent, les thèmes de la sexualité débordent largement le cadre de la rubrique : témoignages d'expériences sexuelles, articles de psychologues, sexologues, médecins, mais aussi la présence même de la sexualité dans les photos de mode ou de publicité va parfois très fortement sexualiser le ton du magazine. Cette évolution est très nette pour ceux d'entre eux nés dans les années 1950. Citons, pour exemple, la rubrique « Courrier du cœur » de *Marie-Claire.* En 1983, elle est animée par le Dr Françoise G. et se nomme « Questions sur la sexualité »; en 1979, cette rubrique se nommait « Questions sur l'amour », toujours animée par un médecin, le Dr D. (sans le prénom cette fois), mais la présence médicale atteste bien qu'il s'agit bien d'amour

1. J. Feldman, *ibid.*, p. 142.
2. Cf., en fin d'article, la liste des magazines consultés; les citations renverront seulement au nom de la revue, sans référence aux titres des articles ni au nom des auteurs.

sexuel/physique. En 1960, Marcelle Auclair, la courriériste du cœur, intitulait avec audace un de ses articles « L'amour qu'il faut avoir le courage d'appeler physique [1] ». Si le terme « physique » associé à celui d'amour relève en 1960 du « courage », vingt ans plus tard on est presque déçu par le ton et le langage utilisés dans les mêmes magazines; car c'est avant tout le savoir et l'information scientifique qui dominent plutôt que ce que promettait le trouble causé par le titre de l'article [2]. Il appartient désormais aux spécialistes de parler de la sexualité et de lui faire subir un traitement essentiellement pédagogique; contrairement aux magazines masculins tels *Lui, Play Boy,* où ce ton scientifique est inexistant. De ce point de vue, ces magazines restent attachés à leur solide tradition ludique : les hommes poursuivent sereinement leurs découpages de poupées en morceaux et leurs concours d'assemblage-photo avec... une Jeep en prime pour l'épreuve la plus « sexy » [3]. Ils ont d'eux-mêmes une image résolument positive de séducteur gagnant par avance. Nulle trace de plainte, de soucis quant à leur vie affective ou sexuelle [4].

En revanche, les femmes semblent être dans l'interrogation constante, avec, souvent, ce sérieux que confère « la responsabilité de la réussite de sa vie sexuelle ». Même s'il est vrai qu'autour de la vie sexuelle, ne se trouvent jamais très loin les questions de la reproduction, de la grossesse et de la contraception – ce qui justifierait cette présence massive de l'information scientifique –, une idée fixe revient néanmoins sans cesse : la nature du plaisir féminin, sa localisation, ses manifestations. Les lectrices semblent dévorées par la curiosité de leur propre sexe : articles médicaux, tests servis comme indispensables boussoles de leur santé sexuelle, miroirs multiples que renvoient femmes célèbres et mannequins, signes d'une ritualisation de la féminité.

Sans doute, le discours sur le sexe serait moins bruyant s'il ne s'était opéré progressivement cette coupure entre sexualité et reproduction : contraception, insémination artificielle, fécondation *in vitro.* Une structure fondamentale de la civilisation s'est trouvée bousculée par les découvertes scientifiques. Il appartient alors à la vulgarisation scientifique de rétablir de l'ordre, de *désigner le sens d'une sexualité libre* en diffusant des modèles d'épanouissement du corps et du sexe, en

1. Cité par A. M. Dardigna, *La presse « féminine », fonction idéologique,* Paris, Maspéro, 1980, p. 116.

2. Ou faut-il se demander, comme le suggère M. Foucault, « si la *scientia sexualis,* sous le fard de son positivisme décent, ne fonctionne, au moins par certaines de ses dimensions, comme une *ars erotica* », in *La volonté de savoir,* Paris, Gallimard, 1976, p. 95.

3. Cf. *Lui,* novembre 1983. Curieusement, dans les revues féminines, même les plus « libérées », on ne trouve pas d'équivalent de ce type de représentation « avilissante » du partenaire masculin. Cette absence signifie-t-elle, en retour, un signe de « respect » du sexe masculin ? C'est, en tout cas, sur cette notion que s'appuie le projet de loi du ministère des Droits de la Femme, visant à interdire toute représentation « dégradante » du sexe féminin et à assimiler ainsi le sexisme au racisme. Cf. sur ce thème le dossier d'*Art Press,* n° 78, février 1984.

4. Il est vrai que, selon les observations de R. Barthes sur le courrier du cœur, « le cœur est un organe femelle »; cf. « Celle qui voit clair » in *Mythologies,* Paris, Le Seuil, 1957, pp. 125-128.

leur prescrivant un régime de liberté quasi fonctionnel. Le corps doit être *gagné* comme un nouveau terrain de pouvoir narcissique, comme le suggérait l'image publicitaire de Myriam, arborant son corps sain et « clean », le sourire triomphant. De même, dans les nouveaux types de magazines, de plus en plus en vogue, tels *Vital, Mieux Vivre...*, une hygiène très stricte du corps et du sexe est recommandée : « l'amour est un analgésique efficace et gratuit » *(Vital).* Car il a été démontré, sous l'effet de la vulgarisation de la psychanalyse, que de trop grands interdits imposés au corps nuisaient à sa santé...

Révolution des mœurs ou simple retournement de proposition ? On ne peut que songer à la rhétorique du siècle dernier, qui recommandait de ne point « user de l'abominable masturbation » entraînant des ravages sans nom [1]. De la même manière que le discours se répandait alors en accusations contre « l'indiscipline des mœurs », on encourage aujourd'hui, avec une insistance à la limite de la culpabilisation [2], la connaissance de son corps, notamment par la masturbation, apprentissage premier de son épanouissement sexuel. Comme si, en effet, la même structure de discours se prolongeait sous d'autres formes. Il est frappant de constater cette continuité et cette permanence de *l'observance de règles* quant à la vie sexuelle, que celle-ci soit réprimée ou libérée. Ce qui nous renvoie à l'hypothèse de Michel Foucault sur « l'explosion discursive autour et à propos du sexe » à partir du XVIIe siècle. Tout en critiquant « l'hypothèse répressive », il a montré que « la mise en discours du sexe, loin de subir un processus de restriction a, au contraire, été soumise à un mécanisme d'incitation croissante [3] ». Autrement dit, cette inversion du discours est-elle un signe de libération, dans la mesure où, d'un discours à un autre, d'un ordre sexuel à un autre, c'est bien toujours la figure de *l'interdit* – ici, figure inversée – qui apparaît ?

Le plaisir, à présent, ne *doit* plus être réprimé, car il est une donnée de la nature : c'est le message livré aux adolescents par le journal *O.K. Magazine* : « Au départ, pour les êtres humains, comme pour toutes les espèces animales, faire l'amour a un but défini et unique : la reproduction de la race (...). Ainsi, tout est fait pour que nous ayons des rapports sexuels. Si les êtres humains, comme les animaux, ne s'accouplaient plus, ce serait la fin de l'humanité. La Nature a donc prévu les choses ainsi et, pour permettre les accouplements, elle a créé le Désir (c'est-à-dire l'attraction qu'éprouvent l'un pour l'autre les deux éléments d'un sexe opposé) et le Plaisir qui provient de l'assouvissement de ce Désir [4]. » Là encore, le procédé pédagogique consiste en une reprise du fondement de la morale sexuelle traditionnelle – la sexualité n'est permise qu'à des fins de reproduction – mais,

1. Sur ce discours répressif, cf. la réédition de *De la nymphomanie ou Traité de la fureur utérine,* Dr Bienville, 1771, Paris, Le Sycomore, 1980.
2. Tel cet exemple de publicité pour un Club de sport : « On a le corps qu'on mérite. »
3. M. Foucault, *op. cit.,* p. 21.
4. Dr Elia, M. Darlet, *Votre corps, l'amour et la santé,* Guide *O.K. Magazine,* nº 1, 1980, p. 62.

cette fois, en invoquant la fatalité de la Nature comme source originelle de légitimité. Levée des mystères sur le sexe, dévoilement de sa présence en chacun de nous, lent travail de déculpabilisation. Au sexe honteux succède un sexe visible, recensé, accessible, connu. Il s'agit du même mouvement qui anime la société civile aujourd'hui : *savoir sur tout,* en l'occurrence sur le sexe, et ses découvertes les plus actuelles, dues aux avancées scientifiques : l'orgasme [1], le point G., les hormones... « Les biologistes s'acharnent à découvrir les lois du plaisir sexuel (...). Que ce soit par les corpuscules de la volupté des zones érogènes primaires ou par les morphines que le cerveau fabrique, la preuve est faite que le plaisir n'est pas un péché de civilisation mais une réalité biologique inscrite dans le corps » *(Vital).*

Mais les découvertes et les preuves révélées par la science et accumulées par les biologistes – en même temps qu'elles révèlent les « lois du plaisir sexuel » – vont en reculer les limites. Paradoxalement, la science va être vécue comme la limite à une connaissance absolue sur le sexe; car cette levée des mystères n'est jamais que progressive et partielle, et ne peut combler cette soif absolue de savoir.

Dans cette volonté de maîtrise et dans cet « acharnement », se dessine ainsi une sorte de *suspense scientifique,* une zone d'ombre, *l'autre face du sexe découvert.* C'est par le jeu du suspense, de l'attente, que la curiosité sexuelle, toujours en alerte, pourra maintenir l'énigme des « corpuscules de la volupté ». Provisoire imaginaire, qui, en vérité, va permettre de préserver la sexualité de toute tentation – ou menace – d'une vision achevée et totale; il s'agit, en somme, de faire durer le mystère...

*

Une immense machine donc, toute vouée à une connaissance maximum et à une gestion rationnelle de la sexualité, car l'enjeu est bien de « tenir » ce possible conflit entre une pulsion sexuelle libérée – puisque connue ? – et les exigences de l'ordre social; le système social se retrouve, dans son entier, mobilisé par cette fonction d'accompagnement de la libération des mœurs : informer, prévenir, protéger, savoir. C'est pourquoi, un vaste réseau veille à la socialisation sexuelle et à son « harmonieuse intégration [2] ».

L'Association française des Centres de Conseil Conjugal se décrit comme

1. Sur l'impératif de l'orgasme, cf. A. Béjin, « Le pouvoir des sexologues et la démocratie sexuelle » in *Communications,* n° 35, 1982, « Sexualités occidentales ».

2. C'est le dispositif envisagé par l'Éducation nationale dans sa circulaire de juillet 1973, concernant l'information et l'éducation sexuelles : « ... Maîtrise de l'information et éveil de la responsabilité. C'est dans cette double perspective que l'école, en association avec les familles, peut contribuer à prémunir les jeunes contre les dangers de l'ignorance et à les aider à accéder à un comportement responsable... Une forte proportion d'adolescents se trouve ainsi en relations très libres avec des camarades de l'autre sexe sans être suffisamment avertis et informés. »

« étant née à un moment (1961) où la libération des tabous provoquait une exigence de bonheur de plus en plus grande, où la contestation des normes réglementant les rapports hommes-femmes a conduit ceux-ci à adopter des comportements nouveaux, à vivre des contradictions et des conflits [1]. Lorsque la cohérence de l'ensemble de l'ordre social est en jeu, le rôle de « stabilisateur » est dévolu à ces multiples *S.O.S. Couples, S.O.S. Sexe...* afin d'œuvrer à la réalisation du grand projet humanitaire du siècle : « aider l'autre à vivre sa sexualité ». Le « bonheur » sexuel a fait fleurir une véritable industrie des relations interpersonnelles [2]. La notion de travailleur social est, à ce sujet, révélatrice du rapport qu'entretient l'État avec ses citoyens, ce qui, en retour, renforce cette demande d'État, d'un État protecteur, toujours plus intervenant.

Le ministère de la Santé a créé en 1976, au lendemain de la loi libéralisant l'avortement, le C.I.R.M. (Centre d'Information sur la Régulation des Naissances, la Maternité et la Vie sexuelle) et en a dirigé l'administration jusqu'en 1980. L'utilisation du téléphone comme mode d'accès à ses services en constituait l'originalité principale (reprise ensuite par d'autres organismes) : « Le téléphone permet d'établir avec ses correspondants une relation à la fois personnalisée et anonyme (...). C'est ce que recherchent de nombreux correspondants : parler sans être connu et surtout sans être vu [3] ». L'analyse de la problématique d'une telle institution mérite plus de place qu'elle n'en trouvera dans cet article. Néanmoins, on peut évoquer brièvement deux points qui nous paraissent essentiels au regard de la fonction socialisatrice du Centre : ce qui a trait au langage et au traitement des appels dits « pervers ».

Si les appelants – s'agissant des questions sexuelles – parlaient le langage commun (en fait, pour les hommes, un vocabulaire souvent érotique), les « écoutants » s'interdisaient dans leur réponse de reprendre ce même langage, lui préférant des termes plus scientifiques. N'est-ce pas là l'ambiguïté qui caractérise la fonction même de conseil ou d'écoute sur les questions sexuelles ? Elle autorise un dévoilement du discours « intime » tout en exigeant sa mise à distance, induisant par là même, en douceur, une normalisation lexicale. Selon Gilbert Tordjman : « Les gens ont recours à un vocabulaire infantile ou volontairement argotique pour parler des fonctions et organes sexuels. En fait, c'est qu'ils ont peur des mots... Il faut aussi connaître les termes scientifiques, sinon on est infériorisé [4]. » Citons un exemple-type de glissement sémantique, caractéristique des lecteurs d'*Union,* élèves assidus de la modernité sexuelle : « Docteur, je voudrais quelques conseils de caresses bucco-génitales ou de stimulations érotiques... » Un double jeu de langage

1. In Dossier de présentation de l'Association, A.F.C.C.C., Paris, 1983.
2. Sur le pouvoir de la sexologie, cf. A. Béjin, « Crépuscule des psychanalystes, matin des sexologues » in *Communications, op. cit.*
3. Brochure de présentation du C.I.R.M.
4. Cité par A. Béjin, *ibid.*

est proposé : celui où le sexe devient accessible à une nomination neutre, langage du domaine public [1] et celui de la sphère intime, secrète, privée.

Quant aux appels dits « pervers [2] » (les masturbateurs au téléphone par exemple), quel statut leur accorder lorsque la sexualité n'a plus les limites qui lui étaient imposées ? Que répondre à un homme qui appelle en vantant ses « perversions » ? Lui signifier que ce qu'il fait là n'étonne plus, et le rassurer par là même sur sa normalité serait une possibilité. Mais est-ce bien là sa demande ? Face à des appels de cette nature, il s'est agi pour les « écoutants » de désamorcer toute tentative d'érotisation, encouragée elle-même par le « ni vu ni connu » du téléphone [3]. Que doit répondre le conseiller conjugal à une demande qui ne comporte pas de plainte explicite et qui exprime, avec provocation, une confusion de lieux en détournant l'institution de sa mission officielle (lieu de « sérieux »/lieu de plaisir) ?

Exemple plus récent de cette institutionnalisation de la protection sociale pour le « bonheur sexuel » : *Psy Show.* Un couple est invité à *parler* de sa difficulté affective et sexuelle face à deux journalistes, un psychanalyste, un groupe de gens « jouant » au public et... le public de la télévision lui-même. Cette émission télévisée – un événement en France [4] puisque son principe a déjà été adopté par les télévisions américaines, japonaises... – constitue en fait l'aboutissement logique de l'emprise sexologique et de l'emprise médiatique conjuguées.

Cela va en fait plus loin que l'apparente banalisation de la sexualité – le sexe passe à la télé –, car on est très vite atteint par la dramatisation opérée par le couple et par le cadre même de l'émission. On assiste durant une heure et demie à une séance qui, même si elle s'apparente à une représentation de psychodrame, n'en est pas moins la manifestation tangible d'une *quête* menée par ce couple. L'exhibition que ce « travail » impliquait a provoqué des réactions violemment négatives, notamment dans les revues les plus traditionnelles. *Elle* (« Strip-tease à la télé ») s'insurge contre le principe d'une émission dont « on se demande l'utilité, si ce n'est mettre dans l'embarras une famille qui y était déjà », *Confidences* : « C'est une émission vulgaire et racoleuse. Cet homme amené à s'exprimer sur sa vie sexuelle, c'est une honte. La psychanalyse ne rime pas avec ce déboutonnage grossier sur le petit écran. »

1. De même, on est passés d'un discours à connotation criminelle concernant l'avortement à un discours juridique, neutre, abstrait : l'I.V.G.

2. L'expression est de M. Ribes et D. Courtot, « Perversion et transgression à S.O.S. Couples », *Dialogue,* n° 76, 1982.

3. À vrai dire, qui est pervers dans l'affaire ? Inviter à parler sexualité au téléphone est une invitation bien ambiguë. N'est-ce pas là un signe de méprise sur le degré d'intégration sociale de la nouvelle civilité sexuelle ?

4. Il n'est pas sûr que cette émission ait convaincu l'état-major médiatique en France qui, sous les pressions diverses (cf. la plainte déposée par le Syndicat des psychologues), peut remettre en cause son existence. Son passage néanmoins, même éphémère, constitue incontestablement un symptôme et mérite que l'on s'y arrête.

Pascale Breugnot, la réalisatrice, explique : « La télévision a introduit des paramètres nouveaux (...). La télé a changé la société et vice versa. C'est parce que nous sommes sur un plateau de télévision que ça marche. Le couple utilise notre présence pour être libre, l'un par rapport à l'autre. Ils se sentent en sécurité. C'est cette force-là, cette interaction que je mets au service d'un conflit de personne [1]. »

Mais l'intention ne s'arrête pas là; Pascale Breugnot a un objectif plus social qui est de montrer que ce couple n'est pas unique et que la résolution de son problème peut aider les autres couples en difficulté en faisant valoir l'importance de la communication dans le couple et son nécessaire apprentissage. La télé fait donc œuvre sociale, en faisant procéder à des identifications dans « une gigantesque entreprise de maternage thérapeutique [2] ». Jean Baudrillard aime à dénoncer, on le sait, l'obscénité des médias contemporains : « On parle du rapport social comme on parle du rapport sexuel. Ce n'est plus une socialité mythique transcendante, c'est une socialité pathétique de rapprochement, de contact (...), de prothèse, de réassurance [3]. »

La souffrance en direct, les larmes, l'hystérie de cette représentation publique, le forcing de la transparence à tout prix rappellent très fortement les mécanismes de la confession publique, de l'aveu. Mais c'est ainsi que l'exige la moralité du social, elle oblige à ce rituel de passage, ce chantage à la communication.

Cependant, ses effets ne se réduisent pas à cette « obscénité blanche », fascinante et immobilisante, car on s'aperçoit qu'en fait, le sexe retrouve, dans la vie du couple, le goût du sacré. L'avait-il même perdu? Cet étalage du sexe dans notre société ne peut-il être aussi entendu comme une stratégie du social : *et si la société jouait le jeu?* Sachant qu'au terme de ce spectacle permanent, l'illusion reprendra ses droits, l'illusion d'une possibilité d'un *sexe heureux.*

Qu'une certaine presse s'offusque d'un tel strip-tease, c'est qu'elle manifeste là un retard dans sa conception même de la communication. Qu'elle se rassure, cette exhibition conjugale a donné à plus d'un « une véritable leçon de vie », de l'avis même du psychanalyste animateur. L'amour du couple en ressort vainqueur. Le choix des couples candidats à cette émission est clair : il s'agit de couples qui « s'aiment et qui cherchent » la manière de résoudre les obstacles qui entravent cet amour. Pas de haine, ni de désir de séparation, juste de l'amour, de la recherche de compréhension, et... de la communication.

Cette femme exigeant avec tant de force – et d'innocence – son plaisir sexuel a pu choquer la pudeur sociale. Or, c'est bien cela qui a changé dans les représentations du bonheur conjugal, épreuve que veut dédramatiser l'émission en

1. *Elle,* novembre 1983.
2. J. Baudrillard, *Les stratégies fatales,* Paris, Grasset, 1983, p. 79.
3. J. Baudrillard, *ibid.,* p. 78.

célébrant les mérites et le courage de ce couple qui assume publiquement les failles qui creusent l'ordre de son intimité privée. Ce qui est à l'œuvre dans les présupposés de *Psy Show* et, plus généralement, dans le réseau des images culturelles envisagé ici, c'est essentiellement une logique de l'apprentissage *d'un savoir-vivre du sexe,* d'une nouvelle civilité.

Que le message de cette nouvelle civilité emprunte les masques de la théâtralité et du tragique, c'est la preuve de l'enjeu de la nouvelle donne médiatique autour de la sexualité : redonner de la cohérence à une société *libérée, livrée* à une morale sexuelle moderne, résolument permissive.

*

Le discours sur le sexe ne relève donc pas d'un régime d'exception au regard de la frénésie médiatique contemporaine; il est intégré, totalement, dans la sphère normale des échanges qui, de fait, lui impose une normalisation de ses figures à dominante anatomique, fonctionnelle, technique. Pour autant, ce n'est pas ce sexe aseptisé qui parviendra, on s'en doute, à épuiser le sujet. Car même la volonté affichée du dictionnaire de désigner et nommer les choses du sexe n'échappe pas au maintien de « procédés du tabou » que Jacqueline Feldman parvient à repérer dans *Le Petit Larousse*; notamment ce qu'elle appelle la « règle d'abstraction », c'est-à-dire la règle du concret vers l'abstrait : « La castration chez la femelle c'est l'ovariectomie [1]. » Quant à la « règle d'évaporation », il s'agit d'escamoter le « sujet S », sujet qui se retrouve en creux dans des expressions jamais elles-mêmes définies; dans l'édition de 1978, la sexualité est définie comme « l'ensemble des caractères spéciaux internes ou externes que présentent les individus et qui sont déterminés par leur sexe [2] ».

Discours parfaitement abstrait qui ne provoque plus guère les protestations indignées des représentants de la morale, ni les exaltations révolutionnaires inspirées des thèses de Reich. Le M.F.P.F. (Mouvement Français pour le Planning Familial) militait, il y a à peine dix ans encore, pour l'avènement d'une « véritable société sexualisée [3] ». Depuis, le sexe est *pris en compte* par le social; c'est bien cela que revendiquait le Mouvement. Ses revendications sont passées de la clandestinité à une professionnalisation du conseil sexuel, parfois, comme on l'a vu, sous l'aile protectrice de l'État. Alors ?

1. Au sujet de la définition du terme « castration », l'auteur observe combien, malgré les rééditions successives, son contenu résiste à toute application possible pour le sexe masculin... in J. Feldman, *op. cit.*

2. J. Feldman, *ibid.,* p. 95 et suiv.

3. Cité par D. Wolton, *Le nouvel ordre sexuel,* Paris, Le Seuil, 1974.

Le sexe se retrouve *tout nu,* il ennuie [1]; on y résistera en exhumant le refoulé même de la révolution sexuelle : l'Amour, la différence des sexes, le couple. Ici et là, des voix s'élèvent contre l'envahissement et la froideur du vocabulaire sexuel moderne, d'autant plus glacial lorsqu'on le compare à celui du *Larousse* de 1906, par exemple, qui, lui, réveille toutes les nostalgies du mystère sexuel – à moins que cela ne soit dû à la force magique du mot « péché ». Dans un langage de véritable sollicitation des sens, le dictionnaire d'alors détaille les termes mêmes de ce qu'il condamne : « commerce charnel, plaisirs de la chair auxquels la luxure s'abandonne, le libidineux qui se livre au péché de la chair et de la fornication... ».

Une fois passé le choc de la révolution sexuelle, l'amour et la passion font retour dans un mouvement qui, pour autant, ne refoule pas la dimension sexuelle, car c'est bien le *trop de sexe* qui fait, à présent, l'objet d'un discours critique. Ceci est surtout vrai pour les magazines féminins qui ont le plus subi le harcèlement pédagogico-sexuel. Des articles sur « L'amour qui dure toujours », sur « Ce que ça fait aux femmes d'être amoureuses » *(Marie Claire),* sur « La tendresse revient en douceur » *(Elle)* tempèrent ceux sur la sexologie. De l'interdit qui marquait le sexe au siècle dernier à sa nudité actuelle, entre le silence total et la vulgarisation massive, dans cette symétrie implacable, la place accordée à la sexualité ne revient-elle pas *au même?*

D'où sans doute, ce mouvement de réappropriation de la libération sexuelle : une libération qui « enrichirait » la dimension sentimentale, qui « réinventerait » l'amour.

Il est frappant de constater que les magazines pour lecteurs plus jeunes ne font pas exception à cette présence de l'amour : *20 ans, Jacinthe, O.K. Magazine.* Ce dernier distille sous formes d'épisodes le « grand roman *Love Story* » qui, à l'évidence, n'a rien perdu de son actualité. Les adolescentes parlent dans leur courrier du cœur de fidélité, d'amour. Les articles sur la sexualité, nombreux, distinguent très nettement le flirt, nécessaire pour l'équilibre futur, même s'il est éphémère, de la « vie sexuelle » qui, elle, est sérieuse et doit rimer avec amour.

Comme si après la tentation communautaire des années post-1968, le couple revenait en force, même si son existence ne se donne plus dans les termes de la conjugalité traditionnelle; c'est moins l'existence et la force de la famille ou du couple qui pose problème que la nature des relations qui s'y développent. Si le nombre de divorces a augmenté [2], il n'est pas forcément signe de rejet de l'institution matrimoniale, mais le plus souvent signe d'une forte attente à l'égard de la vie

1. J. Baudrillard raconte : « Au cœur de l'orgie, un homme murmure à l'oreille d'une femme : " What are you doing after the orgy ? " » in *Traverses,* n° 29, 1983, p. 15.

2. « La désacralisation du mariage, c'est d'abord sa précarité assumée. Le divorce n'est plus une déviance. Dans la mesure où sa probabilité est grande, sa représentation sociale se modifie et il vient s'inscrire comme en projet dans le mariage lui-même », J. Commaille, *Le divorce en France,* La Documentation Française, 1978.

conjugale. Cette solidité du couple est également repérable au travers de la nouvelle tendance à la cohabitation prénuptiale [1]. Une enquête menée auprès de jeunes mineures (14-18 ans) se présentant à une consultation de contraception révèle que le couple reste la forme de vie la plus souhaitée (90 % des réponses), avec mariage : 55 % d'entre elles, avec simple cohabitation : 34 % [2].

On le constate, la laïcisation de la sexualité n'a pas provoqué la faillite du couple mais un bouleversement dans sa manière d'être et de se représenter l'équilibre conjugal. Celui-ci doit désormais se structurer autour de *l'harmonie sexuelle*; il n'est plus seulement animé par des impératifs de devoir et de dévouement réciproque, ni centré sur l'enfant comme repère essentiel de la structure. C'est un déplacement de valeurs qui s'opère, au profit du narcissisme individuel et/ou conjugal. La quête de l'entente sexuelle prônée par l'appareillage médiatique, relayé par les multiples institutions de conseil, d'écoute et d'information, ne vient-elle pas combler l'espace symbolique laissé vide par ces mutations sociales?

En écho à ce langage de l'amour dans le couple répond celui de la différence des sexes et d'une recherche de nouveaux modes de rapports. Après l'euphorie de l'indifférenciation et de l'égalitarisme sexuels [3], ce sont encore les femmes – particulièrement celles qui ont le plus goûté aux joies du mimétisme masculin (travail, force, volonté) – et qui désirent retrouver le masculin en dehors d'elles-mêmes – qui, par la voix de *F. Magazine* (le plus représentatif de cette tendance), vont prôner « le retour du macho » [4]. Les sujets favoris restent la compétition avec les hommes dans le domaine du travail et de la séduction, ce que les femmes demandent aux hommes d'être et d'avoir... On ne parle plus guère d'un mode de vie « unisexe », on valorise au contraire la différence (sexuée) des voies pour y parvenir. Le ton est toujours celui de la protestation mais, alors que dans l'idéologie féministe l'homme était menacé d'exclusion – sa virilité accusée de dominatrice –, dans le mouvement qui nous intéresse ici, les femmes *exigent* de l'homme : virilité, séduction, plaisir sexuel, orgasmes... L'article cité décrit comment plus les femmes sont autonomes, responsables et assument leur féminité, plus elles apprécient la virilité chez leur partenaire : « Les hommes d'aujourd'hui sont incapables de soutenir un rapport de force. Ce sont des hommes indécis, diminués dans leur sexualité, à la limite du statut androgyne. Soit émasculés, soit misogynes. C'est

1. En 1978, ce type d'union concernait 17 % des gens mariés; en 1982, un couple sur deux. Cf. L. Roussel, O. Bourguignon, « Générations nouvelles et mariage traditionnel : enquête auprès des jeunes », I.N.E.D., *Travaux et Documents,* n° 86, 1982.

2. M.E. Requillart, « Le recours des adolescentes à la contraception », *Revue Française de Sociologie,* XXIV, I, 1983.

3. Cf. à ce propos l'histoire d'un petit Hans moderne, n'ignorant rien de la sexualité, vivant dans une famille « libérée », mère féministe et père « nouveau », racontée par ses parents in D. Flamant-Paparatti, *Le journal de Lucas, sexographie d'un petit garçon,* Paris, Denoël-Gonthier, 1983.

4. Exception à la règle des revues féminines, *F. Magazine* ne tient pas de rubrique « Courrier du cœur » ni même « Sexualité ».

pourquoi, il est temps de revenir au bon vieux temps des hommes virils. » Comme le note Pascal Bruckner, « on est revenu à des formes d'affrontement violentes, surtout dans l'étreinte amoureuse... par une distribution des partenaires en bons coups et mauvais coups [1] ». *F. Magazine* propose un test pour évaluer les compétences de l'amant : « Est-il une bonne affaire ? » La revendication de différenciation sexuelle est en effet impitoyable, n'hésitant pas à utiliser les termes mêmes du cinéma pornographique pour décrire l'homme idéal : « Sa violente vitalité est un signe de santé sexuelle. C'est un homme qui assure [2]; ce que nous voulons, ce sont des professionnels, pas des amateurs. Au lit, nous n'avons plus de temps à perdre avec des hommes qui ne savent pas faire l'amour. »

En somme, « on sait ou on ne sait pas faire l'amour ». C'est ainsi qu'on pourrait lire cette protestation vigoureuse contre une ère décidément trop pédagogique pour des femmes aussi libérées [3]; une réaction à une infantilisation de leurs partenaires, par le sacro-saint principe de « l'écoute du désir... » : « Trop à l'écoute de notre sexualité, certains parmi eux se comportent en véritables lesbiennes. Je les appelle des " perroquets sexuels " ». Nouvelles figures – inattendues – de la libération sexuelle, laissant pointer comme une nostalgie d'une sexualité... à l'état de nature.

La répartition des rôles sexuels dans la vie sociale constitue d'ailleurs un thème récurrent, particulièrement dans les revues à clientèle de femmes actives : « Qui paie l'addition ? », « Je suis un secrétaire et j'aime ça. » *Cosmo-Hommes* est livré en même temps que le magazine féminin *Cosmopolitan*, un numéro tandem qui attise à souhait une guéguerre des sexes, duel provocant, excitant et narcissique pour chacun. *Cosmo-H* dénonce « les femmes mantes laborieuses au travail, qui ont voulu l'égalité et qui l'ont eue... mais sans prévoir leur inconvenant acharnement, leur boulimique ardeur », ou valorise et vante « les sports de brutes » : « à la trappe, le narcissisme du muscle et l'orgasme du troisième souffle. Voici, venu enfin, le temps des vraies disciplines viriles. Celles de la ruse, de la cogne... ».

Dans ce climat bouillonnant de rivalité sexuelle, l'évolution de l'homosexualité provoque quelques troubles et inquiétudes exprimés par les femmes : « Il m'a quittée pour un autre », « Le gay savoir », à l'heure même où les signes de la virilité sont affichés avec tant de force, ici comme là [4].

Ainsi, contrairement aux craintes de voir advenir une société asexuée, la tentation est, plus que jamais aujourd'hui, un idéal de couple fortement différencié,

1. P. Bruckner, « Masculin-Féminin », *Esprit,* février 1982, p. 80.

2. En langage pornographique, un homme qui « assure » est un homme capable d'érection ininterrompue durant les scènes de tournage.

3. Évidemment, tous les magazines n'ont pas connu ce même vent de folie. *Modes de Paris* (décembre 1983) répond ainsi à une femme qui se plaint de son mari : « La gaieté, la gentillesse sont des armes; dès qu'il rentre, préparez ses chaussons, sa boisson favorite et laissez-le parler : tous les hommes adorent qu'on les écoute... »

4. Cf. à ce propos, M. Pollak, « L'homosexualité masculine ou le bonheur dans le ghetto », *Communications, op. cit.,* pp. 37-55.

où la femme ne serait plus cette âme muette, nichée au fond de sa cuisine, mais une amante exigeante, peut-être même « magnifiquement capable d'orgasmes en rafale » comme le suggère le magazine *L'Amour* [1]. Et à celles qui résisteraient à une telle séduction offensive, comme ces lectrices qui, régulièrement, s'inquiètent d'entendre leur époux les désirer en tenue « sexy », bas noirs et guêpières, invariablement la réponse est qu'il ne faut pas s'en offusquer, que « l'orgasme, cela se passe aussi dans la tête » *(Confidences),* même s'il « n'est pas toujours facile d'accepter d'être aimée un peu à côté de soi » *(Marie-Claire).* Car si les hommes sont invités à satisfaire l'exigence de plaisir sexuel des femmes, celles-ci doivent, en retour, selon les nouveaux termes de l'échange du commerce sexuel, accepter de réaliser les « folies » de leurs partenaires. La leçon est d'ailleurs donnée par une lectrice de *Marie-Claire,* prostituée de son état, qui conseille très vivement aux femmes de satisfaire les fantasmes de leur mari, sous peine de « favoriser leur recherche de plaisir, ailleurs... ».

À suivre ses conseils, le couple pourrait assumer alors la totalité du désir sexuel de chacun...

*

Ce sont de véritables modes d'emploi du sexe que les medias véhiculent sur la scène sociale, à l'instar de tout autre objet de consommation. Euphorie discursive où les messages semblent contradictoires, comme si l'on cherchait la bonne mesure du sexe et son bon usage.

Mais qu'on se réfère aux structures mêmes de la civilisation occidentale, on les verra se maintenir avec une force et une permanence sans faille.

L'analyse d'une revue où la sexualité constitue l'objet même de son existence, *Union,* par exemple, notamment de son courrier des lecteurs sur une période de dix ans – Michel Meignant, l'animateur d'*Union,* indique qu'il reçoit plus de huit cents lettres par mois – permet de repérer les choses auxquelles il est toujours interdit de « toucher ».

Les thèmes les plus fréquents, par ordre d'importance, de ce courrier concernent : les fantasmes, la masturbation, l'échangisme, la famille, l'homophilie, la fessée, puis enfin l'homosexualité. Les thèmes mineurs concernent l'inceste, la pédérastie et l'adultère [2]. Sur ces trois derniers points, les réponses de Michel Meignant sont claires : elles se rapprochent plus de l'interdit (par le rappel de la loi) que de la dissuasion.

Sur dix ans, seulement quatre lettres évoquant la question de l'inceste ont

1. Cité par A. M. Dardigna, *La presse féminine, op. cit.,* p. 146.

2. La dénomination des rubriques est reprise ici, telle qu'elle a été élaborée par la revue *Union,* in *Dix ans de courrier des lecteurs,* Paris, Éd. de Presse et d'Information, 1982. Les citations qui suivent sont toutes extraites de cet ouvrage.

retenu l'attention de la revue, sans que nous puissions cependant préjuger du nombre total de lettres reçues sur ce thème [1] :

> « Je vous conseille de ne pas avoir le moindre rapport sexuel avec votre sœur. Parce que c'est très traumatisant sur le plan psychique (...). L'inceste est un tabou très puissant de notre civilisation qu'il ne faut pas transgresser. »
>
> « Il faut dire non et non et non à votre fille, si elle continue de vous provoquer sans cesse. »

De même, la pédérastie (*i.e.*, ici, pédophilie), qui n'est évoquée que dans une seule lettre, est traitée directement comme objet de loi :

> « Je vous déconseille formellement de masturber une petite fille de douze ans ou de pratiquer sur elles des caresses buccales ou toute autre forme de rapprochement sexuel. C'est tout à fait interdit par la loi, donc infiniment dangereux (vous risquez tout simplement la prison avec interrogatoire de police et tout et tout!). »

Quant à l'adultère, il apparaît dans les réponses comme une situation « difficile à vivre et à assumer pour le couple » :

> « Refaites plutôt de votre femme une maîtresse. Retrouver la femme de sa jeunesse, cela vaut bien les crêpes retournées d'un revers de la main ».
>
> « Mais alors, pourquoi tenez-vous tant à rester avec votre mari? Quand elles se posent cette question honnêtement, beaucoup de femmes s'aperçoivent avec étonnement qu'elles tiennent plus à leur mari qu'elles ne l'imaginaient jusque-là. »

Voilà un discours qui atténue l'idée d'une liberté totale et sans limite et qui annule la thèse du « débordement sexuel [2] ».

Avec ses propos bien tempérés, *Union* apparaît comme une revue conservatrice, un *Bonnes Soirées* du sexe, soucieuse de divulguer le modèle d'une harmonie sexuelle en apprenant l'art de vivre par une pédagogie du plaisir et de l'orgasme, de techniques miracles et... des vertus de l'échangisme. Car curieusement, si l'adultère est doucement condamné, l'échangisme est encouragé comme une pratique « enrichissante » pour le couple et ne menaçant pas son équilibre.

Paradoxalement, c'est dans le magazine qui apparaît comme le plus permissif, que l'on voit énoncés, clairement et avec force, les interdits sexuels fondamentaux de la société. Ailleurs, ce sujet sera traité sur un ton feutré, avec la pudeur et la distance nécessitées par « l'analyse et la compréhension du phénomène »...

1. Remarquons que sur les quatre lettres concernant l'inceste, aucune d'entre elles n'évoque le cas d'inceste fils/mère.

2. Selon l'expression de R. J. Stoller, *La perversion,* Paris, Payot, 1978, cf. « Les aspects sociaux du problème », p. 193 et suiv.

La permissivité de l'humanisme sexuel d'*Union* doit se payer d'un rappel de l'ordre et de la loi. Car, au principe même d'une libération sexuelle, s'ajouterait celui de sa gestion et du respect d'interdits ancestraux; tel est le paradigme d'une *sexualité libre.* C'est ce que nous signifient ces glissements de discours observés, ces résistances à ce qui est apparu comme une normalisation sexuelle. Le sexe n'a pas perdu ses illusions; on l'a vu, tout n'est jamais totalement connu, tout n'est jamais totalement libre. Nouvelles illusions, recomposition de l'imaginaire sexuel. Comment la sexualité se serait-elle laissée de nouveau dompter, par une mise au réel, aux intentions rationalistes et humanistes?

KARIMA DEKHLI

MAGAZINES CONSULTÉS (dernier trimestre 1983)

Hebdomadaires :

Elle, Confidences, Femmes d'aujourd'hui, Modes de Paris
O.K. Magazine

Mensuels :

Marie-Claire, Cosmopolitan, F. Magazine
Jacinthe, 20 ans
Vital
Lui, Play Boy, Il, Cosmo-H
Union

Michel Panoff

LA SEXUALITÉ DES AUTRES
OU
LE JARDIN DU VOISIN

La vraie civilisation n'est pas dans le gaz, ni dans la vapeur, ni dans les tables tournantes, elle est dans la diminution des traces du péché originel.

Charles Baudelaire

Le Sauvage ne fait rien comme nous : ou bien il fornique trop, ou bien il ne fornique pas assez. Mais il lui manque en tout cas la normalité. Et comment pourrait-il en être autrement, puisque c'est nous, Occidentaux civilisés, qui l'incarnons, la détenons, la définissons, la normalité!

Voilà sans doute la réflexion que se ferait un lecteur non prévenu et qui aurait parcouru tout ce qui s'est écrit de significatif sur la sexualité des populations colonisées ou promises à la colonisation. Car, aujourd'hui, revenus de bien des certitudes et surtout de celle qui permettait de faire référence à une prétendue normalité, nous pouvons enfin considérer avec détachement, sinon avec humour, les descriptions des mœurs exotiques. Et ce qui frappe dès lors, à condition de veiller à la diversité des auteurs, des époques et des « tribus » visitées, c'est qu'elles finissent toujours par nous parler de nous-mêmes, comme si nous allions demander de nos nouvelles à l'humanité équinoxiale. On dira peut-être que la curiosité ethnographique n'a jamais eu d'autre motif, avoué ou inavoué, et que les Trobriandais, les Nuer et autres Nambikwara ont vite rejoint les Persans et les Hurons pour remplir la fonction qu'exerçait le chœur dans le théâtre antique. S'il en fut ainsi, combien plus encore à propos d'une réalité – le sexe – que seule la littérature médicale était autorisée à traiter! S'il est un domaine où le soupçon est de rigueur, c'est bien celui-là.

La sexualité a été d'abord ravalée au niveau de simple force de la nature afin d'éviter des interactions compromettantes avec le reste de la personne humaine. Il était inévitable que, dans un deuxième temps, on la retrouvât toute-puissante dans la vie de ces « peuples de la nature » (*Naturvölker* comme disaient encore récemment les ethnologues allemands) que les navigateurs européens observèrent pendant les voyages de découverte et les expéditions de conquête. Or, c'est la bizarrerie de la nature justement qui allait frapper et retenir longtemps l'imagination des émissaires de l'Europe. Buffon, par exemple, dont les écrits ont été si bien étudiés par Duchet (1971) [1], s'en est fait l'écho d'une manière retentissante : « Les sauvages du Nouveau Monde manquent d'ardeur pour leur femelle et par conséquent d'amour pour leurs semblables [...] Cette indifférence pour le sexe coupe la racine de la société. » Après avoir relevé le mot « femelle » qui assimile indéniablement les Indiens du Canada à des animaux, on remarquera que chez ces pauvres êtres la cohésion sociale ne saurait avoir de base que biologique puisqu'il suffit d'un manque d'ardeur pour saper l'édifice de la société. De toute façon la sublimation est hors de question car les tendances sexuelles sont malheureusement si faibles que plus rien n'en subsiste pour être dévié du but primaire et fonder ces liens durables entre les hommes dont parle Freud dans *Psychologie collective et analyse du moi.* Autrement dit, les sauvages d'Amérique sont entièrement esclaves de la nature; que celle-ci les trahisse et il ne leur reste plus rien. Triste condition qui les sépare irréductiblement de l'Européen du XVIIIe siècle.

C'est en 1761 que Buffon écrivait ces lignes; dix ans plus tard, Raynal et Diderot allaient soutenir que le prétendu « goût anti-physique » des Indiens du Canada s'expliquait par leur « caractère moral » et non par leur « tempérament » (Duchet, 1971, p. 445). Mais la page n'était pas tournée pour autant, puisque Havelock Ellis, préfaçant *La vie sexuelle des sauvages* de Malinowski, écrivait encore en 1929 que le sujet avait enfin trouvé l'*historien naturaliste* [2] qu'il attendait depuis longtemps. Et peu importe pour le moment que Malinowski ait souvent insisté, au contraire, sur le caractère essentiellement *culturel* de la sexualité trobriandaise : il n'en a pas moins accepté son encombrant préfacier sans lui faire changer un mot de son texte, et il est lui-même retombé plus d'une fois dans l'erreur qu'il dénonçait, comme on verra plus loin.

Auparavant, en Amérique centrale et en Amérique du Sud, c'est une autre humanité que les conquérants espagnols avaient découverte et décrite, à croire que les Indiens du Canada et ceux du Mexique et du Pérou vivaient dans deux planètes différentes. Débauches, perversions sexuelles et cultes phalliques en apparaissent comme les traits marquants. Avec toutes les garanties propres aux éditions érudites, Guerra (1971) a commodément rassemblé les témoignages des premiers observateurs. Sur deux points ils sont unanimes : la salacité des Indiens était grande, et la sodomie générale. Mais en était-il ainsi parce que libre carrière était donnée aux forces de la nature ou bien, à l'inverse, était-ce la création artificielle d'institutions vicieuses? Les réponses sont contradictoires : non seulement les témoins sont

1. Les références bibliographiques sont données à la fin de l'article.
2. Je souligne.

espagnols et s'expriment dans le langage de la théologie et du droit pénal des « Rois catholiques » quand c'est dans celui des « Lumières » que nous est livré le comportement des autochtones canadiens, mais surtout la diversité des populations est telle qu'elle découragea la plupart des tentatives de généralisation. Sous la référence uniforme au péché, voire au Diable, grouille une multitude bigarrée de situations différentes. Ainsi, chez les Aztèques, la sodomie aurait été punie de mort (Guerra, 1971, p. 24), mais Díaz del Castillo qui fut au Mexique à partir de 1514 affirme qu'elle était très répandue chez eux et chez les Maya (*id.*, p. 124) et Cortès prétend carrément que les Mexicains étaient tous sodomites (*id.*, p. 52)! De même, les Indiens du Pérou avaient, selon Agustín de Zarate (témoignage de 1555 cité par Guerra, 1971, p. 99), une forte propension à la sodomie, tandis que ce « péché » était limité à certaines provinces de l'empire Inca au dire de Cieza de León (écrit de 1553 cité *id.*, p. 92), mais était tout bonnement puni avec la plus grande sévérité si l'on en croit Damián de la Bandera, auteur de 1557 (*id.*, p. 100). Pareilles dissonances pourraient être multipliées à propos de l'adultère et du viol, comme à propos d'autres populations indiennes, celles des Antilles et de l'isthme de Panama par exemple. Qu'est-ce donc à dire, sinon qu'il n'existait ni morale sexuelle unique ni indianité unique pour l'ensemble de l'Amérique centrale et méridionale, et que les faits rapportés auraient dû être systématiquement attribués à telle population de telle région, voire de telle agglomération, et à l'intérieur de chacune d'elles assignés à une classe sociale déterminée ? Certains chroniqueurs espagnols l'ont d'ailleurs fait, qui précisent que la sodomie était une pratique du milieu sacerdotal ou ne s'observait qu'en des occasions rituelles au Guatemala (Guerra, 1971, p. 125). S'il est évidemment vain de regretter que les Conquistadores n'aient point apporté à leurs descriptions la minutie qu'y mettent les ethnographes professionnels d'aujourd'hui, et n'aient pas regardé avec un esprit du XXe siècle les civilisations précolombiennes, il l'est moins de souligner que leur candeur même nous est infiniment précieuse, mais sur un autre plan. Pour deux raisons complémentaires. La première, c'est que les divers témoignages du XVIe siècle s'accordent à placer le comportement sexuel des Indiens dans le même chapitre que l'anthropophagie et le massacre des prisonniers, institutions tristement caractéristiques des sauvages aux yeux de ceux qui avaient mission de les civiliser, institutions propres à justifier les conquêtes militaires et les descriptions tendancieuses. Du même coup on saisit comment les Espagnols se représentaient la sexualité des autres, sinon toute sexualité peut-être : un répertoire d'atrocités parmi d'autres atrocités. La seconde raison, c'est la quasi-unanimité des chroniqueurs à prêter aux Indiens, par delà le bric-à-brac des différentes coutumes locales, cette même conviction que la femme est pécheresse par nature (Guerra, 1971, p. 40). Au lecteur occidental cette conviction prétendument indigène rappelle aussitôt quelque chose de bien connu et le rapprochement avec la mysogynie chrétienne est d'autant plus impérieux qu'on ne peut s'empêcher d'imaginer là un transfert de culpabilité, les Conquistadores s'étant vu offrir d'innombrables femmes du pays et jusqu'aux vestales du culte du soleil!

Ainsi donc, que la cause en soit cherchée dans une débilité physique masculine ou dans des mœurs vicieuses, c'est une *sexualité malheureuse* que, du Canada au Pérou, les Indiens donnent à voir à l'Europe entre le XVIe et le XVIIIe siècle. Sexualité malheureuse? Disons plus précisément: spectacle incapable d'inspirer envie ou nostalgie à une humanité assumant dans l'arrogance ses frustrations et ses sublimations. Malgré des retours en arrière et des résistances plus ou moins avouées, la période suivante offrit davantage d'aliments à la rêverie et plus d'éclat aux tentations. Alors apparut la sexualité océanienne qui remplaça celle des Indiens. Passons très vite sur Bougainville et son lyrisme niais parant les Tahitiens des charmes de la statuaire grecque et substituant le culte de Vénus à leur religion propre. Tout cela est trop connu. Mais soulignons néanmoins que, méditant sur les découvertes faites à la Nouvelle Cythère, Diderot écrit dans le *Supplément au voyage de Bougainville*: « Il est donc vain d'accuser les mœurs de l'Europe par celles d'Otaïti et inversement. » Autrement dit, le comportement d'un peuple ne peut être jugé sérieusement qu'en se plaçant à l'intérieur du système moral que s'est donné ce peuple. Belle profession de foi de « relativisme culturel » avant la lettre et qui pourrait servir de mot d'ordre à toute la corporation ethnologique; deux de ses membres les plus célèbres allaient en faire fi pourtant comme nous le verrons maintenant.

« Pas plus que pour nous la sexualité n'est, pour l'habitant primitif des îles du Pacifique, une simple affaire physiologique (...), elle est plutôt une force sociologique et culturelle qu'un simple rapport charnel entre deux individus » (Malinowski, 1930, p. 13). Et plus loin: « La première impression qu'il (le Trobriandais) reçoit d'une jeune fille provoque chez lui, comme chez un homme de notre culture à nous, une réaction esthétique et sensuelle qui transforme sa cause en quelque chose de désirable, précieux et digne d'un sérieux effort » (*id.,* p. 297). Après l'évocation de la sexualité des Indiens nous assistons ici à un total renversement de perspective dont il faut rappeler que le retentissement fut considérable à l'époque en raison de l'autorité scientifique qui s'attachait à de telles affirmations. Non seulement les Trobriandais sont aussi éloignés d'un asservissement à leurs instincts que d'une tendance aux perversions, mais encore ils n'ont pas à souffrir de ces entraves et de cette hypocrisie dont notre culture puritaine s'ingéniait à gâter les jouissances les plus saines. Dans ces îles, en effet, « l'amoureux ne suit pas des chemins détournés et ne cherche pas à nouer des relations personnelles d'abord, pour ne songer à la possession sexuelle que comme une conséquence possible de ces relations. Simplement et directement il demande un rendez-vous avec l'espoir avoué d'une gratification sexuelle » (*id.*, p. 300). Et ce n'est pas tout, comme l'on sait trop bien : pendant l'adolescence l'amour a un caractère passionné tout en demeurant parfaitement libre (*id.*, p. 79). Heureux Trobriandais, la belle harmonie que vous avez su créer entre votre vie sexuelle et votre vie sociale en a fait rêver plus d'un sur les froids rivages de la méchante Europe, tout comme vos « maisons de célibataires » qui promettent l'innocence à tous les plaisirs, et vos jeunes filles qui savent si bien éviter les grossesses non désirées. Pourquoi faut-il, par-dessus le marché, que votre morale sexuelle « constitue pour le mariage et la famille une sauvegarde plus efficace (que la nôtre) » (*id.*, p. 414) ? À vouloir trop prouver, votre ethnographe et porte-parole ne finit-il pas par abolir votre charmante liberté, faite d'insouciance et de spontanéité ? Chez vous la sexualité serait-elle donc, comme chez nous, orientée vers la procréation après tout ? Vous qui ne connaissez pas les passions romantiques, comment avez-vous fait pour exclure la jalousie du domaine amoureux et la cantonner dans la sphère de la politique villageoise et dans l'échange cérémoniel d'objets précieux ou l'organisation de festins excitant la rivalité ? Si votre sexualité est préservée des conflits et vos désirs facilement satisfaits, pourquoi recourez-vous souvent aux magies d'amour comme le feraient des soupirants que hante la crainte de l'échec ? On le voit, Malinowski nous en dit trop ou trop peu sur le comportement sexuel trobriandais pour que les interrogations ne se pressent pas nombreuses à l'esprit du lecteur vigilant dont l'attention est inévitablement tenue en éveil par des jugements de valeur ignorant superbement le « relativisme culturel » : « À beaucoup d'égards leurs réglementations morales sont, au point de vue biologique, plus saines que les nôtres, sous d'autres rapports elles sont plus raffinées et plus subtiles... » (*id.*, p. 414).

Avec les Samoans et par la grâce de Margaret Mead les mers du Sud allaient donner aux Occidentaux une nouvelle occasion de rêver et permettre à la pédagogie de l'épanouissement sexuel de faire encore un pas en avant. C'est que ces insulaires bénéficient de toutes les douceurs que Malinowski attribue à l'existence des Trobriandais et y ajoutent la prostitution pratiquée en faveur des invités (1963, p. 362), le caractère quasi universel de la promiscuité préconjugale, le choix de l'acte sexuel comme divertissement par excellence et l'indifférence pour la virginité féminine (1928, p. 98). Dans ces conditions la période de l'adolescence ne peut être qu'une agréable transition entre l'enfance et l'âge adulte et l'absence de crise pubertaire que postule Mead apparaît comme le couronnement d'une éducation de la liberté et comme la réussite exemplaire et troublante d'une culture qui se serait donné pour but la réconciliation du corps et de l'esprit, en même temps que celle de l'individu avec la société. Ce qui d'ailleurs confirmerait l'absence de toute répression chez les Samoans, la totale transparence de leurs mœurs et l'inutilité d'une quelconque autocensure, c'est qu'un séjour de neuf mois sur le terrain a suffi pour recueillir tous les matériaux nécessaires, y compris les témoignages de jeunes filles sur leurs expériences de la masturbation ! Aussi, comment s'étonner que de telles découvertes aient pu fasciner et ensuite marquer durablement l'imaginaire collectif en Amérique et en Europe, cependant que sexologues, éducateurs, médecins, etc., devaient s'arranger d'une révolution proprement copernicienne!

Le malheur a voulu toutefois que les arguments utilisés par Margaret Mead pour provoquer ce remue-ménage soient sans force, les faits invoqués étant erronés pour l'essentiel. Après quelques spécialistes formulant réserves et objections ponctuelles, Freeman (1983) vient en effet de rouvrir le « dossier » Margaret Mead et de reprendre systématiquement les faits samoans avec une minutie de bénédictin et un acharnement critique qui mériteraient bien l'attention d'un psychanalyste clinicien. Rien ou presque ne reste debout après cette relecture des deux *best-sellers* de la grande Américaine. Non, la société samoane traditionnelle n'était pas permissive, mais puritaine au contraire et la virginité faisait l'objet d'un vrai culte. Non, l'adolescence n'y était pas un âge heureux, mais l'épisode de la vie individuelle où les tensions étaient les plus fortes et les frustrations les plus pénibles. Non, l'amour n'était pas ce jeu innocent, ce chemin des merveilles que disait Margaret Mead, mais le champ et le motif le plus fréquent des conflits et de la délinquance. Et quant au « viol clandestin » (*moetotolo* en vernaculaire) qui nous était donné comme « la seule activité sexuelle ayant nettement le caractère d'une anomalie » (Margaret Mead, 1963, p. 361), il est en réalité le procédé le plus courant pour posséder sexuellement une femme, tous les connaisseurs de la Polynésie auraient pu le révéler sans attendre les protestations de Freeman. La vérité ayant été rétablie, strictement quoique pesamment, que nous chaut désormais l'affirmation péremptoire que voici : « Comme les Samoans ignorent les inhibitions et la complexité des exigences sexuelles, il leur est possible d'asseoir le bonheur conjugal sur d'autres bases qu'une passion éphémère » (Margaret Mead, 1963, pp. 369-370)?

Plus près de nous chronologiquement et intellectuellement Lévi-Strauss (1955, p. 1210) écrivait : « Il fallait peut-être que la science naquît; et pour qu'elle existât et se développât, que des générations entières fussent privées de la jouissance de leurs plus belles années. Mais tous ceux qui liront cet admirable livre de Verrier Elwin, intitulé *The Muria and their Ghotul,* se demanderont jusqu'au jour de leur mort s'il n'eût pas été préférable que l'humanité payât d'une vie simple le luxe de pouvoir offrir à tous ses membres, au temps de leur plus grande perfection physique et morale, quelques années de Paradis. » On voit le propos : il n'est guère différent dans son principe de ce que voulaient nous suggérer Havelock Ellis, Malinowski et Margaret Mead, à ceci près, qui est de taille, qu'il s'agit d'une nostalgie poétique et désabusée et non d'une prédication militante comme chez les auteurs précédents. Mais ici on est en Inde, univers dont le lecteur profane croit savoir ce qu'il peut attendre en vertu d'absurdes associations d'idées avec le *Kama Sutra* et la galvaudée « statuaire amoureuse », etc. Les Muria, en fait, sont des « primitifs », des « tribaux » comme dit gentiment la bureaucratie de New Delhi, et n'ont rien à voir avec les phantasmes que peut susciter l'ignorance. Leur ethnographe, Verrier Elwin, a vécu près de quatre ans parmi eux et insiste beaucoup, en effet, sur leur innocence et leur santé que n'a pas gâtées la civilisation (*sic!* notamment 1959, p. 268). Le *ghotul* est le dortoir du village; il est réservé aux adolescents et jeunes gens des deux sexes qui peuvent librement y vivre en promiscuité jusqu'à leur mariage. Or ce n'est pas seulement un refuge pour partenaires sexuels temporaires, mais aussi le véritable foyer de la vie sociale et religieuse autochtone, si bien que les habitants y font simultanément l'apprentissage de la vie en société, celui du plaisir charnel et celui des divers raffinements de langage, de manières, d'hygiène, etc., qui vont de pair et constituent, n'en déplaise à Verrier Elwin, une « civilisation ». Car ce qui frappe, malgré le caractère « naturel » complaisamment attribué aux Muria tout au long de l'ouvrage, c'est justement la délicatesse artistique qui empreint leurs moindres paroles et leurs moindres gestes au point d'en faire poèmes et chorégraphie dont se délecte infailliblement l'Occidental, l'auteur du livre le premier. Celui-ci en conviendrait sans doute en rappelant que le mot « naturel » a plus d'un sens et il ne nierait pas que la grâce, l'aisance, le bonheur enfin sont les fruits d'une éducation longue et cohérente dont il nous décrit d'ailleurs les étapes. De fait, on est bien aux antipodes du postulat naturaliste de Buffon sur la sexualité des Indiens du Canada ou de la thèse de Westermarck (1891) pour qui la famille nucléaire était première et universelle en raison de son occurrence chez les anthropoïdes. Et il est clair ici que la sexualité est reconnue pour cette « force sociologique et culturelle » dont parlait Malinowski. Aussi pourquoi faut-il que Verrier Elwin s'arrête en si bon chemin sans tirer vraiment les conséquences sociologiques des faits qu'il rapporte loyalement? Un exemple : il indique en passant que les garçons trop pauvres ou appartenant à un milieu social peu considéré n'ont pas accès aux délices du *ghotul.* Cette observation n'aurait-elle pas mérité autant de développements que les techniques de copulation ou la description de la détumescence? N'aurait-il pas fallu nous dire si cette exclusion s'appliquait également aux filles pauvres et, dans la négative, pour quelles raisons? Faute d'en savoir davantage, on peut faire bien des suppositions, notamment celle que la liberté sexuelle et l'épanouissement qu'elle est censée procurer sont réservés à la jeunesse des classes supérieures, auquel cas l'image qu'on peut avoir de la sexualité muria en serait changée, on en conviendra, et du même coup la différence avec notre propre société dont la morale s'est accommodée souvent de la *dolce vita* dans les hautes classes.

Autre exemple : on apprend (1959, p. 285) que le garçon responsable de la grossesse d'une fille au *ghotul* doit payer une amende, information qui a au moins le mérite de nous montrer les Muria sous un jour moins féerique que les Trobriandais de Malinowski. Soit, mais on souhaiterait être sûr de comprendre pourquoi il en est ainsi et avoir la justification de cette amende dans le système indigène : est-ce une affaire de statut économique? de règles matrimoniales? de sanction morale? Selon la réponse donnée à ces questions il serait nécessaire de nuancer plus ou moins la notion de liberté sexuelle que le livre propose au lecteur. De même enfin,

Verrier Elwin rapporte un mythe muria racontant comment un jeune homme qui déplaisait aux filles et ne pouvait avoir de partenaire, réussit par divers stratagèmes à mettre à sa merci la plus grande partie de la population féminine et à obtenir satisfaction par des viols successifs... avant de fonder un *ghotul.* Le moins qu'on puisse en dire c'est que le récit est troublant et qu'il est impossible d'en rester là, car de l'avoir lu on ne voit plus du même œil l'institution du *ghotul.*

Il se trouve – rencontre bien remarquable dans un même livre – que le mutisme de l'auteur face à de sérieuses interrogations va de pair avec son ton tranchant dans certaines généralités comme celles-ci : « C'est un péché d'avoir des rapports avant que la jeune fille ne soit prête. Combien de peuples civilisés règlent leur vie avec autant de *sagesse*? » (1959, p. 256). Plus loin : « La tradition muria qui est *toujours sage* et *saine* en matière sexuelle interrompt la routine par de nombreux congés » (*id.,* p. 265). Ou encore : « Ce fait souligne l'absence d'impuissance chez les aborigènes que n'a pas *gâtés* la civilisation » (*id.,* p. 268). En ce point le problème n'est pas de savoir si les Muria réellement ne souffrent jamais d'impuissance, ni si les habitants du *ghotul* ont trouvé un moyen efficace de se prémunir contre l'inappétence sexuelle, ni si le garçon respecte totalement la liberté et le désir de sa partenaire, les descriptions données par Elwin emportant d'ailleurs souvent la conviction. Le problème vient de l'intervention périodique d'un donneur de leçons qui, en un contrepoint inlassable, oppose aux traits du comportement muria les cas de la pathologie sexuelle répertoriée en Europe et s'évertue à faire valoir la supériorité des inventeurs du *ghotul.* Les mots soulignés dans les trois citations précédentes font se demander si l'auteur n'en remet pas pour mieux convaincre, mouvement qui expliquerait les omissions ou les incertitudes signalées plus haut sur le plan sociologique.

Alors, la sexualité des autres serait-elle donc comme le jardin du voisin qui ne paraît enviable que parce qu'il n'est pas nôtre? Et, plus gravement peut-être, ce hâtif survol de quelques sociétés exotiques et de leurs descripteurs doit-il nous désespérer de pouvoir jamais tenir un discours fiable sur les hommes qui ne sont pas comme nous?

Une première chose est certaine : chez les auteurs passés en revue, plus d'une fois, des faits d'une importance décisive pour l'argumentation ont été mal observés, quand ils ne venaient pas d'une fabrication pure et simple. Le cas est parfaitement clair pour Margaret Mead et sa représentation des mœurs samoanes. Freeman (1983) a montré de manière convaincante qu'elle s'est reposée pour l'essentiel sur les confidences de 25 jeunes filles seulement qui ont dû prendre un malin plaisir à mentir délibérément, la curiosité pour les sujets sexuels suffisant à ridiculiser à leurs yeux une Américaine à peine plus âgée qu'elles-mêmes. Comme Margaret Mead n'avait pas pris le temps d'apprendre correctement la langue vernaculaire et qu'elle avait choisi de vivre dans l'enclave d'une base navale américaine au lieu d'habiter un village polynésien, on imagine comment elle pouvait contrôler les dires de ses informatrices! Certes, ni Malinowski, ni Verrier Elwin, ni la plupart des chroniqueurs espagnols de la Conquête n'ont souffert de ces limitations. Mais Verrier Elwin confesse n'avoir jamais pu, à son grand regret, séjourner au *ghotul* pendant la nuit et se dispenser, par conséquent, des renseignements de seconde main. Quant aux compagnons des Conquistadores cités par Guerra (1971), plusieurs précisent qu'ils n'ont pas observé eux-mêmes le comportement sexuel des Indiens qu'ils rapportent, mais ont dû s'en remettre à des récits que d'autres leur ont faits (ainsi en est-il de López de Gómara et de Cieza de León par exemple). Pour le reste, les erreurs, contradictions et fausses évidences ont une autre source : les interprétations données aux témoignages finalement retenus par les auteurs.

La curiosité ethnologique n'est jamais désintéressée, telle du moins se révèle-t-elle après coup. Preuve en est que, très affairée désormais à saisir les origines de l'État en Afrique ou les liens de l'homme avec son milieu naturel, l'ethnologie n'a plus produit d'œuvre marquante dans le domaine de la sexualité depuis une vingtaine d'années. Comme si la demande s'en était tarie à mesure que la morale sexuelle devenait toujours plus libérale en Occident et que nos contemporains, surtout après 1968, n'avaient pas à chercher au loin l'exemple et la promesse d'une « bonne » société sans interdits ni conflits. Comment pareilles sollicitations n'affecteraient-elles pas l'interprétation des faits, faits construits plutôt que recueillis ? La chose est évidente avec Buffon, Westermarck et Morgan, par exemple, qui avaient tous besoin d'une sexualité « naturelle » pour leurs théories personnelles. Le dernier nommé, en particulier, tout imbu de pharisaïsme victorien, refusait aux Indiens la possibilité de sentiments amoureux au nom de la science (1964, p. 385 et *passim*). Sans avoir de thèse à défendre – il leur suffisait d'apporter la vraie religion! – les Conquistadores s'accordent néanmoins à caractériser les mœurs indiennes par la sodomie et l'homosexualité organisée, leit-motiv qui court dans leurs descriptions. Se peut-il que cette insistance n'ai rien à voir avec l'horreur que leur inspirait l'ennemi de toujours, l'Arabe, adepte invétéré du vice par excellence (Guerra, 1971, pp. 221-222) ? D'ailleurs, un auteur espagnol, Agustín de Zarate (1555), vend la mèche, semble-t-il, quand il écrit innocemment des Indiens du Pérou qu'ils avaient la voix gutturale des Maures et un fort penchant pour la sodomie (cité par Guerra, 1971, p. 99). Et si, à l'inverse, les mêmes chroniqueurs font peu de cas de la prostitution indienne malgré son caractère souvent institutionnel, ne serait-ce pas qu'ils avaient l'impression de retrouver, par-delà les mers, quelque chose de familier dont il n'y avait vraiment pas lieu de se scandaliser ?

Chez Margaret Mead les motivations sont évidemment différentes, mais le résultat final est le même : il s'agit encore de cannibalisme intellectuel comme dirait Lévi-Strauss. Elle partit pour Samoa, non en vue de faire de l'ethnographie, mais à seule fin de rechercher si les Polynésiens affrontant la période critique de l'adolescence étaient davantage tributaires de leur culture spécifique ou des contraintes physiologiques. Son maître Boas l'avait envoyée en lui assignant ce programme et elle lui rapporta, peu de temps après, une réponse qui lui donnait raison au-delà de toute espérance : la primauté du déterminisme culturel était « prouvée »! Il se peut que Margaret Mead ait accumulé en toute bonne foi les arguments qui allaient permettre à la thèse « culturaliste » de triompher. Il se peut aussi que l'importance des enjeux dans la grande controverse *Nature/Nurture* (nature opposée à l'éducation) ait justifié temporairement aux yeux de certains le sacrifice de l'adolescence samoane et de la rigueur scientifique à la marche en avant du libéralisme américain. Sous la bannière de l'eugénique, le racisme menaçait, la jeunesse bourgeoise et de nombreux éducateurs s'impatientaient des entraves surannées qui s'opposaient à l'avènement du bonheur, etc. Mais il n'en est pas moins clair que la société non répressive si enviable, c'était tout bonnement la leur que les Américains découvraient dans le miroir samoan, et que la popularité de la littérature ethnologique à cette époque était largement affaire de circonstances. Comme est affaire de circonstances le grand succès du livre de Freeman (1983) que la retraite sans éclat de son auteur ne faisait pas prévoir. La même analyse qui dévoile les facteurs de la réussite de Mead dans les années 1930 fait comprendre l'actuel engouement pour la réfutation de Freeman : elle vient juste à son heure alors que la *sociobiologie* fait fortune. Le balancier est maintenant à l'autre bout de sa course.

Mais où donc trouver une image honnête de la sexualité des autres peuples ? Dans les descriptions ethnographiques à condition de prendre la peine de les décrypter et de ne pas accepter sans examen ce que peut livrer une première lecture. Qui peut douter, en effet, que même Malinowski et Elwin n'aient des comptes à régler avec le rigorisme moral, le premier dont le journal (1967) en dit plus long que ses ouvrages scientifiques sur les problèmes du sexe, et le second qui fut prêtre anglican avant de trouver en Inde une vie heureuse ? Mais tous les ethnographes, quoiqu'ils puissent dire le contraire, laissent deviner en de certaines pages, dans des chapitres qui traitent d'autre chose que la sexualité, que les sociétés les plus permissives conservent toujours une bonne dose de répression, que le mot soit entendu au sens large de Marcuse ou dans son acception plus étroite conformément à l'usage de Freud. Ainsi, le sentiment de honte qu'utilisent de nombreuses sociétés mélanésiennes pour dissuader d'abord l'individu de ruer dans les brancards et pour le punir ensuite s'il persiste, Malinowski en a parlé, sans cacher que le suicide pouvait être l'aboutissement d'une conduite déviante exposée à la risée du public villageois. Ce même Malinowski qui nous dit par ailleurs que « l'imagination sexuelle des indigènes est plutôt paresseuse » (1930, p. 448), que les « vices contre nature ne trouvent pas place dans leur vie, sauf à titre de divertissement méprisable » (*id.*, p. 413) et que, tout compte fait, leur morale sexuelle est la meilleure sauvegarde pour le mariage et la famille (*id.*, p. 414)! Conclusion à laquelle arrive également Elwin (1959) qui affirme que les Muria, grâce au *ghotul,* possèdent au plus haut degré le sens de la morale domestique et de la fidélité conjugale, les cas rarissimes d'adultère étant d'ailleurs châtiés par une intervention surnaturelle. Quant à Margaret Mead, si l'on accepte encore de prendre au sérieux son diagnostic, elle relève que « nombreux sont les époux qui, passé trente ans, sont parfaitement fidèles l'un à l'autre » et elle l'explique non par un attiédissement de l'ardeur amoureuse, mais par leur facilité d'adaptation et par « le fait qu'à cet âge d'autres intérêts – sociabilité pour les hommes, enfants pour les femmes – prennent le pas sur la recherche des plaisirs sexuels » (1963, p. 369).

Qu'est-ce à dire ? Voilà trois chantres fameux de la liberté et du bonheur qui nous révèlent candidement que chez les sauvages eux-mêmes la sexualité n'est pas *souveraine,* mais reste subordonnée à une finalité qui lui est étrangère, à une finalité *utilitaire.* Ce n'est pas d'eux que viendra le salut, hélas! Il va donc falloir que les Occidentaux et autres civilisés se débrouillent tout seuls!

Une certaine ethnologie se reconnaîtra dans ce qu'écrivait Tucholsky pour le soixante-quinzième anniversaire de Freud : « Ce qui est à la mode passera. La joie puérile qu'éprouvent les Américains et d'autres peuples déformés par le puritanisme à parler enfin publiquement de la sexualité – cela n'a pas grand-chose à voir avec Freud (...) rénovateur de cette vérité que la volonté de l'homme n'est pas libre. »

MICHEL PANOFF

RÉFÉRENCES BIBLIOGRAPHIQUES

DIDEROT, D., 1796, *Supplément au voyage de Bougainville,* Paris.

DUCHET, M. 1971, *Anthropologie et histoire au siècle des Lumières,* Paris.

ELWIN, V., 1959, *Maisons de jeunes chez les Muria,* Paris (1re publication en anglais en 1947).

FREEMAN, D., 1983, *Margaret Mead and Samoa,* Cambridge, Mass.

FREUD, S., 1953, *Psychologie collective et analyse du Moi,* Paris (1re publication en allemand en 1921).

GUERRA, F., 1971, *The Pre-columbian mind,* Londres.

LÉVI-STRAUSS, C., 1955, « Diogène couché », *Les Temps Modernes,* 10e année, n° 110, mars.

MALINOWSKI, B., 1930, *La vie sexuelle des sauvages du Nord-Ouest de la Mélanésie,* Paris, (1re édition en anglais en 1929).

MALINOWSKI, B., 1967, *A diary in the strict sense of the term,* publié par Mme Malinowska, New York et Londres.

MEAD, M., 1928, *Coming of age in Samoa,* New York.
MEAD, M., 1963, *Mœurs et sexualité en Océanie,* Paris (1re publication en américain 1935).
MORGAN, L.H., 1964, *Ancient society,* Cambridge, Mass. (1re publication en américain 1877).
WESTERMARCK, E., 1891, *The history of the human marriage,* Londres.

ENTRETIEN AVEC JOYCE MCDOUGALL

F. G. – Joyce McDougall, vous connaissez le thème de ce numéro et son axe : sur la notion même de sexualité, une réinterrogation qui trouve son motif dans plusieurs considérations. La première est le constat d'une évidente évolution, depuis le temps de Freud, du comportement et des représentations collectives touchant à la sexualité. J'en prends pour exemple la question de la contraception et la solution de continuité ainsi établie entre plaisir et procréation; mais aussi les modifications frappantes du comportement sexuel, de ses formes admises ou réprouvées. On peut sans doute penser que tout ceci relève du manifeste, de l'épiphénoménal, et ne touche pas à l'essentiel de ce qui nous occupe en analyse; c'est un peu ce que vous dites dans votre *Plaidoyer pour une certaine anormalité :* les normes sexuelles changent, l'angoisse de castration demeure. Vous y rappelez le constat de Freud : dans l'Antiquité, l'accent, la valorisation étaient mis sur la pulsion; alors qu'il voyait cette même valorisation, à son époque, portée davantage sur l'objet et son surinvestissement dans la relation amoureuse. Cela pourrait être un point de départ : y a-t-il lieu de se réinterroger, aujourd'hui, sur ce que nous percevons du mode culturel de présence et d'investissement de la « chose sexuelle », et sur son éventuel impact sur le fonctionnement psychique individuel ?

J. MD. – Personnellement, je ne le crois pas. La difficulté d'être un être humain reste entière et inchangée : condamné à l'altérité, à la différenciation sexuelle, à la mort. Ces traumatismes universels sont les étapes de l'angoisse de castration. Prenons le discours socio-culturel sur la mort, par exemple : lui aussi est profondément différent d'une époque à l'autre; mais cela ne change rien au fait d'être inéluctablement confronté à la mort! Il en va de même pour la sexualité : tout ce que peut en dire le socius n'altère pas la problématique de fond. Les surinvestissements différents dont j'ai parlé dans le *Plaidoyer* ne sont qu'un contenu manifeste. Le fonctionnement psychique, lui, ne change pas.

F. G. – N'est-ce pas un peu abrupt ? Freud énonce une conception, une théorie de la sexualité et de ses avatars dans une fréquente référence, et même une relation de détermination par rapport au mode culturel de gestion de la sexualité à son époque : les interdits et les prescriptions culturels viennent très directement alimenter la formation du surmoi.

J. MD. – Freud a prédit que les formes que prendraient les symptômes névrotiques allaient certainement évoluer avec les modifications de l'attitude sociale envers la sexualité. Il a écrit qu'une société qui niait l'existence de la sexualité favorisait l'éclosion des hystéries graves. Il est vrai qu'on ne trouve plus les « grandes hystéries » du temps de Charcot mais je ne vois pas que l'hystérie en tant que symptôme ou en tant que souffrance ait disparu pour autant! Les interdits inconscients ne disparaissent pas; le surmoi a toujours de quoi s'alimenter.

F. G. – Prenons les choses plus finement : Freud, on le rappelait tout à l'heure, fait état d'une évolution historique quant à l'appréciation et à la valorisation de la sexualité : des changements non négligeables, comme le déplacement de l'intérêt de la pulsion vers l'objet. Prenons acte de votre affirmation : cela ne touche pas à l'essentiel. La question reste : y a-t-il, d'une part, une évolution remarquable des représentations et des valorisations sexuelles collectives, et d'autre part un impact – même si nous le pensons relativement secondaire – de telles modifications sur la structure psychique, et lequel ?

J. MD. – Certaines représentations collectives de la sexualité comme la pornographie, les *sex-shops,* banalisent – voire même, pour certains, déculpabilisent – l'érotisme sexuel. Peut-être y a-t-il là un effet d'aplatissement : les gens n'inventent plus leurs propres fantasmes masturbatoires, ils les achètent. Le manque d'imagination peut lui aussi devenir un jour un symptôme névrotique. C'est la forme qui change, et cela est sans doute lié à l'évolution de la mentalité collective. Aujourd'hui, le socius pousse à la consommation sexuelle. Mais tout ce qui a été reçu et interprété dans la petite enfance, transmis par les parents, par leurs gestes, leur façon de bercer l'enfant, par les mots qu'ils apportent, les noms qu'ils donnent aux zones érogènes, enfin toute leur manière de s'exprimer ou d'agir, c'est cela qui crée l'enfant, qui influence de façon essentielle sa structure psychique. Pensons à des parents qui ont des problèmes névrotiques ou narcissiques, et qui utilisent leurs enfants pour pallier leurs difficultés... et les leur transmettre! Eh bien, il y a vingt ans, leur fille ou leur fils risquait sans doute de souffrir d'inhibitions sexuelles. Aujourd'hui, ces mêmes adolescents peuvent au contraire tenter de trouver des solutions aux mêmes conflits en s'engageant compulsivement dans des relations sexuelles qu'on pourrait dire « sans objet ». Il est tout aussi triste de ne pas pouvoir aimer que de ne pas pouvoir faire l'amour. C'est sans doute un changement au point de vue du fonctionnement psychique, mais un changement superficiel, me semble-t-il.

F. G. – Quand cependant, il y a un instant, vous disiez, en parlant des *sex-shops* : le fantasme masturbatoire n'est plus une création interne, il est en vente, ne décrivez-vous pas un changement assez radical, dans la mesure où il touche à la topique psychique ?

J. MD. – Acheter des gadgets au *sex-shop,* s'absorber dans les revues et les films pornographiques, c'est peut-être une solution plus économique du point de vue psychique que de créer des symptômes hystériques. Mais enfin, les gens ont toujours trouvé du matériel pour leurs rêveries érotiques... ou bien, ils ont fabriqué des symptômes névrotiques à la place. Toute cette publicité soutenue par le discours socio-culturel sur le sexe peut à son tour favoriser l'éclosion de nouveaux problèmes. Là où, peut-être, je nuancerais ma position, c'est en ce qui concerne la disparition des interdits sexuels d'antan. Jadis, il fallait que l'adolescent cache ses activités sexuelles à ses parents. Aujourd'hui, la complicité de certains parents avec les intérêts érotiques de leurs enfants crée à ceux-ci de nouveaux problèmes. Les parents qui disent : « va te masturber ! » (ce peut-être de façon moins crue !), ou « cherche-toi un(e) petit(e) ami(e) », ou encore « prends donc la pilule » posent sans doute un sérieux problème... et qui a à voir avec l'inceste. Celui-ci doit rester fantasme, il est vital pour l'enfant qu'il puisse exclure les parents de sa sexualité. Les problèmes psychanalytiques à venir commenceront peut-être par là. Quant aux problèmes existentiels, je ne constate pas de différence, pas de changement radical.

F. G. – Ma position personnelle serait sans doute assez proche de la vôtre ; lorsque nous avons discuté de l'opportunité de ce thème et de ses enjeux, j'ai soutenu une position identique : en ce qui concerne ce qui est vraiment en jeu dans l'analyse, ce qui vient se dramatiser dans le transfert, je ne vois pas de modifications essentielles, pas de dépendance significative aux modifications « extérieures » ; il me semble que j'ai affaire fondamentalement aux mêmes problèmes, aux mêmes conflits que ceux qui ont interrogé Freud en son temps. À ceci près, cependant, et qui mérite réflexion : Freud conçoit toute la sexualité comme s'ordonnant par rapport à un idéal et un extrême à la fois : la relation sexuelle génitale, et même procréative...

J. MD. – Il avait une attitude un peu normative, de ce point de vue!

F. G. – Est-ce vraiment normatif, c'est-à-dire qu'il tiendrait la sexualité génitale procréative comme réalisation la plus souhaitable, ou ne s'agit-il pas d'un « point de perspective »? Dans les *Trois essais sur la théorie de la sexualité*, il s'agit tout au long de ce en quoi cet idéal, ou cet horizon, est sans cesse manqué. Il s'agit d'une sorte de clé de voûte, peut-être illusoire, peut-être imaginaire, qui ordonne toute la sexualité humaine comme défaut. Or il me semble que la possibilité contraceptive, potentielle ou réalisée, descelle cette clé de voûte, et que cela n'est pas sans effets.

J. MD. – Bien sûr, la jeune fille d'aujourd'hui n'associe pas automatiquement vie sexuelle et possibilité d'être enceinte. Mais la toute petite fille de deux ou trois ans ne pense nullement à la contraception!

F. G. – Mais sa mère, elle, y pense!

J. MD. – Oui, bien sûr. Elle a des enfants quand elle le désire, ça libère son utérus, en quelque sorte! Mais au niveau imaginaire, elle a une vision de son corps, de son intérieur, et aussi de son désir ou de son non-désir d'avoir un enfant, qui n'a rien à faire avec la contraception. Évidemment, celle-ci lui permet de scinder son érotisme de femme de son désir d'être mère. Mais ce à quoi nous avons affaire en analyse, c'est à son désir profond, refoulé, d'avoir un enfant avec sa mère, et puis avec son père. Ce sont les fantasmes fondamentaux de tout enfant (y compris les garçons). À cela, la liberté sexuelle et la contraception ne changent rien.

F. G. – En somme, votre position peut être dite radicale : le fantasme inconscient, ce que nous pouvons en percevoir ou en reconstruire à travers l'actualisation du transfert, n'est en rien influencé par la modification des représentations ou des comportements sociaux. Alors, une question, prise sous un autre angle : nous assistons à une modification indéniable de la population à laquelle nous avons affaire. Nous devons sans cesse davantage nous occuper de troubles très archaïques de l'identité, des limites, de la distinction intérieur-extérieur, de la possibilité même d'existence d'un espace du fantasme, avant tout souci concernant les conflits qui troubleraient l'organisation de cet espace lui-même. S'agit-il là d'une évolution des problématiques de la passion et de la souffrance des hommes, ou simplement du fait que nous avons élargi notre champ d'investigation et d'intervention?

J. MD. – Il me semble qu'il y a un double mouvement. Tout d'abord notre champ d'investigation a été envahi par de nombreuses autres disciplines, et cela fait d'ailleurs partie de la modification des représentations sociales touchant à la sexualité. Et cela a donné naissance à une floraison d'autres formes de thérapies : familiales, de groupe, psychodrame, expression corporelle... et, bien sûr, la sexologie. Pour peu qu'il y ait mise en jeu de transfert dans ces pratiques, et surtout quand les praticiens de ces différentes psychothérapies ont eu une formation analytique, je crois qu'il y a souvent possibilité d'une modification des souffrances névrotiques, sans qu'il y ait besoin de passer des années sur le divan d'un psychanalyste. Je suis d'accord avec vous quand vous dites que nous nous occupons, au-delà des symptômes névrotiques, davantage de troubles narcissiques archaïques, de la structure de l'identité et de la capacité même, à l'intérieur des repères identificatoires, de créer ou de maintenir l'espace du fantasme.

F. G. – Mais de ce fait, dans cette confrontation sans cesse accrue aux fonctionnements-limites, aux psychoses, aux structures psychosomatiques, la « chose sexuelle » qui nous occupe ici reste-t-elle l'axe majeur de la psychanalyse ? Je pense à un auteur comme Winnicott qui n'hésite pas à dire que, lorsqu'on a affaire à des modes de fonctionnement ou de dysfonctionnement très archaïques où la question est celle de l'*être,* où le sujet ne se distingue pas de l'objet, la notion même de pulsion sexuelle n'est plus pertinente. Sommes-nous alors dans du « présexuel » ?

J. MD. – Alors là, je me crois plus freudienne que Winnicott ! Cela me fait penser à Kohut : une libido pour le soi, et une autre pour le sexe. On peut bien sûr mettre en question la métaphore freudienne d'une « énergie » sexuelle qui serait innée, quoique non organisée. Mais si on accepte l'hypothèse de la libido, comment peut-on parler en termes de « *pré*sexuel » ? Je fais souvent appel à la notion d'une sexualité « archaïque » pour tenter de conceptualiser les problèmes de l'identité, subjective aussi bien que sexuelle, et leurs liens avec la vulnérabilité psychique et psychosomatique. Ces troubles se révèlent partout dans la clinique psychanalytique. L'important est sans doute de définir nos termes. Par exemple, faut-il distinguer entre libidinisation, sexualisation et érotisation ? Il n'y a aucun ordre dans les écrits psychanalytiques à ce sujet. Je suppose que ce sont nos cadres conceptuels qui sont en train de changer, que nous abordons de nouveaux paradigmes (au sens de Kuhn) quand les données cliniques n'y rentrent plus...

Si on parle, par exemple, en termes de « libidinisation archaïque », il peut être justifié de dire « présexuel ». La première ébauche de la sexualité, de ses représentations psychiques liées au corps érogène, commence dès la naissance, dans les bras de la mère. La mère doit séduire son enfant à vouloir vivre, d'abord. Là les pulsions de vie et les pulsions sexuelles coïncident, et commencent à se construire psychiquement. On peut penser en termes d'une sexualité – ou libidinisation – archaïque, qui est capable, dans certains secteurs de la psyché adulte, de rester bloquée au stade où le petit enfant ne distingue pas, ou à peine, son corps du corps de l'autre. Ceci me paraît un concept nécessaire pour comprendre non seulement les phénomènes psychotiques, mais aussi les manifestations psychosomatiques. Chez certains analysants dont la vulnérabilité psychosomatique est très grande, joue une sorte de forclusion de la représentation de l'altérité physique et psychique. Je ne veux pas dire que de tels analysants ne reconnaissent pas la différence entre un corps et un autre, entre un être et un autre! Mais une partie clivée de leur psychisme fonctionne sur le fantasme de l'indivision des corps. Le même genre de clivage et de désaveu est d'ailleurs à l'œuvre chez ceux qui ont créé des perversions sexuelles : là, c'est la différence entre les sexes, et sa signification symbolique, qui est forclose.

Pour revenir à la sexualité-sensualité du petit enfant, voici ce que je veux dire : la mère doit investir le corps et les fonctions somatiques de son enfant de telle sorte que l'enfant lui-même puisse les investir libidinalement – et ceci est vrai même des fonctions dites autonomes. Prenons pour exemple la respiration : elle est un bon modèle de ce qui peut éclore sur le plan psychosomatique quand une telle érotisation archaïque n'a pu avoir lieu. Savez-vous qu'il existe un grand nombre de personnes qui n'ont pas de plaisir à respirer? L'analyse de gens souffrant d'asthme ou d'autres affections respiratoires m'a beaucoup appris à ce sujet. La Mère-Univers, dans la reconstruction du passé infantile, émerge comme celle qui a voulu posséder son enfant corps et âme. En raison d'angoisses névrotiques, voire psychotiques, cette mère primitive a voulu tout contrôler : respirer pour deux, peut-être! Ou, chez les futurs somatisants gastriques, digérer pour deux... Même si une dimension psychique chez l'enfant peut se satisfaire dans l'amour fusionnel, une autre partie de lui vit cette emprise maternelle dans la haine la plus profonde, l'interprétant comme refus radical qu'il existe, ou qu'il s'individualise. Dans ce genre de relation mère-nourrisson, la mère « interprète » son enfant avec ce même excès de violence dont parle Piera Aulagnier à propos de la psychogenèse de la psychose. Je crois qu'une relation et un Œdipe distordu semblables existent également dans la psychosomatose. Peut-être certaines structures familiales favorisent-elles un mode de fonctionnement – et donc d'autoguérison psychotique – tandis que d'autres favoriseraient un désinvestissement de l'imaginaire et une évacuation de l'expérience affective propres à une issue psychosomatique. Il se peut que le discours paternel, dans ces cas-là, ait joué un rôle « normalisant », mais greffé sur un fantasme primitif d'amour fusionnel et mortifère.

La sexualité psychotique d'un Schreber, ou celle qui trouve son expression dans des formations du type « machine à influencer », ont leur répondant chez les grands somatisants, chez lesquels de tels fantasmes n'ont pas trouvé une compensation dans la récupération psychique que représente la création d'un délire. En faisant l'économie des constructions névrotiques et psychotiques, le sujet laisse le soma à la dérive pour trouver des réponses aux conflits psychiques, internes ou externes, qui n'arrivent pas à se représenter psychiquement. Quand j'écoute les malheurs somatiques que me racontent des analysants, je les reçois comme des communications faites par le corps. L'amour-haine « gastrique », ou « respiratoire », ou « musculaire », ce sont des rêves ratés, mais dans lesquels l'amour cannibalique et la haine mortifère sont intimement liés. C'est l'archaïque du sexuel.

F. G. – Vous employez volontiers la métaphore théâtrale : ce que vous visez là se mettrait en scène, se dramatiserait dans le corps, sans être passé par une prise en charge langagière, aussi fruste soit-elle. Sans donc qu'il y ait à penser cela dans les termes (classiques pour l'hystérie) de saut du psychique dans le somatique ?

J. MD. – On retrouve des éclats de signifiant, peut-être, mais rien d'aussi articulé que ce qui est en jeu dans l'hystérie.

F. G. – Des éclats de signifiant : c'est-à-dire quand même déjà une mise en signe, ou en « pré-signes » ?

J. MD. – Oui, et à cet égard le concept de « pictogramme » de Piera Aulagnier m'intéresse beaucoup. Je dirais volontiers qu'il y a là un dysfonctionnement de ce qu'elle appelle le processus originaire. Le point de départ en est l'inconscient maternel, et la façon dont la mère investit le corps et les élans libidinaux ou les orages affectifs de son enfant. En ce qui concerne la « prise en charge langagière », c'est dans un deuxième temps, me semble-t-il, que nous pouvons parler d'une distorsion dans le fonctionnement préconscient. L'expérience analytique montre, avec ces adultes, une économie libidinale étayée sur l'interdiction des élans vitaux. C'est pour cela que je parle de sexualité archaïque, faute d'un meilleur terme pour l'instant. Il s'agit de patients qui mènent une vie sexuelle en apparence normale, mais dans un « faux self sexuel », pourrait-on dire. Le noyau de leur organisation libidinale est éparpillé partout dans le fonctionnement somatique. Le corps a une mémoire, et il est tout aussi soumis à la répétition que la psyché. Ce mode de production de symptômes n'a rien à voir avec l'hystérie de conversion. Peut-être pourrait-on parler en termes d'« hystérie archaïque » ?

F. G. – Il y a paradoxe à dire que cela n'a rien à voir avec l'hystérie de conversion, et à proposer cependant le terme d'hystérie archaïque! Qu'est-ce qui vous fait conserver le terme d'hystérie?

J. MD. – Si l'hystérie est une réactivation métaphorique, une mise en scène d'un conflit sexuel, l'explosion psychosomatique peut souvent être comprise comme réactivation d'un conflit libidinal au niveau existentiel, un désir de se perdre dans le corps à corps primaire, et une crainte de ce désir en même temps. À travers l'analyse des gens qui subissent souvent des régressions psychosomatiques, on assiste à une mise en mots de fantasmes et d'affects extrêmement rudimentaires et effrayants (j'en ai cité plusieurs exemples dans mes deux ouvrages). Mais ce que j'observe aussi, et qui m'intéresse sans que je puisse le théoriser de façon satisfaisante, c'est que la disparition de la tendance à somatiser s'accompagne d'un enrichissement notable de la vie sexuelle et amoureuse. On peut assister à une « récupération psychique » des zones érogènes et des fonctions corporelles, du fait sans doute de leur « libidinisation » dans le sens de l'investissement infantile dont j'ai parlé tout à l'heure, en même temps que de l'exploration de leur dimension sadique. Et l'économie libidinale, également, ne s'équilibre plus dans des *acting* compulsifs ou addictifs.

F. G. – À ce propos, il y a, tant dans l'introduction de votre *Plaidoyer* que dans celle des *Théâtres du Je,* une notion à laquelle vous faites allusion, sans vraiment la développer dans la suite de vos textes : celle de « sexualité addictive ». Il me semble pourtant qu'elle le mériterait. Pouvez-vous en dire un mot?

J. MD. – La notion d'une économie psychique orientée vers une plongée dans l'agir, pour fuir (plutôt que faire face, contenir, élaborer) les conflits, la douleur mentale ou une surcharge d'excitation, m'a intéressée depuis longtemps. Tout ce qui *échappe* au processus analytique nous intéresse toujours, il me semble! Mon attention à ce mode de fonctionnement a été d'abord attirée par des analyses de patients qui présentaient des perversions sexuelles, et par le rôle complexe que jouait le scénario pervers dans l'équilibre de son créateur. Mais j'en suis venue assez rapidement à comprendre que les mêmes phénomènes pouvaient être repérés chez beaucoup d'autres analysants. Je les ai d'emblée pensés en termes de personnalité « addictive » c'est-à-dire de quelqu'un qui cherche constamment hors de lui-même la solution à des problèmes internes. La « solution » trouvée peut être une substance : alcool, nourriture, drogue... ou bien une utilisation addictive des autres (ce qui fait partie des problèmes dits narcissiques de la personnalité), ou encore une utilisation addictive de la sexualité, c'est-à-dire dans une relation sexuelle où l'objet a peu d'importance, ou doit changer constamment. Un de mes patients, qui est venu en analyse parce qu'il souffrait d'impuissance, est parvenu à perdre son symptôme après une analyse assez courante des anxiétés œdipiennes, hétéro et homosexuelles. Or par la suite il s'est mis à chercher plusieurs partenaires par semaine... pour aboutir à la constatation qu'il n'éprouvait jamais un vrai désir sexuel, mais plutôt qu'« il lui fallait une fille dans son lit pour faire l'amour afin de pouvoir dormir ». Ces petites amies, qui changeaient tout le temps, remplissaient, entre autres fonctions, dont celle de réassurance narcissique, essentiellement celle de somnifère. C'est un exemple de sexualité addictive, de sexualité-drogue. Ce genre de quête sexuelle incessante rappelle par certains côtés la « drague » homosexuelle et sa recherche constante de nouveaux partenaires. Certains y trouvent leur équilibre psychique, d'autres se plaignent de ne pouvoir nouer des relations plus stables. Quoi qu'il en soit de leur choix, il est évident que cette sexualité largement divorcée de l'objet qui la satisfait sert à protéger le sujet des angoisses profondes qu'éveille la relation intime avec un(e) autre.

Quant au côté drogue, nous y retrouvons la problématique de toute addiction. La recherche de l'objet addictif, dans le monde externe, est une tentative pour venir à bout des conflits internes; son effet est donc transitoire, et l'objet, ou l'activité addictive, doivent être constamment renouvelés. La situation est typiquement celle du petit enfant qui ne peut trouver apaisement de ses tensions, de ses douleurs ou de sa surexcitation internes que grâce à l'agent externe qu'est la mère, avec toutes ses fonctions maternantes. C'est ainsi que j'en suis venue à penser que l'objet d'addiction était appelé à jouer le rôle de l'objet transitionnel dans la vie psychique du jeune enfant; mais avec une différence! Le véritable objet transitionnel, qui se distingue de la mère elle-même, est une trouvaille de l'enfant, qui lui permet de se dispenser de la présence continuelle de la mère; c'est un objet en voie d'introjection, si l'on veut, et dont l'héritier est le langage. Quand l'enfant peut penser « Maman », peut s'identifier à une présence sécurisante dans son propre monde psychique, remplir une fonction maternante (comme s'endormir) pour lui-même, il n'a plus besoin d'objet ou d'activité transitionnels. L'objet addictif, lui aussi, est une trouvaille, mais il n'y a pas là d'introjection d'une fonction maternelle. C'est pour cela que j'ai appelé les objets et les activités addictifs des objets transitionnels *pathologiques.* La sexualité, même sous une forme éminemment « normale », peut être addictive dans ce sens.

F. G. – Dans une telle utilisation de la sexualité, très proche en effet, sinon identique à, de celle de la drogue, à laquelle on demande l'apaisement sans qu'il y ait quelque intérêt que ce soit pour l'objet, ne pensez-vous pas qu'il y ait une tentative pour gérer la sexualité sur le mode du non-sexuel, sur le mode de la faim, de la soif, de ce qui peut s'éteindre en obtenant satisfaction ?

J. MD. – Non, je ne le crois pas : pas plus que la création d'une sexualité dite perverse ne peut être assimilée à un stade infantile de l'évolution libidinale. C'est une nouvelle création – c'est pourquoi d'ailleurs j'utilise le terme de « néosexualité », pour en souligner le caractère créatif. Bien sûr, l'invention d'une addiction est une création bien mince : c'est le petit enfant qui, dans la détresse la plus totale, ne se rend pas au néant, à la pulsion de mort (comme font beaucoup de somatisants, par exemple), mais sort du berceau pour chercher lui-même quelque chose à avaler ou à boire. C'est, malgré tout, une tentative d'auto-guérison, une tentative de survivre, même si – ou peut-être parce que – la pulsion de mort se faufile bien souvent derrière les solutions addictives à la détresse archaïque.

F. G. – Même si vous situez tout cela résolument du côté de la sexualité, nous sommes quand même dans un « temps » bien proche de celui de l'étayage du sexuel sur la fonction vitale. Et à propos de création, cela me fait penser aux développements de Laplanche sur la sublimation. Il en vient à situer dans ce temps de l'étayage une « néogenèse » de l'énergie sexuelle, seul modèle qui, selon lui, rende possible de sortir d'une aporie énergétique, d'un modèle « en circuit fermé », et de rendre compte d'un jaillissement libidinal toujours possible. Voyez-vous là quelque convergence possible avec votre idée de « néosexualité » ?

J. MD. – Oui, cela résonne tout à fait avec ce que je pense. Il rejoint là, à mon sens, l'idée d'espace transitionnel de Winnicott. Il faut qu'il y ait un espace où tout cela peut venir, et à l'intérieur duquel il puisse y avoir des sublimations, ou bien des créations symptomatiques. La néosexualité est de cet ordre.

F. G. – Il y a quand même une différence essentielle ! Dans certains de vos travaux, vous rapprochez cette néosexualité qu'est la perversion, de la création ; mais vous les distinguez par un critère : à qui est destinée cette création ? À d'autres, ou reste-t-elle à l'usage exclusif du sujet ?

J. MD. – C'est un critère parmi d'autres seulement. La dimension compulsive et répétitive de la néosexualité est remplacée dans les actes créateurs par une liberté extrême des thèmes, et par la passion de créer toujours du nouveau. Le scénario pervers était bien sûr une création au moment où l'enfant a découvert cette solution à l'amas d'énigmes dans le discours et le vécu familiaux. Mais c'est une création gelée, pétrifiée pour l'éternité. Il est tout de même plus proche d'une création que la sexualité addictive, sans mise en scène, sans thème, pragmatique et opératoire. Mais de toute façon, ni l'une ni l'autre de ces formes de sexualité n'empêche que le sujet qui les a inventées ne soit par ailleurs un créateur authentique!

Propos recueillis par François Gantheret

Robert Stoller

LA PERVERSION ET LE DÉSIR DE FAIRE MAL

Les conclusions – les réponses – apportées par l'article qu'on va lire sont incluses dans une question à laquelle je ne sais pas répondre : quel comportement érotique *n'est pas* une perversion ? Les réponses incluses dans cette question forment les pièces éparses – les hypothèses et les idées développées dans cet article – qui définissent ce qu'*est* une perversion. Je ne traiterai pas directement la question : « Qu'est-ce qui n'est pas une perversion ? » mais je demanderai au lecteur de bien vouloir garder à l'esprit qu'elle demeure ici constamment sous-jacente.

La perversion existe-t-elle ?

Sur le terrain de jeu où j'évolue – une université – l'utilisation même du mot « perversion » est presque compromettante. « Perversion », c'est si péjoratif. Cela a un relent de péché, d'accusation, de vindicte; cela indique qu'on connaît la voie droite. Dans ce mot, il y a de l'absolu. Il évoque le Dieu tonnant et ses représentants sur terre. Comment, alors, celui qui est au fait de la psychodynamique, de la relativité culturelle, des inégalités sociales, qui n'ignore pas les points faibles de l'humanité dans son ensemble, la cruauté de la Loi et l'hypocrisie de ceux qui ont le pouvoir, pourrait-il encore employer ce terme ? Au nom de la décence et de la science, le mot « perversion », avec ses connotations répugnantes, a été effacé du discours psychiatrique, psychologique et sociologique moderne. Il a gêné la recherche des origines du comportement sexuel. Il nie les réalités sociales – la « révolution sexuelle » – telles qu'elles se développent dans le monde moderne. Le mot évoque l'insulte, l'hostilité qui cherche à humilier et à soumettre autrui. L'étiquette « perversion » a été, pour la société, un instrument puissant au moyen duquel ceux qui étaient différents devenaient ceux qui étaient mauvais. Les critères de jugement étaient entre les mains des autorités – psychiatres ou tribunaux – et ces jugements étaient prononcés non en référence à ce qu'un individu faisait – ce que son acte signifiait pour lui – mais en référence aux parties anatomiques utilisées et aux habitudes culturelles.

C'est ainsi qu'en réaction contre les acceptions du dictionnaire – corruption, vice, dépravation, anormalité, obstination, etc. – une position plus modérée, plus éclairée s'est fait jour. Pour illustrer ce progrès social, je décrirai brièvement ce changement d'attitude tel qu'il s'est produit dans les milieux psychiatriques officiels durant les trente dernières années.

L'Association psychiatrique américaine a commencé son effort d'unification des diagnostics en faisant paraître en 1952 un *Manuel diagnostique et statistique des troubles mentaux (DSM I).* Avant cela, il n'existait pas de nomenclature officielle des troubles psychiatriques, ou plutôt les différentes institutions sociales (par exemple, l'Administration des Anciens Combattants) avaient chacune la sienne. Comme le note le *DSM I,* on parlait avant ce manuel de « personnalité psychopathique à sexualité pathologique ». Avec le *DSM I* vinrent les « troubles de la personnalité sociopathique – déviation sexuelle » (spécifiée par un terme à ajouter), avec les précisions suivantes : « types de comportements pathologiques tels qu'homosexualité, transvestisme, pédophilie, fétichisme et sadisme sexuel (comprenant viol, attaque sexuelle, mutilation) ». Vers la fin, on trouvait : « Terme supplémentaire : perversion sexuelle. »

Le mouvement humanitaire était en marche : la personnalité psychopathique, avec sa forte connotation infamante, devenait plus objective maintenant qu'elle était transformée en « personnalité sociopathique ». Mais, comme il arrive lorsqu'on essaye de changer les croyances en changeant les étiquettes, les vieilles significations contaminent les nouveaux mots : « sociopathique » ne blanchit pas « psychopathique ». En outre, les anciennes « perversions » étaient encore appelées « troubles », bien que le terme eût été adouci par le mot plutôt neutre de « déviation ». Même appeler ces états [1] des « comportements pathologiques » était un jugement grave.

En 1968, année si décisive pour notre société, l'effort de libéralisation se poursuivit avec la parution du *DSM II.* L'intitulé était maintenant : « Troubles de la personnalité et autres troubles mentaux non psychotiques. Déviations sexuelles : homosexualité, fétichisme, pédophilie, transvestisme, exhibitionnisme, voyeurisme, sadisme, masochisme, autres déviations sexuelles non spécifiées. » Mais le mot « troubles » subsistait toujours.

Puis, en 1980, après des batailles pour faire supprimer le « diagnostic » d'homosexualité, on publia *DSM III* qui distinguait, sous l'appellation « Troubles psychosexuels », deux catégories regroupant ce qui avait été autrefois les perversions : les « Troubles de l'identité de genre » et les « Paraphilies ». « Dans d'autres classifications, ces troubles sont intitulés déviations sexuelles. Le terme de " para-

1. S'agit-il d'états ? Ou ne sont-ce pas plutôt des styles, des traits, ou des activités ?

philie" est préférable car il met, avec raison, l'accent sur le fait que la déviation (para) est dans la chose vers quoi l'individu est attiré (philie). » *DSM III* répertorie le fétichisme, le transvestisme, la zoophilie, la pédophilie, l'exhibitionnisme, le voyeurisme, le masochisme sexuel, le sadisme sexuel, et les paraphilies atypiques telles que « coprophilie (feces), frotteurisme, klismophilie (lavements), mysophilie (excréments), nécrophilie (cadavres), scatologie téléphonique (obscénités) et urophilie (urine) ».

Paraphilie : voilà un mot propre, net, désinfecté, hygiénique. Le triomphe de la science. Changez le panneau sur la porte et ce qui se passe derrière changera.

Pourtant, je tiens encore au terme de « perversion » en raison même de ses connotations sales. « Perversion » est un mot vigoureux, vibrant de suppositions, alors que « paraphilie » est inconsistant. Voulant ne rien dire, il ne dit rien. Il n'est pas seulement neutre, il est châtré, dépourvu de nerf. Il ne contient pas la qualité qui, me semble-t-il, importe tellement à l'individu que nous appellerions pervers. Cette qualité, c'est le sens du péché, le sentiment de commettre un péché.

Chacun sait que la notion de péché est centrale dans la perversion. Cependant, l'objectivité scientifique ne laisse pas de place à une telle notion. Que l'on me comprenne bien. Je ne dis pas qu'il existe une chose telle que le péché (que je croie ou non au péché est une question personnelle et non scientifique). Je dis seulement que les gens, y compris les psychanalystes dans leur vie privée, croient au péché. Peut-être n'est-ce pas scientifique de croire au péché, mais ce n'est pas non plus scientifique de croire que les gens ne croient pas au péché. Et je doute que l'on débarrassera les gens de leur sentiment de pécher en leur disant qu'ils ne sont pas pervers mais seulement paraphiles [1].

En se débarrassant du mot « perversion », les autorités prenaient une position réellement objective. Elles admettaient qu'il était non scientifique, et même malhonnête, pour un observateur extérieur, de proclamer que quelqu'un d'autre était plein de péché, imbu de la *volonté* de désobéir aux lois de la morale courante. Si l'on a le droit d'appeler les gens pervers parce qu'on a dans sa poche tous les pouvoirs de la société, le diagnostic est faussé au départ. Le terme de « paraphilie » lutte contre cette injustice. Je suis naturellement d'accord : lorsque les diagnostics sont de simples jeux de pouvoir, il faut s'en passer.

Mais je préconise un autre critère que les appellations – encore que dans la pratique, ce critère soit difficile à appliquer (en particulier, parce qu'il nécessite généralement que l'on arrive à bien connaître quelqu'un) – : au moment où il agit, l'acteur a-t-il le sentiment de commettre un péché? Pour affiner encore ma définition, je dirai que *l'activité est perverse si l'excitation érotique dépend du sentiment*

1. D'ailleurs, dès que l'on se mettra à les qualifier de « paraphiliaques », ils sauront de nouveau qu'ils sont mauvais.

qu'a l'individu de commettre un péché. Si cette dynamique est présente, l'emploi de termes incolores tels que déviation, variante, paraphilie, efface le trait le plus significatif de l'acte.

J'insiste donc sur le fait que, dans la perversion, le *désir* de pécher est essentiel à l'excitation.

Et quel est, exactement, ce péché ? La même chose que pour tous les péchés : le désir de faire mal, de nuire, d'être cruel, de dégrader, d'*humilier* quelqu'un [1]. Dans le cas de la perversion, la personne à laquelle on doit faire mal est son propre objet sexuel.

La littérature psychanalytique, depuis Freud, ne s'est pas servie de ces critères. Tout ce qui paraissait aberrant à l'analyste était appelé perversion. Cette définition est trop vague car elle suppose que tous les individus ayant une aberration sexuelle [2] partagent une dynamique commune essentielle. Ce genre de supposition me rappelle trop la manière dont on étiquetait quelqu'un « pervers ». Le processus de classification était facile. On n'avait pas besoin d'étudier ce qui se passait dans l'individu. Notre théorie du comportement ou du diagnostic faisait le travail, nous épargnant la peine d'écouter les patients.

J'aimerais donc proposer un système différent pour définir la perversion, un système qui demande plus d'effort mais qui s'appuie sur la réalité psychique : il s'agit de savoir *quelle est l'intention de l'individu.* J'ai consigné ces idées il y a plusieurs années et, depuis lors, je les ai régulièrement agitées pour voir si elles tenaient debout d'un point de vue clinique, théorique et logique. Je crois que c'est le cas mais j'avertis le lecteur qu'autant que je sache, personne d'autre que moi ne les a jamais utilisées. (Les définitions qui suivent ont été légèrement modifiées par rapport à l'énoncé originel.)

> Par *aberration,* j'entends ici une technique érotique ou une constellation de techniques que l'on utilise comme acte sexuel complet et qui s'écarte de la normalité telle qu'elle est traditionnellement définie et reconnue. Les aberrations sexuelles peuvent se diviser en deux catégories : les variantes (déviations) et les perversions.
>
> Par *variante,* j'entends une aberration qui n'est pas essentiellement une mise en scène de fantasmes interdits, notamment de fantasmes de faire mal à autrui. Exemples de ce type : le comportement déterminé par les hormones prénatales, une activité cérébrale anormale (comme dans le cas d'une tumeur), un médicament expérimental, une impulsion électrique par implantation d'électrode; ou encore un acte aberrant auquel on est poussé faute de mieux; ou enfin, des expériences sexuelles que l'on fait par curiosité et que l'on ne trouve pas assez excitantes pour les répéter.

1. C'est aussi, à un niveau moins conscient, le désir de se faire mal à soi-même.

2. Et, depuis Freud, les analystes ont utilisé le mot « sexuel » sans distinguer ses deux principaux caractères : le comportement érotique et le comportement de genre.

> La *perversion,* qui est la forme érotique de la haine, est un fantasme généralement mis en acte mais parfois limité à une rêverie (produite par soi-même ou conditionnée par d'autres – la pornographie, par exemple). C'est une aberration habituelle préférée, nécessaire à la pleine satisfaction de l'individu, principalement motivée par l'hostilité. Par « hostilité », j'entends un état dans lequel on désire faire mal à l'objet; cela différencie cet état de l' « agressivité », qui souvent implique seulement une violence. L'hostilité dans la perversion revêt la forme d'un fantasme de revanche caché dans les actes qui constituent la perversion, et elle sert à transformer le traumatisme infantile en triomphe de l'adulte. Pour produire l'excitation maximale, la perversion doit également se représenter comme un acte qui fait prendre des risques.

Autrement dit, la perversion est une névrose érotique. (On notera qu'en énonçant cette remarque de bon sens et, somme toute, assez banale, je me trouve en désaccord avec Freud et avec toute la littérature analytique pour lesquels la perversion est une forme différente de comportement, engendrée par une constellation différente de pulsions et de défenses, et servant des buts différents des névroses.) La perversion (mais non pas toutes les aberrations) est une réaction aux (un effort pour guérir les effets des) traumatismes, frustrations, conflits et autres états de souffrance qui ne pourraient être traités sans que l'individu modifiât son développement. La manifestation visible de la cure est le scénario de la perversion – la distribution des personnages avec leurs rôles assignés, l'action, la mise en scène. Le scénario est alors joué comme une rêverie (dans la pornographie choisie) ou dans la réalité.

Bien que je ne puisse pas y répondre de manière satisfaisante, je me trouve dès à présent confronté à la question : y a-t-il une différence essentielle entre la personne qui pratique une perversion, celle qui ne la pratique pas mais qui a besoin de la fantasmer (par la rêverie ou la pornographie) pour obtenir pleine satisfaction, et celle qui n'a pas besoin ou qui ne préfère pas cette représentation mais qui, néanmoins, la rencontrant par hasard, s'en trouve excitée? Dire que la différence est une question de degré n'est pas d'un grand secours tant que nous ne savons pas quels facteurs déterminent ces différences de degré. Nous sommes probablement aussi loin de pouvoir procéder à cette évaluation que nous le sommes quand il s'agit de décision esthétique (c'est-à-dire de questions de goût). Nous sommes bien loin de savoir, par exemple, dans quelle mesure des facteurs héréditaires ou d'autres facteurs constitutionnels (exemple : les hommes sont-ils biologiquement plus enclins au regard érotique? y a-t-il une cause organique à une certaine homosexualité?) jouent un rôle direct dans le choix érotique ou un rôle indirect, de la même façon qu'un petit enfant résistera naturellement mieux qu'un autre à un élément parental nocif. Nous sommes loin aussi de savoir quelles parties d'une constellation d'influences psychologiques postnatales sont plus présentes dans l'histoire d'un individu que dans celle d'un autre. Tout ce que je peux faire, c'est de mettre en évidence certaines dynamiques, telles que le désir de faire mal ou le théâtre du risque. En prenant garde au fait que la découverte de ces dynamiques chez un individu ne permet pas d'augurer le moment où les dynamiques pousseront l'individu, au-delà du fantasme, jusqu'à l'acte. Ce sont là des estimations que la théorie ne peut faire et qui ne peuvent être faites que dans la situation clinique (où, comme l'on sait, nous manquons de moyens de mesure précis) : à quel moment l'orange devient-il du rouge ?

Je vois donc dans la perversion « une aberration habituelle et préférée, nécessaire à la pleine satisfaction de l'individu ».

Il y a probablement des gens qui ne reconnaissent pas leur scénario favori, lorsqu'ils le rencontrent. Si mes définitions vous troublent parce qu'elles impliquent que chacun est sexuellement aberrant et que la plupart des gens sont, la plupart du temps, au moins légèrement pervers, soit. Vous préférerez peut-être alors modifier le titre de cet article en : « L'excitation sexuelle et le désir de faire mal. »

Si la perversion est difficile à étudier, c'est peut-être en partie parce que les cas lourds nous cachent les subtilités sous-jacentes. Si vous êtes comme j'étais moi-même, vous êtes tellement frappé par l'absurdité ou la monstruosité du comportement que vous cessez de penser, vous satisfaisant du mot « perversion » dans son sens accusateur. Vous n'avez pas besoin d'explication. Un « il doit être fou » ou « c'est contre nature » vous suffira. La dynamique complexe des névroses ne semble pas pouvoir être ici appliquée. Un exemple : le cas 97 de Krafft-Ebing :

> L., un ouvrier, a été arrêté parce qu'il avait découpé un grand morceau de peau de son propre avant-bras gauche avec une paire de ciseaux dans un jardin public.
>
> Il a avoué que depuis longtemps il avait envie de manger un morceau de la *peau blanche et fine d'une jeune fille* et que, dans ce but, il s'était mis à l'affût d'une victime avec une paire de ciseaux; mais, comme il n'avait pas réussi, il avait renoncé à son projet et à la place avait découpé sa propre peau.

Si vous voulez voir du moins bizarre – ou, plutôt, voir que le bizarre est partout –, vous n'avez qu'à parcourir ces annonces que j'ai relevées au hasard dans des magazines pornographiques. Elles sont à l'image des milliers de publicités qui paraissent chaque année dans des centaines de revues. Impossible de savoir combien de personnes pratiquent chacune de ces... (de ces quoi ? Refusera-t-on le mot de « perversion » pour les qualifier correctement ?), mais on peut être sûr que, quel qu'en soit le nombre estimé, il y en a encore davantage. Je citerai d'abord quelques annonces en entier, puis, pour abréger, j'en citerai seulement les titres.

ÉDITIONS SKYE

La réalité et la fiction sur les femmes dominatrices, avec toutes les illustrations.

Culottes, culte du pied, possession, des filles qui tuent, lutte mixte, sports aquatiques, autres humiliations. Plus de 100 publications. Éditions Skye éditent également les *Nouvelles de la Dominatrice,* avec des informations sur ce que font les dominatrices, des contacts, et le *Cachot,* première liste mondiale des hommes soumis. Nouveautés de Skye. Posters excitants, avec texte et pipes spéciales. Échantillons et informations complètes, 1 dollar [Prix de 1970].

PHOTOS DE MES PETITES FILLES

Maman ayant urgent besoin d'argent vend photos nues de ses trois petites filles – 8 à 16 ans. Certaines innocentes et nues, d'autres excitantes et vicieuses! Différentes séries de photos avec des garçons ou avec Maman. 2 dollars pour chaque série.

TESTICULES TORTURÉS!

Homme blanc masochiste souhaite connaître toutes formes de torture des testicules utilisées dans le passé et celles qu'on pourrait utiliser dans l'avenir.

MANGEURS DE MERDE!!! COMBATS DE PÉDÉ!!! TORTURES!!!

Viol anal! Amputation! Domination nègre! Et encore plus!

Catalogue avec tous les détails, 1 dollar.

PÉNIS PERCÉS

Mini-roman entièrement illustré, première collection photographique du genre, montrant l'art de tatouer et de percer, avec un texte du célèbre spécialiste Doug Malloy.

Envoi postal exclusivement.

FÉTICHISTES DU PIED ET AMATEURS DE CULOTTES

Fantastique enregistrement pour fétichistes du pied, 9 dollars. Inscrivez-vous à notre club du fétichisme du pied. Bulletin mensuel, abonnement pour 3 mois, 9 dollars. Vous apprécierez mes culottes juteuses portées 7 jours de suite – 7 dollars. Collants très aromatiques, 7 dollars.

PHOTOS DE SÉCRÉTIONS!

Échangez ou achetez photos de miction, défécation, menstruation, lactation. Envoi contre remboursement.

200 PHOTOS. COLLECTION SPÉCIALE DE FILMS AVEC BÉBÉS

GARÇONS ET FILLES DANS TOUTES LES NOUVELLES UNIONS DE JEUNES

Le suceur de cerises.
Le toutou de Donna.
L'indiscret du pot de chambre.
La petite chatte de Maman.
(Les quatre, avec un cadeau surprise).

« Histoires de ciseaux! », « Fumeuses de cigares », « Esclave blanc »; « Service oral gratuit! », « Chattes à gogo! », « Enceinte ou en train d'allaiter? », « Viol », « Bizarreries », « Bestialité interdite », « Talons hauts et autres délices sensuels », « Toilette de bittes! », « Pénis nègre de 50 centimètres porté par négresse de 100 kg disciplinant de jeunes garçons blancs », « Les plus beaux transsexuels du monde! », « Déesse dominatrice forme esclaves généreux dans donjon privé », « Lavements forcés », « Mâle noir dominateur », « Photos bizarres, culottes sales. Échangerais photos de pisse/merde. Vends culottes sales », « Femmes soumises discrètes », « Combats féminins », « Léchez-moi la culotte », « On recherche chatte », « On recherche photo d'homme en train de chier », « Lesbienne mâle soumise », « Amants amputés », « Jeunes enchaînés », « Captives asservies », « Liens amoureux », « Putains en chaleur », etc.

Cette liste, faute de données meilleures – d'études statistiques qu'il est impossible de réaliser – convaincra, je l'espère, le lecteur que la perversion est plus répandue qu'on ne le croit généralement et qu'il existe plus de catégories qu'on n'en peut rêver dans nos manuels. En dehors de cela, ces annonces mettent en évidence un fait qui ne sera pas traité comme il conviendrait ici : la plupart de ces publicités, de ces besoins, de ces perversions concernent les hommes, non les femmes. Et presque toutes sont hétérosexuelles : pour des hommes donc, et proposant des femmes comme objets sexuels.

Mais rappelez-vous ceci. Si ces divertissements ne vous excitent pas, ne croyez pas néanmoins vous en tirer à si bon compte. La non-excitation demande à être expliquée autant que l'excitation. Ni vous, ni moi, ni les tribunaux, ni Kinsey ne sont le critère absolu, le point fixe dans l'univers par rapport auquel on pourrait mesurer tout mouvement pour repérer l'écart, l'aberration. Ni même « le normal », qui est le plus habile moyen de renforcer les préjugés. Dans l'univers de la vie psychique, il n'existe pas d'absolu par rapport auquel on peut juger tout le reste. Croire qu'il en existe un constitue le présupposé de presque toutes les théories psychanalytiques de la sexualité, qui décrètent que l' « hétérosexuel » constitue le critère de la normalité (comme s'il n'y avait pas autant d'hétérosexualités que d'hétérosexuels). À la vérité, le choix érotique est une question d'opinion, de goût, d'esthétique.

En passant, une question de vocabulaire. Les publicités proposent de la pornographie mais elles n'attirent pas tous les sadomasochistes, elles n'attirent pas la plupart des femmes, ni les non-amateurs d'excréments, par exemple; il faudrait ajouter d'autres pornographies pour appâter plus de monde. Mais comment peut-on concevoir une pornographie qui n'excite pas? Il suffit de se servir des définitions évidentes suivantes. La pornographie est un produit fabriqué *dans le but* de produire une excitation érotique. La pornographie est pornographique quand elle excite. Toute la pornographie n'est donc pas pornographique pour tout le monde.

Et maintenant, revenons à ma proposition selon laquelle les perversions existent. Je vais rapidement faire défiler devant vous une collection de fétiches sexuels. Il y en a pour presque tout le monde. Quand vous aurez lu cette liste, vous sentirez qu'il existe effectivement des états – très nombreux et dont sont esclaves des quantités de gens – à propos desquels vous-mêmes pourriez difficilement parler de « variantes » seulement. Vous aurez peut-être alors envie, comme moi, de trouver un terme plus fort que celui d' « autre style de vie », un terme qui traduirait l'idée de l'inhabituel – même si mon hypothèse de la perversion comme forme érotique de la haine vous paraît trop dure à avaler. Et cependant, parmi ces fétiches, certains n'apparaissent pas bizarres tant ils sont courants. (Et qui peut se permettre de dire qu'une chose pratiquée par des millions de gens est perverse? Seulement quelqu'un qui définit la perversion par ce qui se passe dans la tête plutôt que par les statistiques.)

J'ai commencé par vous donner des exemples de besoins érotiques assez étranges pour vous faire admettre que le comportement est pour le moins baroque, qu'il se situe au-delà de l'ordinaire, au-delà de mots inodores et incolores comme celui de « paraphilie ». Ayant perçu cela, vous verrez que les comportements moins extrêmes ne sont pas si différents des comportements bizarres. Ensuite, j'aurai suffisamment retenu votre attention pour vous amener vers une question plus intéressante : quelles caractéristiques communes (par exemple, l'hostilité) les perversions partagent-elles?

La première étape est franchie. Vous êtes convaincu – ou alors, vous ne le serez jamais – que certains comportements érotiques sont motivés par des désirs qu'on peut appeler pervers. Et maintenant, essayons de faire le partage entre ceux qui ont envie de manger un morceau de la peau fine et blanche d'une jeune fille, ceux qui éprouvent un intense sentiment de volupté à voir la jeune servante se couper un doigt et saigner, ou ceux que l'éviscération de prostituées excite.

Fétiches

Ceux pour qui les origines de l'excitation sont évidentes (par exemple, biologiques) verront peut-être renaître leur curiosité – selon le goût, le sexe ou l'expérience antérieure de chacun – lorsqu'ils liront la liste d'objets érotiques que voici : bottes, sous-vêtements (par exemple, dessous blancs de femme, froissés et déchirés), imperméables, cuir, caoutchouc, ongles peints, fesses stéatopyges, pénis, vulves et sourcils épilés, cadavres, uniformes, porte-cigarettes, pipes, boutons de col, cavité d'un œil de verre, fourrure, lunettes, urine (chaude ou froide, fraîche ou fermentée), fèces, fouets, couleur de la peau, embonpoint, prépuces, narines, mains, gants (en toile, en fourrure, longs avec beaucoup de boutons – en chevreau – sales avec le bout des doigts saturés de transpiration), tétines de bébé, hommes ayant une quinte de toux, bas, tabliers, mouchoirs, bonnets de nuit sur la tête de femmes laides, plumes, velours, soie, roses, vierges, orteils, bouches, chaînes, ombres, amputés, chaussures (qui craquent, à talons hauts, cirées), « la jambe, depuis le genou jusqu'en bas, exquisement habillée », gazon piétiné, prostituées, femmes fumant des cigarettes, sang sucé, soldats, agents de police, culottes de cheval, femmes petites, hommes grands, grandes femmes, petits hommes, les épouses d'autres hommes, les époux d'autres femmes, enfants prépubères, personnes âgées, yeux, bouches, oreilles, femmes de cinquante ans avec une claudication du pied gauche, le petit orteil au pied droit d'une femme recouvrant l'orteil voisin, les couchers de soleil, les sopranos wagnériens chantant à pleine voix, les robes de mariées, hommes ayant des seins comme les femmes, étrangers observés en cachette, une femme tirant une chasse d'eau, menottes, voitures d'enfant, photographies de femmes nues, les mains d'une femme noircies avec du charbon ou de la suie et observées dans un miroir, corde, bijoux en corail, argent, anus, mouches en train de copuler, pianos, costumes neufs, voitures neuves, femmes qui louchent, pieds en sueur, vêtements (éclaboussés de boue, tailladés, mouillés, étroits, larges, rouges, noirs, portés, bleus et recouverts d'un tablier blanc), cheveux ou poils (corps, pubis, sur le visage, sur la tête, nattés, flottants, foncés, roux, blonds, coupés, rasés, intacts, enlevés), perruques, moustaches, animaux (cochons, chiens, chats, lapins, vaches, juments, moutons, ânes, chèvres, rennes, singes, chevaux cravachés qui glissent, poules, canards, oies et, dit-on, des ours et des crocodiles). Ajoutez à cela les variations esthétiques telles que la texture, l'odeur, la couleur, le mouvement ou l'immobilité, l'activité ou la passivité. Et que dire d'actes complexes comme celui-ci : raser le visage couvert de savon à barbe d'une fille à la peau lisse ?

Histoires tristes

Ces fétiches sont assez bénins. Personne n'est tué, mutilé ou violé. L'action met en scène un objet, non une personne entière et, quoi qu'il soit fait à cet objet, le fétiche est de toute façon ou bien inanimé, ou bien une partie de corps qui ne risque pas de se sentir dévastée. Pourquoi, dans ces conditions, la société ne réagirait-elle pas de façon bénigne ? « À propos de ces actes, ne parlez pas de maladie mentale, de trouble mental, ou de perversion. Ne parlez pas de péché. » Une position moderne, éclairée, veut que l'on réduise les règles pudibondes, hypocrites, empreintes de défense et de projection, qui traitent la déviation, notamment la déviation érotique, comme une attaque fondamentale contre le corps politique [1]. Dans le cas qui nous occupe, les fétiches ne sont que des symboles, des histoires fortement condensées qui transmettent subliminalement leurs signifi-

1. Quoique certains philosophes-praticiens de la perversion aient pris celle-ci pour modèle de la subversion.

cations plus complètes; ils ne donnent pas de coups de couteau, ne mordent pas, n'empoisonnent pas, n'étouffent pas, n'écrasent pas, ne détruisent pas. Il y a néanmoins, cachées dans ces symboles (c'est l'idée dont je veux discuter ici), des histoires qui mettent en scène des actes hostiles. Que les fétichistes ne fassent réellement de mal à personne ne doit pas faire ignorer que leur comportement cache, entre autres, cette dynamique hostile. (Une dynamique n'est pas un acte; on ne peut même pas mesurer l'intensité d'un désir au scénario qui soutient la dynamique.)

Ceci sera peut-être plus facile à voir si nous prenons une autre excitation : l'humour (les blagues, le comique, l'esprit, l'ironie, la caricature, le sarcasme – pour suggérer un continuum d'hostilité de plus en plus exprimée). Je ne crois pas que l'on puisse raconter une histoire spirituelle, comique ou simplement amusante – elles sont semblables mais pas identiques dans la manière dont elles chatouillent – sans qu'il y ait l'idée, comme dans la caricature, d'une victime humiliée, implicite ou manifeste. Cependant, un film comique où l'on voit quelqu'un glisser sur une peau de banane et se casser la jambe n'est pas la même chose que la vision du même accident se produisant réellement dans la rue. (Je suppose que ceux qui rient dans la rue – ou qui s'arrangent consciemment pour provoquer des accidents – sont semblables aux pervers sexuels.)

Nous progressons dans l'idée que la perversion se fait à partir d'une histoire où quelqu'un subit un préjudice. Ceci est facile à voir dans les excitations plus folles, mais il nous faut maintenant des exemples (au-delà du fétichisme) de perversion où l'hostilité est présente mais invisible. J'en citerai trois : l'exhibitionnisme, le voyeurisme et le transvestisme.

Voici un épisode typiquement exhibitionniste [1]. Si l'on emploie le terme d'exhibitionniste dans le sens restreint qui fait référence à la perversion (et non dans le sens large où « exhibitionniste » est plus ou moins synonyme de « cabotin », sans signification implicite d'excitation érotique), alors on parle d'un homme, hétérosexuel, marié (s'il a dans les vingt ans ou plus), non efféminé, n'écartant pas consciemment de désirs homoérotiques. Il aura probablement déjà été arrêté auparavant pour avoir exhibé ses organes génitaux [2]. Quelqu'un l'humilie – un supérieur à son travail, un étranger, sa femme. Il se sent mal à l'aise et, quoiqu'il ne puisse exprimer ce sentiment, si vous le questionniez, il pourrait vous décrire une angoisse, une colère, une dépression, un dégoût qui n'est pas clairement centré sur quelqu'un, pas même sur lui. Cet état de tension pénible augmente jusqu'à ce qu'il décide – sans voir généralement que sa décision est liée à son malaise – de

1. En réalité, rien ne justifie que je dise « typiquement ». Je ne connais personne d'autre qui décrive l'expérience subjective rapportée ici, et il faudrait travailler avec beaucoup d'autres cas avant de savoir vraiment ce qui est typique.

2. C'est avec ces hommes qu'on a le taux le plus élevé de récidivisme de comportement érotique illégal.

mettre son plan à exécution. Il va dans une autre partie de la ville, dans un lieu public qu'il connaît et qui n'est pas son propre territoire, où il peut silencieusement attirer l'attention des femmes en exhibant ses parties génitales. Les témoins de son acte doivent être des étrangères ou tout au moins des femmes qu'il connaît à peine.

Posté ainsi, il attend la réaction des femmes. Lorsqu'elles sont furieuses ou choquées de quelque façon, il n'est pas inquiet; il est soit excité, soit extraordinairement calme. Même s'il est évident que la femme va appeler un agent de police, il ne bouge pas, il reste sur place. Il est comme suspendu dans son activité, ne cherchant pas à s'échapper et ne comprenant pas pourquoi. Cette situation fait qu'il a toutes chances d'être arrêté – c'est la raison immédiate du taux élevé de récidive.

De nos jours, cependant, avec une femme moderne, les choses peuvent se passer différemment. Si elle n'est pas choquée ni offusquée – si elle sait qu'elle n'est pas violée et si elle est simplement amusée ou indifférente –, l'exhibitionniste se sent déconcerté, frustré, mal à l'aise, embarrassé, humilié.

Les explications du comportement sont faciles à trouver; il suffit de parler, en situation de confiance, avec l'exhibitionniste pour voir ce qu'il cherche. Tout d'abord, il faut comprendre que le fait d'aller dans un quartier étranger de la ville et d'exhiber ses organes génitaux devant des étrangères ne constitue pas la perversion elle-même mais seulement la première partie, le prologue. La seconde partie, qui n'est jamais reconnue comme élément constitutif de l'activité érotique, est le choc de la femme, tout le tapage consécutif avec la police et les spectateurs, l'arrestation, la comparution devant le tribunal et l'anéantissement éventuel de la vie d'un homme. Vous, rationnel comme vous êtes, posez la même question que le juge : « Pourquoi faites-vous ça, pourquoi recommencez-vous, pourquoi – alors que vous connaissez les terribles conséquences possibles – ne vous retenez-vous pas ? » Et le pauvre diable ne peut que répondre : « Je ne sais pas. » C'est-à-dire : « Je ne sais pas ce que je sais » (phrase qui peut s'appliquer, bien sûr, à presque tout le monde en toute circonstance).

« Ce que je ne sais pas que je sais, c'est que j'ai été humilié aujourd'hui; je n'ai pas vraiment réalisé que je me sentais nul. J'ai senti ça et, après, je l'ai transformé en me détachant de ce que je savais. Je suis passé de la conscience aiguë de ma souffrance à un vague malaise. De cette manière, j'ai pu oublier qu'on m'avait fait sentir ma non-virilité et mon inquiétude permanente à ce sujet. Je ne vaux rien et quelqu'un m'en a fait prendre conscience à nouveau. Mais j'ai découvert le remède au plus horrible des échecs. Je peux restaurer mon sentiment d'identité personnelle, mon sentiment d'exister, d'être valable, grâce au plus essentiel des éléments qui définissent la virilité et la masculinité : mon pénis. Regardez ce qui se passe quand je montre mon pénis (au bon moment et au bon endroit, bien sûr). Les gens sont choqués, la police m'arrête, la société – à travers ses représentants, les tribunaux – réaffirme la chose terrible que j'ai faite, et le prix que je paie est la ruine. Et tout ça, j'ai pu le faire simplement en montrant mon pénis. Quelle bitte fantastique! »

Les perversions – tous les actes pervers, mais pas toutes les aberrations, seulement les perversions (restons précis dans les définitions) – sont des cures instantanées. Cela, au-delà même du plaisir physique, est une raison suffisante pour répéter l'acte. Le triste de l'affaire, c'est que, n'ayant pas la compréhension de ce qu'il fait, le pervers doit indéfiniment répéter ses actes destructeurs; c'est de l'aspirine pour guérir une tumeur cérébrale.

Et pourquoi une étrangère? Parce qu'une femme qu'il connaîtrait (sa femme, par exemple), ne pourrait guère être choquée par la vue d'une chose aussi domestiquée. Dans notre société, une femme – et son mari le sait bien – n'est pas blessée par la vue de son pénis.

Essayons maintenant ce mode d'explication sur le contraire, si l'on peut dire, de l'exhibitionnisme : le voyeurisme. Le voyeur aussi va dans un endroit étranger et n'est excité que par des étrangères. S'il est marié à la femme la plus sensationnelle du monde, il est ailleurs, cherchant passionnément à observer en cachette une étrangère; mais la vue de sa femme l'ennuie (sa femme qui, elle, est la passion des hommes qui ne connaissent pas encore son corps). Le dénominateur commun, là encore, est le viol, l'hostilité, le désir de nuire. Le voyeur imagine (sans doute avec raison) qu'il vole à la femme son intimité, qu'il la force à céder ce qu'elle ne lui donnerait pas volontairement (à moins que son désir à elle soit de donner un spectacle dans lequel elle imagine que la vision de son corps incite un homme à la violer; certains aspects de la mode, par exemple, expriment cette intention). Quand il ne peut pas faire mal, c'est l'ennui qui s'installe. Comment peut-il, s'il est marié, violer sa femme en la regardant, alors que le contrat de mariage, dans notre société tout au moins, lui donne toute liberté d'accès?

Le transvestisme est le troisième exemple de perversion où l'hostilité n'est pas visible. Le transvestisme consiste, pour moi, à mettre ou à utiliser des vêtements du sexe opposé pour s'exciter. (Comme pour l'exhibitionnisme et le voyeurisme, c'est une activité essentiellement masculine.) Entrons dans cette perversion par une voie non clinique : la pornographie. La pornographie est une rêverie publiée. La perversion est une rêverie représentée. La pornographie est une *forme fruste* [1] de la perversion. Pour quelqu'un qui recherche l'excitation, la pornographie présente l'avantage d'être une rêverie fiable; elle est visible, peut être examinée et réexaminée indéfiniment et, parce qu'elle est un produit à vendre, on est sûr qu'elle représente un genre, qu'elle est la rêverie préférée d'un tas de gens (sinon, le producteur perdrait de l'argent).

Imaginez sous vos yeux la couverture d'une brochure pornographique pour

1. En français dans le texte *(N. d. T.)*.

travestis. Qu'est-ce qu'elle dit au travesti qui fait qu'en un clin d'œil [1] il sait que cela vaut le prix élevé demandé? Pourquoi cela l'excite-t-il, lui, et laisse-t-il indifférent le non-travesti?

La première règle, dans les rêveries, c'est que chaque détail compte. Chacun a un effet – même si l'effet recherché est d'être sans importance, un espace vide – ou alors, il est abandonné. (Il en va ainsi pour d'autres œuvres créatrices, telles que les compositions musicales, les peintures, les poèmes. Là aussi, les espaces vides et les redondances – les soupirs et les reprises en musique – sont nécessaires pour créer des effets.)

Le scénario de la pornographie du transvestisme est toujours le même : le jeune homme hétérosexuel, indiscutablement viril, innocent, est capturé par des femmes; elles le font prisonnier en employant non pas la force mais un mystérieux pouvoir propre à la femme et à la nature féminine. Elles l'humilient et le forcent à mettre des vêtements de femmes. Voilà l'essentiel de l'histoire et voilà ce que la couverture promet au travesti. Pour lui, c'est une histoire sensationnelle. Pour les autres, elle n'a aucun intérêt. Et même, si l'on se posait la question, on se demanderait seulement comment cela peut être érotique.

Traumatisme et humiliation

Comment l'humiliation peut-elle exciter? Lorsque le texte de la brochure pornographique pour travestis indique que les femmes ont forcé le jeune homme à mettre en question sa masculinité et sa virilité, on n'est pas vraiment éclairé. Mais la couverture ne dit pas tout; elle montre seulement le traumatisme. L'histoire se termine bien : avec l'aide des femmes, l'humiliation de l'homme se transforme en un état agréable, non érotique [2], où les femmes l'acceptent clairement comme homme et mâle qui est resté homme et mâle mais qui a l'air mignon et gracieux dans des vêtements de femme. Quelqu'un d'extérieur peut à peine croire que ce soit là la substance de l'excitation. Pourquoi est-ce irrésistible au point que le même scénario se répète indéfiniment dans la pornographie du transvestisme?

Les travestis racontent, beaucoup plus que tout autre groupe d'hommes (y compris ceux qui ont les autres perversions) que lorsqu'ils étaient enfants, ils ont

1. Le moment d'excitation que nous éprouvons – je parle de n'importe quelle excitation, pas seulement de l'excitation érotique –, nous le ressentons comme quelque chose qui se produit spontanément et instantanément, comme si *nous-mêmes* ne jouions aucun rôle dans sa création. Cela pose là d'intéressantes questions touchant l'esthétique. De quelles bribes d'expériences passées, souvenirs, fantasmes, etc., sont faits les jugements esthétiques? Comment s'assemblent-elles pour former un tissu complet? Comment arrivons-nous à ressentir cette complexe activité de construction comme une chose spontanée, simple, non construite, non problématique?

2. Pour le héros; mais le travesti qui lit la brochure est excité.

été habillés avec des vêtements féminins par des filles ou par des femmes. Mais je ne crois pas qu'une seule expérience d'interversion de vêtements puisse produire le transvestisme. D'autres garçons ayant subi le même traitement n'en ont pas été perturbés. Je suppose que seul un garçon déjà prédisposé – c'est-à-dire ayant connu des difficultés particulières de développement de « genre » au cours des deux ou trois premières années de sa vie – aura besoin de la structure perverse pour préserver son identité.

« Préserver son identité. » Contre quoi ? Contre l'humiliation. Et l'humiliation est, bien sûr, une affaire d'identité, une attaque contre sa propre dignité, dit le dictionnaire. Seuls ceux qui sont assez forts pour avoir confiance laisseront entrer les autres, permettront l'intimité. Mais si l'on a des raisons de ne pas se sentir solide (si, par exemple, on a été régulièrement humilié dans les premières années de la vie), on sera sur ses gardes, on aura peur de ce que les autres pourraient trouver et de la manière dont ils pourraient utiliser ce qu'ils trouvent si jamais on les laissait entrer. Alors, on s'enferme, par un processus qui vous déshumanise. Ensuite, pour être doublement en sécurité, on déshumanise autrui. Les autres deviennent des fétiches. Pour ceux qui ne craignent pas la dissolution, l'intimité est une joie, mais pour ceux qui la craignent, il y a une menace plus primitive encore : si je laisse entrer quelqu'un – si je me mêle aux autres –, ne vont-ils pas, comme un mauvais esprit, me posséder, me prendre tout entier ? Alors – c'est là ma plus grande terreur –, je me perdrai moi-même. C'est contre cette menace fondamentale que la perversion est inventée.

On remarquera que la perversion préserve la structure du traumatisme. À cet égard, la perversion est audacieuse [1]. Mais ce n'est pas tout à fait exact. Il serait plus juste de dire que la perversion *semble* audacieuse. On a l'air de prendre un risque en s'approchant du vieux danger. Ceci – je le répète parce qu'il ne faut pas l'oublier – est un point essentiel de toutes les expériences d'excitation : il y a une incertitude, une hésitation angoissante entre la possibilité du triomphe et la possibilité/le souvenir du traumatisme, de l'échec.

Ce mécanisme est à l'œuvre dans le cas du travestissement fétichiste. Lorsque l'homme qui se livre à cette perversion lit la brochure pornographique la représentant, le danger est réel pour le personnage de fiction et il est une fiction pour le personnage réel. Le travesti simule le risque lorsqu'il lit l'histoire du traumatisme. Son excitation, comme dans toute rêverie, est du théâtre dans le sens où il sait à l'avance – il a préparé la mise en scène – qu'il ne subit le traumatisme que par identification au personnage décrit.

Vous pensez à des exemples qui infirment cette thèse. Prenez l'exhibitionniste.

1. D'un autre point de vue, elle est également lâche : comme les autres rêveries, elle prétend affronter les problèmes, mais en réalité, elle est utilisée pour tromper et éviter l'intimité avec les autres et avec soi-même. Malgré tout son masochisme, la perversion est le refus de souffrir.

Ne risque-t-il pas sa réputation, sa sécurité, son avenir lorsqu'il se met lui-même en danger réel d'être arrêté ? Oui, bien sûr. Mais, si mon explication est juste, il recherche ouvertement ce risque réel car c'est précisément cela qui lui montre qu'il a réussi à éviter ce qui, inconsciemment, est pour lui un risque plus grand encore : l'humiliation. Cette façon défensive de prendre des risques ne nous est pas inconnue. Beaucoup de gens intègrent dans leur vie un danger actif – toreros, joueurs de rugby, militaires de carrière, escrocs, etc. – pour fortifier leur identité en essayant de se prouver à eux-mêmes qu'ils sont intacts, forts (grâce aux applaudissements du monde et de leur conscience). Les manifestations plus violentes de virilité que certains hommes exigent d'eux-mêmes illustrent également ce mécanisme.

Une fois qu'on a découvert ce mécanisme, on le trouve partout. Je citerai le cas de A, un travesti que je connais depuis des années. Un jour, dans une station balnéaire où se tenait une rencontre scientifique à laquelle il participait aussi, j'entendis quelqu'un m'appeler par mon nom alors que j'étais allongé sur la plage. Je me redressai et vis, sortant de l'eau, une apparition en rose : maillot de bain rose et chapeau rose portés par une femme dans la cinquantaine, qui vivait dangereusement pour être ainsi tellement « rosifiée ». C'était A. À le voir, criant et s'exhibant comme sur une scène, devant les spectateurs qui prenaient un bain de soleil, on ne pouvait pas douter un instant qu'il voulût attirer l'attention sur lui. Il avait l'air d'une femme (histrionique, bien sûr), mais avec quelque chose de bizarre. Dans l'entrejambe de son maillot de bain, il y avait plusieurs protubérances, larges et pointues, qui donnaient l'impression d'une espèce d'arbuste pénien. S'approchant de moi et du public qui regardait, « elle » plongea la main dans son maillot et en retira des morceaux de coraux qu'« elle » avait planqués là. C'était un vrai spectacle !

Encore un autre exemple, pris aussi chez les travestis, où apparaît cette même dynamique. Lorsque des travestis hommes [1] sont assis dans mon bureau, habillés en femmes, ils s'arrangent toujours pour disposer leurs jambes de manière à révéler le haut de leurs cuisses et tout un fouillis de volants et de dentelles.

Ces deux comportements – A sur la plage, et X, Y, Z dans mon bureau – ont, je crois, la même fonction. Le travesti met en scène la question suivante : « Quand je suis comme une femme, vêtu comme une femme et ayant son apparence, ai-je cependant échappé au danger ? Suis-je encore un homme ou bien la femme a-t-elle réussi à me détruire ? » Et la perversion – avec ses cuisses exposées, ses dessous féminins et cet entrejambe apparemment innocent – répond : « Non. Tu es intact. Tu es un homme. Tu as beau mettre tous les vêtements féminins que tu veux, tu n'as pas perdu cet ultime symbole de ta virilité, ton pénis. » Et il est excité. Quoi de plus rassurant pour le pénis qu'une bonne et franche érection ?

1. Non des transsexuels.

Les dynamiques [1]

J'aimerais récapituler les dynamiques – l'interaction des désirs, motivations, interprétations, scénarios, significations – qui se dégagent des données sur la perversion décrites plus haut.

La perversion est du théâtre. C'est la production d'un scénario, avec des personnages – sous la forme de personnes, de parties de personnes et d'objets non humains (y compris d'objets inanimés) – qui jouent un rôle. La pièce est jouée devant un public, dont l'élément principal est le sujet pervers se regardant lui-même (avec des miroirs, des photographies, ou des fantasmes) en train de jouer la pièce. Transformer un acte érotique en représentation permet d'éviter que l'excitation du sujet ne soit gâchée par l'angoisse, la culpabilité ou l'ennui; cela permet aussi au créateur de simuler la réalité sans courir le risque que chacun court quand il ne manipule pas la réalité, en particulier les personnes réelles. La perversion est un détour qui conduit asymptotiquement à l'intimité. Il n'y arrive jamais : les dangers de l'intimité, dans le réel, sont trop grands. Ceci, selon mon hypothèse (loin d'être vérifiée), a toujours constitué l'expérience et, par conséquent, l'attente du pervers. La souffrance et la frustration anciennement vécues subsistent, non résolues, portées en soi, force toujours potentiellement menaçante incitant l'individu à des solutions qui ne marchent jamais tout à fait, à une ruine jamais consommée.

Pourquoi ces tentatives échouent-elles ? Parce qu'elles sont prévues par le scénario pour nuire à l'objet désiré, pour donner réparation par la vengeance au pervers. Comment accéder à une intimité tendre et sans danger à travers la colère et le désir de faire mal ? Comment atteindre autrui si vous le transformez, avec votre scénario, en quelque chose qu'il n'est pas, en quelque chose qui n'a pas le statut de personne ? Même le grossier pinceau du pornographe gomme la vérité, les petites « imperfections » qui sont insupportables, inesthétiques.

J'appelle ce processus « déshumanisation ». Par cette déshumanisation, parce que nous ne supportons pas les révélations de l'intimité, nous privons les autres de leur plénitude. Nous ne les voyons que comme appartenant à une classe ou comme possesseurs de parties ou de qualités sélectionnées. Nous les disséquons. Et si même ceci est trop intime, nous nous détournons des humains et choisissons des objets inanimés, tels que les vêtements, leur accordant un certain degré d'humanité alors que nous n'avons pas besoin des humains.

En procédant ainsi, dans le fantasme, pendant quelques instants, tant que nous

1. Elles ne seront pas décrites ici en termes analytiques – stades libidinaux, énergie psychique, identification projective, angoisse de castration, narcissisme, introjects archaïques.

pouvons écrire, diriger et produire le spectacle, nous évitons l'angoisse ou, pire, le désespoir.

Dans chaque scénario pervers – que ce soit la rêverie, la pornographie ou l'acte réel –, le traumatisme est converti en triomphe. Les agresseurs d'autrefois sont vaincus, mis en déroute, incapables de poursuivre leur attaque. Chaque nouvel épisode du traumatisme est maintenant construit de telle sorte que la victime n'est pas vaincue, bien que l'expérience soit menée avec les mêmes éléments qui avaient autrefois conduit au désastre. La victime est maintenant le vainqueur, et le traumatisme un triomphe. Si l'histoire est bien construite, le sujet n'éprouve ni culpabilité ni angoisse. (Consciemment. La culpabilité et l'angoisse sont en fait hors du champ de la conscience ou bien, si elles sont encore éprouvées, on leur attribue des causes plus acceptables. C'est ce qu'on appelle la rationalisation. Elle peut, par exemple, changer le pécheur en saint ou en fanatique, ou convertir le petit enfant patricide tourmenté de culpabilité en un fier régicide adulte.) Dans cette brillante « reprise », il y a l'idée sous-jacente que les anciens agresseurs ont essuyé un échec et qu'ils ont donc été humiliés – et l'humiliation est l'expérience fondamentale échangée dans ces épisodes. En humiliant, on se venge de l'humiliation qu'on a subie.

L'esthétique de l'excitation

On voit à présent que l'excitation érotique de la perversion implique nécessairement que l'on s'empêche d'en savoir trop, de savoir ce qui se passe, de connaître ses propres raisons, ses propres intentions, ses propres désirs. C'est le vieux truc qui consiste à manger le gâteau et à le garder : comment continuer d'utiliser dans son propre intérêt ce que l'on sait tout en détournant les yeux et en brouillant sa propre vision. (Comment, autrement, peut-on pécher ? Par définition, si nous ne sommes pas responsables – si nous ne savons pas ce que nous faisons –, alors ce que nous faisons n'est pas un péché. Le péché nécessite l'état conscient, le libre arbitre [1]. Ce qui fait de la perversion un tel exploit, c'est que cette construction complexe peut être mise en place et employée très souvent. Et cependant, l'on n'obtient que les effets désirés (c'est-à-dire, l'accès au plaisir) car, dès qu'un détail inapproprié – parce qu'il en dit trop ou pas assez – s'introduit, on le laisse tomber. Et, au-delà des rêveries, ceux qui mettent en pratique leur

1. État conscient et libre arbitre sont-ils, en un sens, une seule et même chose ? Sont-ils une même expérience subjective ? Si nous sommes conscients, avons-nous quelque part le sentiment d'avoir créé tout ce que nous percevons ? Lorsque nous sommes poussés malgré nous, par le penchant ou le réflexe, est-ce que nous nous sentons quand même responsables d'avoir l'impression – la sensation – que nous sommes poussés malgré nous ? L'observateur peut voir que notre comportement est déterminé, non libre, mais nous-mêmes, nous ne le pouvons pas.

perversion poussent le défi plus loin encore, car le monde n'est pas aussi facile à manipuler qu'une rêverie ou que l'achat d'une revue pornographique. Aussi le monde réel, avec les risques plus grands qu'il présente, procure une plus grande excitation et, avec une bonne mise en scène perverse, une plus grande satisfaction.

Quelle complexité [1], quelle tâche esthétique cela représente!

Selon moi, le principal effort esthétique – comme c'est le cas dans presque tous les comportements – consiste à prendre connaissance de quelque chose et en même temps à rendre cette connaissance incertaine, ambiguë. Cette ambiguïté procure, à mon avis, le plus grand plaisir quand elle est invisible, quand il n'est pas possible de soupçonner qu'elle a été construite, quand elle a l'air de jaillir tout épanouie des profondeurs de l'inconscient. (Si elle n'est pas créée spontanément, miraculeusement, alors, il faut que ce soit comme si elle l'était.) Art. Artifice. Si la peinture a l'air d'avoir été faite par un singe, ce n'est de l'art que si elle n'a pas été faite par un singe. C'est le décalage dans les scénarios, non le produit, qui détermine notre réaction. Même la clarté platonique absolue est alors ambiguë lorsque le philosophe ou le critique diminue la clarté de l'œuvre en se demandant comment elle a été faite, pourquoi, et quelles étaient les intentions de l'auteur. Avec de telles acrobaties, un simple vers ou une toile blanche cessent d'être Dieu et deviennent de l'art.

L'exhibitionniste sait qu'il a été humilié, sait que cela a été traumatisant, sait que c'était une répétition, sait que cette humiliation est son point vulnérable, sait que l'attaque humiliante contre lui révèle des choses sur lui qu'il a toujours sues, sait qu'il veut se venger, sait qu'il doit choisir des étrangères, sait que l'esclandre public est important. Il sait un tas de choses. Sa tâche esthétique consiste à continuer de savoir ce qu'il sait et cependant à ne pas le savoir [2]. On a alors des mystères et des secrets, des illusions et des scénarios. On a des détails jetés non pas au hasard, mais parce qu'ils parlent. Et on a des risques qui sont de faux risques. L'acteur sait cela.

Le pervers sait bien que la perversion est un théâtre. S'il n'y avait ni mystères, ni secrets, ni illusions, il y aurait – ce qu'à Dieu ne plaise! – clairvoyance. Dans la perversion, la clairvoyance est la mort de l'excitation. Elle obligerait le pervers à affronter le traumatisme et à devenir capable de jouir de son intimité avec autrui plutôt que de la nier par un accès maniaque, la perversion.

Homme-femme

Je ne peux pas analyser les différences qui existent, dans le comportement pervers, entre les hommes et les femmes. (De toute façon, le climat social actuel

1. Plus grande que ne le laisse supposer l'idée de Freud selon laquelle la perversion est une pulsion infantile qui s'est échappée, non modifiée, dans un comportement adulte.

2. Freud appelait cela « clivage » (*Spaltung*).

ne se prête pas à une telle discussion; ces problèmes sont trop chargés politiquement pour permettre un débat objectif.) Je me contenterai donc de jeter quelques idées.

1. La perversion est bien plus courante chez les hommes que chez les femmes; les femmes ne pratiquent presque aucune des perversions officiellement diagnostiquées. Je ne pense pas que ce soit là simplement une erreur de dénombrement statistique – due au fait que les perversions féminines ne seraient pas repérées par les chercheurs. Je ne crois pas non plus que les femmes soient moins perverses que les hommes simplement parce qu'elles n'osent pas et que, lorsque la société traitera les femmes de la même manière que les hommes, les femmes, devenues libres, seront aussi perverses que les hommes.

2. La testostérone (ou quel que soit le nom que l'on donne à l'interaction complexe du cerveau et des organes endocriniens modulés par les androgènes) crée une différence entre les besoins érotiques des hommes et ceux des femmes. (Il faut voir les deux groupes – hommes et femmes – comme deux courbes en cloche qui se chevauchent.) En particulier, à partir de la puberté jusque dans la vie adulte, les garçons subissent en général davantage la pression de leur physiologie érotique que les filles [1]. Cette pression se fait moins intense avec l'âge mais, dans les premières années, les contraintes que cet intense besoin érotique exerce sur le psychisme conduisent à différents styles de relations interpersonnelles érotiques et peuvent renforcer le mécanisme de fétichisation si manifeste chez les hommes. (Je pense que le conditionnement joue également son rôle en augmentant l'effet des dynamiques du sens et de la motivation.) Lorsque j'écoute les patients en analyse, j'entends l'urgence des queues raides des hommes et je suis frappé du contraste avec la capacité qu'ont les femmes, même lorsqu'elles sont excitées, d'attendre, de s'abstenir, de refuser si elles le jugent bon. Pour les hommes – plus ils sont jeunes et plus c'est vrai – l'engorgement l'emporte sur l'engagement. (Mais il n'est pas nécessaire d'être un analyste ni même un chercheur pour savoir ces vérités. Elles n'ont été interrogées que ces dernières années et pour des raisons politiques principalement.) Je ne dis pas que les femmes sont incapables de frénésie érotique; tout le monde sait que non. Mais le besoin, chez beaucoup d'entre elles, provient-il, autant que chez les jeunes gens, des organes génitaux ? J'en doute. Il s'agit plus probablement d'érotomanie – et celle-ci met le feu à l'âme plus qu'au derrière.

3. La fétichisation est la norme pour les hommes, pas pour les femmes. Bien qu'aujourd'hui les femmes avouent regarder le sexe des hommes et pouvoir être excitées autant que les hommes devant (ce qu'on appelle) la pornographie masculine,

1. En plus des facteurs sociaux, ceci explique la furieuse énergie dépensée par les jeunes gens dans les sports, la délinquance et la guerre.

j'ai l'impression que, pour beaucoup de femmes, le spectacle de la personnalité d'un homme est un stimulant érotique plus sûr que ne l'est celui de la personnalité d'une femme pour un homme. La pornographie masculine – hétérosexuelle, homosexuelle, celle du transvestisme, quelle qu'elle soit – ne décrit pas des relations entre des gens, ne dépeint pas des désirs d'intimité affective, n'est pas axée sur l'affection et l'amour. La pornographie féminine, oui. Les hommes se soucient davantage du succès de leur performance érotique que les femmes et ils rattachent leur puissance sexuelle à leur virilité plus que les femmes ne rattachent la leur à leur féminité. Dans presque toutes les cultures, la définition de la masculinité tend vers le *machisme :* être un homme, c'est craindre d'être féminin, cela s'exprime par la capacité d'être cruel, libre de tout engagement, physiquement dangereux, dur, c'est ne pas être intéressé par la femme (toute la personne de la femme) dans les organes reproducteurs de laquelle (ce monde complexe de mystères et de miasmes) il est censé plonger.

Les femmes ont peur de la force physique des hommes et de l'irascibilité paranoïde qui l'accroît; les hommes ont peur de la force psychologique des femmes et de la patience qui la consolide. Les femmes ne craignent pas de devenir moins femmes si elles ont des rapports intimes avec les hommes, mais les hommes craignent la fusion avec elles parce qu'ils croient que cela menace leur virilité. Les hommes des sociétés technologiques avancées partagent avec ceux des sociétés primitives la peur – qui peut aller jusqu'à la terreur – de l'intérieur féminin et des habitudes, fonctions, désirs et sécrétions de celui-ci. Notre première humiliation nous vient d'une femme. Je crois que cela est insupportable à la plupart des hommes et supportable à la plupart des femmes. (La différence anatomique entre les sexes produit d'autres effets que l'envie du pénis et l'angoisse de castration.)

De manière caractéristique, les mâles hétérosexuels de notre société, dès l'âge de cinq ans, essaient sans cesse de déshabiller les femmes, comme s'ils recherchaient la mise à nu complète, la révélation totale. Pourtant, faites un petit contrôle et vous verrez que peu d'hommes supportent la vue de la nudité sans ornement; toute fille sait que ce qui rend fou les hommes (comme on dit dans les romans à quatre sous), c'est l'attente, et non l'accès total à la chair. L'angoisse de castration contribue à cet évitement, mais je crois que l'on comprend mieux les choses quand on se rappelle que l'identité vient après l'anatomie. Autrement dit, les hommes ont peur de perdre non pas tant leurs organes génitaux à proprement parler (angoisse de castration) que leur masculinité et, plus essentiel encore, leur sentiment d'être homme.

Pour se préserver, les hommes évitent de tout voir et ils se tournent vers l'esthétique. C'est ce qu'illustrent parfaitement la pornographie (avec sa mise en place de cadres, d'éclairages et de poses préétablis) et les canons que les civilisations, en tous temps et en tous lieux, fixent pour juger la répartition adipeuse, la couleur de la peau, les traits du visage, le port, et d'autres caractéristiques sexuelles secondaires de la femme. Cette fétichisation des aspects extérieurs déplace peut-être la préoccupation masculine concernant les organes génitaux féminins sur d'autres zones, mais je pense que les hommes « partiellisent » les femmes pour éviter la fusion qui les menacerait s'ils acceptaient une intimité sans entrave : s'il s'approche trop d'une femme, il sera moins viril. (Dans le classique film de cow-boy, le héros se battait virilement contre l'institutrice qui, par tendresse pour lui, essayait de le prendre au lasso – de le châtrer – pour le civiliser.) La perversion chez les hommes est, je crois, fortement influencée par toutes ces dynamiques, mais je n'oublie pas que ces grossières généralisations reflètent ma propre personnalité et qu'elles n'ont guère été mises à l'épreuve par des études objectives (pas plus, du reste, que n'ont été mises à l'épreuve les idées de mes contradicteurs).

Voyons maintenant la pornographie des femmes.

Mais, dites-vous, il n'existe pas de pornographie pour les femmes seulement. Il y a simplement la pornographie, qui, bien qu'elle soit censément faite pour les hommes, attire aussi bien les femmes. Les journaux parlent des couples hétérosexuels qui vont dans les cinémas ou les motels pornos. Et des femmes libérées déclarent qu'elles regardent les pantalons et les pénis des hommes; elles revendiquent non seulement les mêmes droits mais les mêmes besoins.

Il y a pourtant une pornographie réservée aux femmes, quoiqu'elle ne soit pas reconnue comme telle. Les millions de femmes elles-mêmes qui y recourent ne savent pas que le mot pour ces matières délectables est pornographie. Elles savent cependant que les histoires sont, pour elles mais non pour les hommes, érotiques, et certaines savent qu'elles utilisent des éléments de ces histoires comme base de leurs rêveries et parfois pour se masturber ouvertement ou secrètement (quand ce sont des femmes inhibées). Il s'agit des romans et des films sentimentaux. Ces scénarios sont si éloignés de la dynamique érotique présente chez la plupart des hommes que ceux-ci, y compris les législateurs, ne peuvent imaginer qu'ils puissent provoquer une excitation sexuelle. Je ne suis pas d'accord avec les féministes qui affirment que le mot de « pornographie » ne peut être employé que pour la pornographie masculine typique. Avec cette prise de position, les femmes militantes se rallient au point de vue ennemi en rabaissant la vie érotique des femmes. En ne reconnaissant pas – même devant les tribunaux – que le matériel est important pour la femme qui lit/regarde, les deux parties adverses lui dénient le droit d'avoir sa vie érotique propre, singulière.

Les romans sentimentaux

Les thèmes d'hostilité sont présents dans ces histoires mais sous une forme différente de ce que l'on voit dans les scénarios pour les hommes : masochisme éclairé et, pour finir, domptage du héros. « Tendre et sauvage amour », « Tempête de désir », « Amour perdu, dernier amour », « Sang du Sud ». Ce sont là des « Autant en emporte le vent » qui n'ont rien à voir avec les « Raid dans les culottes » ou les « Tapineuses » pour les hommes. (Si vous voulez devenir pornographe, la Mafia ne vous mettra pas de bâton dans les roues quand vous publierez votre « Tapineuse » ou un « Play-boy » pour femmes). Le coup de grâce pour les femmes est peut-être que les législateurs, les juges, les jurés – et les femmes elles-mêmes, y compris les militantes acharnées – ne savent même pas que la pornographie féminine est pornographique.

Conclusions

1. Il me reste à ajouter quelques idées-questions.

a) Même si nous savons que dans le tissu de la perversion, il y a un fil essentiel qui est un fantasme de vengeance, nous ignorons le véritable danger que présente la perversion. Cette estimation dépasse notre compréhension de la dynamique.

b) La perversion a-t-elle une fonction positive pour la société du fait que la colère est renfermée dans un fantasme ou un comportement qui ne fait pas de mal réel à autrui ?

c) En quoi, quand et pourquoi la perversion et l'art sont-ils interdépendants ?

2. Je suis de ceux qui voient dans le mal *réellement* fait à autrui, et non dans les fantasmes de faire mal à autrui, le critère de la morale et de la loi. S'il est vrai que la pornographie masculine s'appuie essentiellement sur le thème du viol, il n'en reste pas moins qu'une pensée cochonne n'est pas un acte cochon; et nous n'avons pas de preuves objectives que de très vilaines pensées conduisent habituellement à de très vilains actes. Dire de quelqu'un qu'il est pervers, c'est parler de sa psychodynamique, c'est parler en particulier d'un *fantasme* de faire mal. Cela ne préjuge absolument pas des chances que la dynamique se convertisse en une activité nuisible pour autrui.

3. Il faut prendre garde à la notion de « normalité ». Elle se situe hors du champ de l'objectivité. Elle cherche à signifier une validité statistique mais dissimule en fait des jugements brutaux sur le bien social et privé qui, s'ils étaient acceptés, favoriseraient une honnêteté et une modestie que nous n'observons pas encore chez les patriotes, les législateurs, les psychanalystes et les philosophes. À moins de vouloir polémiquer, on devrait seulement poser les faits : ne pas les résumer et déclarer qu'en les additionnant, on arrive à la normalité. Ma position philosophique (que je ne saurais cependant recommander comme une vérité assurée), quand je

vois, de mon perchoir psychanalytique, les détails et la complexité du comportement apparemment le plus simple, est la suivante : je préfère considérer que presque tout comportement est aberrant et mesurer ensuite son degré d'aberration. Cette position traduit l'idée que tout comportement provient en partie de notre histoire personnelle et qu'il contient des éléments de traumatismes, frustrations et autres souffrances précoces, non encore maîtrisés. Le fait que le produit final, le comportement, fonctionne bien ne dit pas grand-chose sur les événements originels qui ont été transformés en action egosyntone.

4. Chacun sait que le désir de faire mal à autrui est mauvais; si nous ne voulions pas être mauvais, nous serions simplement des bêtes qui attaquent pour se procurer leur nourriture. Mais le fantasme de faire mal ne constitue en général qu'une petite partie de l'expérience érotique complète. Dans les perversions mineures – celles qu'on classe dans le « comportement normal » –, le mécanisme d'hostilité est un élément infime, qui ajoute du piquant, de l'humour, de la surprise. Il empêche que le plaisir se gâte. Une analogie peut ici être utile [1]. Tous les tissus vivants ont un élément commun, le carbone, mais le tissu vivant est bien plus que du carbone. En dépit de ce qui est commun, les différences sont immenses.

Cette notion d'hostilité existe dans une autre sorte d'excitation : l'humour. Il y a un humour qui fait mal, un humour gentil, un humour malveillant, un humour chaleureux, un humour moqueur, un humour clairvoyant. Mais il n'y a pas d'humour sans victimes et sans vainqueur, implicites ou manifestes. La plaisanterie de l'un, c'est l'offense de l'autre. Les deux personnes ont été touchées par le thème hostile, mais celle qui rit a compris quelque chose que l'autre a dû rejeter. L'hostilité, comme l'atome de carbone, est un *sine qua non,* qu'elle soit présente en trace infime ou en couche épaisse. Cependant, l'humour est bien davantage que l'hostilité. (L'esthétique, peut-être est-ce les moyens – ou en fait-elle son objet d'étude ? – par lesquels l'hostilité dangereuse est transformée en quelque chose d'inoffensif.)

5. Je ne définis pas la non-perversion – la question que je vous demandais au début de tenir pour base implicite de cet exposé sur la perversion – par les parties anatomiques utilisées, le sexe des participants, ses éléments théâtraux ou son esthétique, mais par la capacité d'accepter le « soi » et le statut de personne de ceux dont nous pouvons avoir besoin. Pas de camouflage. Quand on accepte l'autre (ce qui implique qu'on s'accepte soi-même), on peut être intime avec lui (avec son corps et sa personnalité). Vous constatez maintenant qu'à la source de mon exposé, il y a une morale, non un problème scientifique. La perversion, pour moi, c'est la

1. Utile mais pas parfaite : je sais que tout tissu vivant contient du carbone, alors que toutes les excitations ne comportent pas d'hostilité.

solution à l'échec de l'intimité – laquelle est, selon un préjugé qui m'est personnel, une chose bonne (l'intimité, c'est laisser une personne être, comme dit Hanna Arendt).

L'individu non pervers n'a pas une peur panique de l'intimité, car il ne craint pas qu'elle l'amène à une fusion qui engloutirait son identité. On pourrait dire plus commodément qu'il y a perversion lorsqu'un individu utilise un acte érotique dans le but d'éviter l'intimité avec toute la personne de l'autre, pas seulement avec son anatomie. Mais cette idée nous conduit à l'affection, au respect, à l'acceptation, à la liberté intérieure, à la tendresse et à l'amour, thèmes qui sont encore plus difficiles à traiter raisonnablement que la cruauté, la vengeance, l'humiliation et la haine.

ROBERT STOLLER

Traduit de l'américain par Brigitte Bost.

Didier Anzieu

LE DOUBLE INTERDIT DU TOUCHER

Quatre raisons m'imposent l'hypothèse d'un interdit du toucher. Une raison historique et épistémologique : Freud n'a découvert la psychanalyse (le dispositif de la cure, l'organisation œdipienne des névroses) qu'après s'être implicitement assigné dans sa pratique un tel interdit (sans toutefois en produire la théorie).

Une raison psychogénétique : les premières interdictions émises par l'entourage familial à l'égard de l'enfant, quand il cesse d'être un « infans » et qu'il entre dans le monde du déplacement (locomoteur) et de la communication (infraverbale et pré-linguistique), concernent essentiellement les contacts tactiles : c'est en prenant appui sur ces interdictions exogènes, variables, multiples, que se constitue un interdit de nature interne, relativement permanent, et autonome, dont la nature, non pas une mais double, sera précisée plus loin.

Une raison structurale : si le Moi est fondamentalement, selon l'expression de Freud, une surface (celle de l'appareil psychique) et la projection d'une surface (celle du corps), s'il fonctionne donc, à un premier niveau de structuration, comme Moi-peau (pour reprendre ma propre formulation), comment peut-il passer à un autre niveau de fonctionnement (celui de la pensée, propre à un Moi psychique différencié du Moi corporel et autrement articulé avec lui), sinon en renonçant, sous l'effet de l'interdit du toucher, au primat des plaisirs de peau puis de main et en transformant l'expérience tactile concrète en représentations de base sur le fond desquelles des systèmes de correspondances intersensorielles peuvent s'établir à un niveau, d'abord figuratif (qui maintient une référence symbolique au contact et au toucher), puis à un niveau purement abstrait, dégagé de cette référence ?

Une raison polémique enfin : l'essor actuel des psychothérapies dites « humanistes » ou « émotionnelles », la concurrence de groupes favorisant voire imposant les contacts corporels, la menace ainsi exercée depuis une à deux décennies envers l'hégémonie intellectuelle de la psychanalyse et de son abstinence du toucher, l'affaiblissement, dans la culture occidentale, de son pouvoir d'attraction sur les patients potentiels, ces faits sociaux appellent, de la part des psychanalystes, d'autres réponses que l'indifférence sourde et aveugle, ou le mépris indigné, ou une conversion passionnelle aux méthodes « nouvelles » (qui sont souvent des aménagements et des variantes des méthodes pré-psychanalytiques de « suggestion »).

Quels sont, selon les modes d'organisation de l'économie psychique, les effets des stimulations tactiles : restauration narcissique, excitation érogène, violence traumatique ? En quoi consiste le jeu des interactions tactiles dans la communication primaire ? Avec quels types de cas le recommencement d'un pareil jeu est-il envisageable voire nécessaire, ou inutile voire dommageable ? Quelles conséquences stimulatrices ou inhibitrices sur la vie sexuelle ultérieure proviennent de la réussite ou des ratés de l'appareil psychique à se constituer un Moi-peau puis à le dépasser dans un Moi pensant ? Pourquoi la réflexion psychanalytique contemporaine tend-elle à perdre de vue le constat freudien (et clinique) selon lequel la vie psychique a pour base les qualités sensibles ? Telles sont les questions connexes en jeu dans la reconnaissance d'un interdit du toucher.

*

Dans le magnétisme animal, le somnambulisme provoqué, l'hypnose, le praticien, par un effet de main et de regard, entre en « relation » avec le patient, visage d'abord, ensemble du corps ensuite, jusqu'à ce qu'il ait induit un état de dépendance affective et d'anesthésie de la conscience qui permette d'agir sur ce patient par suggestion. Tantôt le contact direct de la main produit comme un choc électrique ; un groupe de patients, debout en cercle, peut même, s'ils se tiennent par la main et si l'un deux plonge un bâton dans un baquet magnétisé, se prêter à la circulation d'un fluide aimanté qui déclenche chez chacun une secousse éventuellement cathartique des corps. Tantôt, sans toucher, la main de l'hypnotiseur effectue des passes devant les yeux du malade assis ou allongé, qui tombe dans un sommeil artificiel profond. Redoublée par l'œil et la voix – non pas un œil qui contemple ni une voix qui parle, mais un regard, une voix qui touchent, enveloppent, caressent, c'est-à-dire un œil, une voix dotés de pouvoirs tactiles –, la main de l'hypnotiseur (qui est généralement masculin) exerce une fonction primitive de suggestion et, avec des adultes, plus spécialement des jeunes femmes, plus spécialement encore des hystériques, elle opère une fonction complémentaire de séduction : bénéfice (ou plutôt maléfice) secondaire de l'opération.

Pendant les dix à douze ans qui précèdent l'auto-analyse de ses rêves et la découverte de la psychanalyse, Freud hypnothérapeute est plus homme de vue et homme de main qu'homme de la parole. Un incident, qui l'éclaire rétrospectivement sur la mésaventure de Breuer avec Anna O, l'alerte sur les risques, précisément, de séduction. Une infirmière du service que Freud avait guérie de ses symptômes en l'hypnotisant lui saute au cou pour l'embrasser et s'apprête à se laisser tomber dans ses bras. Freud ne cède ni ne s'effraie : il découvre – confie-t-il – le phénomène du transfert. Ce qu'il ne confie pas, parce que cela va de soi, c'est qu'il convient au psychothérapeute de s'interdire tout rapprochement corporel avec ses patients. Toutefois, si le corps à corps devient prohibé en raison du risque d'érotisation, la main reste encore pendant quelque temps un recours. Freud abandonne le sommeil hypnotique, se contentant d'inviter ses patients à s'allonger, à fermer les yeux, à concentrer leur attention sur les pensées, les images, les mots qui leur adviennent en relation avec leurs symptômes et leurs conflits. Mais il procède à l'imposition de sa main sur leur front pour lever leurs résistances et stimuler l'apparition d'associations d'idées spontanées. Toujours la suggestion, fût-elle restreinte et localisée. Et toujours la même charge sexuelle latente. Témoin le songe rapporté par un de mes patients. Ce jeune homme a rêvé que je le reçois pour sa séance non pas en mon bureau mais à ma maison de campagne (en réalité il ignore si j'en ai une). J'adopte envers lui une attitude très amicale. Je m'installe dans un grand fauteuil en rotin. Je l'invite à s'asseoir sur mes genoux. Les événements se précipitent, je l'embrasse sur la bouche, je le fixe droit dans les yeux, je pose ma main sur son front et je murmure à son oreille : « Dites-moi tout ce à quoi cela vous fait penser. » Le patient s'est réveillé furieux et il passe sa séance à me reprocher ma conduite, ou plutôt mon inconduite, oubliant qu'il était l'auteur du rêve.

La patiente de qui Freud, hypnothérapeute, a le plus appris – elle lui a enseigné les caractéristiques essentielles du cadre analytique – est sans doute Frau Emmy von N. Le 1er mai 1898, elle l'adjure : « Ne bougez pas! Ne dites rien! Ne me touchez pas! » Plus tard, une autre patiente, Irma, qu'il a en commun avec Fliess, induit en lui le 24 juillet 1895 le premier rêve qu'il auto-analyse. En rêve donc, il examine sa gorge, sa poitrine, son vagin et il imagine la rechute de ses symptômes due à une « injection », faite « à la légère », d'un produit dont la composition ternaire se rapporte à la chimie sexuelle. L'investigation médicale du corps malade et de ses zones algogènes est nécessairement physique. L'investigation psychanalytique des zones érogènes ne peut être que mentale et symbolique. Freud entend l'avertissement. Il renonce à la concentration mentale, il invente le terme de psychanalyse, il fonde le dispositif de la cure sur les deux règles de non-omission et d'abstinence, il suspend l'échange tactile et l'échange visuel avec le patient au profit du seul échange langagier. Dans cette situation, ses patients – et Freud en écho à eux – se mettent de plus en plus à rêver, du moins à rapporter leurs rêves. L'analyse méthodique de ces rêves – les siens, les leurs – conduit Freud, en octobre 1897, à la découverte capitale du complexe d'Œdipe. Le rôle structurant de l'interdit de l'inceste n'a pu être explicité que parce qu'au préalable l'interdit du toucher avait été implicitement reconnu. L'histoire personnelle de la découverte freudienne récapitule sur ce point l'histoire infantile universelle. L'interdit du toucher, en tant que le toucher est un moyen de violence physique ou de séduction sexuelle, précède, anticipe, rend possible l'interdit œdipien, qui prohibe l'inceste et le parricide.

L'échange verbal qui délimite le champ de la cure n'est efficace que parce qu'il reprend sur un plan nouveau, symbolique, ce qui s'est échangé antérieurement dans les registres visuel et tactile. Témoin la note 79 de Freud ajoutée en 1920 à la réédition des *Trois essais sur la théorie de la sexualité.* Un garçon de trois ans dans une chambre sans lumière disait avoir peur du noir et demandait à sa tante de lui dire quelque chose. Celle-ci objectait que cela ne servirait à rien puisqu'il ne pouvait pas la voir. L'enfant répondit : « Du moment que quelqu'un parle, il fait clair. » Et Freud de commenter : « Les impressions visuelles, en dernière analyse, peuvent être ramenées aux impressions tactiles. » Le tactile n'est fondateur qu'à condition de se trouver, au moment nécessaire, interdit. La prescription de tout dire a pour inséparable complément la proscription non seulement de l'agir mais plus spécifiquement du toucher. L'interdit tactile est redoublé d'un interdit visuel : le patient ne cherchera pas à « voir » le psychanalyste en dehors des séances, ni à avoir des « contacts » avec lui, au sens large de voir et de contact; pendant la séance, vue et toucher au sens étroit sont exclus; sur le pas de la porte, la poignée de main (que tous les psychanalystes ne pratiquent pas) et un bref échange de regards rétablissent chez le patient un fonctionnement psychique habituel et la réadaptation à la réalité extérieure. Le cadre psychanalytique dissocie la pulsion scoptophilique de son étayage corporel, la vue (il s'agit de savoir en renonçant à voir); la pulsion d'emprise est dissociée de son étayage corporel, la main (il s'agit de toucher du doigt la vérité et non plus le corps, c'est-à-dire de passer de la dimension plaisir-douleur à la dimension vrai-faux). Ceci permet à ces deux pulsions, s'ajoutant à la pulsion épistémophilique, de constituer, selon l'expression de Gibello, des « objets épistémiques », distincts des objets libidinaux.

Un tel interdit se trouvait d'autant plus justifié de la part de Freud que sa clientèle était surtout constituée de jeunes filles et de femmes hystériques, qui érotisaient la vue (en se donnant en spectacle, en mettant en scène des fantasmes sexuels) et qui cherchaient le rapprochement physique (être touchées, caressées, tenues dans les bras). Il fallait donc avec elles introduire la distance requise pour que s'instaurent une relation de pensée, un espace psychique, un dédoublement du Moi en une partie auto-observante. Par contre, Freud rencontre d'autres difficultés avec les névrosés obsessionnels, chez qui le dispositif psychanalytique favorise la relation d'objet à distance (selon l'expression ultérieure de Bouvet), le clivage du Moi psychique et du Moi corporel, l'érotisation de la pensée, la phobie du contact, la crainte de la contagion, l'horreur d'être touché. La difficulté nous apparaît encore plus grande avec ceux qu'on appelle maintenant états limites et névroses narcissiques. Leurs expériences sont plus algogènes qu'érogènes; l'évitement du déplaisir les mobilise plus que la recherche du plaisir : la position schizoïde maximise l'éloignement de l'objet, le retrait du Moi, la haine de la réalité, la fuite dans l'imaginaire. Freud les déclarait non analysables car ils ne s'engagent pas dans un processus psychanalytique marqué par la névrose de transfert et les progrès de la symbolisation. Aussi des aménagements du setting psychanalytique sont-ils souvent nécessaires avec eux. Le patient est reçu en face à face, ce qui établit avec lui un dialogue visuel, posturo-tonique, mimique, respiratoire : l'interdit de voir est levé; l'interdit de toucher est maintenu. Le travail psychanalytique porte, non plus sur l'interprétation des fantasmes, mais sur la reconstruction des traumatismes, sur l'exercice des fonctions psychiques ayant subi des carences; ces patients ont besoin d'introjecter un Moi-peau suffisamment contenant, surface globale sur fond de laquelle les zones érogènes peuvent ensuite émerger comme figures. Notre technique psychanalytique avec de tels patients consiste à rétablir l'enveloppe sonore qui, elle-même, double l'enveloppe tactile primaire; à montrer au patient qu'il peut nous « toucher » émotionnellement; à réaliser des équivalents symboliques des contacts tactiles défaillants en le « touchant » par des mots vrais et pleins, voire par des gestes significatifs de l'ordre du simulacre. L'interdit de se déshabiller, de s'exhiber nu, de toucher le corps du psychanalyste, d'être touché par sa main ou toute autre partie de son corps est maintenu : c'est le requisit psychanalytique minimum. Personne n'est obligé de pratiquer la psychanalyse et il y a lieu de chercher pour chaque cas le type de thérapie qui lui convient le mieux. Mais si la psychanalyse est indiquée et si c'est elle que l'on veut mettre en pratique, il convient d'en respecter l'esprit et la lettre – ici l'interdit du toucher. C'est un abus de la part de certains thérapeutes corporels que de prétendre se réclamer de la psychanalyse pour cautionner leurs méthodes, alors qu'ils manquent à observer une prescription essentielle de celle-ci. Toutefois, quand elles sont le fait des patients, les transgressions de l'interdit, que ce soit celui de l'inceste ou celui du toucher, si elles restent exceptionnelles et non systématiques au cours de la cure, appellent une interprétation (rapide, exacte, énergique) plutôt qu'une sanction (ce que serait par exemple une interruption de la cure ou le renvoi du patient à un confrère).

*

Les interdits « inventés » par Freud (au sens d'inventeur d'un trésor dissimulé dans une cachette) étaient antérieurement connus; la conscience collective, si ce n'est dans toutes les cultures, du moins dans certaines, en avait noté l'existence, sans en préciser la nature et sans en expliquer la portée. Sophocle, Shakespeare se sont servis de l'interdit œdipien comme ressort dramatique. Diderot l'a décrit. Freud s'est appuyé sur cette « obscure perception » de la réalité psychique contenue dans les mythes, les religions, les grandes œuvres littéraires et artistiques. Il doit en être de même pour l'interdit du toucher. On le trouve en effet modulé différemment selon les cultures mais à peu près partout présent. N'y aurait-il une circonstance légendaire où il aurait été énoncé de façon explicite ?

Lors du Congrès international de Psychanalyse à Madrid en juillet 1983, au cours d'une visite officielle du musée du Prado, je m'arrête intrigué, troublé, devant une toile du Corrège, peinte par l'artiste à trente ans, vers 1522-1523. Un rythme ondulé qui s'impose aux deux corps, à leurs vêtements, aux arbres, aux nuages, à la lumière du jour en train de naître à l'arrière-plan, assure une composition originale au tableau. Toutes les couleurs fondamentales à l'exception du violet sont présentes : blancheur du métal des outils de jardin, noirceur de l'ombre, chevelure brune et toge bleue de l'homme laissant largement dénudé un buste blanc et pâle, mais est-ce bien un homme ? la femme, blonde, à la peau blafarde, à l'ample robe dorée, au manteau rouge entrevu, rejeté en arrière, tandis que le ciel et la végétation offrent tous les dégradés du jaune et du vert. Ce n'est plus un homme, ce n'est pas encore un Dieu. C'est le Christ, victorieux de la mort, qui se dresse au jour de sa résurrection, dans le jardin du Golgotha, et s'apprête à monter vers le Père, l'index de la main gauche pointé vers le ciel, la main droite abaissée, doigts redressés et écartés, en signe d'interdiction, mais avec une nuance de tendresse et de compréhension, redoublée par l'accord des rythmes des corps et par l'harmonie des tons du paysage. Agenouillée à ses pieds, se tient la Madeleine, le visage suppliant, brisée par l'émotion, la main droite que le Christ a par son geste repoussée, se repliant en retrait vers la hanche, la main gauche retenant sur l'autre hanche un pan de son manteau ou plutôt se retenant à ce pli. L'attention du visiteur se concentre sur le triple échange du regard, du geste et des paroles devinées à travers le mouvement des lèvres; échange intense rendu admirablement par le tableau. Le titre donné par le peintre à sa toile est la phrase alors prononcée par le Christ : « *Noli me tangere* ». C'est une citation de l'Évangile selon Jean (XX, 17). Ce chapitre XX rapporte la découverte du tombeau vide que le surlendemain de la Pâque après le repos du Sabbat, à l'aube, « alors qu'il faisait encore sombre », effectue Marie de Magdala, du nom du village au bord du lac de Tibériade dont elle est issue et qui lui a valu le second prénom de Madeleine. Seule selon Jean, accompagnée d'une autre Marie, la mère de Jacques et de Joseph, selon Matthieu (XXVIII, 1), d'une troisième femme, Salomé, selon Marc (XVI, 1), de tout le groupe des saintes femmes, selon Luc (XXIV, 1-12), « elle se rend au tombeau et voit que la pierre a été enlevée ». Elle craint que le cadavre n'ait été subtilisé. Elle alerte, toujours selon la version johannique, Simon Pierre et Jean, qui constatent en y pénétrant que le tombeau est bien vide et qui devinent que le Christ est ressuscité. Les deux hommes s'en retournent sans rien lui dire, laissant Marie de Magdala seule et en pleurs au jardin funéraire. Elle aperçoit deux anges qui l'interrogent : « Femme, pourquoi pleures-tu ? » Puis une silhouette qu'elle prend pour le gardien du jardin et qui répète : « Femme, pourquoi pleures-tu ? Qui cherches-tu ? » Elle demande à ce jardinier supposé où il a déposé le corps. « Jésus lui dit : " Marie ". Elle le reconnut et lui dit en hébreu " Rabbouni " (c'est-à-dire

Maître). » À ce moment-là, Jésus prononce la parole qui nous intéresse : *« Noli me tangere »*, puis il charge Marie de Magdala, première personne à laquelle il apparaît après sa résurrection, d'en annoncer la bonne nouvelle à ses disciples.

La traduction française de l'énoncé christique, en latin dans la Vulgate, est à la fois simple et difficile. Simple, car, pris à la lettre, il signifie : « Ne me touche pas. » Difficile, si on veut l'entendre selon l'esprit. « Ne me retiens pas » est la formulation arrêtée par les responsables de la traduction dite œcuménique de la Bible, parue aux éditions du Cerf et que j'utilise habituellement. Une note que voici essaie de justifier cette traduction sophistiquée : « Jésus entend signifier à Marie que le changement qui s'opère en lui en fonction de son passage auprès du Père va entraîner un nouveau type de relations. » Je constate que l'interdit du toucher, dans sa formulation chrétienne initiale, est tantôt mis en rapport avec la séparation de l'objet aimé (« Ne me retiens pas »), tantôt avec l'abandon du langage gestuel pour une communication spirituelle fondée sur la seule parole (« Ne me touche pas », sous-entendu : « écoute et parle seulement »). Jésus ressuscité n'est plus un être humain dont le corps peut être palpé : c'est un dieu intouchable. Il redevient ce qu'il était avant son incarnation : Verbe pur.

Par un de ces entrelacements si fréquents dont Freud a donné l'exemple, entre la Bible et la psychanalyse, ou entre la Bible et l'inconscient, alors que je commence d'écrire dans ma tête le présent texte, je reçois pour sa séance de psychanalyse Rodolphe, un patient médecin, qui me rapporte un rêve où il se voit lui-même recevoir une de ses patientes en psychothérapie. Celle-ci, dans le rêve, monte l'escalier qui conduit du salon d'attente au bureau de mon patient – pièces dans la réalité de plain-pied. Cet escalier rappelle au rêveur la montée aux chambres de la maison de son enfance et aussi, ajouté-je, l'accès à mon appartement situé au premier étage. Brusquement, la patiente arrivée sur le palier ébauche le mouvement de se jeter dans le vide, et, pour la retenir, il la saisit à bras-le-corps. En même temps, il pense, toujours dans son rêve, qu'il devra me rapporter cette scène où il transgresse la règle d'abstinence et il est envahi par des sentiments de culpabilité.

Revenons à la Bible. *Tangere* a en latin exactement la même diversité des sens – corporels et affectifs – que le verbe français toucher, depuis « poser la main sur » jusqu'à « émouvoir ». Par ailleurs, si les quatre évangélistes font tous allusion à la rencontre de Marie de Magdala avec le Christ ressuscité, Jean est le seul à rapporter l'injonction interdictrice de Jésus. Mais les commentaires des exégètes soulignent la convergence des textes : la scène avec Marie de Magdala fixe le moment où, le corps de Jésus devenu un corps mystique, l'Église à venir va pouvoir être conçue comme corps mystique et comme épouse du Christ.

Ce n'est sans doute pas un hasard si l'interdit du toucher est opposé à une femme – non à un homme. Interdit sexuel certes, entraînant une libido à but inhibé et la « sublimation » de l'amour sexuel pour un partenaire en un amour désexualisé pour le prochain en général. Tabou du toucher également, typique de la névrose obsessionnelle. La citation évangélique que je commente ici contribue à confirmer le caractère obsessionnel de la religion chrétienne et à justifier l'analogie proposée par Freud entre religion et névrose obsessionnelle. Toutefois l'interdit christique du toucher n'est pas une affaire simple. Un seul évangéliste l'énonce. Il est sous-entendu chez les autres. Il est difficile à concevoir, à formuler, à appliquer. Il est pris dans maintes contradictions dont la suivante n'est pas la moindre : à peine énoncé, il est transgressé, comme on le constate en se référant à la suite immédiate du texte johannique. Le Christ apparaît le soir même de sa résurrection à ses disciples masculins réunis en secret. Mais Thomas Didyme, absent, refuse de croire au Christ ressuscité, tant qu'il n'a pas vu celui-ci de ses yeux ni touché ses plaies de ses doigts. « Or, huit jours plus tard, les disciples étaient à nouveau réunis dans la maison et Thomas était avec eux. » Jésus réapparaît et s'adresse à Thomas : « Avance ton doigt ici et regarde mes mains; avance ta main et enfonce-la dans mon côté (...) » (Jean XX, 27). Ainsi Thomas, un homme, est invité à toucher ce qu'une femme, Marie-Madeleine, devait se contenter d'entrevoir. Une fois Thomas convaincu, Jésus ajoute : « Parce que tu m'as vu, tu as cru. Bienheureux ceux qui, sans avoir vu, ont cru. » Les exégètes restent muets sur le fait que cette conclusion confond le toucher et la vue. Par contre, ils sont formels concernant celle-ci : « La foi désormais repose, non sur la vue mais sur le témoignage de ceux qui ont vu. » Le problème épistémologique sous-jacent pourrait être posé en ces termes : la vérité est-elle visible, ou tangible, ou audible ? J'indique, en passant, une question que je n'ai pas la compétence de traiter : l'interdit du toucher est-il plus spécifique des civilisations chrétiennes que des autres ? C'est un fait en tout cas que la pratique psychanalytique s'est surtout développée dans les pays de culture chrétienne : elle a en commun avec cette culture la conviction de la supériorité spirituelle de la communication par la parole sur les communications de corps à corps.

La tradition a confondu sous le prénom de Marie-Madeleine trois femmes différentes du Nouveau Testament.

Marie de Magdala est une ancienne malade, atteinte de possession, que Jésus a guérie en faisant sortir d'elle « sept démons »; c'est un de ses premiers miracles (Luc VIII, 2; Marc XVI, 9); elle lui manifeste dès lors un attachement indéfectible, et l'accompagne partout avec le groupe des saintes femmes et celui des douze disciples masculins.

Marie de Béthanie oint d'un parfum coûteux les pieds et les cheveux de Jésus lors du repas donné par elle et sa sœur Marthe en l'honneur de la résurrection de leur frère Lazare, miracle qu'elles ont sollicité ensemble du Christ et dont elles ont été les témoins; au cours de ce repas, Judas déplore le gaspillage et Marthe se plaint que sa sœur lui laisse faire tout le service; Jésus répond que Marie en embaumant d'avance son corps anticipe sa mort prochaine (et, sous-entendu, sa résurrection à venir) et qu'en s'asseyant à ses pieds pour écouter sa parole, elle a choisi la meilleure part (Jean XII, 3; Luc X, 38-42).

Une pécheresse anonyme, de Béthanie également, s'introduit dans la salle du banquet donné par Simon, un Pharisien, en l'honneur de Jésus qui l'a guéri de la lèpre; elle baigne de larmes les pieds de Jésus, les essuie avec ses cheveux, les couvre de baisers, répand sur eux du parfum (pour comprendre le climat physique de cette scène, il faut s'imaginer la chaleur orientale, le fait que les gens modestes marchaient pieds nus, la puanteur qui en émane et dont le texte biblique se sert implicitement pour annoncer l'odeur du cadavre que Jésus sera bientôt); l'hôte s'étonne que Jésus n'ait pas deviné que « cette femme qui le touche » est une prostituée; Jésus réplique qu'elle l'a mieux honoré que lui, qu'elle montre beaucoup d'amour et pour cette raison il pardonne ses péchés (Luc VII, 37-47). En identifiant, sans aucune raison philologique ni théologique valable, cette courtisane repentie avec Marie de Magdala, la tradition a suivi la croyance populaire, selon laquelle une activité de toucher entre deux personnes de sexe différent a nécessairement une connotation séductrice et érotique. En fait, trois problématiques du toucher sont figurées par les trois femmes des *Évangiles :* la problématique de la séduction sexuelle par la pécheresse; la problématique des soins donnés au corps en tant que constitutifs du Moi-peau et de l'auto-érotisme, par Marie de Béthanie; la problématique du toucher comme preuve de l'existence de l'objet touché, par Marie de Magdala. Dans les cures psychanalytiques, il est nécessaire de repérer duquel de ces registres relève le matériel apporté par le patient et comment plusieurs registres sont éventuellement intriqués.

Rodolphe me rapporte un autre rêve qu'il met en rapport avec un reste diurne. Il a récemment rendu visite à son père, qui vit à la campagne. Il a rangé sa voiture au fond du garage et son père, de retour de la ville voisine, a ensuite rentré la sienne, de telle sorte que, le lendemain matin, ayant à faire une course en ville, mon patient n'a pu dégager son véhicule. Il a pris alors celui de son père et, à l'entrée de l'agglomération, il est tombé en panne, une pièce usagée du moteur ayant cédé. Il a confié la voiture à un réparateur proche pour la journée et il est revenu à pied. Quand Rodolphe a expliqué la panne à son père, celui-ci a éclaté en fureur parce que son fils s'était servi de sa voiture et qu'il la lui avait cassée. Le fils a, selon une vieille habitude, laissé passer l'orage. Puis il a calmement expliqué quelle chance cet incident était pour son père qui, sans cela, serait bientôt tombé lui-même en panne, peut-être même en pleine campagne. Le rêve est le suivant. La cousine de Rodolphe, c'est-à-dire une nièce du père, venue habiter auprès de ce dernier après leurs veuvages respectifs, énonçait à mon patient : « Il est interdit de toucher à la voiture de ton père. » Dans le rêve, Rodolphe transgressait l'interdit : pour dégager sa voiture, il manœuvrait celle de son père, la laissant finalement exposée dehors contre un talus.

Un travail associatif de plusieurs séances sur ce rêve met en évidence comment s'y condense l'ambiguïté du verbe toucher. Toucher de l'argent d'autrui, c'est recevoir son dû. Toucher à l'argent d'autrui, c'est s'en emparer indûment. La voiture était l'outil professionnel de son père, représentant de commerce; elle lui permettait de gagner de l'argent. « Tu ne t'approprieras pas la voiture de ton père » fait allusion à la conviction du père que ses enfants en veulent à son argent. La voiture est aussi dans le rêve – et souvent dans la réalité – une image du corps : « tu ne pénétreras pas dans le corps ni dans les pensées de ton père » est une allusion à un transfert homosexuel sur le point de devenir conscient et à la culpabilité croissante chez Rodolphe de chercher à comprendre le fonctionnement mental pathologique de son père au lieu de continuer à le subir pour faire plaisir à l'intéressé. Toucher exprime aussi sous forme dérivée les deux volets du complexe d'Œdipe : tu ne toucheras pas (sous-entendu sexuellement) à ta mère, à ta cousine et plus généralement aux femmes (cette dernière formulation, la plus générale, avait été rabâchée par le père tout au long de l'adolescence de Rodolphe); tu ne toucheras pas à ton père, tu ne porteras pas la main sur lui, tu ne lui prendras pas ses organes génitaux ni sa semence. Un autre rêve de la même nuit met en effet en scène une lutte révolutionnaire à laquelle Rodolphe est censé participer contre un dictateur au Moyen-Orient : il en profite pour s'emparer d'une « liqueur » locale très puissante et très recherchée, qui lui permet de se livrer à un « commerce » fructueux.

L'interdit œdipien (tu n'épouseras pas ta mère, tu ne tueras pas ton père) se construit par dérivation métonymique de l'interdit du toucher. L'interdit du toucher prépare et rend possible l'interdit œdipien en lui fournissant son fondement présexuel. La cure psychanalytique permet de saisir tout particulièrement au prix de quelles difficultés, de quels ratés, de quels contre-investissements ou surinvestissements cette dérivation s'est opérée dans chaque cas.

*

Tout interdit est par nature double. C'est un système de tensions entre des pôles opposés; ces tensions développent dans l'appareil psychique des champs de forces qui inhibent certains fonctionnements et obligent d'autres à se modifier.

Une première dualité consiste en ce qu'un interdit concerne à la fois les pulsions sexuelles et les pulsions agressives; il s'adresse au dualisme pulsionnel. Il canalise la poussée des pulsions; il délimite leurs sources corporelles; il réorganise leurs objets et leurs buts. Et surtout il articule des rapports entre les deux grandes familles de pulsions. L'interdit du toucher concerne en effet les deux pulsions fondamentales. Ne touche pas les objets inanimés que tu pourrais casser ou qui pourraient te faire du mal; n'exerce pas une force excessive sur les parties du corps fragiles et vite douloureuses du corps des autres personnes et plus généralement des êtres vivants (cet interdit vise à protéger l'enfant de l'agressivité, la sienne, celle des autres). Ne touche pas avec insistance sur ton corps, sur le corps des autres, les zones sensibles au plaisir, car tu serais débordé par une excitation que tu n'es pas en état de comprendre et de satisfaire (cet interdit vise à protéger l'enfant de la sexualité, la sienne, celle des autres); dans les deux cas, l'interdit du toucher met en garde contre la démesure de l'excitation et sa conséquence, le déferlement de la pulsion. Toutefois son effet devient pathogène quand la nature même de la pulsion et non plus son intensité est réprouvée et que l'agressivité en tant que telle, la sexualité en tant que telle, les plaisirs qui les accompagnent, les relations d'objet qu'elles modulent, sont barrées. Du point de vue de l'interdit du toucher, sexualité et agressivité ne sont pas nettement différenciées (l'interdit de l'inceste au contraire les différencie) : il les assimile en tant qu'expression de la violence pulsionnelle en général. Les deux pulsions sont considérées là comme identiques (l'interdit œdipien par contre les situe dans un rapport de symétrie inversée, non plus de similitude).

Si l'interdit du toucher, en tant qu'interdit, concerne les pulsions sexuelles et agressives, les premières interdictions de toucher sont par contre au service de la pulsion d'autoconservation : tu ne mettras pas ta main sur le feu (elle serait brûlée); tu ne toucheras pas aux couteaux (tu te couperais); tu n'avaleras pas les médicaments, les objets qui traînent sur les tables ou par terre (tu te rendrais malade), etc. Il y a aussi, inversement, des prescriptions de contact : ne te penche pas par la fenêtre (tu perdrais le contact avec le sol, et tu tomberais dans le vide); ne lâche pas la main pour traverser la rue (tu perdrais l'appui sur tes parents ou leurs tenant-lieu). Dans ces derniers exemples, le maintien de toucher est au service de la pulsion d'attachement : l'enfant doit garder le contact avec ce qui lui sert de pare-excitations substitutif, de moi auxiliaire, là où son Moi en est dépourvu et tant que la structuration de celui-ci reste insuffisante. L'apprentissage de l'autonomie se joue entre deux obligations : garder les contacts requis par la préservation de la vie physique et psychique, renoncer à ceux qui maintiennent le sujet dans une position régressive et qui l'empêchent de grandir. Les applications techniques à la conduite de la cure en découlent (dosage du silence et de l'interprétation, par exemple; passage au face à face ou à la position allongée), que je n'ai pas la place de développer ici. Également, s'ensuivent deux grands types de pathologie, que je ne peux qu'esquisser : ceux pour qui tout contact reste dangereux, et ceux pour qui tout contact reste désirable.

Examinons la seconde dualité. Tout interdit est à double face, une face tournée vers le dehors (qui reçoit, accueille, filtre les interdictions signifiées par l'entourage), une face tournée vers la réalité interne (qui traite les représentants représentatifs et affectifs des motions pulsionnelles). L'interdit intrapsychique s'étaie sur des proscriptions externes mais celles-ci sont l'occasion non la cause de son instauration. La cause est endogène : c'est le besoin pour l'appareil psychique de se différencier. L'interdit du toucher contribue à l'établissement d'une frontière, d'une interface entre le Moi et le Ça. L'interdit œdipien parachève l'établissement d'une frontière, d'une interface entre le Moi et le Surmoi. Les deux censures envisagées par Freud dans sa première théorie (l'une entre l'inconscient et le préconscient, l'autre entre le préconscient et la conscience) pourraient, me semble-t-il, être utilement reprises en ce sens.

Les interdictions portent sur des conduites envers des objets ou envers des régions du corps propre. L'interdit proprement dit porte sur la pulsion, sur l'accomplissement pulsionnel brut non médiatisé. Les interdictions définissent les dangers externes; les interdits signalent les dangers internes. Dans les deux cas, la distinction du dehors et du dedans est supposée acquise (l'interdit n'a aucun sens sans cela) et cette distinction se trouve renforcée par l'interdit. L'interdit est une interface qui sépare deux régions de l'espace psychiques dotées de qualités psychiques différentes. L'interdit du toucher sépare la région du familier, région protégée et protectrice, et la région de l'étranger, inquiétante, dangereuse. Cet interdit est, à mon avis, le véritable organisateur de cette mutation qui apparaît vers le neuvième mois et que Spitz a ramenée et réduite à la simple distinction du visage familier et du visage étranger, distinction qui, selon moi, n'est qu'un aspect particulier de ce qui se joue quand l'enfant commence à se déplacer à quatre pattes et à saisir les objets inanimés. Ne reste pas collé au corps de tes parents, assume d'avoir un corps séparé, explore le monde extérieur : telle paraît être la forme la plus primitive de l'interdit tactile. Mais aussi – et c'en est une forme plus évoluée – ne touche pas sans précautions les choses inconnues, tu ne sais pas ce qui peut t'arriver. Par un aspect, l'interdit invite à toucher d'autres choses que le familier et le familial, et à les toucher pour les connaître. Par un autre aspect, il prémunit contre les risques de l'ignorance et de l'impulsivité : on ne touche pas n'importe quoi n'importe comment. Attraper l'objet se justifie si c'est pour expérimenter comment il se comporte – non pour le porter à sa bouche et l'avaler parce qu'on l'aime, ni pour le casser et mettre en pièces ce qu'il y a d'haïssable dans son ventre. Cette expérimentation tactile a besoin d'être contrôlée par la vue de l'enfant, par le discours des parents, par l'imitation de leurs gestes. Elle porte globalement sur les objets animés et inanimés, sur les parties du corps propre, sur les régions de l'espace, quatre ordres de réalités qui restent confondues dans l'expérience tactile primaire du corps à corps, et que l'interdit du toucher contribue à différencier : ton corps est distinct des autres corps, l'espace est indépendant des objets qui le peuplent, les objets animés se comportent autrement que les objets inanimés. Sans cet interdit, ces distinctions ne peuvent s'acquérir.

L'interdit œdipien inverse les données de l'interdit du toucher : ce qui est familier, au sens premier de familial, devient dangereux par rapport au double investissement pulsionnel, d'amour et de haine; le danger est celui, jumelé, de l'inceste et du parricide (ou du fratricide); le prix à payer est l'angoisse de castration. Par contre, quand il sera grand, le garçon aura le droit, dans certaines conditions, et même le devoir, de lutter contre les hommes étrangers à la famille, au clan, à la nation, et de choisir une femme en dehors de sa famille. Dans la famille où ils ont pris naissance, les désirs agressifs ou amoureux sont – en principe – interdits : il ne reste plus à l'adolescent qu'à la quitter pour aller les vivre ailleurs.

Une troisième dualité est la suivante : tout interdit se développe en deux temps. L'interdit œdipien, tel que Freud l'a envisagé, centré sur la menace de castration génitale, limite les relations amoureuses selon l'ordre des sexes et des générations. Un stade œdipien précoce, prégénital, étudié par Mélanie Klein, le précède et le prépare. Interdit anticannibalique de manger le sein désirable, fantasme d'aller détruire les enfants-fèces rivaux et le pénis du père dans le ventre de la mère, sevrage vécu comme châtiment, angoisse de dévoration, interdiction de mordre. L'interdit du toucher lui aussi est à double détente. Il y a en effet lieu de distinguer : le contact par étreinte corporelle, portant sur une grande partie de la peau, englobant pression, chaleur ou froid, bien-être ou douleur, sensations kinesthésiques et vestibulaires; et le toucher avec la main, à quoi tend à se réduire le contact quand l'enfant acquiert la maîtrise des gestes de désignation et de préhension des objets et quand, par l'éducation, le contact peau à peau, jugé trop infantile ou trop érogène, ou trop brutal, se trouve limité au toucher manuel. Il y aurait donc un interdit premier du contact global, c'est-à-dire de la fusion et de la confusion des corps, et un interdit second et sélectif du toucher manuel : ne pas toucher les organes génitaux et plus généralement les zones érogènes et leurs produits; ne pas toucher les personnes, les objets, d'une façon qui ferait du mal à celles-là, qui casserait ceux-ci, le toucher étant limité aux modalités opératoires d'adaptation au monde extérieur et les plaisirs qu'il procure n'étant conservables que subordonnés au principe de réalité. Selon les cultures, l'un ou l'autre des deux interdits du toucher se trouve renforcé ou atténué. L'âge où chacun intervient, leur champ d'extension sont très variables. Mais il semble qu'on ne trouve guère de société où ils soient absents. Les sanctions en cas de transgression sont également très variables. Elles vont des châtiments physiques ou de leur menace à la simple réprobation morale, manifestée par exemple par le ton de la voix.

L'interdit primaire du toucher transpose sur le plan psychique ce qu'a opéré la naissance biologique. Il impose une existence séparée à l'être vivant en voie de devenir un individu. Il interdit le retour dans le sein maternel, retour qui ne peut plus être que fantasmé (cet interdit ne s'est pas constitué chez l'autiste, qui continue de vivre psychiquement dans le sein maternel). L'interdiction est implicitement signifiée à l'enfant par la mère sous la forme psychique et active d'une mise à distance : elle s'éloigne de lui, elle l'éloigne d'elle, en le retirant du sein, en écartant son visage qu'il cherche à attraper, en le déposant dans son berceau. Mais pour le cas où la mère manquerait à mettre en acte l'interdiction, il se trouve toujours quelqu'un dans l'entourage pour se faire, au niveau verbal cette fois-ci, le porte-parole de l'interdit. Le père, la belle-mère, la voisine, le pédiatre rappellent la mère à son devoir de se séparer corporellement du bébé pour qu'il s'endorme, pour qu'il ne soit pas trop stimulé, pour qu'il ne prenne pas de mauvaises habitudes, pour qu'il apprenne à jouer seul, pour qu'il marche au lieu de se faire porter, pour qu'il grandisse, pour qu'il laisse à l'entourage un temps et un espace où celui-ci puisse vivre pour lui-même. L'interdit primaire du toucher s'oppose spécifiquement à la pulsion d'attachement ou d'agrippement. La menace du châtiment physique correspondant est éventuellement fantasmée sous la forme d'un arrachage laissant à vif la surface de peau commune au bébé et à sa mère (ou à son tenant-lieu qui peut être le père) [1], arrachage dont les mythologies et les religions se sont fait l'écho : Marsyas écorché vif par Apollon, saint Barthélemy martyrisé de cette façon [2], Zeus prenant comme armure (comme égide) la peau de sa nourrice Amalthée, une fois morte, etc.

L'interdit secondaire du toucher s'applique à la pulsion d'emprise : on ne peut pas toucher à tout, s'emparer de tout, être le maître de tout. L'interdiction est formulée par le langage, gestuel et/ou verbal. L'entourage familial/familier oppose à l'enfant prêt à toucher un « non » proféré comme tel ou signifié par un mouvement de la tête ou de la main. Le sens implicite est le suivant : on ne prend pas, on demande d'abord et on doit accepter le risque d'un refus ou d'un délai. Ce sens s'explicite en même temps que l'enfant acquiert une maîtrise suffisante du langage, maîtrise que justement cet interdit pousse à acquérir : on ne montre pas du doigt les objets intéressants, on les désigne par leur nom. Daniel Marcelli a décrit un comportement typique de l'enfant autiste (pour qui un tel interdit n'est pas assimilé) : au lieu de prendre lui-même un objet permis et désiré, il prend la main de sa mère pour que celle-ci le saisisse et lui donne. La menace du châtiment physique correspondant à l'interdit secondaire du toucher est souvent exprimée par le discours familial et social sous la forme suivante : la main qui vole ou qui masturbe sera attachée ou coupée.

Une quatrième caractéristique de l'interdit en général est sa bilatéralité : il s'applique à l'émetteur des interdictions tout autant qu'au destinataire. Quelle que soit la vivacité des désirs œdipiens réveillés chez les géniteurs à l'occasion de la maturation sexuelle de leurs enfants, les pères ne couchent pas avec leurs filles et ne dévirilisent pas leurs fils : sinon, il devient impossible aux enfants d'élaborer leur propre complexe d'Œdipe. Mais il leur est par un autre côté nécessaire de

1. Les « jeunes » pères qui, depuis une génération dans la culture occidentale, assument volontiers à égalité avec la mère le nourrissage et les soins du bébé (à l'exception de la grossesse et de l'allaitement au sein) aident beaucoup la mère et se donnent bien du plaisir mais ils compliquent la tâche du tout-petit, qui doit se dégager de deux relations duelles et non plus d'une seule et chez qui la constitution d'un interdit endogène se trouve retardée ou affaiblie.

2. En peignant la voûte de la chapelle Sixtine, Michel-Ange s'est représenté sous les traits de saint Barthélemy, réduit à la peau et au visage : je remercie Didier Chartier de m'avoir communiqué cette information.

sentir que leurs désirs œdipiens trouvent un écho chez leurs parents. De même, l'interdit du toucher, pour exercer son effet de restructuration du fonctionnement psychique, requiert d'être respecté par les parents et les éducateurs. Des manquements graves et répétés constituent un traumatisme cumulatif, qui produit à son tour d'importantes conséquences psychopathologiques. Tel fut le cas pour Janette, suivie par moi en psychothérapie depuis plus de douze ans.

Je fus pendant des années affronté à une très forte angoisse persécutive chez elle. Elle ne se sentait pas à l'abri dans son corps ni dans sa maison. Elle faisait irruption dans la mienne par des appels téléphoniques à toute heure du jour ou du soir, semaine ou week-end, par des demandes de rendez-vous immédiats, par des refus de quitter mon bureau à la fin de certaines séances. L'établissement progressif d'un cadre psychothérapique régulier et la reconstruction des principaux traumatismes de son enfance et de son adolescence lui permirent de se constituer peu à peu un Moi-peau, de trouver une activité professionnelle qui la rendait indépendante de ses parents et de consacrer ses loisirs à la composition de textes littéraires qui parachevaient l'élaboration symbolique de ses conflits. Elle finit par acquérir une confiance suffisante dans la psychanalyse et dans son psychothérapeute pour m'en montrer certains. Deux d'entre eux m'ont particulièrement frappé par rapport à mon propos actuel. Transposant dans un des personnages de ses fictions l'expérience qu'elle avait avec moi, elle décrit les mots de ce personnage comme des mains qui l'ont tenue, retenue, contenue, qui lui ont rendu un visage et permis de reconnaître sa douleur : une main tendue vers elle très loin, très loin par-dessus l'abîme, une main qui finit par réussir à se saisir de la sienne comme un pont par-delà le temps, une main qui réchauffe les deux siennes, une main ensuite qui se détache, en même temps que la voix du personnage doucement explique qu'il lui faut partir, qu'il reviendra et, le regardant s'éloigner, elle peut, pour la première fois depuis longtemps, longuement sangloter. Le second passage significatif concerne le dénouement d'une nouvelle où l'héroïne en rentrant chez elle est renversée la nuit sur la route par une voiture. Tandis qu'elle agonise, une voix à côté d'elle la retient quelque temps encore à la vie, une voix qui dit à quatre reprises et sous quatre variantes : « Ne la touchez pas. » Elle entre alors dans le soleil – soleil de la mort représentant la mort psychique de ma patiente produite sous le coup de tant d'effractions, mais aussi soleil de la vérité. Ce qu'elle, sans défense, n'a jamais pu exprimer qu'indirectement en s'enfonçant dans la folie – à savoir qu'on ne la touche pas –, cet interdit est enfin énoncé clairement, calmement, puissamment, comme une loi indestructible de l'univers psychique que des manquements peuvent occasionnellement occulter sans en altérer la réalité structurante fondamentale.

DIDIER ANZIEU

J. O. Wisdom

HOMME ET FEMME

*Quand nous avons lu cet article dans une récente livraison de l'*International Journal of Psycho-Analysis *(1983, nº 2), nous lui avons trouvé une liberté de ton qui contrastait avec la production psychanalytique courante. Il y avait là un humour, une fraîcheur dans l'abord des questions les plus canoniques (bisexualité, envie du pénis), une manière joueuse, imprévue, d'utiliser les concepts qui éveillaient l'intérêt. On peut imaginer que la rédaction de l'*International Journal *l'a approuvé d'une formule de ce genre :* Very stimulating and somehow provocative paper!

Nous remercions l'auteur et l'éditeur de nous avoir autorisés à traduire ce texte dont le titre original est Male and Female.

*

Les bipèdes peuvent, en gros, se diviser en mâles et femelles. Cette opération est généralement effectuée par une sage-femme qui examine les organes génitaux du bébé et annonce : « C'est un garçon (ou une fille). » Le fait est ensuite dûment inscrit sur un acte de naissance et la question est réglée pour la vie. On admet en général, y compris dans les dictionnaires, qu'un bipède est exclusivement l'un ou l'autre.

Mais, que l'on quitte le terrain sûr de la définition physiologique pour chercher ce qui différencie socialement l'homme et la femme, et l'on rencontre alors des difficultés insolubles. Ernest Jones n'était pas tout à fait d'accord avec Freud à propos de la sexualité féminine et citait une source d'inspiration « plus ancienne que Freud » : « Dieu les créa homme et femme. » (Moi aussi, j'ai quelque part fait la même erreur que Jones.)

Dans de nombreuses sociétés, îles Britanniques comprises, jusqu'à la Première Guerre mondiale, il y avait des différences sociales claires, que l'on pouvait définir de manière bien tranchée. Cela vaut la peine d'y faire une brève allusion car les jeunes générations semblent croire que la révolution en ce domaine a commencé seulement il y a dix ou vingt ans – alors qu'en réalité, si elle s'est accélérée pour atteindre récemment son apogée, elle a débuté il y a plus d'un demi-siècle. Il fut un temps où l'homme chassait, était assis derrière un bureau, tenait en respect un rôdeur, punissait les enfants, réparait une fuite sur la toiture; où la femme lavait les enfants, préparait la nourriture et la faisait cuire, nettoyait et rangeait la maison après les repas, couchait les petits, préparait le bonnet de nuit de l'homme. Là, il y avait des différences nettes entre hommes et femmes; les différences sociales, les différences entre les rôles sociaux étaient marquées. Homme et femme n'étaient pas interchangeables.

Mais aujourd'hui ? Depuis quelques dizaines d'années, l'homme peut accomplir toutes ces tâches; s'il le fait, c'est accepté par la femme, c'est accepté par la communauté. Dans une moindre mesure, la femme a pu faire et a fait tout ce que l'homme faisait jusque-là.

Par conséquent, on ne peut plus dire d'après le rôle si un bipède est un homme ou une femme. Nous voilà donc ramenés aux différences anatomiques – et à la différence de force. Mais il n'y a pas de rôle social qui soit une conséquence. Les rôles sociaux que l'on croyait être des conséquences ne le sont pas : un homme peut nourrir un bébé avec un biberon qu'il sait préparer. (Mais, à part Zeus, aucun homme n'a jamais mis au monde qui que ce soit.)

Dans ses débuts, la psychanalyse voyait, de manière classique, une différence *essentielle* entre l'homme et la femme, et elle supposait que les différences sociales essentielles résultaient des différences anatomiques essentielles. Ainsi, l'homme était un chasseur, un guerrier, un concurrent en affaires, un défenseur de la discipline, *parce qu*'il avait un pénis. La femme faisait la cuisine, surveillait le feu, s'occupait des enfants, soignait leurs blessures, *parce qu*'elle avait des seins. Il est assez facile de voir dans les rôles de l'homme des dérivés complexes du pénis; dans ceux de la femme, des dérivés complexes de l'allaitement.

Puisque les rôles non anatomiques, après tant de millénaires, se sont révélés être interchangeables, les dérivations que je viens d'évoquer s'effondrent – à moins que nous puissions opérer un curieux sauvetage. En effet, il semble que nous soyons amenés à deux réponses possibles : 1) les rôles en question ne sont nullement la conséquence de l'anatomie et ils ont une autre origine; 2) les rôles sont la conséquence de l'anatomie, à condition que nous introduisions une nouvelle série d'hypothèses. L'une d'elles pourrait être que l'envie du pénis chez la femme procure à celle-ci le *fantasme* de posséder une base nécessaire aux rôles sociaux masculins – le fantasme à cet égard étant aussi puissant, ou presque, que le pénis réel chez l'homme. Ce serait là sans aucun doute une hypothèse tout à fait acceptable pour l'analyse classique depuis que Freud a construit sa théorie de la sexualité féminine sur l'envie du pénis. Cependant, il faudrait ajouter une autre hypothèse (celle-là, beaucoup plus difficile à accepter) selon laquelle l'homme aurait le fantasme de posséder des seins et un utérus (équivalent au fantasme de la femme de posséder un pénis); ce qui, bien entendu, suppose l'hypothèse d'une envie du sein et d'une envie de l'utérus chez l'homme. Pour être bref, je m'en tiendrai à l'envie du sein.

Considérons rien qu'un instant l'extrême répugnance de l'homme à travers les âges pour des idées telles que l'envie du sein, le fantasme de posséder des seins ou tout autre attribut de la femme. Cela a été un anathème beaucoup plus puissant pour l'homme que ne l'était pour la femme l'envie à l'égard de l'homme. L'homme a accepté le compliment; la femme a accepté d'être citoyenne de second rang – ou elle s'y est adaptée – et elle trouve que c'est bêtement masculin que de vouloir s'identifier à elle, elle qu'aussi bien les femmes que les hommes tiennent pour inférieure.

Mais, à part cela, l'homme a apparemment toujours eu un énorme problème avec son machisme. C'est pourquoi il lui a fallu soigneusement tenir à distance son envie du sein. L'homme risque sa virilité à admettre qu'il a une forme quelconque de féminité. La femme, elle, peut prendre le risque de poursuivre des activités masculines sans craindre de perdre sa féminité. Cette asymétrie est déconcertante et, pour l'expliquer, je ne puis suggérer qu'une seule hypothèse. D'un côté, si l'homme essayait de rendre féconds ses seins fantasmés, cela conduirait tout naturellement à la fellatio, chose qui serait incompatible avec l'insertion pénienne. De l'autre, la femme, avec son fantasme de posséder un pénis – et tout ce qui s'y rattache – peut aussi avoir le fantasme de fellatio, c'est-à-dire en ce cas, de donner la tétée, chose qui est compatible avec le fait qu'elle possède des seins – sans parler du fait que, grâce à son fantasme, elle est bien placée pour comprendre l'homme et le contrôler, et que, dans la mesure où elle accepte la fellatio voulue par l'homme, elle offre un équivalent, en quelque sorte, du sucer vaginal. Si l'on se demandait pourquoi l'homme ne peut faire de son sein fantasmé un emploi équivalent, la réponse serait que, chez l'homme, le fantasme est incompatible avec l'insertion pénienne – masculinité –, alors que, chez la femme, le fantasme opère dans le sens de sa féminité.

Voilà jusqu'où je puis aller dans ma tentative de faire fonctionner l'idée classique : j'ai dû, pour cela, introduire des hypothèses qui ne contredisaient pas l'analyse classique (avec, peut-être, des adjonctions kleiniennes), afin de voir dans les dérivés sociaux les conséquences naturelles des différences anatomiques entre les sexes.

Mais, à partir de maintenant, je commence à diverger. On a pu noter deux faits. L'un est que les conséquences sociales sont précisément d'ordre social : ce ne sont pas des conséquences dérivées de la seule idée d'un bébé anatomiquement mâle ou femelle en dehors de tout contexte social. L'autre est que la femme, semblerait-il, a une compréhension pénienne de l'homme, autrement dit, elle peut s'identifier à lui.

Ainsi peut-on penser qu'il y aurait une identification de l'homme à la femme, qui serait niée avec la plus extrême intensité; et une identification de la femme à l'homme qui, toujours admise dans une certaine mesure, deviendrait de plus en plus manifeste. La femme n'a jamais été honteuse de son ancêtre, la côte d'Adam; l'homme n'a pas d'ancêtre propre (sinon la poussière) – jusqu'à ce que Melanie Klein ait suggéré le sein. Pour plus de la moitié des psychanalystes du monde, l'envie du sein chez l'homme est aussi inacceptable que l'est, pour les féministes, l'idée que l'envie du pénis constitue l'essence même de la femme.

Depuis dix à vingt ans, l'attitude des psychanalystes a progressivement changé; j'y reviendrai plus loin. Je me propose pour le moment d'examiner plus à fond ces deux idées : que l'homme a quelque chose de féminin en son noyau et la femme quelque chose de masculin dans ses origines. Cette constatation va dans le sens de ce qu'affirme Stoller :

> ...un homme anatomiquement normal peut devenir masculin et se croire un homme, ou féminin et se croire une femme, l'une ou l'autre de ces deux issues résultant de la psychodynamique familiale [1].

Si ce raisonnement devait nous donner l'impression de revenir aux premières années de ce siècle, à l'époque où Adler affirmait que l'homme voulait la domination et que la femme ne pouvait l'obtenir, où Jung voyait chez l'homme ce qu'il appelait l'« anima » et chez la femme l'« animus » (les principes féminin et masculin caractérisant l'autre sexe), alors, soit, revenons en arrière et essayons de tirer un meilleur parti de ce que la psychanalyse a malheureusement laissé échapper. L'idée, à la vérité, ne date pas de Jung mais remonte à Platon qui tenait d'Aristophane (quoiqu'elle fût exprimée sous une forme comique) une théorie à la fois de l'homosexualité et de l'hétérosexualité; laissant de côté l'homme double et la femme double, la troisième espèce, qui était androgyne, était divisée en deux moitiés et la partie masculine passait son temps à chercher l'autre moitié pour être complète (et réciproquement) – il y avait là valorisation et non dénigrement de la partie complémentaire.

Notons tout d'abord un des facteurs introduits plus haut qui nous aide à comprendre que la femme voit les activités de l'homme comme dérivant de l'anatomie génitale de celui-ci et les voit en tant que femme qui a le fantasme de posséder un pénis. Cette hypothèse présupposait des activités mâles sociales; car les choses qu'il fait, qui l'ont traditionnellement distingué en tant que mâle (dans toutes les cultures avec des variations selon chacune) appartiennent au social. Ainsi, nous n'avons pu construire – ou compléter – l'idée classique de dérivés du pénis qu'en envisageant l'homme et la femme dans une relation sociale. Et c'est là que Jung est arrivé, tandis que Freud se chargeait de l'énorme tâche consistant à montrer, en termes d'une *one-body psychology,* que la relation sociale était issue de l'anatomie (ou qu'elle s'y réduisait).

1. R. Stoller, *The Transsexual Experiment,* Hogarth Press, 1975.

Que se passe-t-il alors si nous prenons les choses en sens inverse et voyons dans la relation primaire une gestalt d'homme et de femme? et qu'ensuite nous nous demandons quelles composantes cela peut impliquer? La possibilité s'offre qu'une névrose (ou pire) de l'homme ou de la femme détermine une difficulté sexuelle de l'un ou l'autre – mais aussi qu'elle détermine autre chose. Aujourd'hui, presque tous les analystes ont pu rencontrer des gens atteints d'une névrose grave ou presque psychotiques, dont le fonctionnement sexuel était cependant excellent. (C'est vrai, Freud estimait que la névrose ramenait non pas à des difficultés de la sexualité adulte, mais à la sexualité infantile; mais cela n'est pas significatif car, selon lui, l'individu dont la sexualité infantile avait été perturbée ne pouvait parvenir à une sexualité adulte normale.) Nous n'avons donc pas d'autre solution que de chercher une base plus large à l'origine de la psychopathologie.

Je verrais cette base dans le fait que l'homme (ou la femme) doit affronter l'aspect féminin (ou masculin) de sa propre personne. Comme l'ont montré Margaret Mahler ainsi qu'Eleanor Galenson, ceci suppose assurément que l'on distingue une identité de genre. Mais elles ne disent pas en quoi consiste l'identité de genre. Aussi avons-nous du mal à préciser ce qu'est un homme quand il est en partie féminin et une femme quand elle est en partie masculine.

Il est naturel d'envisager la division primitive du travail. L'homme, selon Darwin, était plus grand et plus fort, fait pour l'attaque et la défense, pour la recherche de la nourriture – pour toutes les activités brutales. La femme, toujours selon Darwin, n'était pas musclée mais souple pour faciliter les naissances. Sa façon plus douce de manipuler les bébés serait une nécessité biologique. À force d'avoir toute la journée des enfants autour d'elle, elle aurait développé un mélange de fermeté et de douceur. L'homme se plairait à jouer peut-être, mais assez brutalement, et il personnifierait la force.

Ce que je veux dire par là, c'est que la fermeté de la femme est la forme de brutalité masculine qu'il y a en elle, tandis que sa tendresse lui appartient en propre. L'homme, quant à lui, enseigne la réalité du monde avec sa brutalité; mais il apprend de la femme que la douceur envers les enfants est souvent payante. Il apprend également que son besoin sexuel de la femme est plus facilement satisfait par l'emploi de la douceur (il y a une idée traditionnelle selon laquelle cela exciterait la femme d'être brutalisée; même si ce n'est pas un mythe, ce ne serait vrai que dans une certaine mesure et la brutalité ne serait pas la même que dans la chasse).

J'essaie ainsi d'établir une distinction entre l'homme naturellement brutal et ayant une douceur féminine acquise; et la femme naturellement douce et ayant une fermeté (une brutalité transformée) acquise.

L'idée adoptée ici est donc celle-ci : il y a une différence naturelle, liée à l'évolution et reconnaissable entre l'homme et la femme, différence dont l'homme et la femme contiennent les éléments propres à l'autre sexe (mais cet homme n'est pas purement homme au sens originellement décrit, pas plus que la femme n'est purement femme).

Avec les changements subtils liés au développement des sociétés, le mélange est devenu extrêmement compliqué.

Mais, aujourd'hui encore, il suffit de laisser entendre aux hommes que leur féminité transparaît pour qu'ils perdent, pour la plupart, leur sérénité. Quant aux femmes, dans l'ensemble, l'accusation équivalente ne les trouble pas. Ce qui confirme ce que je disais plus haut : que la féminité de l'homme va à contre-courant de sa masculinité tandis que la masculinité de la femme va dans le sens de sa féminité. (On comprendrait ainsi pourquoi Bernard Shaw voyait dans la femme le sexe « fort ».)

Désormais, toute la teneur de cette discussion dépend des relations interpersonnelles. La théorie originelle de Freud était une *one-body psychology*, selon laquelle l'homme reconnaissait sa masculinité à travers la possession d'un pénis, et la femme reconnaissait sa féminité à travers la « perte » d'un pénis. Freud et les premiers analystes ont obtenu des résultats étonnants avec cette approche – d'où je conclus qu'il y a des patients qui souffrent fondamentalement d'un complexe de castration; mais il se peut aussi que, chez d'autres patients, la souffrance ait une autre source et que ces patients-là ne soient pas spécialement perturbés par un complexe de castration : leur psychopathologie pourrait, en particulier, provenir du fait qu'ils sont incapables de s'adapter à la féminité (ou à la masculinité) qui est dans leur constitution.

Je ne sais pas jusqu'à quel point les premiers analystes ont réellement introduit dans leurs interprétations l'idée de complexe de castration, ou, pour ce qui nous occupe ici, l'idée d'homosexualité. Leurs livres et leurs articles sont pleins de ces idées. Mais, d'une part, le succès d'une thérapie pouvait s'expliquer par d'autres facteurs (notamment l'écoute et le transfert). D'autre part, les premiers analystes me paraissent avoir été assez libres et accommodants en matière d'idées. Ainsi, dans leurs écrits, se précipitent-ils sur l'homosexualité alors que je les soupçonne de l'avoir confondue avec l'amitié et l'affection; avec, peut-être, un peu de légèreté, ils s'appuient énormément sur leurs intuitions et les possibilités audacieuses qui s'ouvrent à eux. Ces interprétations, les faisaient-ils au moment où ils discutaient de leurs cas, ou bien les donnaient-ils réellement aux patients? En l'absence d'interprétations (et de réponses à ces interprétations) explicitement énoncées, nous n'avons pas de preuves cliniques de celles-ci. Par exemple, on tombe fréquemment sur l'interprétation d'homosexualité lorsqu'il est question de prostitution, d'alcoolisme, de fréquentation des cafés, de bagarres; mais les preuves à l'appui font totalement défaut. Prenons un autre exemple, celui du prêtre en soutane : on pourrait certainement dire qu'il y a en lui une composante féminine, mais pas nécessairement davantage.

Ainsi, me semble-t-il, les premières interprétations de castration et d'homosexualité (érotisme anal) ont pu être imputées à tort aux hommes – en tant que psychologie *one-body* [1] – au lieu d'un déni de féminité qui peut certes s'exprimer en tant que psychologie *one-body* mais relève fondamentalement d'une psychologie *two-bodied.*

Pour pouvoir faire quelque chose de ce mélange de personnalité, je propose d'introduire un nouveau processus primaire (auquel j'ai peut-être fait allusion dans d'autres écrits). On pourrait appeler cela le processus d'échange de tranches de personnalité. De même que les processus primaires fondamentaux découverts (inventés ?) et si bien mis à profit par Freud (condensation, déplacement, symbolisation – y compris la sublimation – et élaboration secondaire), celui-ci n'est pas observable. Aucune caméra de télévision ne peut le filmer. C'est une interprétation, avec la difficulté que cela comporte toujours de tester les interprétations par leurs conséquences. L'hypothèse est celle-ci : l'*échange de personnalité* est un trafic dans les deux sens qui s'effectue au moyen du mécanisme kleinien d'*identification projective* et du mécanisme freudien d'*identification introjective.*

Mon idée est que l'échange de personnalité se produit de manière permanente tout au long de la vie. Lorsqu'un père ou une mère gazouille devant un bébé qui sourit ou roucoule (comme devant un chat qui ronronne), quelque chose, selon moi, est transmis au bébé (« c'était un beau sourire; je suis content que tu te sentes bien », ou plutôt « je roucoule en toi ») et quelque chose pénètre dans le père ou la mère (« ce sourire m'aide à me remplir »); et, même quand il s'agit d'une plainte, le parent peut transmettre quelque chose comme « j'ai mal aussi », mais également « mon mal ne m'abîme pas » (ce que Bion appelle accepter les éléments ß). Ou lorsqu'on est au chevet d'un malade quand les mots ne peuvent rien, ou ne peuvent être que des banalités. La présence aide. Assez curieusement, mes exemples évoquent la communication par le silence – car s'il y a silence, il y a *ipso facto,* « présence ».

Mais ce ne sont pas ces expériences qui m'ont suggéré cette idée. Elle est née d'un jeu auquel on jouait sur les plages d'Alexandrie. Deux personnes ayant chacune une raquette de ping-pong et jouant avec une seule balle de tennis se lançaient la balle indéfiniment jusqu'à ce que l'une d'elles la ratât. Les joueurs n'essayaient pas du tout de lancer la balle hors de portée de l'autre – au contraire. Il n'y avait pas de terrain tracé dans le sable. On ne comptait pas les points, on ne gagnait pas, on ne perdait pas. Malgré mon irritation due au fait que je voulais lire et que le bruit me gênait, j'étais curieux de connaître le but de ce jeu. Et j'ai fini par comprendre que les deux joueurs échangeaient des parties d'eux-mêmes, qu'ils étaient en réalité *en train de vivre.*

J'ai eu aussi le privilège d'observer un bambin (je n'ai pas, hélas, noté son âge

1. Il y a trente ans, au cours d'une discussion au sein de la section médicale de la British Psychological Society, John Richman mettait en question le bien-fondé d'une *one-body psychology.*

mais il portait encore des couches) dans un grand parc en plein air pour enfants. Un homme qu'il connaissait parfaitement bien pénétra dans l'enclos, sur quoi le garçon lui donna un croûton – rien d'extraordinaire à cela. Presque aussitôt, l'enfant le reprit – ce qui est également banal. Mais il redonna le croûton à l'homme – et cela s'est arrêté là. Ce n'était pas, semble-t-il, le croûton qui était important, ni même qui le possédait. Ce qui comptait, c'était l'échange : le garçon donnait quelque chose de *lui-même* (fût-ce symbolisé par le croûton) à l'homme et recevait pour lui-même quelque chose de l'homme.

Encore un exemple : dans un cocktail, on est présenté à X et on lance timidement un sujet de conversation – le temps, le gouvernement. Cette offre de soi-même n'est pas acceptée, alors on la rempoche et on essaie le dernier roman. Voilà que cela crée une animation et X donne en retour beaucoup de lui-même. Avec l'application du processus primaire en question, les personnalités se développent (ou parfois se rabougrissent).

Dans ces conditions, nous serions ce que notre entourage fait de nous. Dans les limites, peut-être, de la force, de la souplesse et de l'ouverture de notre personnalité.

Il semble possible qu'une personnalité se développe depuis la première tétée jusqu'à la tombe – encore que, sa structure devenant plus stable, elle se modifiera moins avec les années (et avec le phénomène bien connu du durcissement des artères [mentales], un individu ne se développera plus du tout après cinquante-huit ans peut-être, mais peut-être pas non plus après vingt-huit ou vingt-deux ans, si tant est qu'il existe une limite inférieure). Heureux l'homme qui dans sa vieillesse se détériore physiquement mais dont l'esprit continue de mûrir. Ai-je dit jusqu'à la tombe ? On voit pourtant souvent un époux survivant prendre certaines manières ou certaines habitudes du conjoint disparu.

Si l'on applique l'idée d'échange de personnalité plus précisément à l'homme et à la femme, au garçon et à la fille, on voit bien que les petits qui commencent à marcher (et les nourrissons) échangent des caractéristiques dès leur plus jeune âge. Il est difficile de mesurer l'ampleur de cet échange. Les deux parents et la fratrie seront évidemment les principaux éléments en cause. Il est difficile de savoir exactement quels facteurs produisent une déformation de l'identité de genre – et même pourquoi il devrait y avoir une telle déformation. Je suppose que la propagation physique de l'espèce met en relief l'identité de genre. En allant un peu plus loin, on pourrait dire que la société elle-même est un sous-produit de l'identité de genre. En se combinant avec le genre biologique, la société crée peut-être un *précipité de genre* qui se trouve être en contradiction soit avec la société ou le genre biologique, soit avec les deux à la fois.

Peut-on essayer de voir dans la psychopathologie le produit de ce précipité ?

Je pense qu'on pourrait à juste titre dire que la schizophrénie est une maladie où fait presque totalement défaut l'échange de personnalité. Pas totalement, cependant, puisque des analystes et peut-être d'autres schizophrènes ont pu avoir un certain contact avec des schizophrènes. Le retrait dans la mélancolie pourrait s'expliquer par un rejet du sexe opposé à celui de l'identité de genre. Dans l'alcoolisme, on pourrait voir une tentative désespérée de parvenir à l'échange de personnalité, c'est-à-dire un effort pour entrer dans l'échange, qui serait néanmoins une pseudo-relation. Dans l'état obsessionnel, ce qui est nié, c'est peut-être l'identité de genre, le désir d'avoir l'identité de genre socialement opposée – d'avoir l'esprit d'un homme (ou d'une femme) dans un corps biologique de femme (ou d'homme). La situation serait différente dans le transsexualisme où le désir est de changer à la fois le corps et l'esprit, différente aussi dans le transvestisme où (pour prendre le cas de l'homme) la composante masculine est totalement rejetée, quoique, probablement, seulement de manière temporaire; en outre, la féminité ne serait recherchée que pour le corps, non pour l'esprit. Car si un travesti voulait en permanence être une femme, il serait un transsexuel. Et ce serait même encore plus vrai s'il voulait être une femme par sa mentalité.

Quant à l'homosexuel, il aurait rejeté la composante de genre opposée et il chercherait un partenaire du même sexe ayant également rejeté la composante de genre opposée. Concrètement, un homosexuel rechercherait la même constellation : il/elle n'aurait d'autre identification possible qu'à travers l'échange du seul genre qui lui reste. De plus, dans beaucoup de cas, ceci mettrait l'accent plutôt sur l'identification que sur la relation d'objet (quoique cette dernière soit certainement possible).

Je voudrais aussi mentionner ceux dont j'ai entendu parler au Moyen-Orient, qu'on appelle les « bifocaux ». On peut imaginer qu'avec un certain clivage, un individu puisse osciller entre l'acceptation et le rejet du genre non biologique. On aura remarqué que je n'ai pas fait de distinction entre l'homosexualité « active » et l'homosexualité « passive », ceci pour ne pas trop compliquer cette rapide esquisse – à la vérité, l'application au champ complet de l'homosexualité demanderait une étude à part.

Je ne prétends pas que ces constructions concernant les névroses et l'homosexualité répondent à une expérience réelle. Je ne donne ici qu'une ébauche des applications possibles dans laquelle il entre une grande part de conjecture. (J'ai rencontré très peu d'homosexuels tant dans ma vie professionnelle que non professionnelle.) J'ai donc simplement voulu indiquer comment les cliniciens disposant d'une bonne expérience dans ce domaine pourraient appliquer les notions de déni de genre et d'échange de personnalité; je ne m'attends pas à ce que toutes mes hypothèses résistent à l'examen, quoique, à mon avis, certaines le puissent.

Les notions de déni du genre et d'échange de personnalité pourraient aider à élucider l'un des phénomènes curieux de notre société occidentale : je parle du mépris et de l'ostracisme dont fait l'objet l'homosexualité chez les hommes [1].

Et qu'en est-il de l'hystérie ? L'hystérique est, par excellence, quelqu'un qui ne peut établir de relations complètement vraies avec les autres, et singulièrement avec ceux du sexe opposé (ce qui, souvent, ne les empêche pas d'avoir des relations difficiles également avec des personnes du même sexe). Ceci en raison d'un désir insatiable de contrôler l'autre. Cela signifie qu'il y a une guerre intérieure qui fait qu'il (ou elle) ne peut contrôler sa féminité (ou masculinité), ressentie comme menaçante pour le genre naturel.

Peut-être même pourrions-nous expliquer ce phénomène extraordinaire qu'est la cruauté. Les journaux, les informations, les films dont l'action se passe à une époque lointaine, tout cela nous met sous les yeux ce trait si répandu, pour ainsi dire « naturel », de la nature humaine. Mais il est très difficile à comprendre. Quel amusement, quel plaisir peut-on trouver à observer la cruauté ? Selon moi, les hommes pratiqueraient la cruauté pour prouver leur machisme. C'est-à-dire pour montrer qu'ils n'ont aucune faiblesse féminine. La cruauté serait la négation de la féminité de l'homme. Certes, les femmes – mais elles ne sont pas tellement nombreuses – peuvent être cruelles. La Grande Catherine était physiquement cruelle comme peut l'être un homme. Dans l'ensemble, cependant, la cruauté de la femme moderne est plus subtile : plutôt une torture mentale. Un homme qui veut coucher avec une certaine femme peut découvrir qu'il a séduit un hérisson, mais c'est assez rare. La femme cruelle essaie aussi de prouver sa masculinité et de nier sa féminité. De même, on peut supposer que le sadisme de l'homme est une forme de négation de sa féminité, cette féminité qu'il lui faut détruire.

Le masochisme serait-il une forme introjectée de féminité que l'homme regarderait comme un objet de sadisme ?

Ce ne sont là que des suggestions jetées un peu au hasard pour montrer qu'on pourrait voir dans le processus d'échange de personnalité la base de différents troubles. L'hypothèse de ce processus, loin de la nier, confirmerait l'importance du travail accompli par Melanie Klein, Margaret Mahler et Eleanor Galenson sur la signification des formes subtiles de relations parentales au cours des premiers jours de la vie, particulièrement avec l'entrée en scène du *père*. Cette hypothèse permettrait également d'introduire un nouveau type d'interprétation à tous les stades de l'analyse – celle des enfants comme celle des adultes.

1. Dans certains groupes sociaux, j'ai remarqué que les hommes voyaient partout des homosexuels et qu'ils avaient tôt fait de les repérer. Je me rappelle à Cambridge une discussion à propos d'un nouveau dont on disait : « Oui, il en a l'air, mais il n'en est pas un » : le nouveau était ainsi déclaré au-dessus de tout soupçon. Je me souviens aussi, en Égypte, de l'angoisse des Anglais d'outre-mer. Lorsque je posai ma candidature pour devenir membre d'un club « correct », mon « parrain » me demanda si j'en étais un. Cela m'étonna et je lui dis que non, mais je pensais que si je l'avais été, j'aurais probablement menti. L'horreur qu'éprouve l'homme pour l'homosexualité est due, me semble-t-il, au fait qu'elle désigne justement ces éléments de féminité qui sont en lui et auxquels il ne s'est pas adapté.

Suivant ce point de vue, je verrais dans l'homosexualité l'une des conséquences extrêmes possibles (parmi d'autres) du fait que l'individu n'a pas été capable de composer avec la personnalité de sexe opposé qui est en lui.

Ce que je me suis proposé dans cet article, c'est de montrer l'homme et la femme de telle sorte que l'on voie en chacun d'eux une composante de l'autre, et indiquer que leurs différences découlent d'une relation sociale entre eux; mais je n'exclus pas le complexe de castration, j'évite seulement de le définir comme phénomène universel (normal). Considérer le conflit entre les tendances masculines et féminines comme la source de diverses névroses permettrait d'envisager la psychopathologie d'une manière tout à fait neuve. On pourrait même se demander si les perversions ne résulteraient pas d'une combinaison malheureuse des caractéristiques masculines et féminines.

J'ajoute enfin que l'idée de mélange androgyne pourrait servir de base à d'autres théories; mais elle ne prétend nullement fournir les critères de la masculinité ou de la féminité.

J'évoquerai pour finir un petit incident que j'ai pu observer. Il s'agit d'une petite fille de vingt-sept mois ayant un frère de dix-sept mois son aîné. Elle a demandé pourquoi elle ne pouvait pas faire pipi debout comme son frère. Je ne vois pas là d'envie du pénis (encore moins de l'homosexualité), tout en reconnaissant néanmoins l'envie éprouvée par la petite fille à l'égard de son frère. À ceux qui jugent fondamentale l'anatomie et qui veulent ignorer les habitudes sociales, la forme de nos W.C. et des pots de chambre, il est bon de signaler que, presque tout au long de l'histoire de l'humanité, et encore aujourd'hui dans de nombreuses parties du monde, les femmes ont eu et ont coutume d'uriner debout. Il apparaît, par conséquent, que l'envie du pénis, si tant est qu'elle existe, ne peut être purement naturelle et qu'elle doit être associée à une pratique sociale.

J. O. WISDOM

Traduit de l'anglais par Brigitte Bost.

Radmila Zygouris

LE SPERME DU DIABLE

L'inimitié qui règle nos rapports
Ne nous retiendra point d'aimer
Saint-John Perse, *Amers*

La lettre d'amour : Pathos

Elle rêvait de mers, de l'Océan, de vagues géantes, l'Atlantique, l'Adriatique, la Méditerranée, la mer Indienne, Noire, Rouge, Blanche, Morte, toutes les mers de la terre.

Devant ces déluges, je perdais mon latin. Dans la langue de ses rêves, sa langue maternelle, mère ne rimait point avec mer et la lune était au masculin. Je me désarrimais des grammaires. L'élément liquide, quelle que soit la langue, s'interprète, paraît-il, au féminin. Nous fîmes donc les exercices s'y rapportant... et elle continuait à rêver à l'Océan, à la Méditerranée, à l'Atlantique, aux vagues géantes. Toutes ces flottes sublimes et calamiteuses, troublantes, l'assaillaient nuit après nuit.

> « Quand je suis devant la mer, je ressens un trouble profond... après je m'habitue et je prends le plaisir plus anodin de me baigner, d'en profiter... mais mon trouble, c'est plus, c'est autre chose... comme les signes annonciateurs de l'amour. »

Deux états discontinus devant une chose : le trouble teinté d'angoisse, comme les signes annonciateurs de l'amour ; puis le plaisir plus anodin d'en profiter : domestication de la chose.

Mais encore, qu'en faire ? Et si, au lieu de débusquer le contenu latent, le sein, la mère, le sperme, au lieu de traquer le signifiant, le désir inconscient, au lieu d'encourager les associations si, au lieu de tout cela, je me laissais emporter par la seule beauté de ses rêves ? Car ils avaient ceci en commun : tous étaient beaux. Et si je n'écoutais que la beauté? Démériterais-je de la psychanalyse? Et elle, deviendra-t-elle une mal-analysée? Comme on dit... Horrible comparaison en vérité. Mais que faire devant mes propres associations? Les pensées parasites indiquent parfois le chemin le plus sûr. Alors je me laissais porter par la beauté de ses rêves. Ils étaient beaux pour séduire. Et, peu à peu, elle m'amena là où, sans doute, je devais me rendre.

Un jour, je me trouvais devant la force nue d'une présence. Le trouble. Intrication des pulsions, toutes représentations mises au clou. Rencontre du réel, trou noir de l'analyse, séquence muette dont il y a lieu de dire quelques mots, fussent-ils rares, pour entamer un nécessaire retour vers les mots, les représentations, la pensée. Plus présente que ça, tu meurs. Travail de domestication indiqué.

Au bord de l'autre, dont la rencontre est émergence pulsionnelle, ça pousse *(es drängt),* ça force, ça se fraye un passage difficile vers le langage, les images, les pensées; ça foule-refoule *(drängt-verdrängt)* d'un même mouvement la chose à communiquer pour ne pas sombrer dans l'implosion des référents les plus quotidiens.

Communiquer, coûte que coûte, ce drôle d'état que crée une rencontre, état de pulsions intriquées, que des gens normaux appellent souvent amour, que moi, à l'heure présente je ne peux que désigner de son mot à elle : le trouble. D'autres disent pour désigner cela – mais sait-on vraiment ce que les autres disent? – d'autres disent : la Chose sexuelle.

Voilà pourquoi, Papa-Maman, voilà pourquoi ni le Père ni la Mère ne m'étaient d'aucun secours pour entendre le message des vagues; car, quoi qu'on en dise, ils sont distribués selon le sexe, l'une la Femme, l'autre l'Homme, et peu importe que par ailleurs on glose à l'infini sur qui portait le pantalon. Les grandes vagues, les bords de mer, la beauté des choses suscitent ce sentiment étrange, ce trouble qui fait battre le cœur plus vite, et, lorsque cela prend figure humaine, peut s'accompagner d'excitation sexuelle, mais où l'excitation sexuelle seule ne suffit pas à faire dire : « Cette présence-là et pas une autre. »

La Chose sexuelle n'a pas de sexe. La Chose sexuelle est entre les corps. Organe flottant, comme l'attention du même nom. Elle n'est ni de l'un ni de l'autre, mais l'attrait, l'attraction de l'un pour l'autre. Attraction qui se solde répétitivement par la séparation des corps. Fût-ce le temps d'un après-amour. Elle est donc métaphore tout à la fois de l'attirance et de la séparation. La Chose sexuelle est l'entre-deux, des êtres en état de rencontre. Après, il convient de nommer quelque peu ces états et ces choses, leurs qualités de fusion, de confusion, de recouvrement, d'enclavement, leurs possibilités de distinction, leur séparabilité, leurs anatomies. Il faut nommer, puisque nous ne sommes pas des amibes. Et que nous avons tendance à vivre par deux, par trois, et à tendre vers des rassemblements plus vastes, des communautés, sinon la masse. Sous quelle égide planter sa tente?

Dans cette entreprise difficile, la femme – pour les psychanalystes – est censée pouvoir dire quelque chose de cette impossible permanence de la confusion, de la rencontre sexuelle, de la jouissance toujours promise à une fin, dont la femme – au dire des psychanalystes – se plaindrait plus volontiers que l'homme. « Que veut la femme ? »... ont-ils coutume de dire. Elle, qui n'a pas dit grand-chose sur les autres rassemblements, qui n'a pas fait loi de son désir sur l'art et la manière de défiler en masse. Malaise de la Civilisation... *Unbehagen*... quelle est ta langue maternelle ? Mais tant qu'il s'agit de n'être en scène que deux, mère-enfant, femme-homme, alors les psychanalystes, Freud en tête, ont gardé l'étrange illusion (permanence de la puissance maternelle ?) que ses plaintes et ses souffrances contiennent le fin mot de la fin des amours.

Sinon comment expliquer l'intérêt que les psychanalystes, humains soit, le plus souvent hommes de surcroît et se voulant scientifiques, portent à la femme ? À ce qu'elle dit ou ne peut dire, à ce que son corps raconte d'archaïques malheurs de l'espèce et du sexe, à ce que son corps toujours somatise d'un impensable savoir. Ainsi ont-ils chevillée au corps la certitude que la femme-patiente saura faire avancer leur question, là où il suffirait peut-être d'écouter les poètes...

Pourquoi alors commettre cette imprudence extrême et ajouter à la Chose provoquant le trouble, le terme de « sexuel » ? Est-ce uniquement parce que les humains sont sexués et de naissance immatures ? Et qu'une vie entière ne suffit pas pour certains à démêler le tien du mien : désamours partiels qui ne peuvent se dire qu'au travers des mots d'amour ? Mots toujours imparfaits à restituer la part de chair de toute rencontre où se joue la Chose sexuelle.

... Et le Verbe s'est fait chair. Broutilles. En psychanalyse la chair doit se faire verbe... et livre être signé. Je crois que le comité de rédaction de la *Nouvelle Revue de Psychanalyse* est devenu fou... Comité entièrement d'essence mâle. Constance, tiens bon la rampe! Il faudra tôt ou tard sortir de nos tiroirs quelques concepts... La libido, la différence sexuelle, la répétition, la pulsion de mort, feront l'affaire.

Sinon, comment en parler, si l'on n'est pas poète, et tenter d'écrire l'au-delà de la lettre d'amour ? Chaque fois que des psychanalystes s'y sont essayés, cela a donné lieu à des formulations extravagantes. Freud disait que la libido était d'essence mâle. Lacan affirmait que le rapport sexuel n'existait pas. Cela leur a valu des montagnes d'incompréhension, haines non comprises. Et n'a rien résolu à la question de la Chose sexuelle, sauf la peine qu'ils se sont donnée à trouver quelques nouvelles combinaisons de mots. C'est ça, écrire.

Constance – je l'appellerai ainsi – rêvait encore de mers. L'idylle se rompait : les eaux placides, les vagues transparentes devenaient vagues noires la menaçant d'engloutissement, d'anéantissement. Mère archaïque ? La jouissance contemplative se transformait en désir violent et malfaisant. Passage discret de l'amour à la mort. Bref rappel de leur lien. Et puis, elle-même, cette mer, masse géante de vie, représentait aussi les deux états extrêmes décrits chez les hystériques : l'extase et la transe. Jouissance contemplative et désirs convulsés, retours d'un destinataire inconnu.

Deux manières classiques d'être hors de soi, en proie au trouble non assignable à un autre séparé de soi, non assignable à un appel sexuel localisable. Intrication pulsionnelle, intrications psychiques. Délices d'être hors de soi, tout à l'autre immense et sûr; ravages de l'expatriation de l'état premier. Mais Constance n'était pas qu'un bébé. Elle parlait bel et bien de ses états présents, corps de femme adulte, désirs, émois de femme adulte de mon époque, non réductibles à une répétition réussie d'un temps ancien. Quelle place donner à cet écart créant un espace neuf où naît l'Éros provenant de l'imperfection de la Chose répétée d'une fois à l'autre? Écart entre la satisfaction recherchée et la satisfaction obtenue, entre une sexualité infantile et un érotisme adulte. Érotisme d'adulte qui, lui aussi, est datable.

S'il suffisait de faire l'amour pour venir à bout de la Chose sexuelle, jamais sorcière n'aurait vu le jour, jamais hystérique n'aurait tant fasciné Freud. Je l'appellerai Constant. Tout au long de sa vie d'analyste il avait insisté sur le primat de la Chose sexuelle. Injonction? Idée fixe? Demande? Prière d'insérer? Non : Constant. Constant trouble face à l'autre. Et d'abord face à l'hystérique. Constant trouble de l'hystérique.

Constant s'interroge :

> « Si j'arrivais seulement à savoir pourquoi, dans leurs confessions les sorcières ne manquent jamais de déclarer que le sperme du diable est froid [1]. »

Il interroge son ami, *Teurer Wilhelm*... qui n'en peut mais... sauf à lui dire de temps en temps : « Fume un peu moins... Ne sois pas si nerveux... »

La pulsion de mort est déjà là, intriquée au sexuel. Il faudra encore vingt ans pour pouvoir la désintriquer et la nommer pour son compte. Le sperme du diable est froid comme la mort, ce qui devait être vie est là désigné comme cadavre dans le ventre d'une femme. Le sperme du diable ne fera pas de bébés diables. Même l'acte sexuel comporte son versant de négation de vie. Le sperme froid est la présence matérielle du diabolique dans l'acte sexuel. *Ich bin der Geist des stets verneint* [2]... Discontinuité du sexuel comme pulsion de vie. Contiguïté de mort et de vivant dans une même séquence.

Constance devient exigeante : elle veut que l'analyse lui donne la pérennité du trouble face à l'homme qu'elle dit aimer. Car, si dans ses rêves elle connaît les délices et les affres du trouble, dans sa vie diurne il n'en est rien. Elle a un mari – qu'elle dit aimer – et des enfants. Son mari l'aime, la désire avec modération mais dans la continuité et l'honore à des intervalles réguliers et raisonnables. Elle a d'honnêtes orgasmes et aime bien faire l'amour avec lui. Ils s'entendent bien et

1. Freud, Lettre à Fliess du 24-1-1897, in *Naissance de la psychanalyse,* P.U.F.
2. Méphistophélès : « Je suis l'esprit qui toujours nie », Goethe, *Faust.*

se connaissent depuis vingt ans. Un couple presque enviable. Elle ne se plaint de rien le concernant, sauf de l'absence de trouble à son approche, en sa présence. Elle sait qu'elle demande la lune. Elle la demande quand même. Cela n'avait pas été le motif de sa demande d'analyse. Pendant de longues années elle avait souffert de « somatisations » graves. Tout cela était maintenant du passé. Elle était désespérément normale et cette dernière exigence donnait à son analyse des airs de luxe. Mais elle ne l'entendait pas ainsi. Elle demandait avec véhémence cette chose en plus, sans laquelle la vie n'avait aucune brillance. Elle avait aussi douté de son amour pour son mari, alors elle a eu ce qu'on appelle des aventures. Celles-ci se terminaient chaque fois par la disparition du trouble... Les émois d'approche, l'attente passionnée de l'amant ne duraient pas. Après? Après elle préférait encore son mari, avec qui elle s'entendait bien et jouissait sûrement. Histoire banale. Elle a cependant le mérite de poser de manière simple, hors toute pathologie lourde (en cette période de son analyse), hors même tout problème de frigidité à proprement parler, la question du manque : le manque d'un manque.

Constant avait été plus raisonnable. Elle en parlait parfois, et l'enviait. Lui aussi avait eu un mariage stable, des enfants, des vacances prévisibles. Comment avait-il fait? Il y a bien sûr eu Wilhelm et quelques autres, et là non plus, cela n'avait pas duré. Mais il avait eu la psychanalyse et... « Tout au long de sa vie d'analyste il avait insisté sur le primat de la chose sexuelle. »

> « Je ne vais tout de même pas devenir psychanalyste, uniquement pour entendre les autres parler de cela, écouter des rêves d'amour, de sexe et d'enfance... ça serait vraiment le comble de ma misère... »

J'avais envie d'envoyer Constance à Constant : qu'il s'en débrouille... Mais ce n'était pas possible; ils n'étaient pas de la même époque. Les dames de son temps à lui rêvaient autrement leur nostalgie du trouble. Je me trouvais bel et bien entre les deux, chaînon dans le temps et le discours.

J'ai également eu envie de l'envoyer à Lacan... Je l'appellerai Aimé. Aimé avait l'avantage d'être plus moderne. Je le lisais souvent et avec un grand plaisir, bien que je ne sois pas toujours d'accord avec ses manières de faire. Il écrivait comme si, à lui aussi, ces choses-là étaient familières. Les écrits d'Aimé sont parfois aussi beaux que les rêves de Constance... et aussi séduisants. « *Ce n'est pas ça.* Voilà le cri par où se distingue la jouissance obtenue, de celle attendue [1]. »

Il parlait comme Constance. Pourquoi ne pas la lui envoyer? ils étaient contemporains. Mais elle le connaissait trop et le savait par ailleurs impatient à son endroit. Il aurait, disait-elle, interrompu ses rêves. En l'écoutant dire cela, je me demandais si Constant n'avait pas aussi – à sa façon – interrompu les rêves de

1. Lacan, *Encore,* Le Seuil, p. 104 (mes italiques).

ses patientes, par impatience aussi. Elle prétendait qu'avec moi au moins elle irait jusqu'au bout. Parce que j'en savais moins. Elle comptait sur mon ignorance. Je devais être bête jusqu'à devenir l'ombre, la trace de la chose elle-même. Ni elle, ni l'autre, ni la mer, mais seulement un bord : limite mouvante, rivage pour échouer, à son rythme.

Un jour, enfin, elle fit un rêve sec.

> Pas d'eau, pas de mer ni de vagues... Juste un grand corps anonyme devant elle, effrayant, silencieux, un peu hostile peut-être, qu'elle ne pouvait pas s'empêcher de regarder. Il était fascinant, et fabuleusement réel. Le trouble chez elle...

Elle sut immédiatement que c'était cela que tant de mers avaient caché à ses sens. « Cette présence-là et pas une autre. » Elle s'interrogeait mollement sur son sexe. Masculin sûrement. L'homme venait de surcroît.

Elle sut aussi que le trouble – tant réclamé – était lié à la peur. « Une sorte d'effroi. » *Angst. Angstneurose?* Névrose d'effroi. Ce corps d'homme, disait-elle, était comme entaché d'un autre élément, jamais vu, d'un élément *inhumain.* Ou mort ? Il était tellement réel, sa présence si puissante, qu'aucun mâle de ses connaissances ne pouvait s'y mesurer. Mais ce n'était point de virilité qu'il était puissant, mais de la seule force de sa présence. Peut-on rêver le réel du Phallus ? Je préfère laisser à Constant ou à Aimé ce type de considérations. Et à d'autres, les objets enfin retrouvés ou perdus. Et les géographies des espaces psychiques à délimiter. Et l'archaïque enfin. Et les mots incorporés et les fantômes enkystés.

Cet élément « inhumain », qu'était-ce donc ? Du non-familier en tout cas et quelque peu diabolique aussi. Effrayant et attirant à la fois. Présent et soustrait à toute description satisfaisante. Sollicitant le désir tout en rappelant la mort. Effroi – trouble –, pas une histoire d'amour.

De sainte Thérèse d'Avila extatique, aux sorcières possédées par le diable, en passant par les formes mineures de l'hystérie, l'objet dont elles jouissent, désignable, ou échappant à toute nomination habituelle, est en tout cas rarement représenté par l'honnête mari des familles. L'autre domestiqué. L'élément étrange, inhumain, du rêve « sec » signe la présence de quelque chose d'irréductible au monde familier, au monde des identifications possibles. Et pourtant elle le rêve, le représente. Ce qu'elle représente ainsi est une discontinuité, une brèche de sa propre pensée. C'est alors que revient chez moi la question de Constant : pourquoi les sorcières disaient-elles que « le sperme du diable est froid » ?

La pulsion de mort contient du diabolique, nous dit Constant. La répétition n'est pas d'évidence diabolique. Par où cela peut-il se conjuguer? La copulation avec le diable est une mise en scène efficace de quelque chose qui travaille Constant. Ou le trouble ? Sinon, pourquoi s'y serait-il arrêté ? Ce qui le travaille au moment où il interroge son ami, il ne peut l'énoncer autrement. Bien plus tard, lorsqu'il aura élaboré et tiré de son psychisme ses propres représentations concernant le lien ou l'absence de lien, la dichotomie, entre le sexuel, pulsions de vie, et la compulsion de répétition : lorsqu'il aura nommé la pulsion de mort, il cessera d'user d'histoires de copulation entre sorcières et diables et n'aura plus besoin de soutenir son questionnement d'illustrations archaïques.

Et pourtant le diable reviendra, même après la nomination de la pulsion de mort. Cette fois-ci sans la femme. En 1923 Freud écrit « Un cas de possession démoniaque au XVIIe siècle [1] ». Plus de copulation, mais le diable doit aider un peintre à vaincre son impuissance créatrice. Freud désigne le diable comme figure du père mort. Que continue-t-il à ne pouvoir désigner autrement qu'en termes illustrés, en métaphore diabolique ? Certains diront qu'il ne peut accuser son propre père. Sans doute, mais il me semble un peu court de s'arrêter là. Le diable, de copulateur infâme avec les sorcières et les possédées, passe à l'état de procureur de la capacité de création artistique pour un homme. C'est cet aspect des choses qui m'intéresse davantage. Le diable en place de puissance : sexuelle, puis créatrice. Or, côté jardin, il aurait suffi d'attribuer cette place à la figure du Père; côté cour, il semblerait que le diable avait quelque chose d'autre à transmettre que la figure familiale et sublime du Père n'autorisait pas.

En d'autres termes : le diable permet de penser quelque chose que l'idée du Père censure. Alors il ne s'agit peut-être pas du tout de la problématique du Père, même haï, même déchu, mais de l'aspect « non-père » de l'homme. Du Père représentant le pulsionnel non domestiqué – non familier. *Unheimliches Unbehagen.* En effet comment parler de l'homme sans l'acculer à la place toujours symbolique du Père, ou, ce qui revient au même, du Fils ? N'est-il que cela ?

Dans les écrits psychanalytiques la femme a eu, quoi qu'on en dise, plus de chance, parce que, justement, la théorie a surtout été faite par les hommes, et, pour elle, ils ont osé penser ce qui pour eux était l'inconcevable : le sexuel non pris dans les rets des structures symboliques de la famille. D'où la sorcière, d'où même l'hystérique.

Je reviens à la sorcière : elle est, elle représente la femme par excellence dans un certain imaginaire : femme déchue, femme du mal, femme non familiale, femme vaginale et non matricielle. La sorcière n'est pas une mère, tout au plus une marâtre. Elle n'est pas non plus assimilable à une putain, purement et simplement : elle vise plus haut, elle a une parole publique, elle dit et médit, la sorcière est une putain métaphysique.

L'hystérique, sorcière au petit pied, emmerdeuse notoire, moderne toujours, même dans ses archaïsmes, dit, médit et prédit ce que la science et l'art prélèvent sur le sexe; elle trace la voie de la recherche vers les objets sophistiqués de demain. Bébés-éprouvettes : c'est elle qui les a d'abord rêvés. Aimé, bien qu'impatient en

1. Trad. fr. in *Essais de psychanalyse appliquée,* Gallimard.

diable pour écouter les rêves, avait pressenti cela, l'avait écrit, mais cela n'était pas formalisable, alors ses élèves ont laissé choir. Cancres.

Constant avait soulevé le voile de la sexualité infantile, et ce fut un scandale. Le mythe d'Œdipe garde toute son efficacité de représentation pour tout ce qui relève de la sexualité infantile, mais devient un carcan qui inhibe la pensée dès lors qu'il s'agit d'approcher le scandaleux de l'érotisme adulte. L'économie Père-Mère-Enfant ne suffit pas à rendre compte de la richesse des solutions érotiques et amoureuses, une fois dépassée l'indispensable initiation qui de l'Enfant fait une Mère ou un Père potentiels. Mais après ? Ne peut-on jouir que de ces places-là ? Et qu'en dire sans tomber dans la sempiternelle menace de la perversion : mot qui à tous les coups désigne l'endroit où l'analyste qui le prononce a peur. Il y a pourtant d'autres manières de parler des choses sexuelles, même les plus étranges. Et les pervers mêmes ne sont plus ce qu'ils étaient...

Ainsi donc Constance demandait ce que Constant n'avait pas vraiment prévu : la lune. Elle voulait la lune, c'est-à-dire un surplus inutile de jouissance. Inutile dans la stratégie familiale, de son couple, de ses amours passagères. Peut-on être malade de cela ? Victime même ?

L'élément « inhumain », mort, de l'homme du rêve sec me mit sur une piste. Elle m'avait amené, là où sans doute je devais me rendre : à entendre au travers de sa bouche la plainte de la frigidité du mâle, l'impuissance à jouir du Père procréateur, du *Pater familias,* de l'honnête mari des familles, qu'en dépit de ses « aventures » elle revenait interroger, tracasser, molester, alors qu'il n'avait qu'une passion : se tuer au travail. L'homme sec, l'homme de son rêve, fabuleusement réel, que la mer, les mers, les flots, les vagues avaient caché à ses sens, était un homme de surcroît : présence pure, sexuée pourtant, car provocateur de trouble, mais surtout, surtout irréductible au monde familier : elle ne me laissa glisser sur aucune pente savonneuse : ni Père, ni Mère, ni elle-même. Que je laisse donc Constant et sa Science pour un instant : l'homme non-père, hors famille, l'homme inutile enfin. L'homme de désir. Pour elle, Constance, et pour lui, son nouveau compagnon de rêve, cette remarque de Bataille :

> « La victime est un surplus pris dans la masse de la richesse *utile.* Elle ne peut en être tirée que pour être consumée sans profit, à jamais détruite en conséquence. Elle est, dès qu'elle est choisie, la part *maudite* promise à la consumation violente. Mais la malédiction l'arrache à *l'ordre des choses :* elle rend reconnaissable sa figure, qui rayonne dès lors l'intimité, l'angoisse, la profondeur des êtres vivants.
> *Rien n'est plus frappant que les soins dont on l'entoure* [1]. »

Constance n'avait plus besoin de la figure du diable pour rêver l'homme non-père.

1. Georges Bataille, *La Part Maudite* (mes italiques).

Elle entourait de grands soins cette image si neuve et si troublante, comme certains hommes entourent de soins l'idée même de la femme. Précisément l'idée, qui ne s'incarne ni dans leur mère ni dans une sœur, ni dans une épouse, mais parfois une passante, si elle reste à distance suffisamment, si elle peut quelque temps rester assez *neuve* pour ne pas sombrer dans le cortège de souvenirs familiers, trop familiers [1]. Pour maintenir hors de l'eau la pulsion de mort intriquée à la vie, visage nouveau, ratage enfin de la répétition manifeste.

Pour ces raisons sans doute, Constance mettait une telle violence à ne pas vouloir « familiariser » par aucun trait, aucun souvenir, aucun retour vers le passé sa créature de rêve. Elle rendait pensable la notion même d'avenir.

Résistances? Ayant fait délibérément le choix d'entendre la beauté de ces rêves, pourquoi résisterais-je tant à entendre ce qu'ils pouvaient transmettre d'un désir de nouveau? Elle essayait d'user des mots sans grandiloquence pour exprimer sa quête de la lune. Aussi ne parlait-elle que très rarement d'amour ou de passion. Elle disait aimer son mari, avoir eu quelques passions, toutes passagères, puisqu'elles avaient reçu bon accueil, ce qui lui avait permis de les vivre à terme : sans le drame des interdits ou des situations impossibles qui éternisent parfois les passions au-delà de leur véritable durée de vie.

Elle ne se voulait ni Isolde ni Juliette, mais Constance, simplement. Le trouble était l'ombilic de l'amour qui le relie au corps du sexe. Ni extase ni transe, mais la perception d'un désordre à l'intérieur des choses déjà ordonnées. Pourquoi un corps a-t-il un sexe, et un sexe n'aurait-il pas de corps?

Si l'on délaisse pour un instant le nécessaire et utilitaire couple Père-Mère, reproductif et producteur de valeurs sociales, si l'on s'en écarte quelque peu, l'on ne peut qu'admettre que la Chose sexuelle n'entre pas dans *l'ordre des choses.* Qu'elle n'est utile ni à la reproduction (la pulsion sexuelle partielle y suffirait) ni à la maintenance, ni à la restauration de la place du Père. Elle est la part maudite du rapport entre les sexes, quelles que soient les anatomies en présence. Les enfants perçoivent le « trouble » tout autant que les adultes, mais ne sont pas encombrés de corps reproducteurs, ni de rôles de producteurs. Quand ils assimilent l'entendu d'un coït parental à une scène de violence d'où surgit l'effroi, ne disent-ils pas quelque vérité?

Ainsi donc, la part maudite, part mal dite, diabolique, part inutile, prélevée sur la richesse utile. *Unbehagen,* devant le luxe de cette partie de l'analyse de Constance. Effroi-*Unbehagen :* mariage impossible.

Constance représente le désir d'un – disons – homme. Être de songe, présence si dense, faite des restes inutiles et magnifiques de présences réelles enfouies sans mots, sans représentations légitimées, qui n'ont trouvé aucune place dans les

1. Nietzsche déjà parlait dans *Le Gai Savoir* de l'action à distance des femmes; texte commenté par J. Derrida, in *Éperons,* Gonthier.

répétitions « négociées » de sa vie quoditienne. Montages de restes – part maudite (qu'elle entoure de soins) silencieuse, d'une série d'excitations n'ayant pu s'inscrire, ni comme objets perdus, ni comme désirs énonçables par l'autre, ne fût-ce qu'au travers de quelques mots.

Ce reste d'homme, reste de luxe, devenu nécessité, muette présence, est perçu par elle comme le plus désirable des objets, et le plus neuf aussi. De fait, il était neuf, puisque représenté par personne. Comment peut-elle le rêver quand même ? En réalité, ce qu'elle représente, ce qu'elle rêve, l'image, ce n'est jamais que du représentable : un corps d'homme au sexe discret. Pas de quoi fouetter un chat. Mais ce qu'elle en *dit :* son impression, son trouble, son sentiment, ne figurent pas dans l'image rapportée. Ce ne sont que *réponses neuves* de son être à une image en elle-même anodine. Mystère du rêve. Quel est le contour, quelles sont les limites du rêve ? Où s'arrête l'image, où commence l'interprétation du rêveur ? Cet homme de rêve semble simplement dire que de son corps, de sa présence provient un *silence* particulier. Silence intriqué du désirable et du désir. Elle, rêveuse, lui prête le désir d'un amour mal dit. Intervalle du silence où elle crée du neuf. Aucun signe visible pour l'autre n'est là pour légitimer ce qu'elle dit. Elle est la première à le dire. Donc elle ne dit pas, elle interprète. Elle le représente muet, elle le parle. Tout ce qu'elle demande, me demande, c'est de ne pas le réduire à du déjà-là. Il n'y a donc pas une totalité de rêve qui est représentée, elle représente un homme qu'elle fait être à sa guise. Curieusement, elle ne parle pas d'amour. Elle tente l'impossible, en court-circuitant les mots-catégories pour accéder au plus singulier d'une rencontre avec un homme en souffrance. Figure à fabriquer d'un homme avec ses mots, fait de restes non symbolisés, ni symbolisables par le savoir admis, homme tout neuf, non encore représenté pour ses parents, ascendants, idéaux légitimes. Homme non répertorié comme Père possible.

En quels termes en parler, de quel vocabulaire, de quelle science tirer les « Noms du Père » de l'Homme non-Père ?

De la science du rire.

« Ce qui ne va pas » pour Constance n'était pas réductible à une pathologie... Ainsi entama-t-elle sa sortie du Pathos.

L'après-Pathos : le scandale

Comment ne plus s'en plaindre et désigner pourtant l'endroit où ça reste en souffrance ? « Ce n'est pas moi, c'est lui... » Stratégie classique de la défense. Mais si cette défense avait déjà eu lieu ? S'il s'agissait maintenant d'opérer un retournement ? Faire dire à Constance ses somatisations du savoir de l'autre qui ne peut pas se dire.

Constant est resté remarquablement médecin pour certains maux des hommes.

Il n'envisageait leur souffrance que sous l'angle de la pathologie de la puissance sexuelle : impuissance, éjaculation précoce, abstinence forcée, masturbation honteuse et de substitution. Femme frigide en face. En filigrane : la peur de la femme, aussitôt occultée par la figure de la Mère qu'elle représentait. Un peu plus loin dans le paysage, le Père, sévère toujours. Ce n'était pas faux évidemment, ça ne l'est toujours pas, mais insuffisant pour laisser la place à l'inutile et inévitable poussée *Drang – Trieb* – poussée de mort, dans toute érotique adulte. Intrication des pulsions où l'image du sperme froid du diable marque l'endroit du concept. Enfant-cadavre de l'amour mal dit, de l'amour hors généalogie familiale : sperme froid dans le ventre de la sorcière. Cette non-mère. Lieu-dit de la conception du Nouveau. Lieu-dit du scandale d'un amour non reproducteur, énonçable en ces temps par la bouche d'une femme soustraite à toute sublimation convenable, ayant pourtant parole publique.

Imagine-t-on une descendance de chair rose à Tristan et Isolde ? À Roméo et Juliette ? Leur descendance est le sceau même de la mort dans l'amour. Trace rendue possible seulement par la mort réelle de ces couples. Amours de l'amour d'une mort sexuée, partagée. Leur descendance, chagrin des familles, place vide de la jouissance incastrable de la pulsion de mort dans la rencontre amoureuse. Que tout un chacun pourtant, même Papa et Maman ont peut-être éprouvée un jour, mais qui a fini autrement. Par la reproduction, toujours, puisque « je » suis là à le penser, et la série des répétitions « négociées » appelées douces habitudes. Que le reste redevienne reste, l'inutile retourne à l'inutile. La société se chargera et de l'inutile et des restes : *Unbehagen.*

« Mon père se tue au travail... ma mère se plaint de tout et de rien... » : mauvais partage... « Ma mère va mieux depuis qu'elle travaille... » : plus de partage. La société les assistera : assistés.

La brièveté de la rencontre ne tolère pas la durée de la vie, ni les cycles de reproduction, ni l'homme qui se tue au travail. L'intrication de la pulsion de mort, froid réel, au sexuel, est présente par intermittences, par fulgurances. « Plus présente que ça tu meurs... » « Domestication indiquée. »

Où est donc le scandale de l'érotique adulte que Constant ne peut formuler autrement que par des interprétations œdipiennes ou par le mystère supposé à certaines plaintes de femmes ? Insatisfaction, refoulement, conversion chez l'hystérique. Au mâle, l'impuissance, mais point de frigidité. Et s'il s'agissait quand même de cela ? Le sperme *froid.* Froid de l'homme puissant ? Discontinuité de la pulsion de vie, alternances supportées par les deux sexes...

Posséder une femme, posséder toutes les femmes, les féconder, situe d'emblée l'homme dans la problématique du Père. Père primitif, Père de la loi, Père fécondateur, père de famille. Le scandale n'est-il pas dans une possible disjonction entre puissance et jouissance ? Sans aussitôt connoter cela de féminin. Or ce scandale ne devrait rien à celui de la sexualité infantile, il ne lui est pas superposable.

Lorsqu'on parle de la jouissance masculine en dehors de ses manifestations concrètes de virilité, la voie semble trop souvent tracée vers la perversion ou le masochisme, le féminin de l'homme et autres versions bien connues. La marge est étroite pour raconter une autre histoire.

La femme, ne possédant pas d'équivalent matérialisé de la puissance, est en meilleure posture pour dire la discontinuité de la jouissance sexuelle, la sienne, mais très probablement aussi celle de l'homme.

L'homme puissant, mais frigide, met en échec l'idée du Père comme maître de la jouissance. De cette jouissance qui n'est pas d'Éros seulement mais qui contient la part muette de mort qui rend altérable et discontinue la circulation de la Chose sexuelle.

Constant y avait pourtant songé : latéralement. Ce n'est certes pas un hasard si cette question lui vient sous la plume, non pas dans ses écrits traitant de la sexualité, mais lorsqu'il aborde le *Malaise dans la Civilisation.* Il y distingue les œuvres d'Éros, unifiantes, de celles de Thanatos, destructrices, qu'il range essentiellement du côté du sadisme. Il ne pose pas véritablement la question de la jouissance de la pulsion de mort dans son versant silencieux, non agressif.

Dans cette parenthèse pourtant : « ... (La soif de destruction, tournée au-dedans, se dérobe, il est vrai, en majeure partie lorsqu'elle n'est pas teintée d'érotisme [1]). » L'alliance avec l'Éros est donc nécessaire. Et encore : « On pourrait formuler notre conception présente à peu près en ces termes : une part de libido participe à toute manifestation instinctive (je traduirais pulsionnelle), *mais en celle-ci tout n'est pas libido* [2]. »

Or cette part de non-libido est présente dans les manifestations les plus unifiantes, telles que l'amour lui-même, voire le désir sexuel du mâle, désir teinté d'érotisme s'il en fut, « plein » de libido pure. Cela même peut-il si aisément se sublimer dans les exigences surmoïques, prix à payer à la Civilisation elle-même ? Cette Civilisation à l'élaboration de laquelle la femme, non productrice, a eu une part fort discrète.

Sauf à somatiser, avec quelque avance, un savoir impensable et imprononçable par ses mâles contemporains. Somatiser sans sublimer, somatiser et rester coupée des objets idéalisables. Somatiser ses propres désirs refoulés, et par surcroît de manière telle qu'ils disent le silence d'en face, sollicitant l'intérêt des hommes de science. Le mâle dont le phallus est en bon état de marche, qui se tue au travail et satisfait sa femme, de quoi se plaindrait-il ? Justement : de sa femme, de son travail et de la civilisation. Mais de son sexe ? Qu'en dire, dès lors qu'il est censé être satisfaisant pour elle dès lors qu'il peut, d'une femme faire une mère ?

Alors vient sur le devant de la scène cette question lancinante « *Was will das*

1. S. Freud, *Malaise dans la civilisation,* P.U.F., p. 75.
2. *Ibid.,* p. 76, note 2 (mes italiques).

Weib? » (Que veut la femme?) Intérêt de Constant, intérêt de Aimé, intérêt que j'ai peine à croire inspiré par l'altruisme ou quelque désir de guérir... guérir de quoi? S'ils savaient ce que veut la femme, sauraient-ils du même coup leur propre souffrance qui ne peut prendre voix que par la bouche des femmes? Hystériques de préférence. Au nom du Père et du Fils et du Saint-Esprit : la Vierge restera muette elle aussi sur cette question, sur l'impuissance à jouir du Père, privé de sa part d'homme : ni fils ni père. Elle restera vierge sur le savoir de la frigidité du Père. Et, sur son silence, viendra s'édifier une nouvelle Civilisation, origine de la science. La science? La science... jusqu'à la rigolade ultime : retour inversé du message : voici enfin les bébés-éprouvettes. La Vierge Marie, Patron de l'insémination artificielle... Révolte de la femme juive : « Ils veulent un fils. » Ils n'auront *que* du Fils... À moins que, plus diabolique que les plus diaboliques sorcières, gnostique femme du silence, tu n'aies été en avance non de quelques années, mais de deux millénaires? Immaculée Conception. Mais, ne peut-on pas penser autrement que par concepts venus du froid?

Les Chinois par exemple. Leur science, ancienne mais fort savante, ne s'écrivait pas avec des concepts. Et maintenant, comment font-ils? Leurs métaphores sexuelles ne sont pas les mêmes : la répétition et la reproduction, la puissance sexuelle du mâle, sa jouissance et sa fertilité étaient pensables, pouvaient être *agies séparément*. Le taoïsme recommande à l'homme de faire jouir la femme et de jouir lui-même sans éjaculer. La sacro-sainte « détumescence » n'était pas signifiante d'une jouissance qui aurait eu lieu : elle signifiait simplement qu'une fécondation pouvait s'ensuivre. « L'Empereur » symbole de l'ordre de l'Univers et le plus Yang des hommes devait apprendre (et il apprenait auprès des femmes) l'art de faire l'amour pour avoir le plus d'énergie de vie. Aussi devait-il faire jouir, sans éjaculer, un grand nombre de filles – filles de l'Ouest, du Sud, de l'Est, du Nord – car c'est l'orgasme de la femme qui lui donnait le maximum de Yang, le maximum de vitalité mâle. Puis, en une fois, il devait pénétrer et féconder l'Impératrice, la femme du Centre, située symboliquement à la même place que lui, elle qui est « Une » et représente la mère. Je ne m'étendrai pas davantage sur ces textes, tout le monde peut les lire. Aimé les a lus. Il n'en donne qu'un aperçu succinct et un peu grossier :

> « Dans le taoïsme par exemple – vous ne savez pas ce que c'est, très peu le savent, mais moi, je l'ai pratiqué, j'ai pratiqué les textes bien sûr – l'exemple en est frappant dans la pratique même du sexe. Il faut retenir son foutre pour être bien [1]. »

J'évoque cela pour dire qu'à la disjonction chez l'homme entre la jouissance et l'éjaculation correspond la disjonction chez la femme entre donner à l'homme l'énergie de son orgasme et donner un enfant à l'Ordre du monde.

1. Lacan, *Encore*, Le Seuil, p. 104.

Dans le discours sur l'Amour en Occident tout est confondu. Il faut au moins des histoires de diables et de sorcières pour penser tant soit peu les disjonctions de la libido, et par conséquent celles de la pensée elle-même. Aimé a fort ingénieusement introduit la différence entre le Père symbolique, le père réel et le père imaginaire. Cela est utile pour exprimer certaines différences, mais ne peut-on jamais parler de l'homme et de sa libido qu'en faisant l'impasse sur l'homme non-père ? Comment dire alors sa jouissance et ses avatars, en quels termes, au travers de quelles images représenter la part de non-libido de ses manifestations pulsionnelles ? Seule la femme maudite, sorcière ou hystérique, peut dire la part de non-vie intriquée dans le sexuel. L'autre, femme « saine », étant tout aussi incarcérée que l'homme dans son rôle de reproductrice et de garante d'une confusion entre la venue du sperme et la jouissance masculine, puisque sa parole – de femme – est entendue comme parole de mère. Femme matricielle, à l'utérus sain, et productif. L'inutile, la part maudite ne peut se concevoir que comme signifiant de femme folle, malade ou déchue.

« *Was will das Weib ?* » Question bateau, question très belle aussi, mais qui, pour être belle, n'est pas pour autant pertinente. Elle est au corpus analytique ce qu'étaient les rêves de mer à l'analyse de Constance : une esthétique, greffée là où le savoir vacille pour de bon, manière d'amener l'autre là où, sans doute, il doit se rendre, – au bord mouvant des mers, à l'émergence d'un homme non-père.

Que veut la femme ? Constance s'est mise à rire, à rire d'elle-même : n'est-ce pas drolatique de vouloir vivre, et vivre vieille, tout en demandant de mourir tous les jours d'amour ? Et tout cela avec un bon mari ? Ni extase ni transe. Rendre au moins le trouble aimable : « fais-moi rire... » Pour vivre tous les jours, vie quotidienne, vie domestique, elle ne pourra affronter seule la part de non-libido d'un homme muet. L'élément inhumain de ce grand corps désirable restera un rêve, une peur non traversée à deux. Entrevue. Et pourtant, comme une somnambule, elle évoque le temps d'avant l'analyse, où son corps était malade d'étranges souffrances. Il lui semblait qu'elle faisait alors parler quelque peu ce grand corps désirable. Elle s'en souvient à peine... tout a tellement changé depuis qu'elle l'a vu, vu, de ses yeux vrais de rêveuse avec cet élément inhumain dont elle sait maintenant le prix qu'il faut payer pour lui prêter sa voix. Prix de son corps malade. Tout au plus essaiera-t-elle de faire en sorte que son mari ne se tue pas au travail : « Fume un peu moins... »

Elle est partie. Guérie aux yeux de tous. Elle seule savait que ce qu'elle avait le plus ardemment désiré, l'analyse, l'analyste, moi, nous n'avons pas su...

Au-delà de la lettre d'amour

Peut-on à la fois prétendre d'une part que « l'homme vient de surcroît », et d'autre part que cette figure de rêve est une représentation, l'approche la plus poussée du réel d'un homme non-père ? N'est-ce pas une contradiction ?

Oui, c'est une contradiction. Il y a là manifestement une faille et, qu'en faire, sinon l'utiliser ? À l'endroit de la faille, de la discontinuité d'un tenant-lieu de raisonnement, en lieu et place de la contradiction peuvent venir se loger quelques remarques et des questions pour conclure.

Un discours sans contradictions ne peut rendre compte que d'événements du passé, lecture homogène après-coup. La référence à une théorie peut ainsi gommer ce qui apparaît dans le présent comme discontinuité ou contradiction en instaurant par avance l'après-coup de la lecture. On n'y échappe que très difficilement. Or toute lecture ainsi pratiquée par rapport à un sujet désirant rend l'événement présent de fait caduc. Le « nouveau » ne peut prendre place que dans une rupture de système. S'agissant d'une suite d'énoncés, cela apparaît comme contradiction, ou élément non intégrable par rapport au système de références utilisé.

Est-il impertinent de poser la question de la modernité en psychanalyse ? Et, partant de là, et non l'inverse, de la modernité en amour ? L'accouplement et la reproduction (dernière valeur sûre en train de se fracturer) sont considérés, de par leur assise biologique et physiologique, comme immuables et, malgré les techniques modernes, on peut sans doute continuer un certain temps à les prendre pour telles ; les expressions de l'amour, de l'attraction et des répulsions des corps n'étant pas réductibles au corps anatomique seul, la forme de la lettre d'amour se pose, qu'elle soit explicitement présente ou non. La libido et la manière de négocier les pulsions sont dans un rapport direct avec la lettre d'amour ainsi que la manière singulière dont chacun s'y réfère, consciemment ou inconsciemment.

La libido et la manière de négocier les pulsions sont engagées autant, sinon plus, dans les productions d'œuvres d'art. Or toute forme d'art connaît des crises, des cassures, des modifications et la quête du nouveau. Depuis le XIXe siècle vient se poser de surcroît la question de la modernité dans les rapports au nouveau. La libido et les négociations « civilisées » des pulsions dans les actes d'amour du corps et des paroles, ainsi que dans les rêves, impliquent-elles des formes et des contenus stables ? De même les concepts, les mots de la psychanalyse qui rendent pensables et communicables pour les psychanalystes les expressions fixes ou mouvantes de la libido doivent-ils avoir l'immobilité de l'anatomie ? La part de non-libido – pulsion de mort – intriquée à ces expressions est-elle, du fait d'être « muette », inchangeable ?

Le concept est-il à utiliser en dernière instance comme un sperme congelé ? Fixité due à la présence du mort ? Les symptômes des hystériques ont notoirement changé depuis les présentations de Charcot, depuis Freud lui-même. S'est-on vraiment posé la question de la raison de cette modification ? Le corps-symptôme-rêve de l'hystérique est-il toujours l'apanage des femmes ? Et sera-t-il encore et toujours le porte-parole d'un scandale inintégrable pour chaque époque de la Chose sexuelle en état de modification ? Je m'arrête là et bute sur ce que je sais déjà : répétition du pathos.

RADMILA ZYGOURIS

Christopher Bollas

TRISEXUALITÉ

Dans une note des *Trois essais sur la théorie de la sexualité,* Freud définit trois stades dans le développement libidinal des homosexuels. Ils connaissent d'abord une brève mais intense fixation à la mère; puis ils passent par une période où « ils s'identifient à une femme et se prennent *eux-mêmes* comme objet sexuel »; ceci crée la « base narcissique » d'où – troisième temps – ils s'acheminent vers la position homosexuelle, dans laquelle ils « cherchent un jeune homme qui leur ressemble et qu'*eux* pourront aimer comme leur mère les aimait ». Plus tard, Freud parlera d'une « disposition bisexuelle innée chez l'homme », disposition qui, assure-t-il, ressemble à la situation du masturbateur qui s'identifie aux deux sexes.

Il y a, selon moi, une position trisexuelle et un individu dont le choix d'objet peut se caractériser par une trisexualité. Cela peut s'exprimer simplement. Le trisexuel séduit des personnes des deux sexes et, bien qu'il puisse avoir des rapports amoureux aussi bien hétérosexuels qu'homosexuels, il le fait avant tout pour exciter l'intérêt sensuel du partenaire pour son propre corps. La personne séduite est prise alors dans une singulière lutte. Après s'être engagée dans une séduction réciproque intense avec le trisexuel, elle se trouve dans une étrange compétition pour l'obtention du droit de perpétuer leurs rapports érotiques. Alors que le trisexuel désexualise progressivement la relation, en convertissant l'érotique en familial, l'autre – le séduit – éprouve une impression d'inquiétante étrangeté : ceci s'est déjà produit avant, mais où ? et quand ? avec qui ? Et pourquoi est-ce que c'est une perte aussi douce, ou une conversion de l'érotique acceptée de part et d'autre ?

Le trisexuel sait une seule chose lorsqu'il séduit : c'est qu'il finira par convertir la présence érotique en doux souvenir. Il transformera l'excitation qui caractérise la séduction du nouveau en un sentiment de déjà vu.

La trisexualité diffère de l'amour de soi narcissique ordinaire en ce que le trisexuel doit d'abord séduire les deux sexes, puis transformer leur désir en contemplation admirative. Il est même un individu compulsivement séducteur qui ne peut s'arrêter de séduire et de s'approprier ses amant(e)s, car ils deviennent une sorte de « revenu » psychique qui produit sa richesse narcissique, fortune toute due au change du désir de l'autre en monnaie de vénération.

Bien sûr, dans une certaine mesure, la trisexualité constitue la présence compétitive de l'élément narcissique dans la vie sexuelle. Pour prendre l'exemple du trisexuel homme, quand il séduit une femme, il paraît à ce moment-là suivre la voix normalement tracée par un complexe d'Œdipe positif et, lorsqu'il prend un amant homme, rejouer un complexe d'Œdipe négatif. Comme il séduit les deux sexes, on pourrait le prendre pour un bisexuel. Mais l'auto-investissement narcissique du trisexuel est si fort que le sujet se permet d'être aimé par une femme, puis par un homme, souvent même par un groupe, pour ensuite, de la manière la plus décidée, être aimé par lui-même en présence d'un homme et d'une femme, ou d'un groupe, qui, apparemment, le laissent froid. Ceci représente partiellement le triomphe d'un enfant sur ses deux parents dans la lutte œdipienne : il renonce à chacun des parents comme objet libidinal et prend comme objet privilégié son propre corps et son propre soi.

Un patient, que j'appellerai Sandor, me permettra d'éclairer par un exemple clinique la nature de la trisexualité. Au cours de son analyse, il décrivait les liens nombreux et intenses qu'il nouait avec des personnes des deux sexes. Bien qu'il n'eût pas de relations homosexuelles déclarées avec ses amis masculins, beaucoup de ses idylles reflétaient clairement une homosexualité latente. Comme Sandor est un artiste, doué d'une rare sensibilité, et qu'il jouit en outre d'un physique fort avantageux, beaucoup d'hommes sont attirés par lui. Sa capacité d'expression, son esprit, ses connaissances esthétiques, philosophiques, politiques et historiques font de lui quelqu'un de particulièrement recherché. De fait, il arrivait souvent pour ses séances entre deux rendez-vous, se dépêchant de venir me voir et se sauvant ensuite pour retrouver ses amis. Tout en s'accordant régulièrement de longs moments pour peindre, il passait le reste de son temps à fréquenter les clubs, voir des expositions ou rendre visite à des amis. En fait, tout le monde l'aimait. Toutes les deux ou trois semaines, il avait une aventure avec une femme, encore que le mot d'aventure ne convienne guère, les choses se passant généralement ainsi : il rencontrait une femme dans une soirée ou à une exposition, il la ramenait chez lui et lui faisait l'amour. Il s'estimait un amant satisfaisant; quant à elles, elles avaient manifestement l'impression d'avoir fait une bonne affaire avec lui. Pourtant, une ou deux semaines plus tard, il refusait toute autre relation sexuelle, offrant à la place une amitié intense. Il se comportait avec ses femmes comme avec ses amis masculins : il était un merveilleux compagnon, pratiquement toujours disponible, extrêmement obligeant. Durant ces années d'analyse, aucune des femmes qui, d'amantes, étaient devenues par ses soins des amies ne se fâcha jamais ou ne se sentit trahie par son refus sexuel et sa cohorte d'ami(e)s. Elles s'estimaient heureuses de l'avoir rencontré et d'avoir eu avec lui une expérience érotique aussi intense; elles lui étaient profondément reconnaissantes de leur permettre de poursuivre la relation par une amitié intime.

Une vie sociale aussi remplie que celle de Sandor eût épuisé n'importe qui. Mais pas lui. Car il observait un régime physique discret mais sévère pour se maintenir en forme. Il allait plusieurs fois par semaine dans un sauna. Chaque jour, il faisait du jogging. Il faisait aussi très attention à ce qu'il mangeait et se montrait fier de son régime. S'il lui arrivait de fumer, alors qu'il avait renoncé au tabac depuis plusieurs années, il se le reprochait pendant les séances. Et pour finir, le coup de grâce : il avait dans son appartement une cuve à immersion – un cylindre plein d'eau chaude – dans lequel il se plongeait chaque jour et restait en suspension pendant environ une heure, dans l'obscurité, avec une légère ventilation. Cela lui procurait la sensation d'être un nouveau-né et il était convaincu qu'en restant ainsi suspendu dans sa cuve, il serait préservé de toutes les maladies qui affligeaient ses semblables.

Au bout d'un certain temps, ses amis apprirent ses rituels personnels. Mais cela ne fit que renforcer son image d'original et bon nombre d'entre eux imitèrent son régime. Lorsqu'ils lui téléphonaient et que le répondeur leur délivrait son cordial message, nul doute qu'ils devaient l'imaginer soit au sauna, soit en train de courir dans le parc, soit suspendu dans sa cuve magique – à moins qu'il ne fût sorti voir quelqu'un.

Seuls quelques-uns de ses amis connaissaient son angoisse secrète. Celle-ci prenait inévitablement la forme d'un désir intense éprouvé pour une femme qu'il n'arrivait pas à séduire. Pendant la durée de son analyse, il fit état d'au moins trois amours contrariés de ce genre, et – ce qui ne nous surprendra pas – il apparut que ces femmes étaient elles aussi trisexuelles. Elles étaient excessivement attirantes et, comme Sandor, elles avaient des amants des deux sexes. Mais, tout compte fait, elles s'isolaient gentiment, en retirant leur corps du circuit de la copulation. Un jour, Sandor s'arrangea pour passer la nuit avec une de ces femmes mais aucun véritable rapport sexuel ne fut jamais possible, bien qu'avec les étreintes, les baisers et les mots érotiques de la femme, Sandor eût été poussé à une sorte de frénésie muette. À la suite de cet incident, il s'aperçut qu'il était très soulagé que sa compagne lui offrît encore sa présence, car il avait conscience que derrière le voile de leur passion se cachaient un désir et une tristesse intenses. Il finit par comprendre que ce genre de désir physique pour une partenaire trisexuelle constituait un curieux acte d'amour pour un double de soi, et l'impossibilité d'éviter la neutralisation de sa capacité de séduire l'autre l'instruisit sur la tristesse qui, il allait le comprendre, provenait en grande partie de sa propre activité trisexuelle.

Selon moi, l'histoire de la vie de Sandor nous donne la clé de la formation de l'amour trisexuel. Durant les trois premières années de sa vie, il avait dormi dans la chambre de ses parents et il se souvient les avoir vus faire l'amour. Dans les années suivantes, il avait eu conscience du besoin et de l'affection réciproques de ses parents, mais ce besoin mutuel et cette affection entre eux étaient si forts, si absorbants qu'aucun des deux parents ne pouvait laisser de place à une relation avec un troisième objet. Un complexe d'Œdipe dépend, en un sens, de la création, par les parents, d'un espace œdipien et, si cet espace n'existe pas, le complexe d'Œdipe de l'enfant sera faussé. Sandor se tourna d'abord vers la mère, puis vers le père, cherchant à nouer avec eux une relation amoureuse de type œdipien. Mais, autant que je sache, aucun des deux ne permit ce développement; Sandor trouva une issue à sa déception provoquée par l'amour objectal en se tournant vers son propre corps : il en fit l'objet de son désir œdipien. Inutile de dire que, pour cela, il fallait une énorme intensification de la vie imaginative, ce à quoi se livra Sandor au cours de sa période œdipienne et de latence, s'imaginant toujours être l'objet héroïque du désir de l'autre. Dans ses fantasmes, il devait fuir le désir ressenti par l'autre d'un véritable amour et il remplaçait le besoin érotique par une intimité familiale.

Certains amis de Sandor disaient en plaisantant qu'il pouvait avoir qui il voulait dans sa vie amoureuse – et ses nombreuses conquêtes les stupéfiaient – mais, parfois, l'un ou l'autre notait son indifférence : il avait l'air de n'avoir pas besoin de l'autre, du moins pas un besoin personnel – même si sa vie sociale intense cachait ce phénomène à tous, mis à part quelques amis proches.

L'analyse révéla à quel point il lui était essentiel de maintenir la position trisexuelle. L'hétérosexualité et la passion homosexuelle n'étaient chez lui qu'un moyen d'entraîner le désir de l'autre pour son corps – condition absolue pour ce qui allait suivre. Ce désir constituait un renversement de la situation œdipienne : les deux parents se trouvaient en compétition l'un avec l'autre pour l'amour sexuel de l'enfant. Il fallait absolument être désirable pour la mère (n'importe quelle femme) ou le père (n'importe quel homme) afin d'établir la priorité de l'objet trisexuel. Sur ces bases œdipiennes, il y avait trois objets de désir : la mère (hétérosexuel), le père (homosexuel), et le soi de l'enfant (narcissique). Le but d'une telle situation œdipienne est de forcer les objets parentaux à aimer l'enfant à ses propres conditions : être sans cesse dans la vénération de sa présence. Ainsi, jusqu'à un certain point, l'un des objectifs de la trisexualité est de vaincre la sexualité et de la transformer en admiration. Des organes génitaux aux yeux, de la pénétration à la contemplation mutuelle.

Bien sûr, la trisexualité exprime une espèce de triomphe inconscient sur les conditions de la sexualité adulte. En détruisant l'espace œdipien, le trisexuel connaît dans une certaine mesure l'exaltation maniaque de la logique du besoin, inhérente à l'amour objectal. Le besoin du trisexuel n'est qu'un besoin de lui-même car, nous allons le voir, il se donne à lui-même une fonction psychique très importante.

Bien que Sandor eût toujours accordé à ses partenaires assez de gratifications personnelles pour empêcher toute déception sérieuse, il n'en reste pas moins que ses amies ont dû se sentir prises dans une curieuse compétition. Au moment où il paraissait aimer leur corps, les amantes de Sandor devaient être confiantes et satisfaites. De la manière la plus subtile, Sandor opérait alors un retrait d'investissement de leur corps et le remplaçait par de l'intérêt. Je suis certain que cela n'échappait pas à l'attention de l'amante, mais il se peut que le déplacement de son désir sexuel du corps de l'autre à son propre corps ait rendu difficile de voir que la sexualité, en quelque sorte, quittait la scène. Car la science des techniques amoureuses possédée par Sandor était réellement un objet d'intérêt en soi. Après la marée de la passion orgastique, l'amante était rétrospectivement impressionnée par l'étendue et la variété des connaissances érotiques de Sandor. Le propre corps de Sandor devenait alors l'objet d'un intérêt intense et, peu à peu, le jeu à deux mettait en acte un fantasme : celui que le savoir-faire raffiné et passionné de Sandor ne puisse jamais être abandonné au désir de l'autre. Ce savoir-faire, Sandor le conservait en lieu sûr, au-dedans de lui-même, non pour son propre plaisir, mais en réserve contre le temps de la désillusion. Ceci renforçait son image d'homme remarquable et l'on comprend pourquoi certaines personnes avaient le sentiment que c'était un privilège d'avoir été aimées par lui.

Quelle est la fonction psychique du langage narcissique du trisexuel?

À travers l'activité trisexuelle, quelqu'un comme Sandor utilise le souvenir, latent chez chacun de nous, d'avoir été l'objet d'amour exclusif de la passion maternelle. Sandor a dû recourir à ce souvenir pour triompher d'un espace œdipien très décevant. À chacune de ses amantes il fait reprendre connaissance de quelque chose qui était primitivement su; chacune d'elles est revisitée par les traces du désir infantile et par l'apparition et la disparition fantomatique de cette présence extraordinairement magique qui sera par la suite reconnue comme *mère*. La trisexualité est le triomphe du souvenir *sur* le désir. Par l'utilisation de ses capacités érotiques, le trisexuel invite l'autre à la sexualité afin que celle-ci disparaisse de la relation à deux. Le trisexuel *convertit* la passion érotique au moyen d'une présence mnésique vivante : « Je suis le souvenir de ce que nous étions. » Il sollicite la libido pour la convertir en souvenir – transformation qui signifie la mort de l'extase. « Je suis le souvenir de ce que tu désires. » « Je suis le souvenir de ton désir. » « Je suis le désir de ton souvenir. » Dans le doux secret des amours que nous avons perdus, il trouve le point vulnérable de l'autre. Le trisexuel est là, à cette place où chacun de nous pleure la perte de ses anciennes amours. Pour certains, il est là comme le souvenir vivant du premier amour, de l'amour « interpénétrant et harmonieux » (Balint). La présence mnésique du trisexuel fait donc partie de la fonction d'imagination elle-même – c'est même la quintessence d'un acte d'imagination – car le souvenir de la passion première continue à vivre en chacun par les voies de l'imagination.

En de rares occasions il arrivait que Sandor, sans s'annoncer, rendît visite à l'une de ses anciennes amantes; alors, au cours d'une nuit d'érotisme, il se muait en une apparition des amours perdues de l'autre. Lorsqu'il partait au petit matin, sa partenaire avait le sentiment d'avoir été plongée dans un rêve érotique intense qui la laissait dans un état de rêverie. Lors des rencontres suivantes, ces deux « amants » partageaient non seulement le souvenir de l'éros mais l'éros du souvenir. C'est dans ce lieu psychique-là que vit le trisexuel – ce gardien du souvenir.

CHRISTOPHER BOLLAS

Traduit de l'anglais par Brigitte Bost.

Patrick Lacoste

CHAMBRE À PART

MYSTÈRES D'UNE CHOSE VISUELLE

Je réalise une suite d'images visuelles d'où naîtra l'impression optique du bruit.

Georg Wilhelm Pabst
octobre 1928

Le lit est encore défait, la chambre naturellement surprise par la lumière du matin, l'homme apparaît de dos en chemise sans col; décoiffé, il termine sa toilette. Il est debout devant la fenêtre, et l'on aperçoit une partie de son visage dans un miroir. L'œil y paraît plus rond, la peau plus fragile. L'homme approche de la cinquantaine, cheveux gris, il s'est habitué à une petite moustache. Il se rase. On voit son regard affairé dans le cercle grossissant accroché à la crémone, puis le rasoir glisse et s'active. Le fil caresse le cuir qui l'affranchit. Le « coupe-chou » perd sa menace (sauf, peut-être, pour un regard d'enfant) dans le geste quotidien. Quelques traces de savon persistent sur la joue et dans le cou.

Dans la chambre à côté, une femme – son épouse – démêle ses cheveux, assise devant le miroir de sa coiffeuse. Petite, brune, environ trente ans, elle fait la moue en remarquant une mèche plus longue, trop longue, sur sa nuque. Elle appelle son mari à deux reprises, le dérange, et lui demande, avec un sourire timide et provocant, de corriger ce défaut. L'homme, tenant son rasoir en respect, se penche tendrement sur la nuque offerte, observe cette petite mèche qui dépasse, s'amuse en y déposant de la mousse avec son blaireau, et, accentuant son geste penché, s'applique à commencer de couper d'un mouvement précis.

De façon tout aussi tranchante, l'image est aussitôt dehors, les volets d'une maison d'en face s'ouvrent brutalement, poussés par une femme affolée, la bouche grande ouverte. Elle crie. Mais on n'entend pas, on voit pourtant très distinctement le complément d'image de son cri : *Mörder!* Au meurtre, à l'assassin! L'homme a suspendu son geste, tourné vers le cri, et constate dans le même temps qu'il a entaillé le cou de sa femme : une petite fente horizontale d'où jaillit maintenant un filet de sang. Son regard stupéfait se charge d'une horreur discrète mais progressive. Le rasoir est réinvesti de toute sa menace, déjà marqué d'empreintes à ses deux extrémités...

Formation d'un symptôme.

Ce sont les premières images du film *Les mystères d'une âme,* de G. W. Pabst.

Il est midi, le soleil éclaire vivement la rue que je viens de quitter, et le projectionniste vient de partir déjeuner. Je suis tout à fait seul dans une salle de cinéma; on ne fait pas projection plus privée [1]. J'ai franchi le seuil de ce cinéma désert avec l'idée furtive que j'avais ici rendez-vous avec quelque membre du Comité secret. Au-delà des informations peu favorables dont je disposais sur ce film, je sentais pleinement une excitation infantile, comme si je n'étais justement pas invité à coller mon œil à la serrure de la chambre où s'ébattaient les premiers psychanalystes.

Le déplacement pouvait être lié aux circonstances inhabituelles (l'heure, la solitude) mais aussi à un effet d'étrangeté qui m'accompagne souvent au spectacle d'un film dont la date de fabrication est antérieure à ma naissance... Peut-on dire d'un film qu'il est doublement muet ?

Le sentiment d'un autre type de déplacement utilisait un mélange de souvenirs et de perceptions.

Dans le bref moment qui a précédé l'extinction des lumières (aucun retardataire ne pouvait me déranger), j'ai parcouru cette image insolite d'un cinéma de mon adolescence (le « Trianon »), où les rangées de fauteuils m'avaient laissé ce choix toujours souhaité – soudain excessif – de la meilleure place. La lumière du projecteur, venant à la rescousse, avait été rendue d'autant plus abrupte par l'absence de son; et l'image muette m'avait assourdi au point de ne pas même laisser filtrer, avant quelques minutes, le cliquetis du moteur qui me tiendrait compagnie...

L'homme qui se rasait à l'instant, c'est le professeur Mathias. Il dirige un laboratoire (chimie, pharmacie ?) il fait... des analyses. Après avoir croisé l'ambulance qui stationne devant sa porte, entrevu la forme que la victime imprime à ce drap d'une blancheur définitive, hésité à se sentir concerné par les regards et les propos suspicieux des badauds, le professeur Mathias s'est rendu à son travail. Là, au milieu des cornues et des becs Bunsen, il croise une petite fille à qui il offre des bonbons. Il conserve une boîte de bonbons dans le tiroir de son bureau; le regard ému des laborantines nous apprend qu'il a toujours le même comportement vis-à-vis des enfants. L'effacement de son sourire, dès que la petite fille a disparu, nous indique une douleur : son mariage est stérile.

1. Je dois ce privilège au fait d'avoir été sollicité par les animateurs du ciné-club Jean Vigo, à Bordeaux, pour intervenir au cours du programme d'une semaine placée sous le prétexte : « Cinéma et Psychanalyse. » Parmi les titres qu'ils me proposaient, ce film : *Geheimnisse einer Seele* avait éveillé mon intérêt, pour sa marque historique rencontrée dans la correspondance entre Freud et Abraham.

Il apprend par une lettre que son cousin – de retour des « colonies » – va lui rendre visite et séjourner chez lui. Un cadeau du cousin l'attend à la maison : un sabre oriental.

Pendant qu'il essaie de lire le journal, après dîner, devant la cheminée, on voit grandir l'hésitation de son regard, puis la répulsion, entre les détails imprimés concernant le meurtre, le sabre posé sur la petite table, et la statuette hindoue (déesse de la fécondité ?) devant laquelle le sabre a l'air d'une offrande. Il jette le journal dans le feu, et sa femme l'invite à monter se coucher.

Devant la porte de sa chambre, il se décide rapidement à déposer un baiser affectueux et fugitif sur le front de son épouse, tandis qu'elle, hésitante et déçue, poursuit son chemin. Ils font chambre à part.

L'orage se lève, annonçant rêves et cauchemars. Mathias se voit avancer sur la terrasse, menacé par son cousin perché dans un arbre mort, et qui le vise avec un fusil-jouet, il s'envole à l'instant du tir. Il se perd dans un labyrinthe après avoir heurté la porte de la maison fermée. Il aperçoit une lumière, au loin. Un train se précipite vers lui, forant la nuit, et le colonial souriant, accoudé à une fenêtre, lui fait un salut de la main. Une ville sort de terre, Mathias monte l'escalier extérieur en spirale d'une tour, au sommet de laquelle les cloches sonnent à toute volée, brusquement remplacées par autant de têtes de sa femme, tranchées. Il se réveille un peu, puis court vers le train, arrêté par un passage à niveau dont la barrière grandit au point qu'il est réduit à la taille d'un enfant secouant de ses pleurs les barreaux inoffensifs de son parc. Il est à la barre d'un tribunal ; juges en chapeaux claques, bourreaux et joueurs de tambour se démultiplient, une femme est au pupitre de l'accusation. Mathias est de nouveau dans son laboratoire, il transporte des livres pour faire un tas qui s'écroule et n'est jamais assez haut pour atteindre une lucarne. Il brandit un sabre et transperce par saccades le vide qui le sépare d'une laborantine. Parvenant enfin à se hisser, il assiste à la promenade en barque de son épouse et du colonial parmi les nénuphars. La femme reçoit dans ses bras une poupée emmaillotée qui jaillit de l'eau. Le professeur Mathias pleure, il est furieux, il est impuissant. Sa femme, réveillée par les cris, est accourue pour apaiser l'agitation de cet « enfant de la nuit ».

On peut penser aux jeux de regard et de lumières que John Huston soulignera dans son *Freud, passion secrète,* à certaines séquences des premiers films de Bergman, à l'utilisation de l'architecture et des perspectives chez Orson Welles, à tout Buñel, et même... aux compositions d'images de Jean-Christophe Averty [1].

Le lendemain, l'annonce de l'arrivée effective du cousin provoque la chute d'une éprouvette, et l'image suivante découvre Jack Trevor (sûr de lui, élégant et conquérant autant que Werner Krauss – Mathias – semble court et maladroit), le

1. Pour un avis critique plus spécialisé, consulter le numéro spécial de la revue *Premier plan,* n° 39, novembre 1965, que Freddy Buache a consacré à G. W. Pabst.

cousin débarquant avec « armes » et bagages... Un peu de lumière sur la lame d'un coupe-papier avait, dans la journée, conduit à déchirer une lettre. Le soir, au cours du repas d'accueil, l'idée d'avoir à couper la viande, ou même de se servir de son couvert, provoque la fuite du professeur Mathias. Suit une errance, avec pour seuls points fixes les repas qu'il va désormais prendre chez sa mère – repas qu'elle lui prépare de façon à ce qu'il puisse manger « à la cuillère ».

Mais, le soir même de sa fuite, réfugié dans un café jusqu'à la fermeture, Mathias rencontre son salut. Un homme observe son agitation et remarque que, ramassant sa monnaie avant de partir, le professeur a laissé une clef sur la table. Cet homme l'a suivi jusque devant chez lui, le temps qu'il cherche dans toutes ses poches, pour lui rendre la clef en supposant qu'il doit avoir des difficultés conjugales. Le psychanalyste (Pawel Pawlov) vient d'entrer en scène, sur ce mode racoleur. Il lui a laissé sa carte...

Pour le récit de la cure qui suit, Pabst est assez concis, mettant les rêves déjà vus en rapport avec des souvenirs d'enfance (au point de laisser imaginer que les trois personnages se sont connus dans l'enfance!). Même si cela paraît parfois un peu simplet (l'interprétation majeure de l'analyste se limiterait à supposer un « complexe de culpabilité envers... sa femme »!), les images sont assez justes, en tout cas concordent avec ce que l'on peut imaginer du ton « familial » et du rythme soutenu des séances de l'époque.

Une séquence est assez étonnante : au moment où l'analyste demande au patient de préciser le geste saccadé qu'il accomplissait dans le rêve avec le sabre, celui-ci s'empare du coupe-papier de l'analyste et mime d'un air halluciné et de façon cathartique le mouvement de pénétration dont il prend brutalement conscience en même temps qu'il se surprend à pouvoir tenir en main – dans la « réalité » de la séance – cet authentique instrument tranchant... Fin de l'analyse.

On pourrait gloser, mais ne perdons pas l'idée qu'il s'agit d'un film *muet.* Quel autre recours, sinon l'imagerie quasi « hypnotique », restait à disposition du metteur en scène ? Le mode de présentation me paraît moins critiquable que la tendance « vulgarisatrice » influant sur l'assimilation (anti-freudienne) de la résolution du symptôme avec la fin du traitement.

Après la cure, le professeur Mathias reprend sa place, le cousin repart vers d'autres aventures, son image est lavée de la jalousie ancienne et actuelle. On comprend enfin que l'absence d'enfant, dans ce couple, était liée à une mauvaise distribution des chambres à l'étage...

Les dernières images que j'ai pu voir montrent une scène bucolique de vacances : Monsieur pêche (n'ayant plus peur des hameçons ni des poissons) mais laisse tous ses instruments tomber à l'eau pour gravir avec grande vigueur la colline qui le sépare du point culminant où sa femme (Ruth Weyher), devant le chalet, lui fait signe en érigeant « l'enfant paru » à bout de bras. *Happy end,* pour le trio découpé par la vive lumière d'été, sur fond de massif montagneux.

Pabst avait tourné, semble-t-il, un autre épilogue. Barthélémy Amengual raconte [1] : « Dans un contre-jour, sur un horizon très bas, à la Dovjenko, un couple agenouillé se courbe sur une frêle pousse tandis que, tout au bord du ciel, dans la partie supérieure de l'image, une femme couchée sur des coussins de nuées et des corbeilles de pommes tient un bébé nu debout contre son sexe. » Sans doute la censure aura-t-elle exigé la conclusion lénifiante que j'ai vue et que, avec Freddy Buache, l'on peut juger un peu niaise. Cette supposition peut être vérifiée en comparant les métrages annoncés sur les différentes fiches techniques : 2 196 mètres pour le film actuellement disponible, 2 214 mètres pour la première version.

Quoi qu'il en soit, les (rares) opinions sur ce film qui circulent dans le milieu psychanalytique ne lui rendent pas justice. Vive et fluide, la narration recourt à des images très saisissantes du point de vue de la composition et de la lumière. Les trouvailles sont nombreuses, et le montage particulièrement réussi. C'est un film qui, avec sa marque d'époque, communique aussitôt – tels certains films de Fritz Lang – une impression « d'avant-garde » qui doit peu à l'objet psychanalytique du scénario. Quant à la psychanalyse, ce film est bien plus « parlant » que bien des tentatives récentes.

La première des *Mystères d'une âme* eut lieu en mars 1926, au *Gloria Palast* de Berlin. Le film était coproduit par la U.F.A. [2] et Hans Neumann-Film, le scénario signé par Colin Ross et Hans Neumann avec (au générique) le nom des collaborateurs scientifiques : Dr Hanns Sachs et Dr Karl Abraham. Le film fut parfois annoncé avec la collaboration de Freud; sur la bande-annonce que j'ai vue figure un petit texte situant brièvement la psychanalyse comme méthode d'exploration nouvelle des « mystères » du psychisme, et se réfère à l'enseignement de Freud en lui attribuant le seul qualificatif : « universitaire » (!).

Quelques mots concernant G. W. Pabst, dont la vie et l'œuvre mériteraient l'intérêt des psychanalystes (« appliqués » ou non). Au moment où lui est confiée la réalisation de ce film, Pabst est un homme de 40 ans, d'abord comédien en Suisse puis aux U.S.A., et en France – où, citoyen ennemi, il fut interné pendant toute la durée de la Première Guerre mondiale –, et qui a commencé sa carrière cinématographique à Vienne en 1919. Son style fut d'abord expressionniste, puis « réaliste » (aussi : « fantastique social », selon Mac Orlan); son second film – sorti précisément en 1925 – *La rue sans joie* (un des premiers rôles de Greta Garbo) l'a rendu célèbre au plan international. À partir de cette date, il fera quinze films en neuf ans qui représentent l'essentiel de son œuvre. Après *Les mystères d'une âme,* il réalisera ce qu'on a pu décrire sous le nom de « suite freudienne » [3] avec *Crise* (ou *Désir*), 1928, le fameux *Loulou* (1928), et *Trois pages d'un journal* (1929).

1. *G. W. Pabst,* collection « Cinéma d'aujourd'hui », n° 37, Seghers, 1966.
2. La plus importante compagnie allemande de l'époque.
3. Cf. Barthélémy Amengual, *op. cit.*

Quelquefois décrit comme un « contemporain passif » – pour la variété des sujets et influences – Pabst fut assurément très marqué par la diffusion des idées freudiennes dans l'époque. Son portrait, souvent composé avec les mots : ambivalent... instable... bondissant, reste agrémenté d'un « charme viennois » romantique, lyrique et... désespéré [1]. G. W. Pabst, déjà reconnu en 1925, produira donc une œuvre importante, et aucun de ses « collaborateurs scientifiques », pas plus que ceux de ses contemporains psychanalystes qui auront à mentionner l'existence du film dont il est l'auteur, ne feront la moindre allusion écrite à son rôle ni à son nom [2].

*

En 1925 [3], Freud, déjà malade et – comme toujours – peu optimiste, pouvait s'amuser à l'occasion, en recevant un article « important » qu'un quotidien publié à Port-au-Prince (Haïti) consacrait à la psychanalyse, et continuer de ne pas accorder grand crédit aux faveurs de l'opinion, en confiant à la *Revue juive* l'article : « Les résistances à la psychanalyse [4]. »

Ces résistances, on le sait, allaient se montrer socialement plus vives dès l'année suivante, quand éclata l'affaire Reik. On peut imaginer qu'en mars 1926, Freud avait mieux à faire que de s'intéresser à la sortie d'un film. Toutefois, comme on le verra plus loin, on ne peut négliger le fait que la question de la « vulgarisation didactique » de la psychanalyse avait été mise en avant dans le projet du film *Les mystères d'une âme.* Cela ne paraît pas sans intérêt si l'on considère l'effort de mise en scène auquel l'écriture de « La question de l'analyse laïque » donnera lieu, effort en rapport avec le souci des « affaires extérieures » de la psychanalyse qui lui avait fait accepter de rédiger auparavant la *Selbstdarstellung* [5].

Outre les raisons de politique générale amenant Freud à se méfier de ce qui se passait alors en Allemagne, les rapports avec la Société psychanalytique de Berlin ne s'étaient pas révélés faciles dans l'année précédente (congrès de Salzburg), en particulier autour de ce qui avait amené la rupture d'Otto Rank.

Le 7 juin 1925, Karl Abraham, président de la société berlinoise et de l'Association Psychanalytique Internationale, informe Freud de la démarche de Hans Neumann, directeur du département culturel de la compagnie cinématogra-

1. En particulier selon Alexandre Arnoux : *Un déjeuner avec Pabst* (1931), cité par Barthélémy Amengual, *loc. cit.*

2. Interlude : Pabst = Papst = Pape, réalisateur de *Freudlos Gasse :* La rue sans Freud...

3. L'article : « Note sur le bloc-notes magique » est paru en janvier, et, dans les mois de juin-juillet, il écrit : « La négation », « Quelques conséquences psychologiques de la distinction anatomique entre les sexes », et *Inhibition, symptôme et angoisse.*

4. Article republié dans le n° 20 (automne 1979) de la *Nouvelle revue de psychanalyse.*

5. *Ma vie et la psychanalyse,* rédigé en août-septembre 1924, Gallimard, « Idées ». « La question de l'analyse laïque » (1926) est publié dans ce même volume sous le titre « Psychanalyse et médecine ».

phique U.F.A. [1]. Neumann connaît « en partie » les écrits de Freud (en particulier les *Cinq leçons*), il est enthousiasmé, et propose de réaliser un film de vulgarisation; il demande l'autorisation et le contrôle des instances officielles de la psychanalyse. Le projet est le suivant :

– la première partie du film « sert d'introduction en présentant des exemples suggestifs, qui illustrent le refoulement, l'inconscient, les rêves, les actes manqués, l'angoisse, etc. »;

– « la deuxième partie doit présenter *(darstellen)* [2] une destinée humaine à la lumière de la psychanalyse et montrer comment on guérit les symptômes nerveux ».

Neumann propose aussi de rédiger un ouvrage de vulgarisation qui accompagnerait le film, et va jusqu'à offrir de le publier dans « notre » maison...

Abraham, déjà malade, n'a encore rien perdu de sa vigilance, sa lettre est un modèle de prudence diplomatique. Il annonce, dès le troisième paragraphe, que la chose n'est pas de son goût, mais il ajoute aussitôt « que ce projet est conforme à l'esprit de notre époque et qu'il sera *certainement* exécuté : si ce n'est pas *avec nous,* ce sera avec des gens incompétents » (il va jusqu'à proposer quelques noms de psychanalystes « sauvages »). Puis il présente le projet en le démarquant des offres qu'on avait pu faire à Freud précédemment; il donne de Hans Neumann une image de « connaisseur » probablement flatteuse... Enfin, il s'attend au peu d'enthousiasme de son destinataire, mais souligne la « contrainte » et les « motifs d'ordre pratique », en plaidant pour « notre influence », et en avançant quelques noms (Sachs, Eitingon) qui, avec lui, seront les garants de cette affaire, tout en laissant à Freud l'entière décision.

« Vulgarisation [3] », « cinématographe », il n'y a rien dans ces mots qui puisse emballer Freud. Au début de l'année 1925, il avait déjà été sollicité par Samuel Goldwyn qui ne lui proposait pas moins de 100 000 dollars pour collaborer au tournage d'un film consacré aux histoires d'amour célèbres, en commençant par Antoine et Cléopâtre [4]. Jones raconte que Freud fut amusé, trouva le rapprochement de la psychanalyse et de l'amour « ingénieux » (sans doute spécialement l'histoire d'Antoine et de Cléopâtre...), mais déclina l'offre, refusant même de rencontrer Goldwyn. Hanns Sachs, dans la lettre circulaire du 15 février 1925, signale que le télégramme de refus avait fait sensation à New York, plus que la traduction de *L'interprétation des rêves...*

Il faut dire que Freud n'en était pas à sa première proposition (saugrenue) venant des États-Unis. L'année précédente, Randolph Hearst soi-même lui avait

1. Sigmund Freud – Karl Abraham, *Correspondance,* p. 388, Gallimard, « Connaissance de l'inconscient », 1969.
2. *Briefe,* p. 356, Fischer-Verlag, 1965.
3. *Populär-wissenschaftlich,* in *Briefe, loc. cit.*
4. E. Jones : *La vie et l'œuvre de Freud,* t. III, p. 130, P.U.F.

offert « n'importe quelle somme de son choix [1] » pour venir psychanalyser deux meurtriers qui, bien qu'ayant commis (selon eux) un « crime parfait », avaient les honneurs des tribunaux et de la presse de Chicago. *Citizen* Hearst, sachant Freud malade, était prêt à affréter un bateau privé...

L'allusion d'Abraham aux *Cinq leçons* n'était d'ailleurs pas forcément heureuse, car si cela rappelait à Freud son accueil triomphal à la *Clark University* de Worcester en 1909, d'autres éléments pouvaient être mobilisés; spécialement la soirée à New York où, après dîner, ses hôtes américains l'entraînèrent au cinéma pour voir « un de ces films d'alors qui abondaient en folles poursuites [2] ». Le « témoignage » de Jones est assez parlant (à plus d'un titre) : « Ferenczi, très jeune de caractère, se montra très emballé, mais Freud ne goûta qu'un plaisir modéré. »

Ces souvenirs d'une première soirée au cinéma ont-ils joué un rôle? En tout cas, la réponse de Freud à Abraham concernant le projet de la U.F.A. ne se fait pas attendre; il lui écrit deux jours plus tard : « Le fameux projet ne me plaît pas [3]. » Il fait même comprendre à Abraham qu'il est – dans cette affaire – un peu « jeune de caractère » (comme dirait Jones). Il a d'abord accepté l'argument de conformité à l'esprit de l'époque, et l'aspect inévitable du projet (avec d'autres) mais lui rappelle qu'en matière d'autorisation il n'y a pas de quoi s'étonner qu'on s'adresse aux instances qu'ils représentent puisque ce sont les seules à être « officielles »; il lui fait entendre aussi que cette autorisation implique davantage la psychanalyse que les producteurs. Plus avant, ses objections sont d'ordre théorique : « on peut au moins discuter de la chose ». Il écrit ensuite : « Ma principale objection reste que je ne tiens pas pour possible de présenter nos abstractions *(Abstraktionen)* de façon plastique *(plastisch darzustellen),* et d'une manière quelque peu respectable [4]. » Il ne veut donc pas donner son accord à « quelque chose d'insipide ». Au passage, il réhabilite Goldwyn pour avoir eu « l'intelligence » de s'en tenir « à l'aspect de notre objet qui supporte très bien une présentation plastique *(plastische Darstellung),* à savoir l'amour ».

Freud est « persuadé » qu'Abraham ne peut que se rendre à ces objections mais – ayant senti que son correspondant ne semblait pas « répugner à s'engager dans cette affaire » –, il lui propose une stratégie : faites-leur savoir que je n'y crois pas et que je refuse pour l'instant... si le projet définitif est vraiment bon, dites-leur que j'autoriserai « après coup » (je résume). Mais il ajoute : « je ne nierais pas que je préférerais que mon nom ne soit aucunement mêlé à cela ».

De fait, l'élaboration du projet amena quelques complications. Abraham ne se remettra pas du « catarrhe bronchial » qui l'afflige déjà en juin, il mourra en décembre, et ne pourra pas jouer le rôle stratégique que Freud lui assignait.

1. E. Jones, t. III, p. 117, *op. cit.*
2. E. Jones, t. II, p. 58.
3. Lettre du 9-6-1925, in *Correspondance, op. cit.,* p. 390.
4. Je traduis littéralement, les cinéphiles comprendront le recours à la version originale.

L'entreprise fut confiée à Sachs, et plus entièrement que Freud ne pouvait le prévoir, n'ayant pas voulu imaginer l'affaiblissement ni la disparition brutale de son correspondant berlinois.

En juillet, il y aura les vacances studieuses et la préparation du congrès de Homburg. Il faut attendre le 18 juillet pour qu'il soit à nouveau question de l'affaire du film. À cette date, Sachs et Abraham sont persuadés des garanties de sérieux et surtout – Abraham l'écrit à Freud – ils affirment avoir réussi à « rendre figurables *(darstellbar)* même les choses les plus abstraites ». Il fait part d'une grande excitation pour ce projet. Freud n'y fait pas allusion dans sa réponse du 21. Abraham parle d'un « élément importun », le 14 août, mais assure de la poursuite des travaux, et espère encore l'adhésion de Freud. Le 20 août, Abraham souligne le rôle de Sachs : « Il s'y consacre tout entier », et cette lettre donne à penser que l' « élément importun » était un texte de publicité. Pour conclure, il demande à Freud de correspondre, au sujet du film, *seulement* avec Sachs. Le 27 octobre, tout se complique, alors que la correspondance ne mentionnait plus cette affaire. Abraham a perçu un reproche (de « brusquerie ») concernant son attitude envers le film, reproche que Freud avait fait figurer sur la lettre circulaire aux membres du Comité. C'est l'occasion pour lui de rappeler les divers reproches dont il avait été l'objet au moment de l'affaire Jung puis la rupture avec Rank [1]. Il se rebelle enfin en « interprétant » à Freud que ce dernier lui a toujours fait exprimer des opinions que lui-même ne laissait pas « devenir conscientes »... L'étonnant reste que l'affaire du film soit ici placée sur le même plan que les « dissidences », ce que Freud confirme dans sa dernière lettre à Abraham (le 5 novembre) en soulignant qu'il n'a pas été « converti » à propos du film. Sur ce différend, Abraham meurt en décembre.

On peut trouver des précisions sur « l'élément importun » dans la correspondance entre Freud et Ferenczi [2]. Dans le courant du mois d'août, Ferenczi a envoyé à Freud une coupure du *Times* où son nom était utilisé pour la publicité du film. Jones cite une autre coupure (datée du 27 octobre) où il était dit que « chaque centimètre de pellicule serait tourné sous l'étroit contrôle du Dr Freud ». Le jour même (14-8-1925) où Abraham faisait allusion à « l'élément importun », Freud écrivait à Ferenczi : « On ne peut éviter le film, semble-t-il, pas plus que les cheveux coupés à la garçonne *(Bubikopf)*, mais quant à moi, je ne me les laisserai pas couper et je ne veux personnellement rien avoir à faire avec ce film. »

Quant à « l'affaire » dont il est question dans le dernier échange de lettres entre Freud et Abraham, qu'elle soit hissée au niveau des ruptures tient à la mise en cause du « comportement » de deux individus. Dans le temps où, à Berlin, on

1. Cf. *Correspondance,* p. 404, *op. cit.*

2. Correspondance inédite. Je remercie Judith Dupont de m'avoir permis de la consulter et de vérifier cette hypothèse.

s'occupait de la fabrication du scénario, à Vienne, Storfer (alors directeur du *Verlag*) publiait et distribuait un article de presse dans lequel il dépréciait l'entreprise [1]. Il n'est d'ailleurs pas interdit de penser que Freud ait pu susciter ou favoriser l'initiative de son collaborateur pour contrecarrer l'enthousiasme des Berlinois. Un autre Viennois, Siegfried Bernfeld, rédigea son propre scénario, et, avec Storfer, le proposa à d'autres compagnies cinématographiques, essayant même d'entraîner Abraham dans le contre-projet... Abraham, nous dit Jones, s'abrita derrière le contrat signé avec la U.F.A...

Le rôle de Freud, dans cette bataille de projets, pour difficile à préciser qu'il soit, ne saurait – en fonction de la vivacité de son propos adressé à Ferenczi – être tenu pour bienveillant, ni même innocent.

Le rôle de Hanns Sachs n'est qu'apparemment plus facile à cerner. Superviseur de la réalisation, sans aucun doute, Sachs n'était peut-être pas non plus en accord avec le scénario (Colin Ross-Hans Neumann) qui a été utilisé. Il semble même qu'il ait écrit un projet très détaillé puisqu'on a retrouvé une affiche portant son seul nom... [2]. Dans un design très modern-style, cette affiche est centrée par le masque (coupé en dessous des yeux) d'un visage de femme, et par une main dont l'index se dresse au devant de la bouche dans une invitation au silence (au « muet »?), au secret. En titre, simplement : *Psychanalyse,* et, en sous-titre : « L'énigme de l'inconscient » *(Rätsel des Unbewussten).* L'auteur, en bas de l'affiche : Hanns Sachs.

Hanns Sachs, que l'on peut recenser parmi les plus anciens compagnons de route, terminait ses études de droit quand il a rencontré Freud en 1904. Il raconte que la lecture de *L'interprétation des rêves* fut pour lui « la révélation [3] ». La littérature, avoue-t-il, était son seul centre d'intérêt : traducteur de Kipling, « spécialiste » de Dostoïevski. Freud lui demandait les références littéraires qu'il ne trouvait pas.

Ami et proche collaborateur d'Otto Rank, Sachs deviendra le promoteur de la revue *Imago* [4], revue qui sera plus spécialement consacrée aux écrits de psychanalyse dite « appliquée ». À la différence de Freud, il s'intéressait depuis longtemps au cinématographe, ayant eu l'occasion d'être proche de Eisenstein.

Curieusement, dans ses « mémoires », Sachs ne mentionne pas sa participation à l'affaire du film. À charge pour le lecteur d'écrire entre les lignes. Par exemple, quand il parle de son amour de la littérature le menant à la psychanalyse, Sachs écrit : « ... je voulais découvrir, par la science, *les secrets (ou mystères) de l'âme* [5],

1. Cf. E. Jones, t. III, p. 131, *op. cit.*
2. Reproduite dans *Freud. Lieux, visages, objets,* p. 224, éd. « Complexe » et Gallimard, 1979.
3. *Freud, mon maître et mon ami,* Denoël, 1977.
4. On sait qu'il en proposa le titre d'après le roman de Carl Spitteler.
5. *« Die Geheimnisse der Seele »,* je souligne, in *Freud, Meister und Freund,* p. 35, *Imago publishing C°,* 1950.

inclusion d'un des titres que porta le film de Pabst. De façon moins audacieuse, on peut s'interroger sur la fin de son chapitre d'introduction : « Une fois seulement, je fis volontairement quelque chose qu'il désapprouvait; il m'en parla alors que c'était presque fini, seulement trois ou quatre mots à voix basse, comme en aparté. Ces mots, les seules paroles inamicales que j'entendis de lui, restèrent profondément gravés dans ma mémoire [...] Je ne peux maintenant y repenser sans une certaine honte. »

Je ne vois pas quelle autre « affaire » entre Freud et Sachs aurait pu susciter pareille allusion.

Autre témoignage d'époque : Jones dit avoir vu le film au moment de sa sortie à Berlin, et ajoute que ce spectacle provoqua une « grande consternation ». Je le soupçonne de généraliser (comme souvent) son opinion personnelle, et de prendre appui sur la campagne de presse qui, en Angleterre, s'empara de l'aspect « vulgarisation » pour y voir une publicité délibérée de la part des psychanalystes ayant échoué auprès des milieux « professionnels » et visant ainsi les « classes populaires »...

Les tribulations – devenues tristement habituelles – du titre de ce film dans le système français de diffusion, donnent une image des destins d'utilisation d'un tel instrument dit « publicitaire ». Tantôt titré *Les mystères de l'âme,* ou *d'une âme,* il fut aussi annoncé : *L'Étrange cas du professeur Mathias,* et même : *Au seuil de la chambre à coucher...*

*

Au seuil de *la* chambre à coucher – celle qui ne se laisse déplacer par aucun déménageur – le futur caméraman n'aura jamais eu d'autre instrument que l'appareil psychique. Aurait-il dilaté à l'extrême ses globes oculaires, mis à contribution la souplesse des « chambres intérieures » [1] de leur anatomie, ou bien réglé la sensibilité et la fidélité de ses prises de son, l'enfant des sens n'en croirait ni ses yeux ni ses oreilles. Il imagine, déjà. Aucune mesure n'établira le seuil de ces perceptions désormais historiques, car elles sont précédées d'autres perceptions. Le caractère « autre » de ces perceptions primaires – fragmentaires, donc : avant l'histoire – ne se supporte que de l'hypothèse freudienne des « fantasmes originaires ». L'enfant ne peut imaginer que sur la base des fantasmes inconscients, à partir d'un équipement spécifique dont les constituants peuvent être rassemblés sous le titre générique d'image mentale.

L'image mentale, pour avoir renvoyé – dès sa fabrication – la perception sensible au rang des accessoires (l'ayant ainsi rendue à sa fonction), n'est pas

1. Examiner de près tout ce que la langue nomme « chambre » (de la chambre à air à celle des députés...) serait un exercice cocasse mais probablement intéressant...

exclusivement « visuelle », n'est plus seulement une image (c'est une réalité psychique), et encore sa définition « mentale » implique-t-elle une mise en scène. Processus primaire, élaboration secondaire, s'effectuent dans le cadre de « l'autre scène » – selon le mot que Freud aimait emprunter à Fechner.

Dès le manuscrit L (1897) [1], « les scènes » entrent dans la théorisation freudienne comme points de départ des fantasmes hystériques. Elles sont déjà le résultat d'un mixage : choses entendues, incidents vécus, récits, choses vues. Primitives, elles ne sont rendues accessibles que par l'élucidation des fantasmes, leurs significations ne peuvent être que le résultat d'un travail combinatoire et de l'après-coup. Ces scènes sont dans un rapport privilégié avec la trace auditive. Le rêve et son interprétation permettront de préciser que la trace visuelle n'est rien de plus qu'une préparation à la fabrication des images psychiques, endo-visuelles. Plus la scène du rêve se propose comme « visuelle », plus elle indique la résistance et se soumet à la censure. La différence, avec d'autres types de résistance, réside dans la prise en considération du travail du rêve qui fournit les moyens d'interprétation. Ce n'est plus la signification, mais le sens, qui se construit dans le parcours rétrograde auquel le travail associatif donne lieu.

Dans la poursuite de l'écriture théorique, ces scènes – qu'elles soient à l'origine du fantasme ou aux deux extrémités du rêve – acquièrent un statut plus singulier et plus central avec la publication de *L'Homme aux loups* (en 1918). Ce passage du pluriel au singulier [2] confère à la *Scène primitive* un rôle organisateur et originaire. Observation ou supposition du rapport sexuel entre les parents, la scène originaire est un des points de rencontre majeurs entre le registre des perceptions et la « chose sexuelle », dans la théorie freudienne. Le simple fait que cette scène puisse être « supposée » indique tout l'écart entre la perception sensible et la fabrication du sens.

L'étayage de cet aboutissement clinique et théorique implique le travail de conceptualisation des représentations-mot et représentations-chose inauguré dans *Contribution à la conception des aphasies* (1891) [3] et perlaboré tout au long des écrits de la *Métapsychologie* (1915) [4]. Cette autre voie de réflexion (parallèle et indissociable) aboutit à des postulats qui affirment que l'inconscient est constitué exclusivement de représentations-chose, et que la représentation-chose est de nature « essentiellement visuelle ». Ces postulats invitent à distinguer en permanence (aussi bien dans le rêve, le symptôme, et... l'écriture théorique) la capacité de figuration *(Darstellung)* et la capacité de représentation *(Vorstellung)* de l'appareil psychique.

1. In *La naissance de la psychanalyse,* p. 174, P.U.F.

2. On peut remarquer la même évolution dans l'utilisation du mot « transfert » après la publication de *L'Homme aux rats.*

3. P.U.F., 1983. Cf. notre compte rendu de lecture de cette importante traduction : « Préparations anatomiques », in *L'écrit du temps,* n° 6, printemps 1984, Éditions de Minuit.

4. « Idées », Gallimard.

Avec le travail de nomination que constitue l'établissement du langage métapsychologique, il faut donc considérer que la pulsion sexuelle qui ne s'inscrit que par représentation-chose au niveau inconscient a partie liée avec le caractère « visuel » de ces représentations.

D'autres liaisons entre « sexuel » et « visuel » sont repérables dans les figurations mythologiques qui, pour Freud, admettent l'équivalence entre « la castration et l'arrachement des yeux », en passant par la « révélation » incestueuse qui conduit à la symbolique de l'aveuglement œdipien. Ce parallèle atteint précisément un point culminant dans *L'Homme aux loups* où c'est la tentative d'élucidation elle-même – donc aussi l'analyse, son récit et ses prolongements théoriques – qui doit s'arracher constamment au fantasme du voile selon l'affirmation que « la déchirure du voile est analogue à l'ouverture des yeux »...

C'est aussi le type de fantasme qui transforme la lecture en épreuve de castration, et particulièrement à l'occasion de l'usage si fréquent de la métaphore visuelle dans l'écrit freudien [1]. Ce genre de métaphore s'offre comme condensation à déployer et à internaliser, selon les règles d'échange structurel entre pulsion de voir et pulsion de savoir telles qu'elles sont définies dans les *Trois essais.* C'est dire que la curiosité sexuelle est un destin de la curiosité visuelle, et non l'inverse, sans pour autant négliger la permanence des interactions.

Des voies d'approche non moins précises de l'articulation entre « visuel » et « sexuel » seraient ouvertes en reprenant la définition de l'hallucination comme prolongement endo-psychique de l'expérience primaire de satisfaction, et la recherche d'identité de perception qu'elle suppose. Ce recours à l'hallucination, modèle de la formation des images mentales, participe à la fois de la figuration et de la représentation. De même, la recherche d'identité de perception sous-tend la formation des images du rêve, la figurabilité du représentable.

Ces élaborations multiples du trajet de la perception primaire permettent au moins de distinguer un usage du qualificatif « visuel » en psychanalyse qui n'est pas assimilé au « vu », ni réduit au « visible ». Dans l'hallucination primaire comme dans le rêve, « visuel » n'indique que le *moyen* mis à disposition de la recherche de perceptions psychiques (satisfaisantes) identiques, et n'est encore qu'une composante nécessairement privilégiée en fonction du niveau de développement des systèmes perceptuels. Cette composante aura pu être secondairement intégrée comme déclencheur de la satisfaction. Le « visuel » est donc une estampille temporelle; c'est son rapport à la satisfaction qui l'introduit au sens « sexuel ».

Il faudra attendre 1938, et *L'Homme Moïse et la religion monothéiste,* pour qu'une jonction plus panoramique entre « visuel » et « sexuel » soit explicitée dans la théorie. Là, l'interdit mosaïque de figurer Dieu en image sera conditionnel du

1. Métaphore visuelle, et ses effets de lecture, dont j'ai tenté l'esquisse d'une cartographie dans *Il écrit, une mise en scène de Freud,* Galilée, 1981.

progrès supposé pour la pensée. Freud mettra en concurrence la « mise à l'arrière-plan » des perceptions sensorielles (maternelles, sensuelles) avec la capacité de représentation psychique (paternelle, spirituelle), cette formulation n'invitant nullement à congédier l'interaction des deux plans, le « progrès » étant sans cesse à accomplir. Pensée-mère et pensée-père sont révélateurs (au sens photographique) l'un de l'autre. Une telle perspective autorise la paraphrase : l'édifice invisible de la psychanalyse (déjà souligné comme tel, en 1929, dans *Malaise dans la civilisation,* avec l'insistance du modèle archéologique) s'est construit sur les ruines du temple de l'image. La visée du propos freudien n'est pas l'interdiction de l'image, mais la défaite de son culte.

En 1913, d'ailleurs, dans *Totem et tabou,* le mot « scène » avait été hissé au rang singulier par l'hypothèse de la « scène du sacrifice ». Cette scène du meurtre du père primitif allait dans le sens d'une idée fondamentale : la question des origines n'est pas imaginable sans violence.

On retrouve la violence dans l'interprétation par l'enfant de la scène originaire; c'est en effet la première déduction issue du mixage des perceptions : les indices recueillis par les sens sont asservis au processus fantasmatique pour donner la signification d'un acte de violence commis par le père à l'égard de la mère. Cette signification masque le sens en créant une réalité psychique qui – tout permet de le supposer – devient l'hypothèse d'une violence surtout parce que son mode d'accès à la pensée est violent. L'urgence de produire un fantasme qui inclura une signification possible et mettra ainsi en attente un sens « sexuel », exige une réponse à l'effraction. Dès ce moment fondateur d'hypothèse, le statut interne ou externe de l'effraction ne sera plus une question essentielle, la notion de traumatisme psychique – émancipée de la réalité du traumatisme – gardera ses droits jusque dans l'*Abrégé de psychanalyse* en 1938.

Le recours à une signification violente contre l'accession trop directe (trop précoce) d'un sens sexuel (dont la violence serait sans doute moins supportable), me paraît être au principe de ce qui dissocie radicalement l'explication de l'interprétation en psychanalyse.

C'est dire que le trajet de la perception psychique, moteur des premières « théorisations », et encore au programme du « progrès dans le pensable » en 1938, assigne au qualificatif « sexuel » chez Freud la désignation d'un champ de pensée qui n'est pas assimilé au « sexe », ni réduit à la « sexualité ».

« La chose sexuelle », après Freud, ne saurait indiquer rien de moins que ce que par d'autres mots on nomme « l'appareil psychique ». L'appendice « sexuel » de cet appareil, dans l'analyse, n'est autre que la fonction d'interprétation.

L'expression « la chose sexuelle », malgré la signification des mots, a le sens d'une « abstraction » freudienne. Un des appendices de cette abstraction, c'est la « chose visuelle ». D'abord parce que l'accès au « sexuel », dans la méthode psychanalytique elle-même, est conditionné par des stratégies « en négatif » dont la déconnection sensorielle du dispositif de la cure n'est pas la moindre. L'analysant ne se « voit »-il pas parler? L'analyste ne « voit »-il pas ce qu'il entend? Ensuite, parce que l'appareil psychique fonctionne plus en produisant des « scènes » qu'en s'arrêtant sur l'image, et que le mouvement est inhérent à sa productivité. On pourrait dire la même chose de l'activité de théorisation, et de l'activité de parole.

Violence et mouvement sont constitutifs du scénario qui sera issu de la scène originaire. Mouvement double, puisque le scénario – à l'inverse des étapes de la fabrication d'un film – ne sera que le second temps. Ce télescopage, et le rôle de l'après-coup, suffiraient à rapprocher la formation des premières hypothèses de pensée et la formation des symptômes. Sur ce point, les images inaugurales du film de Pabst ne sont pas du tout muettes, elles montrent à l'évidence comment la soudaineté et la brutalité d'un assemblage de perceptions sensibles (la vision de la coupure, l'appel au meurtre) provoquent une perception psychique qui va se jeter sur la signification pour se tenir à l'écart du sens, du « sexuel ». Mais cette évidence ne procède que par évocation.

On ne peut donc qu'adhérer à l'objection théorique de Freud signalant que « nos abstractions ne sont pas figurables de façon plastique ». Mais on ne peut y adhérer sans certaines considérations sur la nature même du travail d'abstraction théorique et de conceptualisation.

*

Si l'on se souvient que les « représentations verbales plastiques » désignent, dans le travail du rêve, les représentants privilégiés de la condensation, on ne peut que s'arrêter sur certaines formulations théoriques particulièrement condensées. Dans l'essai métapsychologique sur « L'inconscient » [1], Freud signale clairement l'ambiguïté liée à l'usage des mots : « conscient » et « inconscient ». Cette ambiguïté (qui me paraît extensible à l'emploi des concepts ou abstractions en général) tient donc à l'*emploi* des mots : « tantôt dans un sens descriptif *(deskriptiven Sinne)* [2], tantôt dans un sens systématique ». C'est avouer que le « descriptif » est un mode à la fois parlant et résistant dans l'exposition théorique. Et il poursuit ainsi : « Il sera également utile de se souvenir que nos hypothèses *(Annahmen)* ne peuvent prétendre d'abord avoir d'autre valeur que celle de représentations figurées *(Veranschaulichungen)* [3]. » Le substantif est assez peu usité chez Freud pour mériter une attention particulière : il désigne (par le verbe *veranschaulichen*) une illustration qui servirait à faire comprendre en concrétisant. C'est un mot utilisé couramment en peinture.

1. In *Métapsychologie,* pp. 74 à 81, *op. cit.*
2. *G.W.*, X, p. 271.
3. *G.W.*, X, p. 274.

Cette mise en lumière, mise en évidence, d'une figuration en utilisant l'image pour dire le concret, est une qualité de l'expression secondarisée (métaphore, théorie) qui rencontre l'élaboration du rêve au point où elle est la plus résistante. Dire que nos hypothèses ne peuvent prétendre qu'à un statut d'« illustration concrète », c'est presque dire que « nos abstractions » ne sont que des représentations verbales plastiques... Où la magie des mots freudiens lutte contre la fascination par les mots.

On conçoit, sur ce trajet, que la proposition de traduire en images cinématographiques de telles « condensations » théoriques que sont le refoulement, la résistance, l'inconscient, etc., n'ait pu soulever que des objections théoriques. L'erreur surréaliste, qui est dans la même tendance au supplément de condensation, provoquera chez Freud les mêmes réticences.

Que le travail de conceptualisation théorique soit comparable au travail de la condensation, on en trouvait déjà un indice dans *L'Interprétation des rêves.* Car un concept central (au sens du *Vocabulaire de la psychanalyse*) ne suppose-t-il pas son arrachement à partir d'une concurrence entre les idées, comme l'analyse d'une condensation complexe du rêve où s'exercent disparité et concurrence des images? À cet endroit [1], vient cette phrase : « Si l'on voulait se représenter l'image *(Bildung)* d'un concept à partir des images de perception individuelles, on pourrait y parvenir par la voie de figurations *(Darstellungen)* semblables dans un dessin. »

L'image d'un concept (le concret de l'abstrait) n'est pas tout le contenu de pensée du concept mais seulement la résistance qu'il oppose à la dilution psychique par sa forme verbale (plastique), résistance qui introduit secondairement à sa consistance (l'abstrait du concret). Cette résistance permet l'exercice de l'identité de pensée [2] en exhibant la permanence de son lien avec l'identité de perception et la défaite de ce lien ouvre à la saisie de son contenu consistant.

L'identité de pensée, qui cherche aussi à rétablir les liens logiques entre les contenus du rêve, n'est plus affaire de « figurabilité » mais fait le lien entre le rêve, le récit du rêve, et les associations du rêveur, jusqu'au point où le travail associatif la met temporairement en échec, la déplace, et la relance, créant le jeu des représentations-mot.

Le fait que, dans le cours de la théorisation freudienne, la conceptualisation du travail du rêve introduise à la conceptualisation de la formation du symptôme, et les maintienne l'un et l'autre dans un « défaut d'expression », n'implique pas que ce défaut soit de même nature. On peut toutefois remarquer que chaque fois que l'exposition (la « figurabilité ») didactique risquerait d'être à son tour en défaut, Freud recourt soit à une image, soit à une métaphore (souvent visuelle), ou encore à une séquence... toujours à une « mise en scène » des idées.

1. *L'Interprétation des rêves,* p. 279, *G.W.,* II-III, p. 329.
2. Cf. *Vocabulaire de la psychanalyse,* p. 194, et chapitre VII de *L'Interprétation des rêves,* P.U.F.

Dans le courant de l'année 1904, pour illustrer l'attitude de l'analyste à l'égard du symptôme, Freud montrait à ses auditeurs une carte postale représentant un homme en train de souffler sur une ampoule électrique croyant l'éteindre comme une chandelle [1]. Il ajoutait que l'analyste devait plutôt penser à l'interrupteur... En 1937, au début d'« Analyse terminée, analyse interminable », le symptôme est la lampe à huile qui a déclenché l'incendie, mais le « sauvetage » ne se résume pas au fait d'emporter la cause en dehors de la maison en flammes (comme le font les analystes pressés)... En 1909, à Worcester, Freud avait invité l'assistance – pour illustrer le « refoulement » – à imaginer une scène où un « intrus », cherchant à l'empêcher de prononcer sa conférence, serait refoulé hors de la salle par les participants.

Ce sont précisément des scénarios de ce genre que Hans Neumann – selon Abraham – envisageait d'utiliser d'une manière cinématographique, proposition que Freud, à propos de cet exemple précis, trouvait particulièrement « ridicule »...

Redondance de l'image, de la métaphore, ou de la scène, l'image, pour Freud, ne saurait traduire l'image.

Il est remarquable que la même difficulté d'illustration (« comment faire comprendre le mécanisme psychique du refoulement ») soit venue en premier exemple sous la plume de John Huston à propos de ses souvenirs sur son film : *Freud, Secret Passion* [2].

Tous ces détours ne posent donc pas seulement la question de la « vulgarisation » – voire cinématographique – de la théorie-psychanalyse. Mais, tout en soulignant la difficulté de l'opération d'écriture (inépuisable) que la théorisation entraîne, la question du figurable ou du « présentable » (du *darstellbar*) paraît ainsi au centre du débat concernant un enseignement possible de la psychanalyse...

Seule la poésie, dès *L'Interprétation des rêves* [3], sera sauvée du défaut d'expression du matériel visuel que Freud reverse globalement au débit des arts plastiques (peinture, sculpture). La *Dichtung,* malgré son travail de métaphore, son recours à la condensation, reste pour lui capable d'efficience, car, à l'image de l'interprétation et de la théorie, son instrument est de nature verbale. Cette confiance que Freud place dans l'expression littéraire me semble se vérifier dans son écrit théorique aux carrefours où, ne trouvant pas d'illustration acceptable ou de mise en scène possible des idées, il recourt à la citation poétique comme point de suspension, condensation d'ouverture et non de clôture, à déployer toujours : une invitation à penser, un relais offert au lecteur.

1. C'est un des premiers souvenirs qui ait frappé Hanns Sachs...

2. *John Huston,* par John Huston *(An Open Book),* éd. Pygmalion, 1982. Voir, à ce propos, le scénario que Sartre avait primitivement écrit pour ce film : *Le scénario Freud,* préface de J.-B. Pontalis, « La psychanalyse dans son histoire », Gallimard, 1984.

3. Chapitre VI, p. 269.

*

Je ne crois pas qu'il faille déduire de l'anecdote entourant la réalisation de ce film de Pabst une position de Freud affirmant que cinéma et psychanalyse font « chambre à part ». Ce qui est « à part », voué à l'échec, et manifestement inutile, c'est l'illustration directe des concepts de la théorie. À cette limite, certaines tentatives cinématographiques récentes [1], qui prennent la situation psychanalytique pour objet d'image, peuvent apparaître d'un réalisme pornographique auquel le film de Pabst (mise à part, peut-être, la scène où le psychanalyste « racole » son futur patient) me paraît échapper.

Je ne vois pas d'argumentation, chez Freud, qui condamnerait l'évocation, mais des rappels incessants – à partir de la théorie du rêve – à ne pas prendre l'évocation pour l'expression. Car la théorie est, déjà dans ses mots, une illustration : l'image verbale des concepts, la représentation plastique des hypothèses; sa proposition concrète des abstractions (et là, que cette proposition soit orale ou écrite ne change rien à l'affaire) est aussi une provocation à la résistance. Ce type de résistance est nécessaire à la relance de la pensée, relance conditionnée par les obstacles. Cette activité de pensée-contre prend déjà appui sur la perception sensible (sonore, visuelle) de l'image des concepts, des mots.

On sait, et cela devient particulièrement explicite dans l'article de 1916 : « Parallèles mythologiques à une représentation obsessionnelle plastique [2] », que le mot et l'image peuvent s'associer pour se mettre au service de la pensée obsessionnelle. De telles liaisons (l'image du mot devenant « obsessionnelle » et déclenchant une figuration plastique) peuvent apparaître, écrit Freud, « d'une rare absurdité ». C'est pourtant l'analyse, jusqu'à l'absurde, des composants du mot (*Vaterarsch* – « patriarche ») qui permettra l'élucidation; après quoi, associant l'évocation imagée et l'expression condensée, Freud rencontre la mythologique Baubo qui relève sa robe pour dérider Demeter et, non content de raconter l'histoire, il nous fait un dessin [3]... Comme si, quelquefois, les mots ne suffisaient pas non plus. À moins qu'il ne s'agisse d'une facétie visant à épargner le lecteur, à prévenir la lecture obsessionnelle.

Vouloir fabriquer des « abstractions » à partir de figurations plastiques n'est pas seulement une maladie de la psychanalyse « appliquée », c'est aussi, par le travail des représentations verbales, un symptôme de lecture; il n'est pas sûr, toutefois, que l'activité de théorisation puisse s'en émanciper. C'est justement ce qui se produit, dans l'article de janvier 1925, quand Freud s'empare de l'objet « bloc-

1. Sans parler des « travaux pratiques » télévisuels...
2. In *Essais de psychanalyse appliquée*, Gallimard, « Idées ».
3. Que ne reproduit pas l'édition française..., cf. *G.W.*, X, p. 399.

notes magique » pour asservir cette figuration à une métaphore de l'appareil psychique. La question du mouvement se précise, dans cet écrit, comme étant indissociable de la « représentation du temps ». Le mouvement (déplacement) de pensée est toujours « mouvement-temps ». On pourrait dire que c'est le trajet inverse de celui d'un cinéma qui se voudrait « illustratif » (la proposition de figurer des abstractions y est en effet renversée), mais le passage n'est pas moins risqué.

Ce risque s'étend à la traduction et à la transformation d'une parole clinique dans le langage théorique. En laissant de côté le débat concernant le tour qu'un tel passage peut prendre, sous la menace, quand « parler d'une expérience clinique » est invité à suivre les lois du genre : sombre documentaire, l'ensemble de ces questions me paraît en rapport avec l'ambiguïté des opérations de *dé-figuration.*

La défiguration *(Entstellung)* est le piège, me semble-t-il, que Freud décrit, cerne et dénonce sur l'itinéraire à double sens qui va de la figuration *(Darstellung)* à la représentation *(Vorstellung).* C'est la prise en considération, par la psychanalyse, de cette notion d'*Entstellung* – l'idée ne s'installe pas seulement dans la lecture des mots allemands par pure parenté graphique ou « identité de perception » – qui constitue le ressort permettant de démonter le dogme. Cela pourrait se dire : faire échec à la résistance de la condensation; ou encore : déboulonner les statues; ou enfin : surmonter l'interdit de penser.

Cela entraîne la lecture associée (et maintes fois indiquée), des *remakes :* les deux productions freudiennes où Moïse tient le rôle principal. Il est vrai qu'en 1914, la publication anonyme, dans *Imago,* du « Moïse de Michel-Ange » permettrait plutôt de dater, dans l'écrit de Freud, l'invention du dessin animé. Tandis que *L'Homme Moïse et la religion monothéiste* aurait l'envergure d'une superproduction. *Moïse I* et *Moïse II* s'inscrivent toutefois sur la même ligne d'œuvre et leur lecture raconte les aventures de la dé-figuration et de son double défiguré.

« Traduire en mots » les intentions de l'artiste – comme « toute autre manifestation de la vie psychique » – est au programme de la dé-figuration de la statue de Moïse [1]. Il y est question d'interprétations axées sur la décomposition (l'analyse) du mouvement qui a *préludé* à la figuration plastique de la statue. Les mots, l'écrit, donneront un avenir à la mémoire immédiate de la statue; à partir de la présentation figurée du mouvement, Freud construit la bande-son, établit le « doublage » de l'image. Le mouvement de pensée, qui prend le relais du mouvement figuré, se déclenche par le détail.

Observation des rebuts de l'observation, c'est la condition du processus analytique : observation des indices du secret, de ce qui n'est pas « donné à voir ». Or, Freud, spectateur d'une image, ne peut observer qu'en se posant, à propos des détails apparemment secondaires, la question banale : qu'est-ce que je vois (suppose, déjà) de ce qu'il (l'homme caché par son image de marbre) a bien pu voir l'instant

1. Cf. « Le Moïse de Michel-Ange », in *Essais de psychanalyse appliquée,* Gallimard, « Idées ».

d'avant? Métaphore de l'amnésie infantile, la réponse ne tarde pas : Moïse a vu que son peuple régressait, qu'il recommençait à adorer les images (le veau d'or). Il est furieux au point que les tables de la Loi, qui « figurent » l'interdiction de se faire l'image de Dieu, ont couru le risque de disparaître, d'être rendues illisibles. Dans le développement de cette scène, il est assez clair, quel que soit le relais, que l'adoration des images met le lisible, l'interprétable, en danger.

Dans *Moïse II,* cette condition de « lisibilité » est devenue condition de la capacité de représentation psychique. Au point que la *Vorstellung* de Dieu ne peut s'établir que par mise à l'écart de sa *Darstellung.*

Flash-back de la scène de *Totem et tabou :* il n'y a de pensée-père qu'à partir du meurtre de l'image de son meurtre. Or, dès le début de *Moïse II,* après avoir comparé la déformation du texte *(Entstellung)* à un meurtre, puis souligné que la difficulté n'est pas dans l'agir mais dans la « dissimulation des traces », Freud signale qu'il faudrait pouvoir « redonner au mot *Entstellung* son double sens de jadis », c'est-à-dire « défiguration » mais aussi « déplacement ». Ce qui compte dans l'opération de « mettre à une autre place » (aussi : *verschieben)* [1], c'est que son résultat indique le mouvement qui l'a précédé, il est donc un indice d'ouverture autant que de clôture. Cette précision du double sens, d'abord négatif, ensuite positif de l'*Entstellung* vient compléter « l'observation des rebuts de l'observation ». Déformations et altérations deviennent déclencheurs et indicateurs de la nécessité de déplacer, de chercher. Freud établit avec ce mot un mécanisme de pensée (le déplacement) qui est le positif (à visée interprétative) du déplacement dans le rêve (à visée de censure). La figuration du mouvement de Moïse par Michel-Ange est d'ailleurs aussi une *Entstellung* que Freud reçoit comme une invite, et il en effectue les deux sens. Le sens « négatif » n'insiste-t-il pas dans le fait que Freud recourt à un « artiste » pour dessiner le mouvement qu'il vient de mettre en mots?

Retrouver le double sens conduirait, ici, à opposer radicalement défiguration et dé-figuration. « Défiguration » rétablit l'impasse du culte de l'image, « dé-figuration » conduit à l'opération centrale décrite dans *L'Homme Moïse :* la dématérialisation de l'image comme bénéfice (progrès, pas en avant) de la pensée.

On pourrait dire la même chose autrement : c'est cette mise en scène permanente de la dématérialisation qui se retrouve dans le fait que le symbole freudien continue d'exhiber la fracture qui le constitue, alors que le symbole jungien se prétend objet de pensée entier, substituable en tout à « la chose ».

Autre variante : c'est dans le fait, historique, que le « sexuel » a tramé l'architecture du registre des perceptions sensibles, que l'érotisation de pensée puise sa possibilité énergétique. L'efficience de cette « érotisation », toujours menacée par ses débordements, tient à l'économie de ses échanges avec « la chose sexuelle ».

Entstellung, violence et déplacement, me semble être une représentation verbale

1. *G.W.,* XVI, p. 144.

d'un temps d'hésitation préalable à l'interprétation, et de son risque : un mot pour la position inaugurale de la parole interprétante.

*

Deux courts fragments cliniques – des séquences – m'apparaissent pouvoir donner la figuration (l'image optique) du bruit (au sens « associatif », quasi statistique) qui accompagne le cheminement que je viens de tenter de reparcourir.

Un homme, qui s'est toujours avoué fasciné par la « chose visuelle », s'interroge soudain au détour de son analyse déjà longue et tortueuse. La question qui lui vient est de celles qu'on ne peut manquer d'entendre tant elles sont évidentes, élémentaires, et condensées : « Qu'est-ce que j'ai donc effectivement vu, pour être ainsi accroché à l'image? ». Suivra une activité associative très « auditive » sur la parenté des noms et des mots. S'étonnant, quelque temps plus tard, de l'intensité de ces opérations de liaisons verbales, et de l'appui qu'elles prennent sur la plastique des mots, il songe, encore une fois, à la séparation de ses parents. Le temps de cette séparation reste encore en deçà de sa mémoire (il avait moins de deux ans). Puis lui revient un vague souvenir qui entoure un événement « important ».

Mais, quoi? Ses parents sont de nouveau ensemble, peut-être avaient-ils tenté de se réconcilier? Il a environ trois ans, il assiste à une dispute très brutale. Mais ça n'est pas un souvenir véritablement « visuel », tout juste pourrait-il dire que l'intensité du souvenir tient à l'intensité sonore. Non, il n'y avait là rien à voir. Brutalement lui revient cette formulation familiale, cette figuration empruntée à l'usage des mots : sa mère, et plus généralement les femmes de la famille désignaient toujours le fait de se disputer, ou même simplement d'élever la voix, par l'expression : « faire une *scène* »... et précisément sous la forme d'avertissement : « tu ne vas pas me faire une scène! ».

Il n'y a là rien que de très banal pour qui ne confond pas « scène primitive » et « scène de ménage » mais tolère la pensée de les rapprocher un peu [1]. Ce n'est qu'à partir du démarquage sensoriel du mot « scène », pris dans la confusion des langues, que cet homme pourra penser autrement à son « accrochage » au visuel, lui donner un destin psychique, dé-matérialiser la figuration de la rupture pour accéder à sa représentation.

Autre incidence, plus focale : un autre homme, spécialement enclin aux « agirs » prenant forme d'activité ou de tentations voyeuristes, raconte une méprise de lecture. Arrêté à un feu rouge, il parcourait distraitement le paysage urbain, quand son regard fut attiré par un magasin portant l'enseigne d'un vidéo-club. Il ne comprenait pas que la vitrine de ce *sex-shop* fût à claire-voie, dépouillée des

1. On pourrait recourir, comme Freud le fait si souvent, à la preuve que constitue l'usage de la langue : « faire une scène » a pratiquement oublié la connotation visuelle du mot « scène ».

tentures ou enduits habituels visant à masquer l'intérieur. Ce n'est qu'au moment de redémarrer (levée d'un symbole interdicteur) qu'il s'aperçut qu'il avait traduit et transformé cet honnête vidéo-club « normal » en lui attribuant la spécialité *sex-shop,* simplement pour avoir lu sur la vitrine une inscription annonçant la vente de : « cassettes vidéo *vierges* »...

Cela pour indiquer que la chose visuelle, malgré sa figuration manifeste, n'est guère véritablement donnée à voir. L'image « réelle » n'exhibe que l'évidence de son mystère.

Pour en débattre, avec la théorisation, il faudrait réexaminer la distinction entre les inscriptions conscientes et la théorie de la double inscription...

Pour l'instant, je ne me sens pas enclin à accepter l'affirmation qu'il existe des images muettes, pas plus qu'une assomption totale des mots par rapport à leur image. L'apprentissage de la lecture n'est-il pas l'étape-même de l'introduction à la cinématographie?

*

L'introduction à la perception psychique est sous la dépendance d'un autre mouvement de pensée : le lien de la « chose visuelle » à la « chose sexuelle » qui se négociera dans le temps de la découverte de la différence des sexes. Cette scène-là n'est pas moins originaire, elle prend simplement appui sur des systèmes perceptifs plus évolués et sur une élaboration fantasmatique plus conséquente; cette découverte n'en est pas moins la remise en jeu totale de la scène primitive qui la précède. La découverte de la différence des sexes donnera un sens à toutes les significations antérieures, offrant une chance d'accéder au « sexuel » là où il n'y avait que réponse, par la violence de la perception psychique, à la violence des perceptions sensorielles. C'est l'après-coup qui confère à l'image mentale du rapport parental le caractère « sexuel » psychiquement utilisable dans le meilleur des cas. On peut convenir du fait que cette découverte n'est évidemment pas moins violente, la seule évolution consiste peut-être en ce qu'elle entraîne une *question* (déjà « théorique »), au lieu d'exiger une *réponse* (fantasmatique).

En référence au vocabulaire métapsychologique, si l'on admet que la représentation-chose est de nature essentiellement visuelle, parler d'une « représentation-chose-sexuelle » ne se concevrait, me semble-t-il, que dans ce temps second et tout autant fondateur de pensée, temps où seule la perception sensible de la différence met le qualificatif « sexuel » en circulation psychique. Car « sexuel » ne saurait qualifier une seule « chose » (en termes métapsychologiques), et encore ne désignerait – avant la perception de la différence – qu'une qualité « associative » de la représentation-chose.

La conséquence de la « distinction anatomique entre les sexes » est d'éclairer rétroactivement la scène primitive tout en réactivant, par l'introduction de l'activité nouvelle de différenciation, la perception psychique de la différence basale présence/absence. La remise en jeu de la différence primitive, qui confond l'excitation somatique et l'excitation psychique, pour avoir donné lieu une première fois au recours hallucinatoire « normal », ouvre la voie des recours pathologiques : celle des « figurations » névrotiques, ou des « défigurations » perverses.

La découverte secondaire d'une différence introduisant le primat du sexuel viendra faire écran dans la transfiguration des inscriptions inconscientes. Le « sens sexuel » du fantasme inconscient (uniquement accessible par le transfert) ne pourra ainsi se révéler que dans le non-sens.

Le fait que la perception « visuelle » de la différence soit un organisateur de la pensée « sexuelle » me paraît trouver une illustration dans la clinique la plus habituelle en considérant la résistance classique qui s'y oppose : le souvenir-écran. Le souvenir-écran n'invite-t-il pas à vérifier à quel point l'amnésie infantile supporte très bien les figurations plastiques?

Sur ce trajet, la fascination et la menace de castration se rejoignent dans l'expression figée de la tête de Méduse. La fixité de son regard est, à elle seule, la présentation plastique de l'abstraction « castration », la fascination qu'elle suscite est une figuration de l'arrêt du mouvement-temps dans la pensée.

*

Le cinéma, promoteur de « créatures de rêve » des deux sexes, peut être accusé de provoquer la fascination et d'en jouer. Il arrive que le spectacle d'un film puisse créer les conditions d'une « foule à deux ». Peut-être Freud aurait-il eu des raisons de s'en méfier comme il se méfiait de l'hypnose qui « repose intégralement sur des tendances sexuelles inhibées quant au but » [1]? On pourrait aller jusqu'à dire que le cinéma, souvent dépendant des phénomènes de masse, parvient quelquefois à mettre « l'objet à la place de l'idéal du moi ». Ce sont aussi, on le sait, deux conditions de l'état amoureux. Même si l'amour ne s'en contente pas (réclamant la possibilité d'exercice des « tendances sexuelles directes »), peut-on lire dans ces deux destins de la libido narcissique quelque « raison » qui permettrait de comprendre l'affirmation de Freud (faisant allusion à la proposition de Samuel Goldwyn) que « l'amour supporte très bien une présentation plastique »? Cette seule affirmation inviterait à un tout autre parcours de réflexion.

Un film récent : *La maîtresse du lieutenant français,* de Karel Reisz, me paraît une illustration tout à fait réussie de ce propos. Le scénario de Pinter déplace le temps du livre de John Fowles (qui expose le temps de sa rédaction), en introduisant deux temps du film. On oublie assez rapidement le procédé du film dans le film

1. Cf. « Psychologie des masses et analyse du moi », in *Essais de psychanalyse,* Petite Bibliothèque Payot, 1981.

que Jacques Rivette, par exemple, avait assez bien mené dans *L'amour fou.* Mais surtout, Pinter et Reisz communiquent très adroitement l'inversion des rôles dans l'amour qui lie les deux comédiens, par rapport à la passion des deux personnages qu'ils jouent. Cette saisie du temps de l'histoire d'amour donne le relief de sa figuration en y ajoutant l'idée que la plasticité artistique (commune) de l'amour est conditionnée par sa capacité de mémoire (individuelle). L'amour fait trace sur la tablette de cire du bloc-notes magique, participe de la représentation psychique du mouvement-temps, il en est de même pour le « sexuel » dans la pensée. Alors que « sexualité » (réduit à l'activité) ou « sexe » (en tant que zone partielle et partiale) ont les plus grandes faiblesses pour l'amnésie... infantile.

Dans *Les mystères d'une âme,* G. W. Pabst n'a pas failli à l'évocation de « la chose sexuelle ». Cela repose, à mon sens, sur l'observation d'un détail dans la construction du film : l'auteur a su maintenir la différence de perception entre les images de la formation du symptôme, la scène du rêve et les scènes du souvenir d'enfance. Le spectateur dispose ainsi d'un champ de discrimination qui sollicite les aigus et les graves de sa mémoire : il peut découvrir. Cette possibilité de découverte de la différence des images n'est pas un bonheur si fréquent dans le cinéma actuel. Que l'on songe à la lourde parenté des scènes de rêve et des images en *flash-back* dans la construction de nombreux films, et dont la technique la plus sophistiquée ne s'émancipe pas toujours.

Freud n'était sans doute pas en position d'imaginer que le cinéma prendrait un jour une part aussi importante à la construction de nos souvenirs d'enfance. Le cinéma a colonisé la mémoire culturelle et individuelle. On commence, d'ailleurs, à dénoncer les avatars colonialistes dont l'impérialisme audio-visuel devient inducteur.

Je ne crois pas que l'art cinématographique puisse, à l'heure actuelle, rester enclos dans une définition de simple « figuration plastique ». Le résultat de la technique, et de l'invention des auteurs, a hissé le cinéma au rang de « chose sexuelle » dont les défauts d'expression tendent à se réduire progressivement au profit de l'évocation. Cette avancée est aussi liée à la familiarisation de l'appareil psychique des spectateurs qui met les images mentales en état de réceptivité, même si les risques de saturation augmentent proportionnellement.

On pourrait définir autant de mécanismes différents chez le même individu dans son rapport inconstant et momentané à tel ou tel autre film. Activité, passivité, prévalence de certaines associations d'images ou arrêt sur un contenu – toujours propice à vérifier les projections du fantasme –, les lignes de forces sont multiples.

Du côté des auteurs, il est toujours difficile de distinguer chez les uns et les autres la dominance de l'image sur l'écrit, et l'on rencontre, ce qui est plus surprenant, l'affirmation fréquente de l'inverse. La critique se heurte aussi à des partis bien plus complexes chez des cinéastes qui me semblent plus fortement évocateurs d'imagerie inconsciente. Orson Welles, par exemple, souligne l'importance inaugurale des dialogues. L'auteur d'un cinéma aussi « visuel » assure ne pas pouvoir penser en image avant l'établissement de l'histoire, et surtout des paroles qui seront échangées par les personnages. Wim Wenders, au contraire, dit attendre que les images lui donnent envie de lire, puis que les mots suscitent d'autres images, pour qu'enfin la nécessité de fabriquer encore d'autres images s'impose...

La ligne de fuite de ce rapide panoramique atteint l'aporie dans l'œuvre de Godard, qui semble avoir tellement compris cette difficulté du travail de dématérialisation de l'image nécessaire à la possibilité de narration qu'il engouffre tout son cinéma dans la seule articulation de la difficulté...

Certaines réussites menées de front sur les deux territoires, comme le livre et le film *Théorème* de Pasolini, ou encore – dans un autre genre – *L'arrangement* d'Elia Kazan, mettent en abîme l'interrogation à propos de la figuration narrative.

Le cinéma, disait G. W. Pabst, est « avant tout l'art du mouvement ». L'analyse freudienne, art du déplacement, tend à la scène le miroir de « l'autre scène ».

Que l'évolution technique du cinéma et l'art de certains ait abouti à la possibilité d'évoquer jusqu'à l'opération de dématérialisation de l'image, cela ne me paraît pas faire de doute. Je tiens pour illustration, de la capacité instantanée et de condensation et de déploiement de la condensation, cette séquence finale de *Blow up* d'Antonioni où s'installe progressivement le bruit d'un match de tennis, et où la caméra semble se prendre au jeu de l'échange sonore donnant l'illusion pleine (« sexuelle ») d'assister au trajet de la balle jusqu'à voir rouler son idée sur l'herbe du court désert...

Réalisateur, au sens de la fabrication d'une réalité, le metteur en scène de notre temps a déplacé – et parfois défiguré – et la figuration, et sa plasticité. Du fait des moyens et des êtres dont il dispose, il apparaît souvent au plus près, tantôt au plus loin, de la mise en exercice d'un fantasme divin (manifeste) de création totale. Il va de soi que les plus grandes réussites procèdent plutôt du second cas de figure.

Je vais laisser la parole (pure fascination) à l'un de ces artistes – qui a d'ailleurs interprété jusqu'au rôle de Dieu dans un fort méchant film (*La décade prodigieuse,* de Chabrol) – et pour mettre en *travelling* parallèle une phrase d'Orson Welles avec les objections théoriques de Freud concernant la figuration des abstractions.

Moteur : Orson Welles vient de réaliser *Lady from Shangaï,* film de rupture mais aussi, pour lui, fin d'une histoire d'amour. (Qui donc a pu tenir sa mémoire à l'écart de cette scène où Rita Hayworth assassine l'image dans l'écho des miroirs traversés?) Il répond à une interview [1] :

Question : *La dame de Shangaï,* tourné par un autre réalisateur, aurait été davantage axé sur les questions sexuelles.

Welles : Vous voulez dire qu'un autre metteur en scène aurait rendu cela plus évident. Je n'aime pas montrer crûment le sexe à l'écran .../... mon objection est uniquement d'ordre esthétique. *À mon avis, il y a deux choses qu'il est absolument*

1. In *Cahiers du cinéma,* n° 165, avril 1965.

impossible de porter à l'écran : l'exhibition réaliste de tout acte sexuel, qu'il soit implicite ou sous une autre forme, et prier Dieu [1]...

Je dé-figure la suite de son propos en le déplaçant, et nous concluons : ce sont deux choses qui, pour être « sexuelles », doivent évoquer immédiatement la présence d'un projecteur et d'un écran blanc, l'existence d'une série de techniciens et d'un directeur qui dit : « C'est bon. Coupez! »

PATRICK LACOSTE

1. Je souligne.

Jean-Michel Hirt

LE CINÉMA DE LA MISE À NU

Que notre sexualité soit prête à quelque chose qui ne peut pas être vécu.

Botho Strauss
Couples, passants

Un metteur en scène veut filmer l'être humain en train de mourir. Et il veut filmer un homme et une femme, ou bien un homme et un homme, ou bien une femme et une femme, ou bien un être humain et un animal, en train d'avoir des rapports sexuels.

Oshima
Écrits

Il y a une loi, celle de 1975, qui a eu le mérite de mettre les choses à plat : elle a créé de l'X, soit une catégorie de films pornographiques voués au ghetto de salles obscures qui ont néanmoins essaimé un peu partout, au point de constituer, en certaines villes de province, les seuls lieux de spectacle possibles. Cette loi organise le régime du cinéma porno – sa légalisation – en le dédoublant [1] : d'un côté, le « soft », tolérable et visible par beaucoup, de l'autre, le « hard », seulement toléré et, pour reprendre les mots de la rumeur, vulgaire, macho et ennuyeux. Ainsi, après le passage du législateur, une province de l'imaginaire sexuel de la société se donne-t-elle à lire comme sur une carte, avec sa division en régions accessibles et périlleuses, les premières offrant des images *libres* de la sexualité, les secondes des images *crues.* Par là se répète une dichotomie traditionnelle et surannée entre civilisé et sauvage, et les salles de « hard » sont désignées du même geste que celui dont on montre les mauvais lieux de la ville, ses « parties basses », disait Bataille. Bien sûr, la loi expose la complémentarité de ce qu'elle partage, mais à quelles fins, pour quel enjeu, en vue de quoi ?

1. Même non légalisée, à l'étranger, l'existence de ces deux styles de cinéma porno est passée dans les faits, pour des raisons commerciales évidentes.

Admettons que l'inspiration juridique soit rien moins qu'innocente et que le X ne soit pas une lettre de hasard, mais le signe de ce qui fait limite et autorise la construction d'un discours, celui de la représentation du sexe au cinéma. Ce discours consiste effectivement à répartir les tâches entre deux traitements des choses. À la représentation « soft » est dévolu le *bon sexe,* sans tabou ni contrainte, mais policé. Techniquement, cela se traduit par la vision de corps qui font l'amour et y prennent du plaisir, mais les gros plans sur les organes génitaux sont évités et la machinerie sexuelle dissipée dans un scénario verbeux où se raconte une histoire et se délivre un message. Après *Emmanuelle,* un film comme *Femmes* est assez représentatif de ce courant que l'on peut envisager comme un compromis entre les exigences d'une nouvelle morale sexuelle et du libre-échange amoureux généralisé. Dans ce film, un homme, porteur de la bonne nouvelle du plaisir sexuel, circule de femmes en femmes, d'une mère à sa fille ainsi que d'une hétérosexuelle à une homosexuelle, à l'intérieur d'une villa isolée dans le décor d'une île, l'été, au Sud. *Femmes* a l'intérêt de s'afficher comme l'œuvre d'une femme, Tana Kaleya, et de prétendre montrer des fantasmes érotiques féminins, donc de rompre avec un reproche souvent fait à ce type de cinéma : d'être réalisé par et pour des hommes. D'où sa volonté perceptible de décrire la sexualité comme liée au reste du monde : au frottement du sable, à la caresse de la mer ou aux morsures du soleil : toutes considérations qui conviennent parfaitement à l'idéologie du naturalisme sexuel propre au « soft ».

Au « hard », par contre, revient la mise en scène du quantitatif : multiplication des érections et pénétrations, nombre d'éjaculations, profusion du sperme à l'image sur fond de cris féminins. Ici le scénario – la *comédie* dans le jargon du métier – n'a guère d'importance et pourtant il s'avère nécessaire, sinon la succession des séquences tomberait dans l'abstraction ou le délire d'un flux d'images sexuelles, qui annulerait la signification recherchée : qu'au signifiant *pénis* n'est pas arbitrairement joint le signifié *jouir,* lui-même signifiant du signifié *voir.*

À partir de cette partition de la sexualité entre la signification que procure le « soft » et le signe qu'exhibe le « hard », on peut interpréter la pornographie au cinéma comme une démonstration de la possibilité d'un coït systématiquement satisfaisant. Oshima, le réalisateur de *L'Empire des sens* – qualifié par lui de « film porno » [1] – ne s'y trompe pas quand il écrit : « Celui qui va voir un film " pink " ne le regarde pas pour se préparer à accomplir un acte sexuel. C'est le fait en lui-même de voir ce film qui constitue, pour le spectateur, un acte sexuel [2]. » Autrement dit, le cinéma porno manifeste, selon des variations rhétoriques dont témoigne son organisation juridique, la croyance en un naturalisme sexuel, soit une harmonie

1. Oshima, « Écrits 1956-1978 », *Cahiers du cinéma,* Gallimard, 1980, p. 317.

2. *Ibid.,* p. 288. Alors que pour le couple spectateur d'une vidéo-cassette porno à la maison, ce ne serait qu'un moyen en vue d'une fin.

préétablie entre les sexes, sous l'égide du phallus, qui ne demanderait qu'à manifester son évidence. Et la coupure qu'effectue la loi entre « soft » et « hard » n'est pas neutre, si justement on y perçoit un décrochage entre la signification et le signe. Au lieu de laisser s'installer une « hardification »[1] des films pornos, le législateur a préféré cantonner les uns dans des endroits spécialisés, les salles « ixées », et les taxer particulièrement, tandis qu'il permettait aux autres de développer des productions à la louange d'une sexualité libératrice. Ce qui menaçait dans toute « hardification » de ce cinéma, ce n'était pas tant le coup porté à la morale sexuelle traditionnelle – la relation entre celle-ci et les représentations de la sexualité est loin d'être mécaniste –, que l'envahissement des images du sexe par un point de vue strictement masculin. Alors un coin du voile aurait été levé sur une découverte de Freud qu'il n'a jamais remise en question : la libido est d'essence masculine. Preuve aurait été faite que le ressort de la mise en scène du sexe n'a pas d'autre source d'inspiration que les fantasmes virils. Une suprématie phallique trop insistante mettrait en péril l'idéologie du naturalisme sexuel, qui, au-delà de son origine imaginaire, a des effets dans la réalité, au moins quant à la continuité de l'espèce; d'où, à défaut d'une autre parade, un coup d'arrêt donné à la brève période de libéralisation des images accordée avant la loi de 1975.

Si cette barrière n'avait pas été élevée, le cinéma porno aurait eu de plus en plus l'occasion de révéler qu'il n'existe de discours, *graphos,* sur la prostituée, *pornê,* donc sur l'objet sexuel, qu'au masculin, en procédant à la réduction et au dégonflement de la « parlerie » qui encombre les produits « soft » et les justifie puisqu'ils ont une visée pédagogique. La fonction du « soft », en effet, c'est de véhiculer, grâce au sexe, un discours sur l'amour. Il s'agit pour ce genre cinématographique de mettre l'accent sur l'érotisme de la pornographie plutôt que sur la pornographie de l'érotisme, car c'est de la signification de la sexualité qu'il traite. Or, cette signification vaut de façon croissante comme ce qui autorise des individus des deux sexes à formuler des demandes et avoir des conduites au sein desquelles, éventuellement, se faufileront les désirs de sujets singuliers. Abondant dans ce sens des demandes et conduites qui, à la différence des désirs, supportent d'être spectaculaires, le « soft » diffuse la représentation d'une complémentarité entre les sexes que garantirait la circulation élargie des partenaires. Gérer sa sexualité est devenu un idéal qu'imposent beaucoup de médias et donner à voir l'entente sexuelle qui peut s'établir entre gens avertis, à condition qu'ils ne privatisent pas à l'excès leur corps, participe de la même conception que celle qui préside à l'*human engineering :* « Rien que d'entendre constamment le mot relation, note Botho Strauss, empêche d'avoir les mains moites. Avec cette même sécheresse commerciale qu'il évoque, il tente de ramener artificiellement à la raison notre manière de vivre ce danger fondamental que l'amour, dans son essence, représente

1. A. et B. Minard, « Fonctions du X », in *L'Âne,* 1981, n° 3, p. 15.

pour le bien commun, et de faire entrer par magie une probabilité calculable dans une sphère qui reste la plus originelle, la plus impénétrable, la plus dévorante en l'homme [1]. » En somme, plus les êtres acceptent de n'exister que comme semblables, plus se répand la conviction qu'il est possible de vivre l'amour dans la transparence sexuelle, « sans peur ni chaos » [2].

L'épaisseur du naturalisme sexuel est donc mise en images comme exemplaire quand il propose aux spectateurs une série de situations troublées par un minimum de heurts. Dès lors, le cinéma devient le moyen de rendre visuel et audible cet accord entre les sexes et le « soft » l'illustration rabâchée d'un progressisme sexuel, qui, pour les besoins de sa cause, n'hésite plus à fournir à la femme un rôle de sujet à part entière; ainsi promue, il ne lui reste qu'à choisir son objet et témoigner de sa jouissance. Pour autant, elle ne jouit pas dans des limites précises : elle est présentée comme polymorphe, apte à connaître l'amour aussi bien avec une autre femme que seule, ou avec de nombreux instruments. Elle serait l'être sensuel par excellence, capable de jouir de presque tout ce qui lui tombe sous la main, alors que l'homme n'aurait que son pénis à sa disposition. Une certaine inégalité sexuelle, au détriment de la femme, aurait vécu, puisque ayant un statut mieux défini, elle rassurerait l'homme en se réalisant à l'intérieur des catégories qu'on lui prête : visibilité et comptabilité. Non seulement le « soft » sauve les apparences d'un coït sans ratage et fonctionne comme idéal, mais en plus il assigne la femme à une place où « l'inquiétante étrangeté » de sa sexualité a disparu au profit d'une jouissance repérable. Cette femme ne ressemble pas à l'homme, elle est un homme en creux et, sous-tendu par ce rapport homosexuel à l'autre, l'androgyne du mythe triomphe de nouveau.

Cette imagerie du « soft » n'est pas rejetée par le « hard » qui l'intègre comme toile de fond sur laquelle va se projeter un spectacle sans phrase. Les contraintes de la censure intensifient la ritualisation des apparitions féminines et le « hard » offre aux regards une femme-objet extraite des stéréotypes habituels. Délivrés des embarras du sens et réduits à filmer des signes, ces personnages féminins ont des caractéristiques qui les rendent totalement prévisibles : toujours ouvertes, elles ont d'insatiables envies amoureuses qui les amènent à consommer rapidement un grand nombre d'hommes; leur panoplie évoque régulièrement l'harnachement fétichiste; caresses et baisers ne les intéressent guère, ce qu'elles réclament c'est la pénétration qu'elles s'empressent de provoquer; prises, elles n'arrêtent pas de signifier leur plaisir à force de cris et gémissements; comme la pénétration, le coït est toujours réussi en un temps record.

En regard, l'homme apparaît plutôt démuni : il est soumis à une fatigue que

1. B. Strauss, *Couples, passants,* Gallimard, 1983, p. 20.
2. *Ibid.,* p. 20.

semble ignorer l'autre sexe; son pénis peut paraître fragile, car il n'a pas, comme l'organe féminin, la possibilité d'entrer en contact avec des objets divers; enfin, son plaisir se présentifie par quelques grognements accompagnant des gouttes de sperme, qui ne pèsent pas lourd face au beau désordre qui enflamme sa partenaire. Seulement voilà, porteur du signe autour duquel la cérémonie sexuelle [1] s'organise, il est celui qui manifeste sa jouissance de façon éclatante. Dans le spectacle « hard », l'acteur doit éjaculer à l'extérieur, sous les yeux de tous, et, de son sperme, barbouiller le corps de l'actrice. Elle et lui jouent, mais jusqu'à ce point, puisqu'elle peut simuler autant d'orgasmes qu'on exige d'elle, alors qu'il doit payer de sa personne : avec l'*éjac'*, terme de métier, ce qui fait irruption sur l'écran, c'est le fonctionnement de l'organe masculin. C'est une dimension importante, car ce que révèle le film « hard » – et que dérobe le « soft » où l'homme est censé jouir à l'intérieur de la femme, le tout souvent filmé à une respectueuse distance, en plans moyens –, c'est ce jeu organique, pur jeu de signes ordonné autour du sexe masculin pris sous de multiples angles, et dont le ballet culmine dans l'émission spermatique. La clarté de la production *atteste* le travail accompli : il n'y a rien à ajouter. Le « hard » déboute toute parole, car sa *vérité* réside dans la monstration de cette disparition du sens : la division du sujet entre langue et sexe, le sujet lui-même, s'effacent devant le spectacle du travail des organes génitaux, qui sont les seuls héros du « hard ». À la liberté de mouvements affichée par l'actrice de « soft » succède, dans le « hard », ce qui en est le ressort secret : l'axe phallique, qui commande son agitation, occupe désormais la majeure partie de l'écran.

Actrices et acteurs de porno ne valent que par ce qu'ils exhibent et, sur ce terrain, l'homme possède un avantage qui est le prétexte du « hard », dans la mesure où c'est sur lui que repose ce passage du cinéma à sa négation qui fait la spécificité du genre, absente du théâtre ou de la littérature pornographique. En effet, à l'instant de l'*éjac'*, le spectacle n'est plus feint, mais bascule dans la réalité du fonctionnement organique. Alors que les halètements féminins, dénommés le *hachachache,* sont souvent rajoutés à la postsynchronisation, la *sincérité* masculine est réclamée : « Si l'acteur connaît une défaillance sur le plateau, le réalisateur ne recule pas devant un simulacre grossier pour parachever le rite : lait condensé, blanc d'œuf, crème de beauté. Ce trucage passe rarement inaperçu du spectateur et suscite des réactions assez vives dans des salles ordinairement contemplatives [2]. » Ces protestations des intéressés restent à comprendre. Proposons ceci : si l'*éjac'* est illusoire, le *travail* de l'homme est inexistant, par conséquent il s'en trouve féminisé et la preuve d'une quelconque supériorité phallique gommée. Or, la satisfaction du spectateur dépend du montage d'une érection et d'une éjaculation véritables,

1. Cf. les réflexions de L. Irigaray à ce propos dans le livre de M.-F. Hans et G. Lapouge, *Les femmes, la pornographie, l'érotisme,* Seuil, 1978, p. 55.

2. A. et B. Minard, *op. cit.,* p. 15.

dont la vue renforce sa croyance en une puissance/jouissance viriles qui serait le gage d'une bonne marche du rapport sexuel. Quand l'*éjac'* troue l'image par sa réalité d'événement, la mystification du naturalisme sexuel en sort réconfortée, puisque la « chose sexuelle » est dotée par là d'une représentation totalisante, à la fois fictionnelle et réelle, que capture le regard et qui échappe à l'équivoque de la langue. L'*éjac', chose* et signe de la *chose* confondus, en une adéquation parfaite et impossible, est devenue ce tour de passe-passe qui impose l'illusion d'une maîtrise, sous couvert d'un renversement de l'illusion – ce sperme, c'est pas du cinéma – qui fait mine de s'affranchir de l'imaginaire.

Par un mouvement inverse à celui de l'art qui, lui, outrepasse le fantasme et, le *dédifférenciant* [1], permet d'éprouver du ravissement plutôt que de l'horreur, le « hard », à force de scénarios fantasmatiques, excède toute représentabilité et, de la sexualité, expose la muette fonctionnalité : le jeu des organes de la « mécanique érotique » [2]. Ni ravissement ni horreur n'accablent le spectateur et l'excitation de son œil se résout et s'apaise parmi les images du caractère opératoire du sexe masculin, c'est-à-dire la masturbation à deux ou plus sur l'écran, mais solitaire pour les hommes religieusement isolés qui forment la majorité d'un public de « hard ». Masud Khan le confirme : « Il est banal de rappeler que la pornographie est largement, sinon exclusivement, utilisée en vue de provoquer la masturbation [3]. »

Ainsi, grâce au cadrage sur ce qui est d'ordinaire caché, est obtenue une fausse ouverture sur la représentation de la sexualité, qui disqualifie toutes les prétentions artistiques du « hard » – mais l'esthétisme dans lequel se complaît le style « soft » ne vaut pas mieux. Cependant, à bon compte – un ticket de cinéma –, la complexité de l'acte sexuel est conjurée : il est *rageusement* rabattu sur le pénis éjaculant [4].

Dans le système « hard », la femme témoigne de son plaisir et de sa jouissance, invisibles et supposés, essentiellement par ce qu'elle en vocalise en mots-gémissements-cris. Chez l'homme, cette trilogie orale est remplacée par celle, phallique, de l'érection-éjaculation-sperme. Ce qu'il en est de leur jouissance respective n'aurait donc rien de mystérieux : il jouit lorsque son éjaculation se voit, tandis qu'on présume que, dès la pénétration, elle jouit progressivement jusqu'à l'orgasme. Jouir acquiert une certitude d'autant plus grande qu'il est indexé sur « l'événement somatique » [5] de l'*éjac'* et apparaît comme le résultat de l'assouvissement d'un besoin, l'accompagnant automatiquement. Il ne s'agirait pas tant de « l'hyperréa-

1. Cf. A. Ehrenzweig, pour l'analyse de ce processus, in *L'ordre caché de l'art,* Gallimard, 1976.
2. A. Rimbaud, cité par P.-J. Jouve, *En miroir,* Mercure de France, 1954, p. 107.
3. M. Khan, *Figures de la perversion,* Gallimard, 1981, p. 276.
4. Cette « rage » que M. Khan considère comme un affect déterminant de la pornographie : « Le seul accomplissement authentique de la pornographie est de transformer la rage en événements somatiques et érotiques », *ibid.,* p. 274.
5. *Ibid.,* p. 271.

lité »[1] que relève Jean Baudrillard, mais bien plutôt d'un double leurre, « concoction hyperpsychique »[2] agencée par la dénégation de l'insatisfaction attachée à la pulsion sexuelle, suivie de la dénégation de la jouissance comme relation d'objet. Autrement dit, la jouissance que vante le film porno s'appuie sur le postulat d'une transitivité entre les sexes, soit la possibilité pour le masculin de répondre au féminin et, dans le même temps, ils n'arrêtent pas d'être montrés dans la solitude maniaque[3] de leur manipulation d'organes. Paradoxe qui n'est qu'apparent si l'on admet que le cinéma porno n'est que l'illustration d'une hégémonie phallique. Étayant celle-ci, il y a aussi ce pansement imaginaire que constitue le rejet du doute inhérent à la paternité sur la jouissance de la femme, que le spectateur pourrait suspecter, car rien ne sort d'elle durant le coït, sinon un bruissement de voix; de même, il y a un côté revanchard dans l'étalement du sperme sur la peau féminine, qui manifeste qu'à défaut de porter l'enfant l'homme porte un pénis gros de semence.

Le « hard » se présente donc comme au plus près de la vérité dissimulée de ce naturalisme sexuel assuré – « il assure » signifie, en termes de métier, que l'acteur peut être en érection pendant plusieurs heures de tournage – par l'omniprésence du sexe masculin, le X de ce discours visuel. Le revers, c'est de trop mettre l'accent sur son aspect « homoérotique »[4]. D'ailleurs, la différence est faible entre les films homosexuels « hard » et les autres quant au traitement du pénis : au culte phallique cette fois exclusif s'ajoute une plus grande violence des protagonistes, mais l'acte sexuel se réalise selon des paramètres identiques : rapidité et quantité.

Dans les raisons invoquées pour expliquer ce qui tient les femmes à l'écart de ce cinéma porno, revient l'argument de la partialité de leur vision[5]. En dehors du fait qu'il existerait une « pornographie féminine »[6] spécifique, peut-être faut-il tenir compte du caractère pornographique particulier du « hard » : il donne surtout à voir le plus petit dénominateur fantasmatique masculin possible, le pénis, et la représentation sans cesse répétée de son activité serait le degré zéro de toute

1. Cf. J. Baudrillard, *De la séduction,* Galilée, 1980, p. 47 : « C'est vu de trop près, on y voit ce qu'on n'avait jamais vu – votre sexe, vous ne l'avez jamais vu fonctionner, ni de si près, ni en général d'ailleurs, heureusement pour vous. Tout cela est trop vrai, trop proche pour être vrai. Et c'est cela qui est fascinant, le trop de réalité, *l'hyperréalité* de la chose. » Je souligne.

2. M. Khan, *op. cit.,* p. 277.

3. Cette tonalité maniaque qui, d'après Masud Khan, « infeste » (*ibid.,* p. 274) le récit pornographique, elle se retrouve dans le déroulement trépidant des séquences filmiques, parfois à la limite du burlesque, ce sur quoi on reviendra plus loin.

4. En référence à l'article de S. Ferenczi, « L'homoérotisme : nosologie de l'homosexualité masculine », in *Psychanalyse,* 2, Payot, 1978.

5. Cf. l'interview de V. Forrester, in *Les femmes, la pornographie, l'érotisme, op. cit.,* p. 83 : « Je crois que (...) les femmes ont du mal à voir. Elles imaginent, elles ne regardent pas. Dans la vie, je crois qu'elles ne voient pas la scène pornographique. Elles la fantasment. »

6. C'est du moins l'opinion de Robert J. Stoller, in *La perversion,* Payot, 1978, p. 99.

sexualité masculine. Cette hypothèse d'un cinéma « hard » essentiellement consacré aux évolutions péniennes serait une nouvelle confirmation – à la manière dont, pour Freud, la guerre de 14 l'aura été du « désir de tuer » [1] présent en chacun – de la validité de la théorie de la libido : « On peut affirmer que la libido est, de façon constante et régulière, d'essence mâle, qu'elle apparaisse chez l'homme ou chez la femme, et abstraction faite de son objet, homme ou femme [2]. » Si l'on désigne comme pornographie au cinéma des images mobiles où la femme sert de faire-valoir au pénis, il faut admettre que, de même que « l'accolement de ces mots " libido féminine " ne se peut justifier » [3], il n'y a pas d'alternative à l'agressivité phallique qui s'y déploie. De ce constat, Oshima tire une morale qui fait du film un substitut du crime : « L'existence des films " pink " est salutaire : elle empêche ceux qui satisfont, en les voyant, leurs désirs sexuels, de commettre des crimes [4]. » Cet aspect *criminel* du « hard », qui simule la réalité du coït en s'arc-boutant sur la *vérité* de la prestation virile, n'est pas négligeable. Implicitement la loi l'a reconnu en l'interdisant aux mineurs et en le renfermant dans des salles spécialisées. Mais le crime du « hard », qu'en est-il ? Nous avons jusque-là perçu sa fonction de leurre, un pas de plus nous amène à convenir que ce leurre est un « tour d'écrou » qui, par les deux dénégations mises en œuvre, ajourne ce qui pourrait tenir lieu de mobiles au crime : l'intolérable de l'absence d'une pleine satisfaction et la « rage » d'une jouissance enchaînée à l'*autre*.

Repousser aux confins de la représentation cinématographique ce qui hante la pornographie, tel est le résultat de la dissociation que la loi a opérée, afin, grâce à l'état d'esprit « soft » dont l'empire s'étend sur l'ensemble des médias qui se préoccupent du sexe, de mettre l'accent sur une sexualité saine et de refouler ce que les dénégations du « hard » révèlent dans leurs configurations mêmes. En limitant l'invasion des signes érotiques, en restreignant le champ de vision au corps, à l'exclusion de ses parties, le cadrage du « soft » garantit le discours sur la réussite sexuelle [5] qu'il propage. Que l'artifice l'emporte se vérifie au nombre d'issues *techniques* proposées comme remèdes à « l'angoisse ou l'échec génital » [6] du rapport sexuel.

« Il faudrait peut-être alors, écrit Freud, se familiariser avec l'idée que concilier les revendications de la pulsion sexuelle avec les exigences de la civilisation est

1. S. Freud, « Considérations actuelles sur la guerre et sur la mort », in *Essais de psychanalyse*, Petite Bibliothèque Payot, 1982, p. 35.

2. S. Freud, *Trois essais sur la théorie de la sexualité*, Gallimard, « Idées », 1981, p. 129.

3. S. Freud, « La féminité », in *Nouvelles conférences sur la psychanalyse*, Gallimard, « Idées », 1978, p. 173.

4. Oshima, *op. cit.*, p. 288.

5. Cf. cette observation d'Oshima concernant les variations idéologiques d'un même paramètre : « Les principes du Japon de l'après-guerre, ce principe du Produit National Brut sexuel, du carriérisme sexuel ne sont que l'envers du militarisme sexuel d'avant-guerre », *ibid.*, p. 292.

6. R.-J. Stoller, *op. cit.*, p. 96.

chose tout à fait impossible [1] » et, en décrivant la répression sexuelle nécessaire à la civilisation, il prenait surtout en compte les aspects négatifs de cette répression. Or, plutôt que comme un recul de la civilisation, la permissivité sexuelle actuelle peut s'envisager comme l'aspect positif d'une répression plus sophistiquée, dont le cinéma porno est un bel exemple puisqu'il dissipe cette « incapacité de la pulsion sexuelle à procurer la satisfaction complète [2] » dans un afflux d'images. Le propre de ce cinéma, c'est d'afficher cette « incapacité », soit en la refoulant dans un laborieux esthétisme, soit en la déniant à la faveur de la preuve par l'organe. Ici comme là, est à l'œuvre une tentative d'en guérir, c'est-à-dire de fabriquer une « illusion maintenue » [3] qui se décrira ainsi : « Faire du corps humain une machine idéale qui peut être manipulée pour en tirer une sensation maximale [4]. »

À cet égard, l'anticipation de George Orwell dans *1984* est éloquente. Effectivement, à l'intérieur de l'Oceania de Big Brother, le film pornographique et le film de guerre sont les deux seuls genres cinématographiques restant, et cela à l'usage des « proles », sous-hommes dont la servitude est entretenue avec des divertissements violents. Par contre, du côté des petits et grands maîtres du Parti unique, l'Ingsoc, le sexe est condamné en dehors des strictes nécessités de la reproduction. Bannir l'orgasme [5] pour les cadres du Parti est un mot d'ordre symétrique à celui de montrer l'*éjac'* qui sévit chez les « proles ». Dans les deux cas, il s'agit de se débarrasser de « l'incapacité de la pulsion sexuelle », si troublante dans les intermittences du désir et du plaisir qu'elle réserve. Dans le projet totalitaire de l'Ingsoc, il y a la volonté de bouleverser l'étayage, *Anlehnung,* des pulsions sexuelles sur les pulsions d'autoconservation. Soit elles disparaîtraient en tant que telles au profit d'une érotisation des seules pulsions de mort : « Il y aura toujours, à chaque instant, le frisson de la victoire, la sensation de piétiner un ennemi impuissant. Si vous voulez une image du futur, imaginez une botte qui foule un visage – à jamais [6] »; soit elles seraient écrasées sur les besoins. D'un côté, on y parvient en supprimant tous les attachements interindividuels et en les remplaçant par un seul, celui qui relie le sujet au père de la horde : « Nous avons coupé les liens entre l'enfant et ses parents, entre l'homme et l'homme ainsi qu'entre l'homme

1. S. Freud, « Sur le plus général des rabaissements de la vie amoureuse », in *La vie sexuelle,* P.U.F., 1973, p. 65.

2. S. Freud, *ibid.,* p. 65.

3. Cf. J.-B. Pontalis, « L'illusion maintenue », in *Entre le rêve et la douleur,* Gallimard, 1977, p. 91.

4. M. Khan, *op. cit.,* pp. 278-279. La visée thérapeutique de la pornographie est d'ailleurs admise aussi bien par Khan que par Stoller : « La pornographie épargne à l'individu l'angoisse des rapports avec l'autre; dans le texte ou sur les photos, chacun connaît son rôle et s'y tient », *op. cit.,* pp. 95-96.

5. G. Orwell, *1984,* Penguin, 1982, p. 215 : « La pulsion sexuelle sera extirpée. La procréation sera une formalité annuelle comme le renouvellement d'une carte d'alimentation. Nous abolirons l'orgasme » (traduction personnelle).

6. *Ibid.,* p. 215.

et la femme. (...) Il n'y aura plus d'amour, sinon l'amour de Big Brother [1] »; de l'autre, par un abrutissement érotique qui préviendra toute pensée du dessous des choses, et notamment de la « chose sexuelle ». Selon qu'un individu naîtra au sein du Parti ou parmi les « proles », il sera voué à la jouissance totale ou à la décharge somatique.

L'état du monde orwellien est une réponse à l'antagonisme que relevait Freud et confirme son « sombre pronostic » [2] : la civilisation est de plus en plus amenée à proposer de fausses solutions – aucune ne pouvant être définitive à moins de recourir aux méthodes de cauchemar [3] de *1984* – à la question sexuelle, en raison de l'irréductible inéducabilité du *Sexualtrieb.*

Le cinéma porno joue ce rôle de trompe-l'œil organisé autour d'un triple slogan, qui n'est pas sans affinité avec les faux-semblants de l'Ingsoc :

– le désir c'est l'érection,
– la jouissance c'est l'éjaculation,
– la puissance c'est le sperme.

Rajoutons un quatrième : voir l'amour c'est le faire, qui viendra fermer l'écran où se projetteront les images qui vont nourrir les fantasmes du public.

Si voir l'*éjac'* est la preuve que l'acteur fournit un travail mesurable – il fait plaisir à voir en faisant de la jouissance une unité comptable –, c'est aussi ce qui reconduit le secret du sexe et le relance indéfiniment, selon une construction rhétorique qui fait alterner l'*explétion* et l'*ellipse.* Il y a dans le « hard » trop à voir, trop de gros plans sur les organes génitaux et trop peu de plans sur les préliminaires ou l'après-amour, trop de sexuel et trop peu de sensuel. Ce montage est au service d'un secret, d'un *caché* qui serait plus vrai que le vrai et que l'on traque, mais dont on doit se contenter de l'aveu sous la forme de la trilogie érection-éjaculation-sperme. Ce secret est donc bien protégé puisque chaque aveu le rend plus consistant. De ses modalités d'apparition, l'hésitation entre montrer et faire semblant de montrer que pointe Oshima est significative : « La pornographie ne réside-t-elle pas dans le fait de montrer ce qui – bien que l'homme brûle de le voir – reste caché ? Je viens de dire " montrer " ce qui est caché, mais en vérité, ne fait-on pas simplement semblant de " montrer " ? L'essentiel de la pornographie réside peut-être dans le fait de donner à penser que l'on montre, de suggérer quelque chose

1. *Ibid.,* p. 215.

2. Cf. S. Freud, *op. cit.,* p. 65 : « Le renoncement, la souffrance, ainsi que, dans un avenir très lointain la menace de voir s'éteindre le genre humain, par suite du développement de la civilisation, ne peuvent être évités. »

3. Les dictatures de ce siècle se sont mal accommodées de la pornographie pour les masses, comme si elles préféraient maintenir élevée l'agressivité sociale contre l'ennemi de classe ou de race. Dans *1984,* seule l'élite, les membres du Parti, est réduite à la continence, alors que les « proles » sont abreuvés de livres et films pornographiques qui détournent leurs éventuelles velléités de révolte.

de caché [1]. » En fait, le « hard » n'arrête pas de se produire à l'intérieur de cette hésitation : en montrant l'*éjac'*, il fait semblant de montrer le secret, et l'*éjac'* devient la garante du secret. Nul secret, car nulle ombre, sans saillie des organes. Leur excès de visibilité, ce trop-plein de lumière, se détache sur l'obscurité du hors-champ. Cette sur-interprétation du rapport sexuel qu'ânonne le « hard » est habile, car elle milite en faveur d'un secret de polichinelle, vide de sens, mais plein de caché, qui double les figures érotiques rituellement déployées. Le « ça n'est que ça » qu'arrache au spectateur chaque projection appelle inlassablement le « ça sera dans la prochaine ». Le dispositif « hard » à la fois le rassure et le frustre, en imposant un perpétuel report à sa question : qu'est-ce que *ça* cache ? Ce suspens, d'autant plus marqué que les titres des films promettent abondamment (*Fais-moi tout, Orgies orientales, Je suis à prendre*, etc.) ce qu'ils ne peuvent pas tenir, n'est pas sans rappeler la « chute » par laquelle se termine chaque épisode de bande dessinée pour tenir en haleine le lecteur jusqu'au numéro suivant.

L'éblouissement de l'évidence quasi tactile, que provoque le « pouvoir *haptique* » [2] du gros plan de « hard », n'est guère éloigné non plus du rire et de la peur que déclenche le traitement du corps dans le film burlesque ou d'horreur. Il est vrai que là aussi le gros plan est de règle, car ce cadrage autorise le découpage du corps en organes, supports de gags ou de monstruosités, en tout cas corps victime du regard porté sur lui.

« Sans victime, déclare Stoller, pas de pornographie [3]. » Si, au cinéma, ce sont les gros plans sur certaines parties du corps, pénis, bouches, vulves, qui servent à assouvir les fantasmes d'hostilité, c'est dans la mesure où ils sont les équivalents des « mots obscènes » ferencziens dont la prononciation donne « presque l'impression de commettre une agression sexuelle [4] ». Mais, à la différence des mots obscènes, la régression que favorise la charge hallucinatoire et motrice de ces images est d'emblée plus archaïque et plus sadique, ne se limitant pas à « l'action réduite à la parole [5] » et parvenant à une fragmentation corporelle perceptible à l'œil nu. On est plus proche de la décomposition du cadavre que de l'agression d'une personne. Une dynamique d'effraction du corps féminin, et plus seulement de déshabillage [6], se déroule sur le mode maniaque et/ou pervers, à mi-chemin du

1. Oshima, *op. cit.*, p. 306.
2. Cf. Y. Lardeau, « Le secret derrière la porte », in *Traverses,* Centre Georges Pompidou/C.C.L., octobre 1983, n° 29, p. 84.
3. R.-J. Stoller, *op. cit.*, p. 76.
4. S. Ferenczi, « Mots obscènes », in *Psychanalyse,* 1, Payot, 1982, p. 130.
5. S. Ferenczi, *op. cit.*, p. 136.
6. Cf. S. Freud, *Le mot d'esprit et ses rapports avec l'inconscient,* Gallimard, « Idées », 1976, pp. 156 à 166.

comique et de l'horreur [1]. Est levé le tabou du visage et l'on songe au tableau de Magritte, *Viol,* où la face est remplacée par un bas-ventre de femme sous une chevelure blonde : alors, comme peint au pied de la lettre, le visage apparaît nu. Dans le noir de la salle de cinéma, la mise à nu que perpètrent les zooms anatomiques délivre les visages de l'assistance d'un sérieux artificiel et les fait flotter dans une immaturité gênée et coite qu'évoque, dans la préface de son roman, *La Pornographie,* Witold Gombrowicz : « L'homme, tourmenté par son masque, se fabriquera à son propre usage et en cachette une sorte de sous-culture : un monde construit avec les déchets du monde supérieur de la culture, domaine de la camelote, des mythes impubères, des passions inavouées... domaine secondaire, de compensation. C'est là que naît une certaine poésie honteuse, une certaine beauté compromettante [2]... »

Allons plus loin. Les panoramiques du « hard » sexes-visages-sexes tendent à montrer que les visages d'acteurs sont devenus des miroirs des organes sexuels et subissent aussi l'inscription du plaisir, dans leur déformation et congestion, mais ils démontrent surtout que la nudité n'est jamais acquise. Qu'elle touche aujourd'hui le visage, paradoxalement la partie du corps la moins susceptible d'être nue dans notre culture, laisse entendre, par réversion, qu'elle atteindrait – n'était-ce la censure – l'intérieur du corps et qu'elle est à poursuivre toujours plus avant, car elle n'est nulle part et ne connaît nulle stase. La nudité a la mobilité du regard. D'où, en tant que moyen terme, la substitution de l'éjac' à la mise à mort [3] dans cette *logique de la mise à nu.*

On peut se demander ce que deviendrait le « hard » tel qu'il est réalisé aujourd'hui, si la ségrégation légale dont il est l'objet disparaissait et, qu'en vente libre, l'ennui qu'il mouline ne soit plus sauvé par l'interdiction qui l'agrémente. Cet ennui comparable à celui que distillent les dissertations sadiennes paraît lié à la platitude d'un rituel incapable de prendre en charge la violence pulsionnelle qu'il prétend évoquer. Privé du « feuilleté de la signifiance » [4] textuelle qui, justement, dans les conjonctions érotiques de Sade s'éprouve, réduit à ne montrer de la nudité que ce que (presque) tout le monde peut en voir, il ne reste au « hard » qu'à accumuler des images rituelles qui vaudront comme sexuelles, puisqu'il s'agit de la vue des organes génitaux en action et que voir la suite érection-éjaculation-sperme est censée abolir tout sens, donc faire jouir. À charge pour le spectateur de se figurer qu'on pourrait en voir encore plus. Pareil à un rêve

1. D'ailleurs le film d'horreur a le film de guerre pour annexe et les scènes filmées de massacre, relatées dans *1984,* confortent cette idée.

2. W. Gombrowicz, *La Pornographie,* 10/18, U.G.E., 1969, p. 10.

3. Cf. l'article déjà cité de Y. Lardeau, in *Traverses,* où un parallèle est esquissé entre « l'appareillage sadique du tournage » (p. 84) et la technique du gros plan.

4. R. Barthes, *Le plaisir du texte,* Seuil, 1973, p. 23.

traumatique, le film « hard » tente de maîtriser par sa monstration et ce qu'elle cherche à induire, la peur du corps féminin dont ce cinéma est le spectaculaire symptôme à son insu.

Obscène, le « hard » ne l'est que par rapport au « soft » dont il dérange la bonne conscience sexuelle en focalisant sur le jeu des organes; mais la coupure entre les deux genres a été fatale à une obscénité interne au film porno. En effet, pour qu'il y ait obscénité, deux codes sont requis et une rupture dans l'un permettant un glissement dans l'autre, l'un étant admis et l'autre défendu, comme Joyce, dans une de ses lettres, l'explique à Nora, sa femme : « Ce ne sont que des bêtises, aussi, chérie, ces idées de t'enculer. C'est seulement la sonorité cochonne du mot que j'aime [1]. » Or, ce décrochage dans le montage est exclu par la scénographie linéaire à laquelle se plie chaque film « hard » : coït-masturbation-partouze. Le rituel de la passation empêche tout dérapage et, comme dans une cérémonie, ni l'obscène ni l'humour n'ont de place, car le code défendu que la représentation de l'obscénité supposerait n'est pas montrable : le dépeçage visuel se borne à l'*éjac'*.

Transgression, séduction ou surprise devenues sans usage, le « hard » entasse ses répétitives péripéties anatomiques et repousse une fin à laquelle chaque spectateur est renvoyé pour son propre compte. Cette fin, un film américain déjà ancien, *Devil in Mrs. Jones,* l'exemplifie remarquablement. L'héroïne, après son suicide, en bonne orthodoxie, est vouée à l'enfer, mais peut le mériter, puisqu'elle n'a pas commis de son vivant d'autre mal que de se tuer. Son choix se porte sur la luxure et la majeure partie du film expose les images de sa débauche dans un purgatoire inversé. Quand l'enfer arrive, comme tous les hôtes de ce lieu confinés dans leur vice principal, mais sans qu'aucun ne puisse jamais le partager avec l'autre, elle se retrouve parmi des inconnus dans une espèce de salle d'attente où elle est condamnée à un éternel onanisme, faute d'*alter ego* à même de répondre à sa demande d'amour. Ce film, véritable mise en abyme du cinéma porno, cerne les contours du genre, d'un côté bordé par les images insoutenables du travail de la mort, la mise à nu du corps se putréfiant, et de l'autre par les images conjuratoires de la masturbation comme issue à l'angoisse de morcellement. Dissolution et démembrement constitueraient les seuls symboles visuels interdits qui préservent le « hard » de tomber dans la banalité gynéco-pédagogique. Sa proximité avec le film d'horreur [2] en est d'autant mieux éclairée, à ceci près que l'élaboration fantasmatique est beaucoup plus mince dans le cinéma porno, tendanciellement plus archaïque. Il n'est que de constater l'amenuisement de la bande son jusqu'au simple bruitage muqueux et la concentration des images autour de celle idéalisée – au sens kleinien du terme – du pénis en érection.

1. J. Joyce, *Œuvres,* I, Pléiade, Gallimard, 1982, p. 1283.

2. Cf. R. Dadoun, « Le fétichisme dans le film d'horreur », in *Nouvelle revue de psychanalyse,* Gallimard, automne 1970, n° 2.

Devant cette volonté de dénuder – proche de ce que Masud Khan, pour l'écriture pornographique, a épinglé comme « mentalisation de l'instinct » [1] –, de déchirer le voile, que le cinéma porno ne peut pas ne pas assumer, car il se joue à la limite de tout spectacle, sur la ligne de crête qui sépare la représentation de l'acte du passage à l'acte, en raison de sa métaphore constitutive : crever l'écran/l'enveloppe corporelle, la vue de l'*éjac'* est salutaire. De fait, elle actualise cette métaphore de la manière la plus tangible qui soit et barre l'excitation destructrice en la résolvant en acmé.

Si la perversion, au sens de Stoller prétendant « qu'il n'existe pas de pornographie non perverse, c'est-à-dire de représentation sexuellement excitante où l'hostilité n'entre pas en jeu [2] », est une des données du cinéma porno, il existe pourtant des nuances entre le film « hard » et son homologue sado-maso ou homo (ce sont les seules catégories « perverses » retenues par les revues spécialisées pour le classement des films X). Les ingrédients tirés essentiellement du fétichisme, du voyeurisme et de l'exhibitionnisme, et utilisés communément dans le « hard », n'interviennent que comme adjuvants et n'opposent pas de déni à la réalité de la différence sexuelle, acceptée à partir du postulat d'une primauté phallique. Ce postulat est reconduit dans le cinéma des perversions, mais ce n'est pas en vue des mêmes choses, comme si l'objectif de la caméra était autre et l'œil derrière en quête, à travers ses images d'illusions, non pas tant du phallus que d'un autre œil complice. Un écho de cela se perçoit dans les salles de « hard » homo, lieux de « drague » établis, alors qu'en général, dans les salles « ixées », l'écart entre les spectateurs est de règle. Tandis que l'œil « hard » à la perversion bien tempérée se repaît de la nudité, entendue comme une *fuite en avant* qui n'est bornée que par l'autocensure et les interdits de la loi – on sait que, dans quelques endroits de la planète, ce type de films a été tourné jusqu'à ce que la mort de l'actrice s'ensuive [3].

En regard de la figuration pornographique au cinéma, l'écriture, elle, vise certainement plus à provoquer une excitation sexuelle qu'à cadrer une jouissance. La fuite en avant comme ressort du film vaut pour le livre, bien que d'un autre ordre chez ce dernier. Un sujet ou un ersatz de sujet, il/elle par exemple, persiste nécessairement dans l'écriture, exigé par la langue, alors que le sujet sur la pellicule tend constamment à s'évanouir : le passage d'un plan moyen à un gros plan l'annule et seuls des objets partiels occupent l'écran. De plus, là où le récit s'arrête, lorsque survient l'orgasme, le film « hard » se poursuit et bascule dans l'observation minutieuse : la physiologie vient à la rescousse de la pornographie. De l'événement du plaisir, ce n'est pas l'évocation, mais l'apparition mesurable qui est donnée à

1. M. Khan, *op. cit.,* p. 272.
2. R.-J. Stoller, *op. cit.,* p. 95.
3. On reviendra plus loin, en note, sur cette monstrueuse issue.

voir, ainsi que la suspension du sujet qu'elle entraîne. Tout concourt à ce que son sexe l'éclipse.

Par contre, un roman porno moderne tel que *Women* de Charles Bukowski témoigne bien de cette tension entre le sujet de la narration et le fading que lui impose la trame pornographique. Il raconte comment un poète professionnel, Chinaski, tout en connaissant toujours de nouvelles aventures érotiques, que suscite son activité littéraire et qui l'alimentent, est confronté à la difficulté d'aimer en raison du « prix » que ce sentiment implique [1]. Le déchirement entre l'amour et la sexualité se développe au fil de ses conquêtes et nous vaut une succession de rencontres féminines et de postures, dont le rythme de défilement, tout en rappelant le film porno, dissipe sa nostalgie de l'amante unique [2].

Là où la ressemblance thématique s'arrête, c'est dans le traitement des personnages. Chinaski, par exemple, est quelqu'un qui cherche à se conserver intérieurement intact [3]. Son narcissisme se nourrit de femmes comme il s'illustre par les mots de ses poèmes. Mais la personne de ces femmes lui importe surtout dans la mesure où chacune est la confirmation qu'il n'y a rien de menaçant ni de durable entre elles et lui [4]. Chinaski n'est pas plus un Don Juan qu'un héros sadien, mais plutôt un « passant » qui parvient à se garder des périls de l'amour grâce à la fonctionnalité du sexuel. Ce nouveau type de lien qui repose sur l'inflation érotique et un minimum d'investissement affectif se retrouve à l'écran, mais radicalisé par la quasi-absence de paroles et l'immédiateté des images qui ne sont pas prétextes à rêveries, mais circulation d'un flot d'emballages : la réalisation du désir, ce serait ce passage de l'apparence close des interprètes au déballage de leurs organes. Ici, il n'y a plus de sujet qui ait à répondre de ce qui lui arrive.

Le bris induit la plainte, et celle-ci qui s'entend au point de devenir elle aussi l'objet d'un spectacle télévisé, forme le contrepoint à l'effraction d'un espace intérieur. L'intrusion féminine dont Chinaski protège son « âme », ce qui est apparemment livré aux regards des spectateurs plongeant dans l'anatomie des personnages de l'écran, mais se dérobe toujours, dessine une intériorité menacée par la prise des autres.

1. Ch. Bukowski, *Women,* Star, 1981, p. 177 : « L'amour n'est que pour ceux qui peuvent supporter la surcharge psychique. C'est comme essayer de transporter une poubelle sur son dos par-dessus un torrent de pisse » (traduction personnelle).

2. *Ibid.,* p. 77 : « Fondamentalement, je désirais des prostituées, des femmes déchues, car elles sont mortelles, dures et ne font pas de demandes personnelles. Rien n'était perdu quand elles partaient. Et pourtant j'avais aussi envie d'une femme douce et bonne, malgré le prix exorbitant. »

3. *Ibid.,* p. 77 : « Et pourtant les femmes – les femmes bien – m'effrayaient, car il leur arrivait d'en vouloir à mon âme, et je voulais garder ce qui restait de la mienne. »

4. *Ibid.,* p. 74 : « Les nouvelles liaisons étaient excitantes mais elles donnaient aussi pas mal de boulot. Le premier baiser, la première baise avaient de l'allure. Les gens étaient intéressants au début. Et un peu plus tard, lentement mais sûrement, la folie et tous les défauts apparaîtraient. Je deviendrais de moins en moins important pour eux; ils signifieraient de moins en moins de chose pour moi. »

Cette *peur de la prise,* dont la pornographie visuelle serait un des symptômes, j'en rendrai compte avec un fragment de l'histoire de Francis. Celui-ci, jeune violoniste sans emploi fixe, vit encore chez ses parents, dont il se plaint à la fois du peu de compréhension pour son art et des interventions répétées dans sa vie privée. Le père, boucher, constitue l'agresseur favori de ce qu'il décrit comme une attaque de l'intérieur et qu'il compare à l'insupportable assaut d'images sexuelles l'empêchant de rentrer dans une salle de cinéma porno. Une de ses amies l'y a un jour invité, mais il n'a pas pu dépasser le seuil de la caisse (généralement tenue par la mère dans la boutique familiale), tant il était terrorisé à l'idée de s'engouffrer dans le noir et de voir *ça.* Lui demandant ce qu'il voulait dire par *ça,* il me répondit que sa réaction s'apparentait à l'effet qu'il aurait ressenti s'il avait vu les photos, interdites de publication, du cadavre de la femme qu'un Japonais cannibale avait dépecée. Et de se féliciter que la justice soit intervenue pour saisir le magazine *Photo* où elles avaient scandaleusement paru. Il associa dans la même réprobation l'ouvrage *Suicide, mode d'emploi* qu'on aurait retrouvé auprès des corps de suicidés. Or, Francis avait par deux fois attenté à ses jours.

Dans sa protestation indignée ainsi que dans son impossibilité de voir le sexe en gros plans, j'entendais une même crainte du découpage, reprenant sans doute le fantasme de l'enfant qui ne peut se représenter le coït parental autrement que comme une agression sadique – une boucherie – du père contre la mère, mais ne s'y limitant pas. L'angoisse de mort en jeu renvoyait aussi à la vue du corps en pièces, comme à ce dont la sexualité serait potentiellement porteuse. S'identifiant à ce qu'il advient d'un corps regardé par son père, qui, me précisait-il, vend du cadavre, sa phobie du cinéma porno l'oblige à rejeter, à ne pas voir les parties du commerce amoureux qui, pour lui, reviennent à n'être que de la charogne – une expression dont l'utilisation dans un numéro de *Libération* à la Toussaint le mettait en colère, au point de téléphoner au journal pour la leur reprocher.

La prise de vue du père, la castration qu'elle connote, le contraignent lui aussi à préserver le siège de son « âme », mais à l'inverse de Chinaski : au lieu de multiplier les partenaires afin qu'aucune ne l'atteigne, il se garde d'en rencontrer plus d'une et respecte scrupuleusement l'intégrité de celle-ci en n'entretenant guère de pensées libertines à son sujet. Alors que chez le héros de Bukowski, la faconde pornographique fonctionne comme un jeu de rapprochement et de distance, réclamant de sa part une constante mise au point sous peine d'être débordé par l'affect, chez ce musicien qui ne voulait pas devenir assassin, la pornographie au cinéma est ce destin de la sexualité matérialisé par un œil coupant, hybride de vulve et de pénis, qui cadre et tranche [1]. En revanche, évoquant au cours d'une

1. Comment ne pas songer au chef-d'œuvre fantastique du réalisateur Michael Powell, *Le Voyeur,* où le héros tue ses victimes en leur plongeant dans la gorge le pied-épée de la caméra avec laquelle il les filme.

autre séance son intérêt pour la médecine, il avait vivement souhaité pouvoir filmer un accouchement.

Pour l'auteur de *Women,* la pornographie est le moyen de se protéger de la sexualité, par la médiatisation de l'écriture où se projettent ses fantasmes; tandis que pour Francis, elle est immédiatement ouverture sur des pans de corps à vif : puisqu'il croit y voir *ça,* en s'en tenant éloigné, il s'épargne ce trouble de l'identité qui s'empare de lui à sa vue et, à son tour, il se protège de la sexualité en la renfermant dans l'obscurité du lieu de projection. Jamais mieux qu'au cinéma, la pornographie ne joue ce rôle d'écran que la civilisation lui assigne, écran sur lequel s'animent des images qui tiennent lieu de réponses à la permanente irruption de la question sexuelle. Du désordre qu'elle sème, Chinaski s'accommode en devenant ce pornographe qui déplace sur l'alcool, plus contrôlable, son désir de dépasser ses limites : l'opération laisse sauve sa croyance en une âme où s'ancrerait son individualité.

Si Oshima tient tant à ce que *L'Empire des sens* soit catalogué comme un film porno [1], ce n'est peut-être pas seulement en vue d'anéantir l'obscénité qu'il entend comme le non-représenté, et de libérer les gens de leurs tabous [2]. Nous pouvons aussi y déceler l'intention de donner de ce genre cinématographique une interprétation qui rompe avec ce que la production ordinaire présente. Que le film porno de consommation courante repose sur la prolifération des mises à nu, véritable inquisition du regard que seule borne la vue de l'*éjac',* c'est ce qui est apparu au fil de cet article. Or, ce sont ces règles de construction que bouscule Oshima. D'une part, il expose la passion de deux personnes *uniques* jusqu'à la perte consentie de sa vie à lui et de son esprit à elle; d'autre part, il dissipe l'utopie d'un lieu caché qui serait à traquer plus avant dans le corps et qui, on l'a compris, aurait son pendant dans un espace intérieur propre à chacun, sorte de temple où s'adorerait une image impérissable du sujet.

Toute l'histoire de Sada et Kichizo n'est que le refus d'une sexualité civilisée dont le cinéma porno est, *ab absurdo,* la défense et l'illustration. Ce qu'Oshima montre, et en cela il réalise une œuvre d'art, c'est la rupture que la sexualité implique et que la pornographie dénie. Alors quand Baudrillard divise ce film en « une logique du plaisir » et « une logique du défi et de la mort [3] », il me semble faire la part du feu et atténuer ce dérangement engendré chez le spectateur, dont

1. Oshima, *op. cit.,* p. 317 : « Le soir même, j'ai écrit cette note : « Je vais faire un " film porno ", pas seulement un film, mais un " film porno " de A à Z. »

« Pour moi, un film porno montrait les organes sexuels et les actes sexuels. »

2. *Ibid.,* p. 321 : « Quand ils (les êtres humains) n'ont pas pu voir à satiété ce qu'ils voulaient voir, leurs tabous ne s'évanouissent pas : leur sensation de l'" obscène " demeure, un peu plus de sensation de l'" obscène " naît. »

3. J. Baudrillard, *op. cit.,* p. 67.

Oshima est très conscient [1]. À vrai dire, le film n'est pas classable, car il s'appuie sur une *innocence* [2] que nul obstacle n'arrêtera. Sa pornographie est donc loin de l'inoffensivité calculatrice des produits habituels. Qu'elle puisse à ce point s'en écarter n'est sûrement pas étranger à l'absence d'un trait structural qui, dans notre culture, de Tristan à Roméo, allie la représentation de la passion amoureuse à l'union dans la mort. Le présent asocial du désir et des corps qui place en marge Sada et Kichizo n'est pas miné par une dynamique interne qui les conduirait inexorablement vers un dénouement léthal. Leur temps ressemble plutôt à un glissement d'une aire de jeux érotiques à une autre. Une image exprime fortement l'insolite de leur situation : on y perçoit des femmes et des enfants qui agitent de petits drapeaux nippons au passage d'une colonne de soldats, tandis que Kichizo descend la rue en sens inverse, sans un regard pour ce spectacle, perdu dans ses pensées. S'opposant à la foule militaire et séparé des grappes familiales qui encouragent cette marche à la mort en groupe, Kichizo, libre de tout lien, va à la rencontre de Sada et de sa mort personnelle qui, toutes deux, ne sont *que pour lui.* Et, dans sa folie, Sada écrira sur le torse de son amant mort, avec le sang de l'émasculation : « rien que nous deux ». De fait, ils n'auront jamais rien en commun, même pas une transgression qui suppose au moins un interdit et ils n'en ont aucun à braver. Leur liaison dépend du plaisir qu'ils inventent et se donnent, d'une poursuite où ils ne risquent pas de se rattraper. Sans cesse ils se différencient, comme les rires de Kichizo diffèrent des sourires qui transparaissent sur les lèvres de Sada. Leur appréhension du sexe diverge elle aussi. Son mouvement à lui aura été d'intromission : de ses doigts dans le sang des règles de son amante, d'un œuf dans son vagin, de son pénis en elle, jusqu'à ce qu'il parvienne à cette scène bouleversante où nous ne voyons que leurs silhouettes derrière une cloison de papier opaque. Il lui parle de ce qu'il s'imagine voir au-dedans d'elle, comme si sa tête contemplait l'intérieur du corps de Sada. Après, il n'aura plus qu'à s'introduire dans la mort grâce à elle. De son côté, c'est la rétention qui importe : elle veut conserver les odeurs de la pièce où ils font l'amour, le ressaisir du regard quand elle lui demande de pénétrer sous ses yeux une vieille geisha, le recueillir en elle à l'instant où il meurt, retenir sur elle le sexe de Kichizo lors de son errance dans les rues de Tokyo.

Mais pourquoi la mort, pourquoi la folie? Et si parvenus à cette lourde connaissance de la sexualité, mort et folie ne leur apparaissaient plus comme de lointains paysages outre-mer, mais des accidents de la voluptueuse topographie anatomique qu'ils dressent ensemble et chacun pour son compte. Dans cette perspective, la scène où Kichizo copule avec la vieille femme, sur l'incitation de

1. Oshima, *op. cit.*, p. 324 : « Chaque membre et acteur de l'équipe déploya une énergie infiniment supérieure à son énergie habituelle. Un tel déploiement d'énergie – un tel résultat – est dû précisément au fait qu'ils se trouvaient au cœur d'une ambiance solennelle fondée sur la libération. »

2. *Ibid.*, p. 321 : « Les enfants pourront voir n'importe quoi sans percevoir la moindre " obscénité ". »

Sada, et où ensuite tous deux évoquent leur mère, jouerait le rôle d'ultime *embrayeur.* Une fois l'inceste mimé, familiarisés avec, ne se sont-ils pas dégagés des repères et oppositions qui fondent leur ipséité ? L'échange sexuel exclusif dont ils sont la proie a sur eux un empire qui les ravit : leur jouissance, c'est d'être une multitude à deux et de s'en étonner sans retour. Pourtant là, le spectateur ne peut plus les suivre – ni la caméra d'ailleurs – et s'offusque : la jouissance sexuelle ne conduit pas à ces extrémités. Certainement, mais la redistribution symbolique que la sexualité exige des personnages est fonction de la visée pornographique d'Oshima. Celui-ci réalise « de A à Z » et avec l'innocence d'un « nourrisson savant » un film porno : ce qu'il met à nu, c'est la logique du cinéma porno, à savoir celle d'un *interminable fractionnement en images du corps érogène,* logique habituellement recouverte par les dénégations qui régissent l'autre mise à nu, celle que l'*éjac'* barre et dont la projection laisse le spectateur sur sa faim de caché.

Dès lors, on saisit comment les schèmes pornographiques sont agencés par le réalisateur pour montrer, non pas une intériorité inaccessible, car imaginaire [1], mais le vide qui entre les deux sexes devient l'espace où se déplie le kaléidoscope d'un érotisme pour lequel mort et folie ne sont plus que des figures parmi d'autres.

Que la loi s'occupe de la pornographie est d'autant plus compréhensible qu'en des mains habiles elle devient importune. Le procès intenté à Oshima au Japon pour... l'obscénité de son film, en 1978, alors que ce pays n'a pas grand-chose à apprendre en matière de cinéma porno, est révélateur du malaise que *L'Empire des sens* communique et de l'impact que le fait divers à son origine a pu laisser dans la mémoire collective d'un peuple [2].

Filmer quelqu'un qui meurt, filmer quelqu'un qui fait l'amour, sont deux ambitions d'Oshima que je cite en épigraphe. Dans les deux cas, il s'agirait de filmer ni la mort ni l'amour, mais la démesure de leur déroulement que seule la caméra, parce qu'elle s'interpose entre l'œil et le phénomène, permettrait de supporter. L'objectif de la caméra enregistrerait donc ce devant quoi l'œil humain défaille. Le cinéma porno s'arrime à ce postulat implicite du 7e art depuis les frères Lumière. Cette meilleure vue du sexe qu'il s'arroge, il en fait commerce en promettant de montrer ce que le naturalisme sexuel fait espérer, mais qui ne se retrouve dans aucun rapport. Il tient sa promesse suffisamment mal pour que le spectacle continue. Cette vue cachée qu'il capterait et sur l'hypothèse de laquelle

1. Cependant, on ne peut oublier que cette quête du caché, que gère le cinéma porno, poussée à bout, débouche sur le film porno *snuff* (massacre, en argot américain) où les interprètes féminines, des prostituées, sont torturées et tuées, afin que, sous l'espèce de la mort, soit débusquée et fixée une fin à la mise à nu.

2. Il resterait aussi à s'interroger sur les contraintes mentales qui, dans le périmètre occidental, font du film de Pasolini, *Salo,* le seul équivalent pornographique de la dimension du film d'Oshima.

il met en place la fuite en avant de ses séquences, la mort en est la métaphore la plus achevée dans notre hémisphère et l'*éjac'* le plus rassurant des trompe-l'œil.

Mais que le film porno soit pris au sérieux par un cinéaste venu d'ailleurs et se dévoile alors la seule chose qu'il recèle vraiment : une logique de la mise à nu. Un effet de vérité est produit quand l'œil voit que la caméra n'en voit pas plus, mais que cadrage et montage fabriquent *une suite de prises des zones du corps.* Aux boursouflures de la figuration du sexe – ménageant un repli sacré – succèdent les signes sexués de l'incroyance. Ni caché, ni au-delà quand la constante différence entre les sexes est visible, comme en un ralenti que le manque de terme prescrit à la sexualité rendrait sensible. Dur pour le « hard »!

JEAN-MICHEL HIRT

Jean-Claude Lavie

CE DÎNER N'EST PAS UN DÎNER

Tout est bien qui finit bien.
Dicton

Quand le hasard nous accorde un présent inespéré, et qu'en plus il nous adresse de petits clins d'œil, il est difficile de se défendre d'une certaine exaltation. Les quelques freesias qui ornent la table choisie pour ce dîner s'accordent à mon attente. C'est pour moi le plus délicat des présages : parmi toutes les fleurs que je peux apprécier, ce sont, à vrai dire, les seules que j'aime.

Masqué par le bouquet, se devine le siège vacant qui attend l'invitée que j'attends. Sur la nappe nos deux couverts eux aussi attendent. Tout, dans ce microscopique point du Cosmos, est structuré comme une attente, une attente qui telle...

« L'inconscient est structuré comme un langage. » La tautologie de cette éminente formule rend sa notoriété bien surprenante. Qu'est-ce qui a pu apparaître comme une révélation dans ce qui n'était, à l'origine, que le simple accent mis sur une évidence ? Affirmer l'inconscient structuré comme un langage voulait empêcher qu'on continue à le prendre pour le sac à malices d'où pourrait sortir n'importe quoi, lequel n'importe quoi n'a pas davantage la possibilité d'être trouvé là que nulle part ailleurs.

En son temps, la Nature a eu horreur du vide en écho à l'horreur beaucoup plus radicale de la nature humaine pour le vide langagier. Malgré cette aversion de la Nature, l'homme a pu discerner le vide. Pour ce qui est du vide langagier, cela ne saurait lui venir à l'idée. Que quelque chose existe – ou n'existe pas –, comment ne serait-ce pas un fait de langage ?

Du non-langage ? De quoi parlez-vous, à quoi pensez-vous ?

Rien dans l'univers humain ne saurait échapper à être structuré comme un langage. L'informe et le néant tirent leur essence de cette structure. L'insensé lui-même ne peut se soustraire au sens qui l'organise comme non-sens. Discerné, récusé, entrevu, un objet n'est que ce qui peut en être dit.

On peut parler de la présence du vide : là où il n'y a rien, il y a le mot. Là où il n'y a pas de mot, qu'y aurait-il ?

*

Le hasard – ah, voilà le mot qui me tarabuste ! – ne saurait, lui non plus, être n'importe quoi. On l'invoque justement devant le vide... d'explications. Comme si c'en était une. Le hasard permet d'intégrer ce vide en le... structurant. À preuve, ce prête-nom de l'inexplicable et de l'inattendu, aussi fantasque qu'on l'imagine, ne saurait échapper à la loi gaussienne qui régit ses incartades.

Vais-je pouvoir saisir ce que couvre le hasard qui préside à mon attente de ce soir ? À me favoriser, il me requiert bigrement. Ce hasard, je ne l'ai conçu que dans la captivante perspective surgie d'un incident. Sans ce fil, pas de hasard. Rien. Pas même le mot. Quand on passe à côté et qu'on l'ignore, on ne passe même pas à côté.

La rue. Un carrefour. Un crissement de frein. Un regard échangé. Une vitre qui se baisse pour un mot banal. C'en est fait. Le dieu a encore frappé. À peine la femme que j'aperçois met-elle ses yeux dans les miens que, sans hésitation, nous nous reconnaissons. Ce face à face imprévisible – le hasard – nous révèle, dans la seconde même, une attente de toujours.

Pour moi, rien de cette femme, ignorée l'instant d'avant, ne m'est étranger. Sa voix, ses traits, son expression, la pâleur de son oreille, la finesse de son cou, je les connais depuis la nuit des temps, tout comme le grain de sa peau, ses faiblesses mêmes. Et... je la vois tout aussi proche de moi.

Double attente. Double nécessité à ce hasard !

Sans embarras, un numéro de téléphone s'échange. Et ce soir... ce dîner, suite à notre rencontre et suite de notre rencontre, ce dîner auquel je suis en avance pour ressentir mon désir et pressentir qui il attend.

*

« Rien de ce qui est humain ne m'est étranger » donne l'illusion qu'il est possible de se confondre avec le destin de l'autre, au mépris de son absolue singularité. Va déjà savoir si dans ce qui me touche rien ne m'est étranger. Tout ce qui existe n'a-t-il pas la particularité de devoir me rester fondamentalement étranger, moi y compris ? Seul ne l'est pas le récit qui en moi s'élabore à propos de quelque objet, moi inclus.

Avant que je puisse penser à cette femme, c'était comme si elle n'existait pas. En moi elle était de la non-pensée, mais de la non-pensée, elle aussi, structurée comme un langage : celui d'une attente, attente qui seule l'a fait existier. Cette inconnue ne m'était pas inconnue. C'est bien ce qui me tracasse : qui vais-je avoir devant moi ?

Le hasard auquel j'attribue le bonheur de ce dîner, c'est mon récit qui le promeut. Prêter au destin une prodigieuse promesse mobilise beaucoup d'exigences pour ce qui va s'ensuivre. Pourtant je ne peux lui imputer aucune autre intention que les miennes, au mieux y adjoindre celles de cette inconnue. Pas moyen d'échapper à ce que les dessous de cette soirée ne soient déjà pris dans le secret de nos langages.

Demander au langage de définir le langage rencontre la butée que l'on sait, et autant sur son origine que sur ses contraintes. Le langage s'en trouve comme entouré de mystère, alors qu'il n'est entouré par rien. Pas même par rien : il n'est pas entouré.

Il n'y a pas plus d'au-delà du langage qu'il n'y a d'au-delà de l'Univers. Que l'Univers soit en expansion ou qu'il soit courbe ne peut le situer, simplement l'agrémenter. Ce n'est pas que la puissance du mot soit absolue, simplement que sa réalité est exclusive de toute autre.

Il n'y a pas d'au-delà de ce que je peux me dire. Qu'un flou de non-dit entoure mes certitudes me laisse soupçonner toute une force de langage à l'œuvre dans ce qui me fait promouvoir ces certitudes. Il reste que le récit que je me fais du monde me fait vivre dans le monde de mon récit.

Ce qui constitue les Univers auxquels « croient », certains peuples nous surprend et nous laisse parfois confondus par l'inadéquation de leur conception et de leur logique à notre langage. Tenter de les décrire, c'est assurément les anéantir.

Notre réel réduit celui des autres au rang de croyance. Chaque peuple a suivi son chemin singulier comme le seul chemin. Si l'anthropologue sait décrire, il nous révèle aussi l'impossible accès à l'autre, quel que soit l'accueil qu'on lui réserve. Cela s'entrevoit et se masque tour à tour. L'autre n'existe que pour autant qu'on le fait sien en le percevant, ce qui le fait disparaître en le soumettant à notre façon de voir.

La radicale disparité entre l'homme et la femme semble moins totale et pourtant... Les mêmes mots employés sont au discret service de dispositions et de vocations différentes. Selon le sexe, parler ne peut exhiber ni briguer les mêmes choses. La fameuse logique féminine, si étrangère à l'esprit masculin, a évidemment sa symétrie d'incompréhension. Cette incompatibilité se manifeste dramatiquement – en dehors des scènes de ménage souvent tragi-comiques – quand elle se rencontre au sein du même individu. Chez le transsexuel, la domination du sexe anatomique par une logique de l'autre sexe rend sa possession intolérable, faisant apparaître l'importance du chemin singulier dans la structuration du lien au langage.

Si l'homme et la femme sont faits pour se compléter, sont-ils faits pour s'entendre ?

*

Somme toute, l'inconnue que j'attends, je l'hallucine autour d'une réminiscence bien ténue. Apercevoir cela, avant de l'apercevoir elle, n'est pas rien. Devant moi cessera-t-elle d'être une hallucination ? C'est en moi que se crée le charme de son visage. Quand elle sera là, ne me sera-t-il donné que d'admirer les contours de ma propre sensibilité ? Où va se disputer l'enjeu de notre rencontre, en moi, en elle ?

Pouvoir rapprocher nos désirs, nos attentes, nos langages, est-ce cela qui nous a été offert par le hasard ? Vais-je l'enclore dans le récit de ce que je vis, ou l'inverse ? Saurons-nous transiger ? Quelle sera entre nous la contexture de compatibilité et d'incompatibilité ?

Les récits que, pour ma part, je peux me faire sont ceux que je trouve en moi. Ils répondent moins à mes désirs que mes désirs n'y répondent. Ma virilité et ses revendications, je n'en suis pas le maître, tout au plus le porte-parole, parfois le serviteur. Vouloir ce que je veux c'est accepter ce qui se veut en moi.

En amour, il semble y avoir une excitation qui ne trompe pas puisque, tout imaginaire que soit son langage, elle se traduit dans le corps. A-t-on prise sur ce qui dicte ses chemins à cette excitation, laquelle va s'ériger en langage pour l'autre ?

Est-ce là le plus sensible de ce qui s'échange ? Ce que nous allons nous dire, quelle est la part de nous qui va le dire ?

J'imagine sans peine qu'à celle qui n'est encore qu'une invitée, ce dîner n'est pas non plus indifférent. En venant, se doute-t-elle que cette rencontre, hasard aidant, nous dépasse ? Comment allons-nous y faire face ?

Et si je m'en allais ? L'idée me fait sourire, pourtant je me sens troublé au plus profond. Ce qu'on désire le plus ne nous oppose pas seulement à bien des tribulations mais, et c'est plus insoutenable, nous affronte à ce que justement on veut, au désir lui-même. Pas d'échappatoire à ce degré d'attente.

*

Je peux anticiper, j'en ai le temps : elle est là devant moi, offerte à mon regard prédateur. Comment resterais-je insensible ? Du petit pli de son menton à ce que j'aperçois de sa silhouette, tout me parle en elle. Sa présence donc sa venue, son corps donc son abandon, ses yeux donc son secret, j'en perçois le langage. Mon langage ! Comment aurait-elle conscience de ce qu'elle est, puisqu'à ce qu'elle croit être s'entremêle ce que je la fais être ? Il est vrai que je délire puisque je suis encore seul. La scène du carrefour n'a été qu'un songe et je me trouve attendre une créature de rêve. Les yeux portés sur n'importe quelle femme désirée font-ils voir autre chose ?

Une femme peut-elle s'identifier à ce qu'elle ignore d'elle, comme les courbes selon lesquelles elle apparaît, l'ordre d'émotion qu'elle fait naître, la sorte de plaisir qu'elle laisse augurer, la menace qu'elle ne se sent pas représenter, jusqu'à l'obcénité qu'elle peut suggérer ? Ce qu'une silhouette dit, le dit-elle ? On lui fait tenir un langage qui n'est pas sien.

L'homme doit aussi endosser celui pour qui on va le prendre. Il faut beaucoup d'humilité pour être aimé : accepter d'être pris pour un reflet, sans se prendre pour lui.

Plutôt que la représentation que nous avons de nous-mêmes, serions-nous celle que s'en font les autres ? Mais alors, quels autres et à quels propos ? C'est un monde insaisissable que la femme affronte lorsqu'elle veut séduire. Pour elle, quel pari que tenter de plaire : va-t-elle se montrer telle qu'elle se connaît, jouer un personnage, se cacher derrière une apparence ? Et si elle plaît, sera-t-elle assez lucide pour se dire que c'est par l'idée qu'on s'en fait ? S'il lui faut souffrir pour être belle, doit-elle souffrir d'être aimée comme elle l'est ?

Quelle femme n'a jamais perçu que l'homme qui lui parle s'adresse parfois, souvent, toujours, à quelqu'un qui n'existe pas ? Qu'il soit sensible à son regard, à son profil, à son porte-jarretelles, à son parfum ou à ce qu'elle dit, peut-elle pareillement s'y retrouver ? Et si elle s'y retrouve sur tel ou tel point, n'est-ce pas le hasard qui lui permet de se reconnaître là où elle se reconnaît ? Le hasard, c'est-à-dire une corrélation imaginaire heureuse entre deux attentes.

Mettre des talons aiguilles, se teindre les cheveux, choisir avec soin un soutien-gorge doivent rapporter quoi dans l'esprit de celle qui ne peut se dérober à être vue, ignorée, inventée ? Préfère-t-elle être reconnue dans sa faiblesse, ses manques, sa folie, ses mensonges ? Donne-t-elle toujours à aimer ce qu'elle veut faire admirer, qu'elle perçoit souvent comme une insuffisance ?

Est-ce évitable que ce qu'on prête à quiconque le constitue ? Chacun est dupe, à duper les autres pour se duper soi-même. L'art du maquillage, cosmétique et mental, n'est pas réservé, tant s'en faut, à la gent féminine. Chez l'homme, ce jeu peut se tenir assez loin du corps. Le nombre infini d'objets qui se veulent substitutifs de virilité, c'est par leur apparence qu'ils sont censés parler. Ils rassurent leur montreur, c'est là leur premier effet, quand ce n'est pas le seul !

Ce n'est plus le Paradis Terrestre, l'homme et la femme ne sont plus nus : leur corps reste toujours couvert de sens. Chacun est preneur des artifices de l'autre, s'il ne les hallucine pas lui-même. Quand on aime, on attribue ce qu'on désire. Pour le reste, l'amour est aveugle. Qui aime qui, quand on s'aime ?

Est-il jamais possible – et serait-ce supportable – de savoir ce qui de nous suscite l'amour ? Peut-on jamais répondre au fantasme de l'autre autrement qu'en le laissant s'abuser, ou en s'abusant soi-même ? La liste est sans fin de ce qui peut régir un duo amoureux sans que le plaisir y soit nécessairement convoqué.

Peut-on, doit-on, s'adapter à l'autre et y trouver son compte ? Ne suis-je arrivé si tôt à ce rendez-vous que pour m'y préparer ? Me préparer à quoi ? Est-ce à affronter une femme, ou à faire face à ce que je serai devant elle, elle qui sera ce que je la ferai être ? Finalement, sa venue ne pourra m'opposer que moi, à travers elle. Y a-t-il de quoi s'en inquiéter, le pire ne pourra venir que de moi ? Cette réflexion me rassérène : ce pire, j'en ai l'habitude.

*

Je peux – enfin – me laisser aller à apprécier ces freesias inattendus et m'abandonner à leur heureux présage. Leur parfum m'étourdit-il quelque peu, car soudain... la voici !

Aussitôt, je retrouve l'emprise familière de sa démarche, de son visage, du léger sourire qui est le sien lorsqu'elle est un peu troublée.

Elle s'est assise sans rien dire. Je me rassieds et garde le silence. De pouvoir nous dévisager intensément nous laisse sans voix. Ainsi commence notre attente commune.

Pour moi la scène a quelque chose d'irréel à être réelle.

Ce dîner n'est pas un dîner, noterait Magritte. C'est le récit d'un dîner. Ce non-dîner va devoir répondre à des exigences de récit, celles de son élaboration en chacun de nous deux pour le vivre.

Le silence accroît le merveilleux de notre proximité. Pouvoir se prendre dans une effusion commune nous procure mille fois plus que n'importe quelle parole. Parler détourne de la présence pour la linéarité d'un discours, de deux discours qui s'entrecroisent. À en perdre tout abandon !

Si certains couples silencieux semblent n'avoir plus rien à se dire, nous par contre avons tout à nous dire. Nous ne sommes pas pressés. Pour l'heure rien ne nous manque, surtout pas ces mots qui n'apportent leurs messages qu'à entrecouper la durée. Les rares moments de la vie qui comblent toutes nos attentes doivent se vivre hors du temps, sans début ni fin. Ils sont ou ne sont pas. Tout doit s'y fondre dans une félicité constante.

*

« Ne toucher qu'avec les yeux », cette injonction ancienne nous permet là un émoi surprenant. De me sentir pour elle ce qu'elle est pour moi me donne le sentiment de n'être ni conquérant ni conquis, ni dominant ni dominé. En se mêlant, nos regards avouent une commune faiblesse que nos différences n'ont pas encore démêlée, et qui fait que je ne nous sens pas homme et femme. Ce premier effleurement est, avant toute autre chose, la fin d'une solitude. Fondre nos présences dans la même émotion nous consent une quiétude et une sérénité inentamables.

Parler – comment faire autrement ? – va entraîner un face à face secrètement implacable en nous engageant dans des rôles à la mesure de l'enjeu. On ne transige pas avec un objet, sans offense à ce qu'il est.

Nous taire fait de nos voix retenues le secret, à venir, d'une intimité troublante : l'intonation, le timbre, le souffle, c'est le corps qui se manifeste. Déjà, les gestes du repas sont comme si nous marchions côte à côte muets, vers où ne comptant guère. La féerie est d'être ensemble.

Mais le silence entre nous ne fait pas le silence en moi. Porté par la passion, j'apprécie la chance, le bonheur d'être avec cette femme. Cette femme serait-elle pour moi la femme ? Qu'est-ce à dire ? Si ce que je peux désirer d'une femme m'est imaginable, puis-je entrevoir ce que j'attends de la femme ?

*

Que le présent texte s'arrête en ce point, il nous abandonnerait les yeux dans les yeux, laissant le lecteur libre de poursuivre avec son imagination en autant de variantes qu'il le souhaiterait, reprenant, modifiant, répétant, à volonté.

Pour l'heure, l'un devant l'autre, nous n'avons pas le pouvoir d'interrompre un texte. Nous devons affronter une continuité, en venir aux mots, nous désunir, reprendre nos présences d'homme et de femme.

Qu'y a-t-il de commun entre ce qui anime un homme et ce qui anime une femme ? Qu'allons-nous conjuguer ?

Une certaine façon de regarder une femme me dit que je suis un homme. À regarder un homme, une femme se sent-elle femme, ou lui faut-il pour cela le regard d'un homme ? L'œil qui la dévisage, d'où lui vient de pouvoir blesser, gratifier, répugner, exalter ? Ce n'est pas pareillement que chacun a ce que l'autre n'a pas.

L'homme exprime son exigence à une femme qui perçoit moins ce qu'elle offre que sa propre attente, souvent dissimulée. La persécution n'est pas loin dans ce dialogue asymétrique. Vouloir « posséder », c'est être possédé par son désir. L'homme travestit le plus souvent cette dépendance : ah, entendre les hommes parler des femmes !

Avoir, à deux, le désir de s'étreindre ne donne pas à cette commune inclination semblable signification. Chez l'un et chez l'autre s'inscrit différemment ce qu'ils croient faire ensemble, qu'ils ne font souvent qu'en même temps ?

Ce qui peut se jouer dans un couple n'est pas facilement repérable. Déjà, la fin de tant de contes de notre enfance : « Ils se marièrent et eurent beaucoup d'enfants » reste des plus sibyllines.

L'énigme de cette fin, si souvent rencontrée, ne tient pas au mystère de la fabrication des enfants, ni à l'indistincte promesse qu'elle laisse entrevoir. L'obscurité vient de ce que cette fin soit présentée comme une fin, c'est-à-dire laissant croire avec duperie que l'histoire est finie, le reste important peu. La destinée ayant conjoint les êtres, les modalités de la suite seraient négligeables. Dans la Bible, et bien d'autres textes sacrés, avoir une nombreuse descendance est présenté comme la bénédiction d'entre toutes les bénédictions et le terme suprême de destins souvent contraires par ailleurs.

Je ne pense pas que cet épilogue suranné s'embusque dès nos premiers mots. Il reste que donner une suite à l'ineffable qui nous unit va nous soumettre à une loi, que ce soit celle du plaisir, c'est-à-dire de l'instant, ou du devenir, et lequel? Au service de quoi va se jouer la partition de notre duo? Quelle irréductible exigence va, de part et d'autre, battre la mesure de nos échanges?

La fin de tout récit acquiert valeur et portée en fonction de son début. Notre hasard était le hasard de quoi? Mon présage floral était le présage de quoi? Avant de nous rencontrer, nous étions pris chacun dans une histoire aux multiples facettes, allons-nous nous limiter à en avoir une en commun, au moment où ce que nous sommes en train de ressentir fait apparaître tout le reste comme les facettes particulières d'une histoire commune? Mais cette histoire à la double rédaction, comment imaginer son double texte? Dans son absolue singularité, chacun avance sur son propre chemin avec, dans le décor d'une situation, la présence d'un autre. Main dans la main on peut vivre à mille lieues l'un de l'autre.

Sans y penser, nous sommes tous des littérateurs – et pas souvent heureux – lorsque nous élaborons, chapitre après chapitre, le récit de notre vie. Les romans ne ressemblent à nos vies que parce que ce que nous nous racontons de nos vies, c'est du roman. Imaginaires, arbitraires, tendancieux, présent, passé, futur n'ont que la réalité que nous leur attribuons.

L'écrivain opère sur la matérialité d'un texte qu'il fige en un objet. Pour ce qui est de nous, nos narrations se dérobent à toute réalité possible. Nous sommes à chaque instant dessaisis de notre vécu, sans percevoir au profit de quoi, avec parfois un sentiment d'insolite, le plus souvent sans comprendre. Il suffit de dire ma femme, mon mari, mes enfants pour que la connivence ne se fasse plus avec eux, mais avec l'auditeur, fût-il administratif, a fortiori confident. Ma femme, mon mari, mes enfants passent au service du récit qui les met en scène, ils sont soumis à ce qui s'en trouve escompté dans l'instant. La réalité de ce que nous croyons vivre nous échappe dans son récit, au profit de la réalité du récit. La sincérité ne donne pas plus de poids que la fausseté. Ce qui importe est l'usage fait, *urbi et orbi.*

*

Soudain, une pensée d'apparence heureuse amorce en moi une rupture discrète : « Ce moment, jamais je ne l'oublierai. » Aussitôt, je sens que cette romantique ponctuation consomme le terme de ce moment, justement.

Mais, n'est-ce pas elle qui vient de rompre le silence? La sonorité de sa voix m'atteint et me trouble au plus profond. Elle se penche vers moi, je vois ses cheveux se mêler aux fleurs, composant un parfum qui me trouble tout autant. Je n'entends pas ce qu'elle murmure, je la respire, prolongeant encore un peu mon ravissement.

Ainsi c'est une question banale sur moi qui est l'occasion d'entrelacer nos dires. Cette question est suivie d'autres. Je m'entends répondre comme je ne l'ai jamais fait, c'est-à-dire sans retenue, ni de pensée ni d'expression. Je n'ai pas souvenir de m'être jamais ouvert ainsi. Sans doute n'avais-je jamais perçu pareil regard sur moi. J'en viens à répondre à des questions que je ne me suis jamais laissé poser, qui ne se sont même jamais énoncées en moi. Là – pourquoi ? – je me veux nu et sans défense.

Entraîné par ce que je dis, je découvre insensiblement une dimension de moi jamais envisagée, dans laquelle je peine à me retrouver. C'est à la fois grisant et dégrisant.

Veut-elle me prendre dans ce dans quoi elle est prise ?

Si on exige que l'être aimé réponde à notre attente, c'est que nous ne le voulons pas tel qu'il est. Qu'il se doive d'être tel que nous l'aimons, quelle curieuse exigence ! N'est-ce pas là le secret du vaudeville, où se répètent les déclarations d'amour à la personne même à qui il est reproché d'être comme elle est. Ce qui est d'un quotidien achevé, tant il est vrai que les raisons qu'on a d'aimer sont le plus souvent ignorées. C'est qu'on n'est jamais seul avec qui on aime puisqu'il y a là secrètement pourquoi on aime. Et pourquoi, c'est pour, contre ou malgré qui ?

*

Ce soir, nos sentiments, avec leur pression malaisée à contenir, nous situent à des places difficilement tenables. Aimer, serait-ce requérir ?

Cette diablerie vient de tendre entre nous un léger voile, déjà entravant. Ne suis-je pas en train de vivre ce à quoi les femmes doivent être plus endurcies, parce que plus souvent affrontées à devoir répondre de là où elles ne se sentent pas être, et plus habituées à ne pas être perçues là où elles attendent.

Les questions ne sont ni perfides ni importunes, mais elles sont prises dans un monde de valeurs duquel je me suis tenu à distance. Il y a là une réticence active de ma part, non que je pense que ces valeurs ne soient pas estimables, au contraire. Ce monde m'est devenu étranger, moins parce que je l'aurais méprisé que parce que, par insuffisance, je l'ai négligé. Entre elle et moi, contrepoint ou aria ?

Je n'ai pas prise sur ce qu'elle tient à penser de moi, tel le colonisé qui subit l'image qu'a de lui son dominateur. Devenir un barbare à ses propres yeux, de par la saisie de l'autre, n'est guère endurable.

Que fait l'anthropologue quand, même sans mépris pour l'autre, il ne peut qu'y voir un objet d'étude, sans pouvoir partager son monde ?

Le conquistador est moins affligeant dans sa violence. Sa présence signifie : « Je veux te soumettre, à toi de te défendre ou non! »

Tiens, première pensée un peu sensée de ce dîner!

Finie l'effusion, il va falloir se prendre, mettre son désir à l'épreuve de celui de l'autre, qu'on ne peut éclipser.

Si j'avais pensé vivre une aventure, si je n'étais préoccupé que par le sensuel, j'aurais joué avec mes réponses dans ce qui n'aurait été qu'un registre anecdotique parmi d'autres. Belle à souhait, cette femme aurait, comme certaines, suscité en moi un comportement que je connais bien, où elle aurait trouvé son dû, à notre plaisir mutuel.

Était-ce cela que le hasard m'avait laissé espérer? Mon désir reste prisonnier de ma folle attente. Le sexuel est sous la dépendance du fantasme, lequel impose détours, impasses et... sens interdits qui empêchent de revenir en arrière.

Qu'est-ce qui, dès la rencontre, m'a fait placer cette femme si haut, car c'est de haut que je tombe? J'ai soudain le sentiment que par l'intérêt qu'elle me témoigne véritablement, cette femme rêvée... se choisit un gendre!

*

Le dîner s'achève. En moi quelque chose aussi. Sent-elle que je me reprends? Que se passe-t-il dans sa tête?

Avec un peu de désarroi, je lui demande soudain si elle aime les freesias. Pendant que, surprise, elle s'essaye à une réponse sans comprendre, au visage familier d'une inconnue se substitue le visage inconnu d'une familière. Nous redevenons les étrangers que nous sommes. Il n'en résulte aucun embarras, seule l'envie de s'écarter assez vite. Le silence renaît pour ce temps. Il n'a plus de sens. « À bientôt! », nous disons-nous en nous quittant définitivement.

*

Tout est bien qui finit bien.

Nous aurions pu mettre des jours à percevoir ce que nos langages ont d'incompatible, et des années, une vie entière, pour nous l'avouer et nous déprendre. Nous aurions pu vouloir l'ignorer, et nous établir dans un double monologue sans passion, ou sans conscience de plaisir.

Cette fin trop abrupte, nous aurions pu la repousser un peu, beaucoup, pas passionnément. Restés ensemble par délicatesse ou par faiblesse, nous serions-nous obstinés pour l'appartement, le chat, les enfants, la peur d'être seuls, et nous serions-nous trouvés réunis par un hasard trompeur?

En amour, se doit-on d'être sincère? À quoi doit-on être fidèle? Faut-il trahir l'amour pour ne pas trahir l'autre?

Est-ce la durée qui donne sa valeur à ce qu'on vit? Si la fin d'une histoire lui donne son sens et sa portée, cela justifierait qu'un amour ne veuille pas finir, pour ne pas avoir à s'évaluer. Hormis la durée, sur quoi d'autre le mesurer sinon, par malheur, souvent sur la souffrance?

Les récits qu'on se fait à tout moment de sa vie ne sont-ils que contes à dormir debout? Au fond de son cœur, chacun le sait. La passion ne transige pas. En amour, pas de sentiment!

Oui, tout est bien qui finit bien. Dans cette rencontre il s'est donné (ou pris) tout ce qui pouvait se donner (ou se prendre). S'il fallait en espérer davantage... Quoi, au juste? Et dans le langage de qui?

Aurais-je dû délier le désir du sentiment déçu? Tel pourra penser : Le sexuel vaut bien une messe! Tel autre : Dans l'objet d'amour, ce qui compte ce n'est pas l'objet, mais l'amour!

Qui, en définitive de cette femme ou de moi, s'est « défendu »? Qui a su ce qu'il voulait, à travers ce qu'il ne voulait pas de l'autre? Qu'est-ce qui en nous a décidé et que signifie, pour le sexuel et pour l'amour, décider?

En quoi une autre fin eut-elle été plus satisfaisante pour l'esprit de qui, à son tour, serait déçu? Le langage est bien à l'œuvre partout, jusque derrière la tête de ceux qui n'étaient pas en scène : les preneurs du récit. On s'y perd. Ceux qui, devant cette histoire, n'ont pas manqué ici ou là d'imaginer leur variante – façon de voir ou de se comporter – l'ont-ils fait parler d'amour ou de sexe? Et pour répondre à quoi?

En vérité, que s'est-il passé?

À part le temps!

S'agit-il jamais de faire autre chose que de passer le temps d'une vie à ceci ou à cela, selon à qui elle est dédiée? En chacun, l'amour et le sexe sont au service ignoré d'une cause à laquelle il se consacre. Des goûts et des couleurs... a-t-on coutume de dire. Justement, ces goûts et ces couleurs, par rapport à qui, quand et comment se sont-ils élaborés? Où se tient leur structure de langage?

*

Ce dîner n'a pas été un dîner, je ne dédie pas moins son récit à cette inconnue. Je le lui dois bien : « Ce moment, jamais *je n'aurai* à l'oublier. »

Ce dîner n'a pas été un dîner, plutôt une succession de clichés, où les rôles ont été tenus par deux acteurs de hasard et... par... le lecteur de hasard. À toute attente, ses hasards!

JEAN-CLAUDE LAVIE

VARIA

Je suis dans l'étang, au bout du jardin, je commence la nuit, je finis le matin, j'apparais deux fois dans l'année : qui suis-je?

Cette devinette que je connais depuis toujours, et dont je laisse quelques lignes encore la réponse en attente, a récemment pris un tour nouveau et comme l'éclairage qui manquait à son ambiance d'enchantement triste. La question – non la réponse – s'était liée peu à peu, on voit bien pourquoi, au « désastre obscur » des poèmes d'Edgar Poe : le même désastre aurait plongé « Je » dans l'étang, et l'aurait contraint à habiter des lieux fugaces, des transitions. Les traductions de Mallarmé tiraient ma devinette vers un excès de représentations. Je pensais à : « ni les démons sous la mer ne peuvent jamais disjoindre mon âme de l'âme de la très belle Annabel Lee », à ce « solitaire Octobre de ma plus immémoriale année », à « l'obscur lac d'Auber, dans la brumeuse moyenne région de Weir »; sans doute aussi parce que « Qui suis-je ? » est la question mélancolique de l'état d'âme, cet *état* dont le territoire est tout en frontières.

Or, la réponse à cette question surannée (la réponse : « Je suis la lettre *n* », *dans* l'étang, au *bout* du jardi*n*, etc.) vient de m'être soulignée par un proche : la lettre *n,* la *lettre* volée (encore Edgar Poe, mais évoluant cette fois dans ce qu'il appelle « les domaines du monarque Pensée »), la lettre exilée dans l'évidence et se dérobant encore, au croisement de la chose et du mot, et dans la polysémie même du vol de cette lettre là : la *n!*

Conséquence immédiate : des souvenirs de fragments, à l'inverse sans énigme en apparence, me sont revenus d'une séance assez ancienne, en ayant pris, eux, une allure plus obscure, sinon du mystère du moins un supplément d'épaisseur : un peu de cette opacité qu'ont les réponses à des questions qui échappent. Et pour ne pas quitter si vite le « bout du jardin », j'ai trouvé dans les *Lettres élémentaires sur la botanique* (Éd. A.M. Métailié, 1983) comment Jean-Jacques Rousseau appelait ce qui se perd lorsqu'on oublie de penser aux questions dont nos discours ne sont que la réponse : « la langue de la chose ». Il se refusait plus ou moins à employer cette langue de la chose, par un scrupule exposé sans trop de détours : « Vous ne commencerez pas par dire tout cela à votre fille, écrivait-il à Mme Delessert, (...) mais vous ne lui développerez par degré que ce qui peut convenir à son âge et à son sexe. »

Les souvenirs : c'était un clown, oui, de son métier, et le psychanalyste qui n'ayant jamais eu de clown sur son divan, ne s'est pas attendu quelque jour à voir se présenter l'Auguste au nez rouge ou le Clown Blanc en habit pailleté, ne sait pas ce qu'est *vraiment* une déception! Il disait, ce jour-là : « Je m'ennuie – Ennuyé... », et croyant avoir tort : « J'ai toujours pensé qu'il fallait un " y " à ennuyé. » La lettre « y » était intéressante, savante, algébrique, pas comme le « i » (« i », c'est simple, un trait, un point). C'était « comme Sylvie », son amie : le « y » était-il après le « S », ou après le « l »? il ne savait jamais. Son vrai prénom, à lui, c'était Jacky. Cet « y » lui a beaucoup plu, et aussi le « k », mais c'était « une fantaisie de ma mère », un « diminutif », et les bonnes sœurs l'ont appelé « Jacques » car il n'y avait pas de saint Jacky. Alors il a changé son prénom.

Et puis il y avait son nom, qui prenait un sexe et un sens différents selon qu'on en prononçait ou qu'on en taisait la dernière lettre (Ah! ces litanies railleuses à l'école, sur son nom!). Un des sens, le masculin, lui rappelait la pauvreté de ses parents – ils étaient grainetiers-boulangers, « ils disaient qu'ils tiraient le diable par la queue. Je suis pinailleur. Le « ç », j'aime bien la cédille, ça rend un son plein ». La cédille, il avait presque prononcé la « cidille », et il joua un peu : la cédille, cidille, cydille... Je lui ai dit que chacune de ces lettres plaisantes avait un petit détail en plus, et j'ai insisté sur toute cette place prise par le diminutif : « Ah! oui, les petits détails! c'est comme pour mon fétichisme, le petit détail du soutien-gorge, le petit détail dans la petite culotte. » Cet en-plus le diminuait, son corps ne jouissait pas de l'amour, seul son pénis.

Cette séance, avec des transferts sur une lettre de mon nom, et sur d'autres « petits détails » qui pouvaient faire et défaire la différence, a été une séance trop pleine, sans défaut, je l'ai pensé ainsi tandis qu'il continuait : « C'est comme oui. Dis oui, Mémère! » (Mémère, c'était sa grand-mère, Marie, qui travaillait dans une buvette à l'enseigne du « Petit Paradis », on l'appelait « La Marie du petit paradis »...)

« Dis oui, Mémère.

– Oui.

– Non, pas oui, *oui*, o-u-i! » Il déliait les lettres, attendant intensément il ne savait quoi, quelque chose qui ne venait pas. Cela faisait rire tout le monde. (Ce n'était pas le début d'une vocation, mais une butée dans la représentation de cette vocation.)

Que la lettre « n » ait été une « lettre » volée a fait émerger une question noyée dans ce petit dialogue réaliste (et il était aussi difficile de ne pas évoquer ce qui le précédait, que de ne pas tout dire de cet aimable clown) : quelle est la devinette dont la question est « oui », la réponse « oui », mais dont la réponse ne satisfait pas la question ? Ou, si l'on veut, qu'est-ce qui faisait rire tout le monde ?

Freud a souligné que la devinette est la contrepartie *(das Gegenstück)* du *Witz*. Dans la devinette, dit-il, la technique est imposée, le texte est caché. (Dans le *Witz*, le texte est donné, la technique, cachée.) La devinette lutte par sa technique pour dérober son énigme. Si elle est réussie, le mot de l'énigme masquera encore l'énigme.

Si on se souvient que l'enfant traite les mots comme des objets, les mots apparaissent alors pour ce qu'ils sont : des voleurs d'objets ; c'est-à-dire qu'ils escamotent le sens propre, pour l'être, pour être le sens propre. Ils sont des réponses au manque de l'objet, aux questions posées par ce manque. Et le premier fétiche de l'enfant n'est-il pas à chercher dans les mots, les lettres, leur liaison, leur déliaison ? Pour que l'enfant puisse traiter la lettre comme un objet fétiche, une condition cependant : qu'elle puisse s'animer d'un sens propre, qui, ainsi, à son tour, fait se dérober encore l'objet.

M. G.

DAVY WHO ? SAID THE GENTLEMAN. – Pendant un instant, le texte, dans *David Copperfield*, suggère la possibilité que David puisse être n'importe quel David ; pendant un instant, voilà que le texte m'invite à imaginer qu'il pourrait s'agir de moi. Pourquoi donc ne pas narrer l'insertion de ma propre personne dans un roman que j'ai lu et relu étant enfant ? Pourquoi ne pas faire l'anthologie de ces passages du roman peut-être trop émouvants au travers desquels l'histoire de David – je parle de l'autre – s'est irrémédiablement intriquée à la mienne ? Pourquoi ne pas admettre, au passage, combien aisément tout le reste du roman s'efface de ma mémoire – ou plutôt, combien impérativement tout le reste en est chassé : comme chez l'autre David qui avoue, assis au coin du feu : « Il n'y avait rien de réel dans tout ce que je me rappelais, sauf ma mère, Peggotty, et moi ? » Et pourquoi ne pas gloser sur ces personnages du roman qui ont marqué et présagé mon éducation sentimentale : depuis la Mère qui me caressait en disant « Davy, mon beau garçon ! mon pauvre enfant » ; le (beau-) Père dont je mordis rageusement la main peu nourricière ; l'Ami, qui était à Mr. Sharp et à Mr. Mell, pourtant deux personnages d'importance à mes yeux, ce que le soleil est aux étoiles ; la (seconde) Épouse, centre et cercle de ma vie, à qui j'ai pu peut-être inspirer un amour plus tendre ; jusqu'à David lui-même, parent par cognation et première connaissance de moi-même, qui, par un soir d'été, tandis que les garçons jouaient dans le cimetière, s'asseyait sur mon lit, lisant comme si c'était pour toujours, et affaire de vie ?

Mais tandis que je pose avidement ces questions, sous la forme rhétorique arrogante qui n'attend aucune réponse, mais fait déjà ce qu'elle prétend demander la permission de faire, je suis aussi obligé de reconnaître les raisons pour lesquelles, « contraignant mon désir à languir encore », je ne dois pas poursuivre une telle confession. Car tous, nous connaissons bien ces accusations mortifiantes (sentimentalité, autosatisfaction, narcissisme) que notre société est prête à porter contre celui qui s'attarde dans la subjectivité plus longuement ou plus intensément qu'il n'est nécessaire. Mais ces accusations envieuses ont au moins ceci de vrai que le risque embarrassant d'*être trop personnel* vient bien trop souvent à coïncider avec son contraire dans le triste destin de la banalité : le risque de *ne pas être assez personnel.* Rien, par exemple, n'est plus frappant que la disproportion entre le sujet embarrassé et l'occasion embarrassante : tandis que le premier imagine sa subjectivité exposée sans défense à l'œil du lecteur, la seconde a été rendue à peu près invisible par son caractère de pure banalité, sa prévisibilité culturelle ou physiologique. C'est à peine si quelqu'un pense même à regarder le spectacle que nous croyons offrir de nous-même. Nous disons justement : « J'aurais pu mourir d'embarras » mais plus réel que le meurtre fantasmé de soi aux mains (aux yeux, aux langues) des autres est le danger qu'un tel homicide matériel ne s'avère, de manière bien embarrassante, inutile, le sujet qui craint l'extinction s'étant déjà éteint tout seul. La douleur de l'embarras, qui aurait dû au moins être le garant de la vitalité de son sujet, dénote bien plutôt une subjectivité monstrueusement agitée qui refuse de reconnaître ses enfants mort-nés. Que seraient en conséquence les révélations « embarrassées » que je pourrais faire sur mon intimité avec *David Copperfield* sinon une *paraphrase* particulièrement investie d'un texte déjà écrit ? Que pourrais-je – moi qui suis censément le sujet privé et unique de désirs privés et uniques – faire connaître en fin de compte par de telles révélations, sinon le personnage d'un roman si familier que personne, dit-on, ne peut même se rappeler l'avoir lu pour la première fois ?

Je ne parlerai donc pas de moi et garderai secrète ma séduction par *David Copperfield.* Cependant, mon secret est-il moins paradoxal que l'embarras que je semble, par-là, éviter ? Il va presque sans dire que, si je les tiens secrets, les détails de cette séduction ne sont cependant pas très difficiles à deviner : pas plus ésotériques, peut-être, qu'Œdipe et son banal complexe. Car il m'a fallu suggérer mon secret, ne serait-ce que *pour ne pas le dire* et inversement, dans ma façon de continuer théâtralement à garder mon secret, je l'ai plutôt déjà trahi. Mais si je ne dis pas mon secret, pourquoi ne puis-je mieux le garder ? Et si je ne puis mieux le garder, pourquoi ne le dis-je pas tout simplement ?

Je ne peux pas tout à fait dire mon secret car alors on saurait qu'il n'avait rien de vraiment particulier à cacher, et personne de vraiment particulier pour le cacher. Mais je ne peux pas non plus tout à fait le garder, parce qu'alors on ne croirait pas qu'il y *avait* quelque chose à cacher et quelqu'un pour le cacher. De toute évidence, c'est une erreur que de réduire le secret à ses contenus culturellement prescrits, qui toujours sont seulement autant de secrets de Polichinelle. Le secret semblerait plutôt être une pratique dont le sens ultime résiderait dans l'insistance formelle du sujet à montrer qu'il est radicalement inaccessible à la culture qui, autrement, le déterminerait tout entier.

Je ne peux, par conséquent, résoudre le *double bind* d'un secret qui doit toujours être rigoureusement maintenu face à un secret que chacun connaît déjà, puisque c'est précisément la condition qui me donne droit en premier lieu à ma subjectivité. Mais le *double bind* est tout autre chose qu'une impasse, et, si je ne peux parler de moi-même sans, ce faisant, me perdre, je puis me garder secret et – pour ainsi parler – changer de *sujet.* N'est-il pas étrange que je puisse le mieux m'affirmer comme sujet privé uniquement dans l'accomplissement respectueux de ce qui, aussi bien, est mon obligation professionnelle ?

DAVID A. M.

L'illusion de l'enfant d'un besoin réciproque entre lui et ceux qui l'entourent ne se laisse pas aisément reconnaître comme telle. Elle prélude sans doute à toute relation d'échange dont la reconduction semble être assurée par ailleurs, par la tendance à la préservation de cette même illusion. Il est malaisé d'y mettre un terme.

Jadis, lorsque nous donnions à nos parents quelque chose, nous nous attendions à en recevoir une autre, en contrepartie, par compensation. L'âpreté des échanges que certains patients instaurent dans la cure, comme à l'inverse leurs élans de générosité, disent assez la valeur attribuée à ce qui est donné, le pouvoir imputé à l'échange et sa finalité : ne jamais prendre fin.

Mais la chose obtenue par l'échange ne saurait convenir. En effet, le désir et le fantasme qu'il sous-tend donnent pouvoir à l'échange : permission ou protection, sollicitude ou clémence d'une divinité parentale quelconque, amour maternel, maîtrise, petite chose qui n'a pas de prix pour une petite fille... Jamais en tout cas la chose obtenue ne vient confirmer ce pouvoir. Comment ne pas être déçu ? Pour prix de ce que nous échangions, nous pensions en retour pouvoir exiger toujours plus. Et demander la lune ne rehausse-t-il pas le prix de ce que nous avons à donner ? Ainsi peut-on comprendre que la valeur imprécise de la chose reçue nous rassure moins sur la valeur de ce que nous abandonnons que la reconduction de l'échange, toujours à recommencer. C'est qu'à l'extrême, de manière évidente parfois, la chose espérée n'est autre que celle qui est donnée... L'image de deux vases communicants dont on élève l'un pour le ramener ensuite à son niveau initial, illustre cette dernière modalité de l'échange mais introduit deux idées bien plus angoissantes : la possible bascule de l'échange, l'indifférenciation de la chose reçue et donnée.

Quel est le prix que nous attribuons à ce que nous donnons ? Est-il si facile d'accepter que ce qui a valeur pour nous n'en ait pas pour les autres ? Nous donnons toujours tout ou partie d'une propriété privée, de notre propriété privée.

N'avons-nous pas, d'ailleurs, besoin de la croire nôtre ? Chez cette patiente qui, dans la salle d'attente, dit assez fort « je suis là » parce qu'elle se croit oubliée, le rappel que je fais de sa phrase, en début de séance, provoque une surprise perceptible. La reprise d'un lapsus, de ce que le patient croit inutile ou banal peut parfois entraîner, on le sait, une angoisse assez vive et faire office d'interprétation. Donner de l'importance (par notre parole) à ce qui pour le patient, dans son discours, ne paraît pas en avoir, peut bouleverser le système d'échanges qu'il tente de répéter dans la cure. Que telle mère continue de se gratter la joue alors que sa petite fille lui raconte une tentative de séduction pourtant fort traumatique, dont elle vient d'être l'objet, c'est tout le système de valeurs de cette dernière qui est mis en pièces. Se taper la tête contre les murs et n'obtenir en réponse que le rire moqueur des grands ne risque-t-il pas d'enchaîner à une répétition sans fin pour éviter l'accès au dérisoire (que ne connaît pas l'enfant) ? Quel drame pour celui dont la valeur des mots marchandises s'écroule devant l'incompréhension de ceux auxquels il s'adresse ! Nous avons, pour la plupart, fait l'expérience de la perte de notre langue maternelle sur un sol étranger, au contact d'une langue inquiétante par son étrangeté. Pour donner, il faut croire à la valeur de ce que l'on donne. Si la valeur marchande de nos mots vient à faillir c'est tout ce que nous pensions pouvoir donner qui est menacé de faillite.

N'avons-nous pas eu besoin de croire que nos parents vivaient de ce que nous leur donnions ? Découvrir que ses parents vivent de ce qu'ils échangent entre eux ou de ce qu'ils se donnent d'eux (selon l'expression d'un patient) amène à nous interroger sur la valeur de notre don. C'est pourtant au seul prix de cette remise en cause qu'il nous est possible de dépasser ce mode d'être. *Ce que donne un enfant n'est jamais sale.* Mais ce qui s'avère impropre à l'échange du fait des entraves ou des restrictions apportées à son exercice ne le devient-il pas ? Ce qui fait cesser l'échange ne l'est-il pas tout autant ?

Finalement, avons-nous jamais accepté que ce qui avait de l'importance pour nous n'en ait pas pour nos parents ? L'intérêt que nous imaginions qu'ils portaient à ce que nous leur offrions rehaussait la valeur de notre don. Le cadre analytique favorise parfois cette impasse. La certitude d'être écouté (sinon entendu) procure au patient une satisfaction qui peut se suffire à elle-même (comment alors l'en détromper?). Comment l'enfant qui offre une seule rose à sa mère pour la Fête des Mères ne trouverait-il pas dans son sourire la confirmation de ce qu'une seule rose vaut bien tout un bouquet du père? Certains parents ménagent plus que d'autres le narcissisme de leurs enfants. Ménager celui de ses patients n'est peut-être pas leur rendre service, même s'il faut parfois savoir le respecter.

Donnerions-nous notre bien *propre?* Selon l'étendue de notre propriété privée, parcelle, royaume ou empire, il nous a été plus ou moins facile d'accepter l'idée que nos parents ne vivaient pas de ce que nous leur donnions mais de ce dont ils faisaient *commerce et commerce sexuel.* On tient à la monnaie qu'on a l'illusion d'avoir soi-même frappée.

B. F.-G.

Passage du Commerce Saint André. Pensive, le regard vide, la jeune fille en jaune semble demander: que s'est-il passé? Oublie-t-elle, déjà, l'homme qui vient de la croiser et qui s'éloigne, en une indifférence que dément le bleu vif de l'habit? Ocres et jaunes assourdis, stridence du blanc, variation du vert au gris. Fenêtres closes d'une impasse de rêve ou d'opéra : l'or de la baguette, l'ordonnancement mystérieux du lieu (labyrinthe implacable des lignes de construction, jeu des faces et des profils, ricochet des regards) feraient entendre quelque *Flûte enchantée.*

Il faut fermer les yeux. Viennent alors avec ce jaune et ce bleu, cette scène de rue, ce mendiant assis et cette austérité altière de la toile, les fresques de Masaccio au Carmine. Plus encore, ce profil de vieille femme, ce casque de cheveux clairs, cette absence méditative du regard imposent le Piero della Francesca d'Arezzo ou de la *Flagellation.*

Mais quoi? La mémoire creuse l'énigme plutôt qu'elle ne la résout. Revenir, donc, à la toile pour y découvrir ces visages ronds d'enfants-vieillards, cariatides aveugles, laissant jaillir devant eux, sous le chemin d'une guillotine, une cascade de rose: femme, fille, poupée... La multitude des registres – le mot est dans le tableau – décourage toute illusion de « clef » : d'ailleurs, sous une clef jaune, une flèche n'indique-t-elle pas le renvoi de toute signification ultime?

Emprise: le mot qualifierait assez l'effet exercé par la récente exposition Balthus à Beaubourg. Emprise par le reste que laisse ici le plaisir de voir: la contrainte d'une énigme. Résistance de la toile, à l'œuvre dans la toile, résistance affrontée comme à l'écoute de ces rêves dont la luxuriance et la précision offrent le plus sûr rempart à toute interprétation.

Il arrive que, face à cette résistance, dans l'essai de chercher des mots, la mémoire se rue : Masaccio et Piero pour le *Passage,* Vélasquez pour *La Tireuse de cartes;* ailleurs Courbet ou Picasso. Un trop de mémoire, dont la fonction d'égarement se trahit parfois – heureusement! – par une fausse reconnaissance : devant *Le Peintre et son modèle,* j'eus soudain la conviction de retrouver une *Annonciation* de l'Angelico. Plus tard, et à contrecœur, je vérifiai qu'il m'avait fallu probablement mettre de l'angélique là où il y en avait fort peu!

Ces chemins pour la mémoire, Balthus ne les ouvre sans doute pas dans le seul dessein d'égarer. Il indique aussi d'où il vient, où il reprend les questions proprement picturales posées avant lui, restituant dans l'œuvre sa part du patrimoine. Références aux antipodes de la citation ou de l'emprunt : une dette au travail, plutôt, et qui s'affirme dans la manière de repenser, notamment, l'opposition des couleurs ou la construction de l'espace. Travail qui assigne à la dette sa seule fonction : être transmise.

Si la mémoire, donc, a donné quelques repères, vrais ou faux, quelques mots pour rendre l'énigme moins violente, celle-ci n'en persiste pas moins. Il faut se risquer aux détails, aux fragments et au jeu des tableaux entre eux.

Errance du regard qu'imposent l'obstination du peintre et sa répétition des mêmes thèmes, des mêmes scènes, des mêmes paysages. Retour obsédant de certains signifiants picturaux : fentes des yeux, fente du sexe, et tout ce qui fait coin ou triangle (bras et jambes violemment fléchis, postures cambrées, coins de tables, de champs, de lumière, damiers et labyrinthes). Fragments féconds, telles les notes d'un motif obligé dont chaque toile serait variation. Joueurs qui ne jouent pas, figures féminines qui hésitent entre fille et femme (l'aléatoire du passage, on en prend aussi la mesure avec ces paysages recommencés au gré des saisons ou des jeux d'ombres), les personnages de Balthus accusent, sous la fermeté des traits, une absence léthale : jamais là, endormis, rêvant, rêvassant, dans l'ailleurs d'un livre, d'un miroir, d'un jeu de cartes. Le temps où ils demeurent est lui-même improbable : à venir ou juste passé. Voyez leur regard, quand leurs yeux ne sont ni clos ni cachés : oblique, parallèle au plan du tableau, fuyant la toile. Les corps nus, enfin, d'une nudité lisse jetée en pleine lumière, et comme s'étonnant d'être soudain nubiles, paraissent, dans la liberté ou l'impudeur de leurs poses, affirmer l'impossible de leur saisie. Comme si leur évidence même aveuglait, évidait.

Que la carte à jouer, le jeu de cartes, reviennent aussi, en contrepoint de ces corps nus, comme blasons de l'œuvre, est-ce tellement pour étonner? Une carte en effet livrerait-elle son secret d'être montrée en même temps dans ses deux faces? Ce projet de représentation simultanée du « tout », Balthus le soutient sans cesse : personnages de face, dos et profil sur une même toile, paysage et sujet le regardant, peintre et son modèle, rêveuse et son rêve. L'étonnante *Tireuse de cartes* tente exemplairement ce pari : le tableau entier paraît construit comme une carte vue dos et face (partie supérieure claire, aux lignes droites, où se détache, comme une reine de cœur, la figure de la *Tireuse;* partie inférieure chargée, animée de volutes sombres). « Tout » est donné à voir, pour rien. La *Tireuse* regarde ailleurs, indifférente au jeu posé devant elle. Car elle sait, comme ces jeunes filles penchées et rêveuses des *Patience,* que les cartes, même retournées, ne livrent pas de clef. Ni les toiles de Balthus, de signification dernière. Elles appellent plutôt, à chaque retour devant elles, de nouvelles interprétations, un peu comme le fait, en analyse, un rêve qui revient. Et si, pour le rêve, l'ombilic est bien cette butée à toute clôture des représentations – condition par là de l'interprétation – alors cette peinture toucherait, à sa manière, à l'ombilic. Il faut parfois, devant Balthus, fermer les yeux pour voir.

Son emprise, donc, l'œuvre l'exercerait en installant l'invisible au cœur de la représentation. Invisible qui n'est pas, ici, le dessous des cartes, ni cet autre versant du monde, catégorie mystique, que seules, la révélation ou la rencontre ineffable permettraient d'atteindre. Car, même à être touché, dévoilé comme résistance du monde réel quand la représentation tente de rendre compte des objets, il n'est jamais requis comme but. Il insiste, au contraire, force aveugle, dans le reste que laissent le plaisir de voir et le travail de pensée. C'est parce qu'elle tient obstinément ensemble l'excitation et la désillusion du regard, la réalité, la complexité, la splendeur même de l'image (au lieu de son mépris ou de son peu de chose) et le mystère qui la creuse, que cette peinture assume, avec une rare rigueur, la question du leurre. Ce qu'elle dérobe n'est pas seulement ce qu'elle échoue à représenter mais aussi ce qui, invisiblement, l'anime.

Je veux dire sa violence : violence nue, meurtrière, qui supporterait l'acte même de peindre. Ainsi, y a-t-il, apparemment, toile plus apaisée, plus sereine que cet « angélique » *Peintre et son modèle* des années 80 ? À y regarder un peu plus, cependant, la jeune femme semble attendre – annonciation en effet que ce tableau – comme une victime. Et le peintre, qui ouvre à la lumière, se tient de dos, regard dérobé. Verrait-on dans ses yeux cette lueur terrible – celle-là même retrouvée chez les *Joueurs de cartes* – que porte, dans une toile antérieure de vingt-cinq ans, mais de même construction *(La Chambre),* celui qui, pareillement, livre à la lumière le corps d'une jeune femme ?

Violence, ailleurs, du rouge dans le *Nu endormi,* ou du mouvement du rêve pour la dormeuse, violence qui assigne aux personnages leur rôle d'effigies (en cela, la peinture de Balthus est bien, dans le fil de Piero, « sévère »).

Que cette œuvre indique si fort le désir de possession meurtrière de tout regard, de tout acte de représentation (en ce sens, oui, il y a « exécution »), mais qu'elle le fasse reconnaître, ou supposer, dans le travail incessant de son détournement, voilà qui donne à chaque toile et sa force et son échec. Ce qui est créé, achevé – et avec quelle obstination, car Balthus reste plusieurs années sur ses tableaux – ne peut satisfaire : voué, donc, à être perdu, à ne subsister que comme trace à poursuivre, et à s'altérer dans sa mise au jour même.

A. B.

NOUVELLES DE L'ÉTRANGER. – Pourquoi refusons-nous de prendre en considération la *formation de psychanalystes homosexuels* ? Cette question vient d'être posée deux fois, par Robert J. Stoller et Richard A. Isay, au congrès bisannuel de l'Association américaine de psychanalyse, à New York en décembre dernier.

La *manière* de poser cette question est largement aussi digne d'intérêt que la question elle-même : avec une tension certaine, un égal dédain pour les hypocrisies, en soulignant l'emprise sur notre pensée d'une conception morale du monde, les deux auteurs se mettent cependant au service d'enjeux différents.

Stoller (son exposé a pour titre : *« Research on homosexuality. The rules of the game »* – les règles du jeu) cherche ouvertement à montrer que la psychanalyse n'est pas (encore) une science : elle ne connaît pas les règles qui pourraient valider son mode d'observation. La saisie incertaine qui induit l'utilisation par les psychanalystes, y compris Freud, de concepts approximatifs pour traiter de l'homosexualité engage Stoller à s'attaquer au *bombast,* à l'enflure, à la boursouflure des mots que nous *« manipulons »* avec un *ponderous tone,* un ton ampoulé, pour couvrir le manque de sérieux de nos observations. C'est que nous avons recours à une « rhétorique scientifique » et non au parler courant. L'auteur fait la guerre aux mots creux, comme « identification projective » ou « investissement d'objet », à tous les mots également qui font semblant d'impliquer du quantifiable ou du localisable. Une même ligne part de « un peu », « quelque », « la plus-part », « extrême », « submergé » pour arriver à « normal », « archaïque », « sain », *« borderline »*, et à de nombreux autres mots qui fabriquent à l'envi des phrases vides telles que : « Une fonction de la libido narcissique amalgamée avec l'investissement d'objet », ou « le patient était à l'évidence extrêmement narcissique, presque psychotique », ou encore : « Les points de fixation de la psychopathologie centrale de ces cas sont situés sur une partie plutôt précoce de l'axe temporel du développement psychique... »

Procès du vocabulaire, procès des définitions (il n'y a pas d'homosexualité mais *des* homosexualité*s*), procès, *in fine,* d'une positivité et d'une objectivation aux prétentions scientifiques, alors que, faute de définitions stables, « nous devons en psychanalyse, lutter avec le caché, le silence, l'obscur, la présence du manquant ».

Mais cette lutte, Stoller n'en fait pas la spécificité d'un mode de penser : bien plutôt, elle donne la mesure dérisoire de la prétendue scientificité de la psychanalyse, par rapport à laquelle il importera peu d'être « des adeptes de Kohut ou de la Rose-Croix ». Aucune présentation clinique ne dira la réalité, nous ne fournissons que des impressions.

Voici à présent la traduction du fragment de son exposé sur les psychanalystes homosexuels : « Est-il impropre de suggérer que les difficultés des psychanalystes à comprendre l'homosexualité ont – pour parler avec tact – des racines psychodynamiques? Cela m'indiquerait, mieux que ne le font les explications les plus rationnelles, pourquoi nous avons des règlements contre l'admission d'homosexuels que ce soit comme candidats, comme membres ou analystes didacticiens. La justification d'une telle réglementation est que nous " savons " que ces gens doivent, par définition, être ce que l'on prétend qu'ils sont : des créatures de type psychotique fatalement défectueuses, se trouvant dans les états voisins de l'anéantissement du *self* (le tout recouvert, cela va de soi, par un comportement d'allure normale). Si nous jugeons les gens avec la légèreté du " tout le monde sait cela ", alors nous sommes très cruels. Combien de candidats manifestement hétérosexuels ont été admis et sont montés en grade, qui avaient de graves défaillances de la personnalité, ce que leur analyse a montré et leur comportement ultérieur a confirmé ? Nous avons transformé le diagnostic en accusation, protégeant notre façon de faire avec du jargon. Mais bien que cette manœuvre enfouisse la haine, elle libère la cruauté; le jargon est un jugement. Il est au service d'agissements cachés. Nous devrions resserrer notre logique, et relâcher notre réglementation. »

Richard A. Isay procède autrement (dans un exposé intitulé : *« On the analytic therapy of homosexual men »*). À partir de plusieurs cas cliniques de deuxième analyse d'homosexuels, il critique le comportement des premiers analystes, qui, soit volontairement – et des théorisations existent à ce sujet – soit involontairement, ont tendu à manipuler le transfert et la technique de façon à « aider » les patients à devenir hétérosexuels, ce qui devait assurer leur bonheur.

Notre littérature, dit-il, est pleine et repue de recommandations d'aménagement qui dénoncent une neutralité conçue comme étant une approbation de l'homosexualité. C'est ainsi qu'on encouragera les rencontres avec les femmes, qu'on indiquera comment s'y prendre... Isay donne des exemples fort convaincants, s'il en était besoin, de patients homosexuels souffrant de dépression grave induite par le contre-transfert négatif de leurs analystes, dont il rapproche l'activisme de celui par lequel on fit, dans les *twenties,* des analyses courtes.

Or il y a un « contre-transfert organisationnel », une institutionnalisation du préjugé social : « Pour autant que je sache, écrit Isay, il n'y a qu'un Institut de psychanalyse affilié à l'Association américaine qui ait accepté de former des candidats homosexuels reconnus. » Pour les autres, « le principe de l'exclusion a pour rationalisation l'existence d'une grave psychopathologie qui interférerait avec leur fonction d'analyste. Ainsi que je l'ai montré, une telle psychopathologie n'existe pas de façon évidente, sauf celle qui est créée par nos propres efforts cliniques... »

Il y a plus : les sociétés d'analyse sont comme les églises, les préjugés des unes et des autres se confortent réciproquement. Les théologiens se servent de « nos analyses » pour asseoir leur vision du *mal (evil)* et de ses remèdes. Nous introduisons cette vision dans nos cabinets. Les *« secular terms »* pour désigner la « volonté de Dieu » sont : « l'aberration par rapport à la norme ». Un autre théologien écrit que « les défauts dans le processus de maturation tombent dans le registre du péché originel. Ceci est vrai même si la responsabilité [de l'homosexuel] est infiltrée par des processus inconscients ».

Isay publie enfin un document peu connu, découvert par Hendrick Ruitenbeek dans le Fonds de livres rares et manuscrits de la Bibliothèque de l'Université de Columbia, et repris par Marmor en 1980 : une question de Jones, la réponse de Freud.

La question : « Les Hollandais m'ont demandé il y a quelque temps s'il était approprié d'accepter comme membre un médecin connu pour son homosexualité patente. J'ai donné un avis contraire, et maintenant j'apprends par Van Emden que cet homme a été découvert et envoyé en prison. Pensez-vous que nous pourrions ériger cet avis en principe général de conduite pour éviter les risques ? » (Lettre de Jones à Freud du 1er décembre 1921).

La réponse, officielle et par lettre circulaire, de Vienne : « Nous ne voudrions pas répondre dans votre sens, Cher Ernest, à propos de la possibilité d'autoriser les homosexuels à devenir psychanalystes; c'est-à-dire qu'en principe nous ne voulons pas exclure de telles personnes parce que nous ne pouvons aussi cautionner leur persécution légale. Nous croyons qu'une décision dans de tels cas devrait être suspendue à l'examen des autres qualités de la personne » (11 décembre 1921).

Isay soutient en conclusion que la psychanalyse s'enrichirait de vues nouvelles sur l'homosexualité, que des praticiens homosexuels pourraient apporter.

Voici donc posée la question de la compatibilité entre l'affirmation d'un choix d'objet homosexuel et l'exercice de la psychanalyse. Est-elle posée dans les termes complexes qu'elle suppose ? Non, sans doute. Du moins nos deux auteurs ont-ils le mérite de la tirer du silence où, en France, elle est maintenue, hors tout débat, hors toute analyse.

Pour un tel débat, nous ne pourrions prendre ces chemins d'Amérique; plutôt faudrait-il considérer que la sexualité et l'érotique sont les filtres obligatoires où butent et se mesurent les représentations, les logiques et les choix de pensée des homosexuels. *Les* homosexuels ? Nous aurions donc pris, nous aussi et déjà, les manières de la tyrannie ? Et, bientôt, celles de la persécution, car la question ne va pas sans une autre, absente des intérêts de Stoller comme de ceux de Isay, à savoir : y a-t-il un discours de l'homosexuel, et ce discours, s'il est spécifique, peut-il rendre compte des « autres qualités » auxquelles Freud souhaite que l'on s'arrête avant toute décision ? Ou bien le choix d'objet homosexuel n'est-il pas, toujours, un choix homosexuel de n'importe quel objet orientant le discours en totalité ? Là se voit notre « choix d'objection », et qu'il n'y aurait plus alors d'objet à aimer, mais seulement une dictature par l'objet, mis à toutes les places. Une psychanalyse serait-elle conduite sous ce régime dominant, sinon exclusif, qu'elle s'opposerait à l'événementialité psychique comme c'est d'ailleurs le cas chaque fois que l'écoute, soumise à un système, devient conventionnelle, et pour ainsi dire « respectueuse ».

Mais cette objection est bientôt caduque, c'est une généralité. Elle invite à penser qu'il n'y a pas de débat possible sur ce sujet sans que soit pris le risque d'être en porte-à-faux quand vient le moment d'en spécifier le lieu de référence, ou l'instance tierce.

Il n'est de limite qu'on ne transgresse; c'est d'ailleurs parce que la transgression est possible qu'elle est interdite : ce qu'on ne doit pas faire, on peut le faire. On ne condamne pas la violation d'une loi naturelle, pas plus qu'on n'enjoint d'y obéir : à qui se jette par la fenêtre, personne n'interdira de s'envoler ou n'ordonnera de s'écraser sur le trottoir. Bien entendu, la transgression doit rester l'exception, précisément, selon le dicton, pour confirmer la règle. Peut-être est-ce là la règle fondamentale : il faut que certains la violent pour qu'elle en soit vraiment une. On devrait donc renverser la formule : la règle exige l'exception.

Après tout, c'est assez logique : la caution d'un système doit lui être extérieure. On sort d'un système par en bas ou par en haut. Par en bas : les dévoyés qui permettent à la loi de se manifester pleinement par ses sanctions. Mais aussi par en haut : les gens dévoués, plus exactement voués par la naissance, l'élection ou la vocation à se faire les transgresseurs par excellence. Dans bien des monarchies, africaines entre autres, le roi était placé hors du système social dont il devenait ainsi le garant. Non certes qu'il fut libre; il ne l'était guère plus que ses sujets, mais ses obligations allaient à l'inverse des leurs. Ainsi par exemple devait-il régner en compagnie de sa mère et/ou de sa sœur avec laquelle il avait ou avait eu – symboliquement ou réellement – des rapports sexuels. Cet inceste, pour ainsi dire, le déculturait : couchant avec sa sœur, il n'entrait pas dans les cycles culturels de l'échange; couchant avec sa mère, il retournait à la nature en confondant les générations.

L'exception ne sert donc pas de modèle, et pas seulement pour des raisons statistiques : banalisée, elle le détruirait au lieu de l'exhiber. La chasteté du prêtre catholique, à qui l'Église impose de ne pas observer la règle « Croissez et multipliez », l'habilite à énoncer pour ses ouailles le précepte qu'il doit ne pas respecter. Symétrique et inverse de l'inceste royal, le célibat ecclésiastique assure une dignité refusée au commun des mortels. Une dignité garantie par un abus : faire l'amour abusivement, ou, non moins abusivement, s'en abstenir, cela reviendrait donc au même. D'où l'intérêt que nous portons aux frasques de nos princes : elles ne les font pas déchoir, elles signifient leur éminence ; ce sont des lapsus obligés.

J. P.

Quoi de plus « naturel » que la tendance à protéger un être aimé, à le préserver, le sauver ? Et quelle illusion plus ancrée que celle d'imaginer le danger, la menace comme externe à soi ?

Karl Abraham est « rempli d'inquiétude » à la suite de la parution des ouvrages de Rank et Ferenczi de 1923. Il « discerne les présages d'une *évolution funeste,* qui est pour la psychanalyse une *question de vie ou de mort* ». À sa « grande douleur », il se voit « *acculé* à jouer le rôle de celui qui prodigue des avertissements ». Et tout naturellement il passe de l'analyse à l'analyste : « Si je veux vous éviter de plus grands maux, *je n'ai pas le choix* (...) à seule fin de servir vos intérêts et ceux de votre cause – qui est identique à *votre personne* », écrit-il à Freud. Tourmenté pourtant par ce qu'il ne peut manquer de percevoir confusément, il lui demande « la possibilité de [s]'expliquer », ce qui lui procurerait « un grand apaisement ». Freud, d'abord surpris : « Je voudrais savoir quel est le danger menaçant que je ne vois pas », situe rapidement la menace chez celui-là même qui tente de l'en protéger. La réponse est cinglante : dans une lettre qui débute par « mon état de santé s'est brusquement aggravé », il écrit : « Il ne peut tout de même pas être dans vos intentions de provoquer, *pour des raisons d'inquiétude,* l'effondrement de l'Association internationale et de tout ce qui en dépend » (je souligne).

Paradigme de la relation de protection : l'impératif devant lequel se trouvent les parents d'avoir à protéger l'enfant de leurs propres pulsions. Dans cette tâche, le père et la mère seront en position asymétrique. Que cette asymétrie disparaisse, et la menace dont en retour l'enfant est porteur les laissera désarmés face au danger qu'ils représentent : c'est de concert que Jocaste et Laïos exposent Œdipe enfant à tous les périls, le faisant déposer pieds liés et transpercés, dans les gorges du Cithéron.

Dans la circulaire (15/02/1924), inaugurale de ce bref échange de lettres, et dont le destinataire à peine voilé est déjà Abraham (« ... ont suscité à Berlin... ») Freud centre son argumentation sur la protection et rappelle avec fermeté que c'est au père qu'est dévolu le rôle de séparer l'enfant de sa mère : « Au retour fantasmatique dans le sein maternel s'oppose (...) la barrière de l'inceste ; or, d'où vient celle-ci ? Son représentant est manifestement le père, la réalité, l'autorité, qui ne permettent pas l'inceste (...) Dans l'analyse on rencontrera toujours le père comme porteur de l'interdit. » Laïos mort,

Jocaste est impuissante à protéger Œdipe de ses propres pulsions de réincorporation. Cependant, comme Freud le précise tout au long de son œuvre, c'est au travers du discours maternel qu'est instaurée cette fonction paternelle. Dans cette lutte contre elle-même la mère a un deuxième tour dans son sac : elle peut projeter ses pulsions sur le père puis soustraire l'enfant au père. Ainsi Cronos, soumis à la malédiction maternelle dévorait-il ses fils; seul le dernier, Zeus, sera ravi puis sauvé par Rhéa. Pourquoi pas le premier ? Moïse, lui, réunira sur sa tête les deux stratagèmes : c'est une fois qu'il sera sauvé du Pharaon, l'autorité, la réalité, mais également le séparateur par ordre donné aux femmes de tuer les fils, que sa mère réussira, par le détour que l'on sait, à devenir sa nourrice.

Mais si la mère peut utiliser le père pour protéger l'enfant d'elle-même, qui aidera le père dans sa confrontation à ses propres pulsions meurtrières, castratrices ? Personne. Le père, l'homme dans ce combat, est seul : pas de délégation possible, pas de surface de projection. Comme est seul Abraham face à Freud. Il essaie, pourtant, de dévier sur d'autres ce qui l'anime : il met Freud en garde contre « ... des personnes qui [lui] sont particulièrement proches » ou encore, « ... qui [le] touchent de très près ». Mais il se heurte au refus catégorique de Freud qui une fois de plus le renvoie face à lui-même : « Je crois que tout l'accent est mis sur cet autre, comme vous l'accordez vous-même », écrit Freud, mais « dans le cas de nos deux amis (...) nous sommes sûrs qu'ils n'ont aucune autre motivation mauvaise que (...) trouver des choses nouvelles, surprenantes » et enfin « je pense que c'est maintenant *à vous* d'arrêter ce processus de désagrégation ».

Seul, aussi, le premier Abraham face à Isaac. C'est YHWH, père spirituel d'Abraham et de sa descendance, père aussi d'Isaac (puisqu'il féconde Sarah), qui arrêtera le geste meurtrier : « Ne lance pas ta main vers le garçon, ne lui fais rien. »

Personne donc pour aider le père, mais pas rien. Une instance, inscrite dans la génération et non plus dans la différence des sexes, transmise de père en fils, tel sera le recours que trouvera l'homme contre lui-même, qu'il soit père, fils, amant ou ami. On peut appeler cette instance le Père Mort. L'obsessionnel en témoigne qui, porteur d'une faille en ce lieu précis, ne sait protéger que celui ou celle qu'il a préalablement détruit ou est sur le point de détruire : « Je veux te sauver encore, toi que j'adore », dit Don José à Carmen dans la minute où il la tue.

D. M.

Confondre, je m'en suis avisée il y a peu, est un verbe confondant.

Ce qui pourrait être réconfortant, vu le petit nombre d'êtres de langage autologiques : être est, apparaître apparaît, substance est substantiel, biscuit est biscuit. Mais, pour quelques certitudes aux bonheurs indéfiniment réitérables, que d'illogismes, d'approximations, ou, pire, d'impossibilités à seulement penser un mot dans sa propre logique : long n'est pas long, infini n'est pas infini, stable n'est ni stable ni instable, et on ne peut rien dire de croire, de tiède, de divan, ou de cuiller.

Mais confondre, loin d'être réconfortant, est redoutable : c'est parce qu'il est paralogique qu'il est confondant, donc autologique.

Confondre est un verbe sans présent. Non qu'il soit privé de celui dont le pourvoit la grammaire, laquelle ne craint pas, sous couvert de mécanique conjuguante, de livrer le lecteur du premier dictionnaire venu aux dangers de se mettre en situation d'énoncer : je confonds, nous confondons... Mais c'est un verbe dont le présent produit – ou révèle – l'inextricable que voici : dire à untel « vous confondez *a* et *b* », c'est considérer que *a* et *b*, qui sont *deux* choses, personnes ou objets de pensée distincts, sont distincts *aussi* pour qui les confond. Mais si *a* et *b* étaient distincts pour untel, il ne les confondrait pas. S'il les confond, c'est que les deux objets, en fait, n'en font, n'en *sont* qu'un : donc il ne les confond pas. Seule conclusion de la seule alternative face à laquelle se trouve untel : que l'issue en soit tautologique ou paralogique, en tout cas il ne peut, à l'instant présent, confondre *a* et *b*.

Donc, quand tel autre dit à untel : « vous confondez... », il parle, non pour ne rien dire, mais pour que rien ne se dise de deux systèmes de différences : celui dont nous supposerons l'existence effective entre *a* et *b*, et celui en raison même duquel tel autre peut dire à untel : « vous confondez... ».

De celui-ci on peut dire qu'il se fonde sur au moins le savoir de ce qu'est celui-là. Tel autre *sait*, et untel ne sait pas. Tel autre sait que *a* n'est pas *b*, il sait les différences depuis *a* jusqu'à *z*. Untel ne sait pas que *a* n'est pas *b*, pour lui l'alpha est l'oméga, ou encore l'alpha et l'oméga de l'alphabet, c'est la lettre.

Tel autre se trouve donc dans une situation impossible, qui caractérise peut-être toute tentative de transmission de savoir : en disant à untel « vous confondez », il lui parle à la fois comme s'il savait la différence entre *a* et *b*, et comme s'il ne la savait pas. Il n'en faut pas plus pour confondre le discours savant, discours adressé à un sujet inexistant, donc sans objet.

Avant de savoir, on ne sait pas. Une fois qu'on sait, on sait, mais, chose terrible et prodigieuse, on ne sait plus ce que c'est, ni même ce que c'*était*, que de ne pas savoir. Alors, bien sûr, je ne dirai pas que celui qui dit « vous confondez » confond lui-même, car pas plus qu'un autre il ne peut confondre au présent, les temps de l'avant et de l'après-savoir. Simplement il ne peut plus les avoir simultanément en mémoire, car une mémoire au moins est irrémédiablement perdue, celle de l'avant-savoir. Du coup, pas d'après-savoir. N'étant doté que d'un présent, le savoir ne fait pas de cadeau : l'avoir en mémoire, c'est ne plus disposer des mémoires du procès de sa constitution.

Personne ne confond : pour untel, *a* est *b*, et quand il les saura différents, il deviendra autre. Tel autre ne saura donc rien d'untel, et c'est miracle que le savoir se transmette quand même, de l'autre à l'un.

Mais si quelque chose se faisait entendre de l'un à l'autre, quelque chose qui serait comme une mémoire disponible du non-savoir, et même comme un savoir porté par ce non-savoir : celui du pareil qui aurait viré au même. Or découvrir le même dans le pareil mais différent est bien le plus puissamment constitutif des bonheurs de savoir.

Suspendre le «vous confondez» pour qu'un potentiel de jouissance porté par le savoir s'exploite du fait de sa circulation rendue possible entre celui qui ne sait pas, mais qui à ne pas savoir sait quelque chose sur le savoir, et celui qui sait, mais qui à savoir ne sait pas quelque chose sur le comment et le bonheur de savoir... L'avenir de confondre serait-il de lui assurer un passé ? Comment savoir ?

S. B.

Paul Veyne, dans son étude de *L'élégie érotique romaine* (éd. du Seuil, 1983) caractérise le moderne par l'intensité et croit pouvoir séparer les œuvres rhétoriques (« la rhétorique est toujours un effort pour adapter son langage au lecteur, pour se faire comprendre », p. 200) et les œuvres modernes, « depuis Rimbaud », qui dédaignent « les règles connues de la rhétorique ». Paul Veyne cite Taine avec admiration, qui fut capable, « déjà », de saisir le moderne, disant de l'écrivain : « Il note la sensation et puis c'est tout. Ce ne sont plus des mots qu'on écoute, mais des émotions qu'on ressent. » Rien de neuf ici ! Ça a toujours été le voile léthargique de la fiction, son alibi, le tour de passe-passe de l'art *(tēchné)* pour naturaliser son artifice. Il est à peine possible à un sujet de dire quoi que ce soit sans rhétorique ; et avec l'intensité, affaire de la rhétorique, il est question des moyens du rapt, de l'*extasis* qui « emporte » l'auditeur (lecteur) selon le mot du traité *Du sublime.* L'intensité est une question de la tradition : question de la différence entre le procédé voyant et le procédé le plus efficace. Le « rhétorique » n'est pas facultatif. Le moderne, loin de dédaigner les règles connues de la rhétorique, en fait un emploi généralisé.

« Ma » sensation n'est pas communicable en tant que telle ; faire ressentir le même à l'autre n'a pas lieu et est impossible ; pas de transfert « réel » en tout ceci, on le sait. Proust passe son temps, c'est le cas de le dire, à parler de sensation, cherchant, dans le langage traditionnel, à les « exprimer » – non pour me les faire ressentir mais pour m'engager, moi lecteur avide de salut par l'art, à forger pour mon propre compte « les anneaux d'un beau style ». Il s'agit donc de feindre que « ce ne sont plus des mots qu'on écoute ». La « fiction » est celle de cette feinte. Soit « réaliste », feignant d'oublier que c'est fiction. Soit par ironie et parodie qui est réflexion sur soi de la feinte – qui ne détruit pas la littérature. Bien plutôt la conscience de soi de la fiction et la science de ses artifices intensifient-elles la fiction.

Feindre; feindre qu'on ne feint pas. L'itération est bonne, et la réitération « à l'infini » (feinte de la feinte de la feinte de...) est impossible et inutile : la pensée s'y évanouit. La bonne itération favorise une « syncope », le temps d'un battement d'un bord à l'autre (de la feinte à la feinte-de-la-feinte), qui est *léthê,* constitutive et fugace, âme et condition du jeu.

Où est-il encore question de *sublime?* De toutes parts, les livres du jour et de ces jours-ci sur ma table me font part du Haut et du Sublime. Il n'est question que de cela : un livret tout récemment traduit de Rilke, le dernier Serres : la célébration de Webern... Michel Serres : « Rien n'est intéressant au monde que les choses d'extase » (*Détachements,* Flammarion, 1982, p. 27). Et Webern, alpiniste comme Pétrarque : « ... Pour moi, ce n'est pas un sport ni un plaisir, mais quelque chose de très différent : la recherche de ce qu'il y a de plus haut, la découverte de correspondances, dans la nature, avec tout ce que je me suis fixé comme modèle, tout ce que j'aimerais avoir en moi... La cause de mon émotion : ce sens profond, insondable, inépuisable, que l'on retrouve dans toutes les manifestations de la nature. Toute nature a pour moi de la valeur, mais celle qui s'exprime " là-haut " en a plus encore. Je voudrais avant tout pénétrer au cœur de toute connaissance purement réelle de ces apparences. C'est pourquoi j'ai toujours sur moi mon matériel de botaniste et je cherche des écrits qui m'éclairent sur tout cela. Cette réalité contient tous les miracles » (Lettre à Alban Berg, 1er août 1919).

Pétrarque jadis donc – « premier alpiniste » nous dit en souriant la stèle du Ventoux – montant pour se guérir au mont *venteux,* cherchant le sommet pour se purifier (quand même ce serait, comme nous le rappelle Paul Veyne citant la quatrième de ses *Lettres familières,* pour se rappeler, avec saint Augustin que l'escalade ne doit pas faire oublier la descente-en-soi : ainsi ce qui est haut pour le corps, et dur, remémore et commémore l'ascèse de mesurer la profondeur dite intérieure. Comparaison négative et ainsi comparaison).

Ou naguère Rilke notant : « Tu es la lance lancée avec maîtrise [...] Sois lance, sois lance, sois lance » (le *Testament,* Seuil, 1983, trad. Ph. Jaccottet, p. 25), comme pour traduire l'hyperbole des rhétoriciens et tous les *ballein* du traité; ou tout près de nous Genet disant l'être du *Funambule* qui danse sur le fil à trente mètres au-dessus des pavés (L'Arbalète, réédition 1983); le Ventoux, la lance, le funambule, l'extase – il n'est question avec l'art que de sublime.

Le texte de Genet conseille un jeune funambule dans ses rapports avec le fil, le public, la mort, et la gloire de son image.

La première remarque est qu'il s'agit d'un rapport à la mort par la prouesse; un public lève les yeux vers l'acrobate dont l'art consiste à repousser la mort des deux mains. Le risque mortel de la chute affrontée mesure la hauteur. Chaque art aurait son ascension, son principe d'élévation, pour reprendre un mot de Baudelaire. Quand Proust retrouve le Temps, il dit : « La mort même m'est égale »... À quel moment ? Il s'agit bien de « ma » mort, pas de la mort en général, et de sa possibilité d'être léguée dans un mot-de-la-fin.

Il y a jeu de trois :

1. La chose, l'événement; dans les termes du traité *péri hypsous : pragma, péristasis.* Ce qu'il y eut : la situation dite réelle de l'équilibriste transformant son fil en chemin pour lui, comme Don Quichotte le plat à barbe en armet pour sa quête; 2. le *pathos.* Ce qui est senti, éprouvé par beaucoup, voire par tous (*pasin,* dans le « Sublime » du Pseudo). Ce « tous » que nous retrouvons dans les *Poésies* de Lautréamont (la poésie faite par tous). Et dans l'occurrence du *Funambule :* tous les yeux levés, « simplifiés » (comme dit Monsieur Teste des spectateurs) par le sublime de l'acmé sur l'abîme; craintifs parce que le plus haut et aigu est le plus labile. Tous regardent et ont peur; 3. le poème; *lexis, phrasis.* Les pages de Genet, ici, qui portent la peur commune, ou non, « à la hauteur » du funambule. Comment ? Par la beauté de son dire, c'est à savoir : par ses artifices.

La prouesse est confiée au dire (la prouesse olympique à Pindare, par exemple), qui est un dire artificieux, au sens de la rhétorique. Il n'est pas indifférent que le fameux traité soit à jamais porté au compte d'un pseudo (Longin).

Tout dépend de la *tĕchné* – de l'artefact et de ses artifices. Ainsi, Genet, (p. 10), parlant d'un forgeron qui flattait son enclume : « L'enclume n'y était pas insensible, dont le forgeron connaissait l'émoi. » Hypotypose, hyperbate... rien n'y manque. Et « c'est faux », jaugé aux dires communs du sens commun qui fait aussi le fonds commun du credo du réalisme.

Il y a le c'est-faux du point de vue du bon-sens (« une enclume n'a pas d'émoi »). Il y a le c'est-joli de la critériologie esthétique qui loue la décoration esthétique en en mesurant « l'écart » : on peut repasser de l'énoncé B (rhétorique) à l'énoncé A (normal) par la conscience de l'opération : c'est un « groupe de transformation », hypotypose et hyperbate, qui a produit l'énoncé B; on le « réduit » en revenant en arrière, en coupant les fleurs de l'énoncé « fleuri ».

Or le vraisemblable de la vérité de la fiction est précisément ce qui est en cause, à préciser et à comprendre : ni faux (ne ressortissant pas à la logique binaire; ni ornemental (rectifiable mentalement).

M. D.

1. – Ces mots de Freud pour décrire le travail du deuil : « La tâche est accomplie en détail, avec une grande dépense de temps et d'énergie d'investissement et, pendant ce temps, l'existence de l'objet perdu se poursuit psychiquement. » J'y vois la définition de la parole en analyse, d'une mise à l'épreuve qui ne peut s'effectuer, douloureusement, que là, pas ailleurs (la littérature, aussi loin qu'elle aille dans la dispersion, la fragmentation, la discontinuité, l'errance, garde le souci d'une *forme* qui assure un salut éphémère). Dans le détail, dans l'infime, dans le pas à pas des restes, la parole, quand rien ne la commande que sa poussée propre, reconduit à l'objet perdu pour s'en détacher. Cela tout au long de son trajet. Tout au long et pas seulement au terme. L'entrée en analyse inaugure la défaite de l'union.

2. – Se séparer, se disjoindre de l'objet et de soi, se déprendre du pareil au même, mesurer sans cesse l'écart entre la chose possédée et le mot qui la désigne et qui, la désignant, dit d'abord qu'elle n'est pas là. Cet écart, nous allons, à son tour, tenter d'en faire une *chose.* Nous allons chercher des preuves qu'il aurait pu, qu'il aurait dû, ne pas se produire, qu'il nous a fait subir un préjudice que nous n'avons pas lieu de tolérer. Nous allons porter plainte contre toutes les séparations dont nous avons été victimes. Nous ne nous lasserons pas de les fixer dans le temps : un départ, une mort, une négligence – autant d'abandons, autant d'offenses. Nous leur donnerons figure et lieu : une maison immobile et ses odeurs, qui ne sont plus; un regard de mère, qui s'est porté ailleurs (le pire : au-dedans d'elle-même, où nous n'étions pas); n'importe quel petit rien qui nous était le tout qu'il nous fallait.

Ces plaintes, en forme d'accusation ou de prière, cette prétendue remémoration n'ont qu'un objet : donner réalité, consistance, à un *avant,* un avant absolu.

Nous pouvons admettre qu'il n'a jamais existé pour de bon, cet avant. C'est pourquoi le mot de nostalgie qui prétendrait cerner le mouvement qui l'appelle ne nous convient pas. Nous voulons bien concéder que nous n'avons pas connu de terre natale et qu'aucune mémoire ne saurait donc nous la faire rejoindre; que nous ne toucherons pas non plus de terre promise et qu'aucune allégeance ne peut nous y faire aborder. Pourtant la certitude d'une *chose sans nom* nous accompagne. D'une chose qui se déclarerait d'elle-même, telle qu'elle est. Si elle n'est ni notre origine ni notre avenir, elle demeure notre horizon permanent. Elle seule assure la tension de la parole en séance, qui se porte aux extrêmes.

3. – Les mots « impropres, imparfaits, impuissants à... incapables de... » (comme la sexualité, le langage vient au petit homme trop tôt ou trop tard; comme elle, il *trouble* le vivant). Comment se dispenser de cette plainte ? Elle est

nécessaire. Celui qui l'ignorerait méconnaîtrait aussi le deuil du langage et, par là, il se détournerait une fois pour toutes de la chose absente et ne trouverait dans les mots que des substituts sans y chercher malgré tout l'empreinte de la chose.

Sans doute faut-il avoir porté la plainte contre le langage, au-delà du soupçon jusqu'à la haine, pour pouvoir lui accorder quelque confiance, se fier à son mouvement et même aimer ses contraintes, l'inflexible syntaxe.

4. – Car le langage n'est pas *prise :* il ne saisit rien de la substance du réel, pas même le moindre prélèvement. (La peinture, oui, et la musique qui, disait Schumann, « permet de s'entretenir avec l'au-delà ».) Mais il n'est pas non plus renoncement; il ne consent pas à avouer : « Ceci n'est pas pour moi. » Il est dans sa nature même d'aller vers ce qui n'est pas lui. Puisqu'il est né de la perte et qu'il n'a rien qui soit à lui, son appétit est énorme! Il peut, il doit, pour vivre, tout « incorporer » jusqu'au corps et plus que lui : il séduit mieux qu'un sexe, il émeut plus profondément que les larmes, il convainc plus fort qu'un coup de poing, il blesse, il endort, il assomme... il a tous les pouvoirs. Dans ce mouvement qui le porte de la maîtrise, de la magie, à la conscience de sa vacuité essentielle, il va osciller entre le triomphe maniaque et la mélancolie. Mais la mélancolie révèle sa nature, la manie seulement son effort.

C'est pourquoi nous ne devrions pas opposer ce qui pourrait, sans trop de mal, être mis en mots et ce qui serait voué à l'indicible. Car, dans l'opération de langage même, est inscrite l'impossibilité de satisfaire son exigence. Le non-accomplissement du vœu est en lui mais le vœu est sans limites. En se portant justement là où il défaille, le langage *réalise* son échec. Il est à la fois un deuil qui se fait et un deuil qui ne s'achève pas. Que dit le « rien à dire » sinon le refus, hébété, têtu, de ce travail de deuil à quoi l'« objet perdu », la « chose sans nom », nous livre ? Il n'y a pas plus de parole pleine (ou vide) que de silence comblant (ou plat).

5. – Un langage ignorant la perte qui le fait être et l'anime, un langage convaincu d'énoncer le vrai ne renverrait en fait qu'à lui-même. Croyant que, sans lui, les choses seraient muettes, il se confondrait avec l'éloquence. Et plus l'éloquence (qui pourrait être celle d'une poésie qui s'enchanterait d'elle-même) sera assurée de ses pouvoirs, plus dure sera la chute. Le « beau parleur » qui s'aime dans ses mots fera un grand déprimé.

6. – L'informatique n'est pas mon fort. Est-ce l'incompétence qui motive ma répulsion ou autre chose ? Je vois, dans le triomphe annoncé de l'ordinateur, le langage et la langue *humiliés.*

À l'autre extrême, son complément : l'exaltation (à grand renfort de mots...) du « préverbal » – des échanges, effusions, communications mère-infans, corps à corps.

Ici et là, une même méconnaissance. Comment leur faire entendre, à ces bons apôtres de l'avant et de l'après, la mauvaise nouvelle que porte un langage sans fin ni finalité, qui ne se propose ni l'expression ni la communication ? (Ce sont là ses retombées, non sa raison d'être.)

Gamin, j'ai goûté quelque temps à la préhistoire. Silex, bronze m'ennuyaient. Ce qui m'attirait chez ces hommes lointains, mes frères, c'était, avec leurs peaux de bêtes, l'énigme qu'ils me posaient : qu'est-ce qui avait bien pu les pousser à parler ? Ce ne pouvait être un besoin, comme celui de manger ou d'avoir chaud. Alors quoi ? Là-dessus, je n'ai pas varié, je me dis qu'ils ont inventé pour rien, pour rien qui pût leur être utile, une langue (simultanément langue – langage – parole) et que cette langue, nécessairement, leur était *étrangère.* Elle était sans rapport avec leurs gestes ou leurs cris, avec leurs signaux, avec tout ce qui les faisait *déjà* s'exprimer et communiquer. Elle rompait avec leurs corps. Je jurerais qu'ils n'ont pas « inventé » le langage pour *se* parler mais pour parler avec l'inconnu : était-ce la mort ? étaient-ce nos dieux ?

7. – Qu'indiquent les griefs que nous formulons à l'encontre des mots ? Là, comme ailleurs, un immense amour déçu : la folie de tenir, l'acharnement à retenir, la conviction de détenir la chose même.

Jamais les mots, jamais mes mots, ne seront miens. Mais il faut avoir voulu qu'ils le deviennent pour reconnaître qu'ils n'appartiennent à personne et qu'alors, étant sans possesseur ni maître, à jamais étrangers, en eux je puis me perdre et me trouver.

8. – « L'ombre de l'objet tombe sur le moi. » Sans cette ombre, sans cette chute, le langage est bruit étale, non lumière.

9. – C'est quand les mots nous manquent, comme quelqu'un, que la parole, comme l'amour, nous vient. Elle cesse alors d'être plaintive, revendicante, persécutée, elle ne proclame plus ce qui lui fait défaut, elle y trouve sa ressource infinie.

10. – Pour rester en relation avec la *chose,* il faut que le moment soit venu de défaire le lien avec l'*objet* (fin d'analyse). Pour se permettre de rêver, d'abord consentir à l'éloignement que procure le sommeil. La parole qui ne vient de nulle part et ne s'adresse à personne met apparemment l'ordre du langage en sommeil et pourtant elle fait *dire,* par mille voix qui, parfois, se rejoignant à mon insu, en feront une, ou presque, dans l'oscillation de l'étranger et du propre, dans la précarité d'un « j'ai dit cela, moi ? c'est donc *ça* ».

J.-B. P.

Ont contribué à ce second cahier de VARIA

Stella Baruk, qui poursuit des recherches sur les raisons de l'erreur en mathématiques
André Beetschen
Michel Deguy
Bernard Favarel-Garrigues
Michel Gribinski
Danielle Margueritat
David A. Miller, professeur de littérature anglaise à Berkeley
J.-B. Pontalis
Jean Pouillon

CONNAISSANCE DE L'INCONSCIENT

collection
dirigée par J.-B. Pontalis

1. Sigmund Freud : *Correspondance 1873-1939.*
2. Sigmund Freud : *Correspondance avec le Pasteur Pfister, 1909-1939.*
3. H.F. Peters : *Ma sœur, mon épouse (Biographie de Lou Andreas-Salomé).*
4. Ernest Jones : *Hamlet et Œdipe.*
5. Géza Roheim : *Psychanalyse et anthropologie.*
6. Anna Freud : *Le normal et le pathologique chez l'enfant.*
7. Melanie Klein : *Envie et gratitude, et autres essais.*
8. Paul Schilder : *L'image du corps.*
9. Sigmund Freud et Karl Abraham : *Correspondance 1907-1926.*
10. Alexander Mitscherlich : *Vers la société sans pères.*
11. Georg Groddeck : *La maladie, l'art et le symbole.*
12. Guy Rosolato : *Essais sur le symbolique.*
13. Bruno Bettelheim : *La forteresse vide.*
14. Louis Wolfson : *Le Schizo et les langues.*
15. Ludwig Binswanger : *Discours, parcours, et Freud.*
16. Géza Roheim : *Héros phalliques et symboles maternels dans la mythologie australienne.*
17. Lou Andreas-Salomé : *Correspondance avec Sigmund Freud*, suivie du *Journal d'une année (1912-1913).*
18. Bruno Bettelheim : *Les blessures symboliques.*
19. D. W. Winnicott : *La consultation thérapeutique et l'enfant.*
20. Sigmund Freud et Arnold Zweig : *Correspondance 1927-1939.*
21. Georg Groddeck : *Le livre du Ça.*
22. Anton Ehrenzweig : *L'ordre caché de l'art.*
23. Sami-Ali : *L'espace imaginaire.*
24. Sarane Alexandrian : *Le surréalisme et le rêve.*
25. Marion Milner : *Les mains du Dieu vivant.*
26. D. W. Winnicott : *Jeu et réalité.*
27. Max Schur : *La mort dans la vie de Freud.*
28. Sigmund Freud et C. G. Jung : *Correspondance 1906-1914* (deux volumes).
29. Masud Khan : *Le soi caché.*
30. Anna Freud : *L'enfant dans la psychanalyse.*

31. Michel de M'Uzan : *De l'art à la mort.*
32. J.-B. Pontalis : *Entre le rêve et la douleur.*
33. Georg Groddeck : *Ça et Moi.*
34. Harold Searles : *L'effort pour rendre l'autre fou.*
35. Guy Rosolato : *La relation d'inconnu.*
36. Joyce McDougall : *Paidoyer pour une certaine anormalité.*
37. Pierre Fédida : *L'absence.*
38. Robert Stoller : *Recherches sur l'identité sexuelle.*
39. Wilfred R. Bion : *Entretiens psychanalytiques.*
40. Lou Andreas-Salomé : *L'amour du narcissisme.*
41. Michel Schneider : *Blessures de mémoire.*
42. Sami-Ali : *Le banal.*
43. Didier Anzieu : *Le corps de l'œuvre.*
44. Harold Searles : *Le contre-transfert.*
45. Masud Khan : *Figures de la perversion.*
46. Joyce McDougall : *Théâtres du Je.*
47. Georg Groddeck : *Le chercheur d'âme.*
48. Eugène Enriquez : *De la horde à l'État.*

Série : La Psychanalyse dans son histoire

1. *Les premiers psychanalystes.* Minutes de la Société psychanalytique de Vienne, I (1906-1908).
2. *Les premiers psychanalystes.* Minutes de la Société psychanalytique de Vienne, II (1908-1910).
3. *L'introduction de la psychanalyse aux États-Unis.* Correspondance de James Jackson Putnam avec Freud, Jones, Ferenczi, William James et Morton Prince.
4. *Les premiers psychanalystes.* Minutes de la Société psychanalytique de Vienne, III (1910-1911).
5. *L'Homme aux loups par ses psychanalystes et par lui-même.* Textes réunis et présentés par Muriel Gardiner.
6. *Entretiens avec l'Homme aux loups.* Par Karin Obholzer.
7. *Sigmund, fils de Jacob.* Par Marianne Krüll.
8. *Les premiers psychanalystes.* Minutes de la Société psychanalytique de Vienne, IV (1912-1918).
9. *Le langage aux origines de la psychanalyse.* Par John Forrester.
10. *Le scénario Freud.* Par Jean-Paul Sartre.

Série : Œuvres de Sigmund Freud (traductions nouvelles).

1. *Nouvelles conférences d'introduction à la psychanalyse.*
2. *Sigmund Freud présenté par lui-même.*

Composé et achevé d'imprimer
par l'Imprimerie Floch
à Mayenne, le 6 avril 1984.
Dépôt légal : avril 1984.
Numéro d'imprimeur : 21692.
ISBN 2-07-070180-8 / Imprimé en France

33506